国家出版基金项目
NATIONAL PUBLICATION FOUNDATION

"十三五"国家重点出版物出版规划项目

西方应用心理学前沿译丛　　总主编　游旭群

# 工作与职业心理学

# *Work and Occupational Psychology*

Rachel Lewis
Lara Zibarras

【英】雷切尔·刘易斯　【英】拉腊·齐巴拉斯　编
叶茂林　译

浙江教育出版社·杭州

图书在版编目（CIP）数据

工作与职业心理学 /（英）雷切尔·刘易斯(Rachel Lewis)，（英）拉腊·齐巴拉斯(Lara Zibarras) 编 ; 叶茂林译. -- 杭州 : 浙江教育出版社, 2019.6
（西方应用心理学前沿译丛）
ISBN 978-7-5536-9138-1

Ⅰ. ①工… Ⅱ. ①雷… ②拉… ③叶… Ⅲ. ①职业—应用心理学 Ⅳ. ①C913.2

中国版本图书馆CIP数据核字(2019)第135656号

引进版图书合同登记号　浙江省版权局图字：11-2015-299

**工作与职业心理学**

GONGZUO YU ZHIYE XINLIXUE

雷切尔·刘易斯（Rachel Lewis）拉腊·齐巴拉斯（Lara Zibarras）编
叶茂林　译

| | | | |
|---|---|---|---|
| **责任编辑** | 赵露丹 | **美术编辑** | 韩　波 |
| **责任校对** | 谢　瑶 | **责任印务** | 陆　江 |
| **出版发行** | 浙江教育出版社（杭州市天目山路40号　邮编：310013） | | |
| **图文制作** | 杭州林智广告有限公司 | **印刷装订** | 浙江海虹彩色印务有限公司 |
| **开　　本** | 787 mm×1092 mm　1/16 | **印　　张** | 32 |
| **插　　页** | 4 | **字　　数** | 538 000 |
| **版　　次** | 2019年6月第1版 | **印　　次** | 2019年6月第1次印刷 |
| **标准书号** | ISBN 978-7-5536-9138-1 | **定　　价** | 88.00元 |
| **联系电话** | 0571-85170300-80928 | | |

无论你是有志于日后从事职业心理学方面的工作而正在攻读研究生学位的学生，还是辅修该学科以增长见闻的学生，抑或是正在从事相关工作的职业心理学从业者，《工作与职业心理学》这本书都是你的理想读物。

本书是由学术专家与实践专家组成的团队共同编写而成，因此本书可以提供理论与实践之间的简要联结，有助于增强从业者的专业性。

本书具有以下特点：

- 构建职业心理学的八个核心领域，以确保读者形成概括性看法，并吸引读者进一步探索其中奥秘；
- 没有相关专业知识的读者也能通过本书了解职业心理学；
- 探讨该领域未来发展趋势，包括关于未来职业心理学发展的前沿看法与反思；
- 通过对跨国、跨文化与一系列国际情境案例的讨论，反映世界范围内工作场所的现实状况；
- 强调批判性思考能力的重要性；
- 提供大量书内和在线学习资料。

# 相关书评

RELATED REVIEWS

创作这本书是为了解释工作与职业心理学本质的成分。本书很好地把专业的学术文献回顾、实践中得到的经验和对研究中伦理或技术的宝贵建议结合在一起，因此我认为对于那些想进入该领域的职场人士或者正在学习相关专业的学生而言，这是一本必读书。

——比弗利·艾力默-梅特卡夫（布拉德福德大学管理学院领导力学科教授，
利兹大学领导力学科荣誉教授，真实世界集团首席执行官）

# 总序

## 在服务于国家和社会重大战略需求中成长：中国应用心理学发展的必由之路

我们所处的时代需要应用心理学。当今，随着经济和社会发展，处于重要转型期的国家和社会对心理学的应用有着迫切的需求。从国家层面来看，许多重大举措都离不开作为哲学社会科学重要学科之一的心理学。例如，建立社会矛盾化解机制，离不开心理学对弱势群体的人文关怀和心理疏导；健全社会心理服务体系，离不开心理学在积极社会心态的形成上发挥作用；推进国家治理体系和治理能力现代化，离不开心理学在社会治理上的实践；推进现代化国防建设，离不开心理学对军事心理和工程心理等问题的研究。从个人层面来看，从个人心理健康的维护到个人潜能的发挥，从商家产品设计的优化到员工工作效能的提高，从家庭子女的教育到个人未来职业的规划等，生活中的方方面面都需要应用心理学的知识。任何重大战略或社会现实问题都离不开人，而心理学的主要研究对象就是人，因此，社会现实与心理学有着无法割裂的天然联系。从这个层面来看，我们心理学人处在一个最好的时代。心理学特别是应用心理学要回应国家和社会重大战略需求，这是心理学人的责任和担当，是每一个心理学人应该努力思考和认真对待的问题。

现实世界是心理学成长的土壤，只有根植于土壤，心理学这棵幼苗才能成长为参天大树。回顾心理学的发展历程，心理学发展最好的时期都是心理学的应用做得最好的时期。心理学的理论需要在社会实践中应用进而不断完善。心理学很多理论都是在实验室实验基础之上发展起来的，而实验室得到的结论能否推及人们的现实生活却不得而知。只有能预测现实生活的心理学理论才是真正好的理论。另外，心理学也在应用中拓展新的研究领域和研究范式，增添新的活力。人们在应用心理学知识解决实际问题时，可能发现有新的现实问题用现有理论无法解释。于是，心理学家又对新的问题展开科学研究，开辟新的研究领域，开发新的研究方法。正是这样一个从理论到现实再到理论的积极循环，让心理学不断修正和自我完善，不断拓展，发展成为今天的样子。所以说，心理学的生命力在于应用，任何时候，这一点都不为过。

我在应用心理学领域从事教学科研工作三十多年，见证了中国应用心理学的发展。以前，心理学是一门“冷门学科”，很少为人所知。但如今，心理学特别是应用心理学成为热门学科，越来越多的人认识到心理学的重要应用价值。国内高校纷纷成立或者复建心理学系，应用心理学培养的应用型人才规模越来越大，从业人员不断增多。应用心理学的学科影响力在不断扩大，研究领域不断拓展，发表的研究报告的数量逐年攀升。中国心理学会下属的属于应用心理学的专业委员会不断细分，产生了临床与咨询心理学专业委员会、工业心理学专业委员会、军事心理学专业委员会、法律心理学专业委员会、工程心理学专业委员会、社区心理学专业委员会等。这与时代的发展分不开，更与应用心理学人的努力有关。

尽管中国应用心理学取得了长足进步，但还存在一些问题。首先，中国应用心理学应对国家和社会重大战略需求的能力还不足。尽管随着心理学学术专家们的倡导，心理学工作者认识到满足国家和社会重大战略需求是非常重要的，但是要完全自如地应对这种需求，还存在知识准备、研究方法和成果转化等方面的诸多不足。其次，应用研究直接照搬西方研究成果较多，真正扎根中国大地，服务于中国现实问题的应用研究少之又少。西方心理学的概念和应用是根植于西方社会现实提出来的，例如，美国心理学界对种族刻板印象研究非常透彻，研究成果和范式非常多，其原因在于他们所处的社会是一个多种族的社会，种族刻板印象或歧视是其一种普遍的社会现象。因此，完全照搬西方的概念，将其应用于中国的社会现实，是不太恰当的。但是，我们缺乏必要的自信，大多数概念和理论都是借鉴西方的，很多研究都跟随西方，这样的研究成果很难对中国人的社会实践产生深远的影响。最后，有国际影响力的应用研究还比较少。由于我们大多数心理学工作者跟随西方心理学界，真正独立做自己的应用研究较少，所以真正在国际上有较大影响力的研究还较为欠缺。

这是中国应用心理学当前面临的主要问题。如果长期这样下去，中国应用心理学得不到社会公众的认同和支持，就好比幼苗离开了土壤，这对于应用心理学甚至整个心理学的学科发展极为不利。我们该如何走出当前的困境？应用心理学快速发展的关键在于人才。因此，从现在开始，应用心理学界迫切需要培养一批高素质的应用心理学人才，这是一条可脱离当前困境的可行之路。什么是高素质应用心理学人才？我想，应用心理学人才首先要具备优秀的中国传统文化底蕴和人文素养，同时也要关照中国社会现实，深刻理解中国的世道人心。其次，要扎实掌握多元心理学方法和技术。应用心理学面临的问题是复杂的社会现实问题，往往需要采用多元方法和技术来共同指向同一现实问题。应用心理学人才要根据所研究的问题，学习国际前沿方法和技术，同时结合传统的方法，全面揭示所要研究的问题。例如，采用虚拟现实的方法来研究飞行员空间定向问题，采用大数据的方法来研究社会情绪变化问题。最后，要具有一定的国际视野。我们倡导应用心理学要为中国现实服务，但并不是说要安于一隅。中国应用心理学科研工作者应该更多地去国际舞台展示中国应用心理学的特色，提高中国应用心理学的话语权，为世界上其他国家和民族提供中国方案与中国智慧。

基于我国社会对应用心理学的迫切需求和高素质应用心理学人才培养的需要，浙江教育出版社组织国内多位专家翻译“西方应用心理学前沿译丛”，主要目的在于培养中国应用心理学的年轻一代，增强他们服务于国家重大战略、服务于社会的能力。学习西方和为中国社会现实服务是不矛盾的。人们常说，他山之石，可以攻玉。通过这套书，人们能够更好地了解国际应用心理学前沿，更为深刻地了解这些问题从何而来，为什么是前沿的科学问题；能够学习西方应用心理学是如何关注西方社会现实的，同时培养我们自己关照中国社会现实的信念；能够学习西方应用心理学的前沿方法和技术，将这些方法和技术应用于探索中国社会亟待解决的社会问题，从而产生较大的社会效益。

“西方应用心理学前沿译丛”对当今令人关注的应用心理学领域进行了介绍和整合，第一辑包括《法律心理学：研究与应用》《工作与职业心理学》《脑与商业活动——卓越领导者的神经科学》《金钱心理学》和《航空心理学与人因》5本。其中，《法律心理学：研究与应用》运用专业的心理学知识和研究发现来解析日常生活中真实的法律案例，通过阅读这本书，读者能够学习到很多专门领域的知识，包括家庭法律心理学、警察和公共安全心理学等；《工作与职业心理学》基于前沿的研究，详细阐述了职业心理学的过去、现状和未来，还勾勒出职业心理学的八个关键研究领域（这本书对于即使没有任何职业心理学先验知识的读者来说也是适用的）；《脑与商业活动——卓越领导者的神经科学》根据最新的脑科学研究进展，对领导如何与员工相处提出了新的策略；《航空心理学与人因》阐述了心理学如何应用于航空系统设计、飞行员选拔和训练、航空安全和乘客行为等方面，对于想要了解航空心理学的读者有着独特价值。

总览整套"西方应用心理学前沿译丛"，这套书具有许多特色。第一，紧跟时代前沿，代表了西方应用心理学最新研究成果。商业、法律、职业、金钱和航空航天都是这个时代最受人关注的主题。这套书紧跟时代潮流，总结了相关心理学领域的最新成果。第二，基础研究与应用研究的结合较为完美。应用心理学不只是应用，也离不开基础研究。基础研究是应用研究的根基。只有通过基础研究，阐释现实世界的客观规律及其发生机制，打下坚实的根基，才能有深度地洞察现实世界，才能给应用提供有效的指导。这套书的大部分作者，既有在所在领域从事基础科学研究的经历，也有实践的经历。例如，《金钱心理学》的作者阿德里安·富尔汉姆(Adrian Furnham)是英国的组织和管理心理学家，同时也拥有自己的管理咨询公司；《航空心理学与人因》的两位作者，均在飞行员的心理选拔领域做了不少研究，而且两位分别在挪威空军和美国联邦航空管理局工作过，其中一名作者还曾是飞行员。他们的基础研究和实践经历，能够为他们的写作提供丰富的养料，使得书中的内容既具有科学性，又具有实践性。第三，这套书整体上通俗易懂，可读性强。尽管这套书讲述相对复杂的专业知识，但它们跟实际生活联系紧密，写法上也通俗易懂，适合不同层次的读者学习。综合上述三个特点，这套书不仅适合高等院校应用心理学的本科生、研究生、教师阅读和学习，也适合对法律心理学、金钱心理学、商业心理学、航空心理学等领域感兴趣的社会各界人士阅读。

“西方应用心理学前沿译丛”的顺利出版，首先要感谢我的同事和朋友们，包括南开大学的乐国安教授，华东师范大学的刘永芳教授、郭秀艳教授，暨南大学的叶茂林教授。他们都是活跃在当今应用心理学界的中青年心理学家，都是应用心理学界科研和社会实践中的专家。他们年富力强，经验丰富，严谨认真。感谢他们在从事繁重的科学研究工作的同时，为这套书的翻译出版花费了无数心血！同时，这套书的顺利出版，也得益于浙江教育出版社领导的高瞻远瞩，及时引进；感谢浙江教育出版社的编辑们，他们的专业技能和严格要求为这套书的质量提供了保障。

时光不语，静待花开。我想，所有人为这套书的高质量出版所做出的努力，在不久的未来一定会有回报。在不久的将来，中国应用心理学界人才辈出，扎根于中国大地，关照中国社会现实，在服务于国家重大战略和社会需求中不断成长，同时科研成果具有世界影响力。这是我们最愿意看到的。

是为序。

游旭群

陕西师范大学

2019年6月

# 译者序

TRANSLATOR'S PREFACE

始有科学心理学，便有职业心理学！心理学在工作和职业领域的应用，几乎是伴随着心理学的诞生就开始了！最早运用心理学原理解决组织问题的学者是实验心理学家。公认的这方面的先驱之一便是实验心理学家并兼任大学教授的闵斯特伯格（Hugo Münsterberg）。他在19世纪末就开始用实验心理学的方法研究实际的工业领域中的问题，他当时在哈佛大学所创设的实验室也成了工业心理学活动的基地。经过100多年的发展，心理学在组织中的应用从一个只被极少数实践者和教授知晓的很小的领域，发展成为如今心理学界影响力颇大的一个专业领域！从最初将心理学测评应用到人员的选聘，到影响整个管理理念的霍桑实验，到丰富多彩的激励理论、领导理论，到员工身心健康保障等等方面，其对心理学原理的探索与应用取得了堪称辉煌而卓越的成就！该领域值得我们给予持续的高强度关注！

在我国，早在上个世纪30年代初，张耀翔先生就如何将心理学原理应用到商店招牌的设计中以更好招徕顾客开展了研究，陈立先生、周先庚先生等曾在机车厂就劳动环境、库存管理、疲劳等问题以及纺织业的室温、照明和择工测验等实际问题进行了研究。可见，我国关于工作与职业心理学方面的研究可谓起步不算晚！但颇为可惜的是，后续的发展可谓是一波三折，至今在理论研究方面，特别是实际应用方面与欧美国家还有相当大差距，需要我们奋起直追。其中一个很重要的手段就是“拿来主义”！浙江教育出版社此次组织出版的西方应用心理学译丛，正是顺应时势之佳举！我亦有幸担任丛书中《工作与职业心理学》的主译工作。接受任务时，心颇忐忑，因为在国内出版翻译的有关此领域的书籍可谓林林总总，其中不乏经典之作！再做此事，是否画蛇添足？但我当时还是欣然应允，盖因此书有如下特点：

1. 全面而系统地介绍了工作与职业心理学的各个领域

本书通过3部分共13章，全面而系统地介绍了工作与职业心理学的八大核心领域。从探索职业心理学的性质和历史开始，为我们明晰了职业心理学与人力资源或管理咨询的区别，强调了作为职业心理学工作者应该遵循的道德伦理原则。接着用最主要的篇幅逐一阐释了员工关系和激励、咨询和个人发展、职业生涯发展和评估、环境和工作设计（健康、安全和幸福）、组织发展与变革、选拔与测评、培训、自动化和人机交互等工作与职业心理学所涉及的核心领域及具体内容。最后用两章的篇幅为我们呈现了职业心理学的未来、职业心理学工作者基于新兴的趋势而可能拥有的发展机会并就工作与职业心理学的发展进行了反思，这也是一般的工作与职业心理学或工业与组织心理学的书籍所没有的，抑或没有用这么大的篇幅来予以详尽介绍并作出这样较为深入的思考。全书语言朴实、内容丰富、资料翔实、立足实践、形式多样，无论是工作与职业心理学的爱好者，还是该领域的专业人员，均可从中有所获益。

2. 更多从“人”的视角来阐述工业与组织心理学领域的问题，视角新颖

有别于已有的工业与组织心理学的书籍，本书取名《工作与职业心理学》。虽然职业心理学在美国称为工业与组织心理学，但相较于经典的工业与组织心理学，我们还是能体会到其中的不同的编著理念和选材视角。

一般而言，工业与组织心理学通常都是站在组织的角度，来探讨如何利用心理学原理来提高员工的积极性，从而达到提升组织绩效的目的。虽然也强调关注工作中的“人”，但落脚点还是为了“组织”。本书的关注点当然是工作场所中的人，其落脚点当然包括提升组织的运行绩效，但更关注工作场所中的人的发展，关注从事工作与职业心理学这个领域工作的人的发展。

首先，我们可以看到，本书内容的编排与一般的工业与组织心理学的书

籍不一样。本书用了前7章的重要篇幅，来阐述从事工作和职业心理学工作的人以及工作场所中人的评价、健康、安全与职业生涯发展问题，这说明编著者关注人的发展超过关注组织的发展。

其次，从书中我们还可看到，作者用较大篇幅的第三章来专门阐释从事职业心理学所需要的技巧和伦理道德原则，这是其他同类书籍所没有的。这说明作者既关注从事这个领域工作的人的本身的发展，但更加关注在开展这方面的工作时应该尊重自己的工作对象！

我们通常认为，将心理学的原理应用到实际工作中，其目的是为了让组织运行更有效。但我们别忘了，我们的工作对象是活生生的人！正如马斯洛所著的一本书的书名所言：《别忘了，我们都是人》！我们不能为了所谓的组织高绩效而损人！现实生活中，打着以人为本旗号实则干着毁人行径的情形亦不少见。千万不能将心理学在实践领域的应用异化为管理小伎俩，堕落成厚黑学！十九大报告指明，我国社会主要矛盾已经转化为人民日益增长的美好生活需要和不平衡不充分的发展之间的矛盾。这说明干革命的目的就是为了美好生活！组织运行的目的也应该是组织成员的生活更加美好，进而整个社会成员的生活更加美好，我们整个社会更加美好！

3. 理论与实践紧密结合

心理学与工作实践紧密结合，特别是强调与职业心理学的工作实践紧密结合是本书的重要特点之一。首先，本书较为详尽地介绍了工作与职业心理学特别是英国工作与职业心理学实际工作的情况，包括实际生活中的工作与职业心理学从业者他们具体做哪些工作、他们扮演什么样的角色，告诉了读者要想成为一个职业心理学工作者需要具备哪些技能技巧和注册要求及具体操作流程，还提供了如何找到职业心理学工作的建议。其次，本书通过大量的“资料框”“职业心理学实践：工作中的一天”以及“实践工作者现身说法”等专栏，介绍了大量的案例，描述了职业心理学工作者的实际工作情景和具体工作内容以及方式方法，正如作者所言，本书“提供理论学习与实践技巧之间的简要联结，有助于增强从业者的绩效与专业性。”

4. 兼具英国背景与跨文化视野

目前国内所翻译出版的有关工业与组织心理学领域的书籍，几乎都是美国学者编著的，其他国家的包括欧洲国家的接近没有，可以说国内工业与组织心理学领域是“一边倒”，几乎全盘美化。翻译出版的英国学者编著的工作与职业心理学书籍，应该少之又少。本书不但详细地介绍了英国当代工作与职业心理学领域的概貌，英国职业心理学的发展历史，还详细阐述了在英国要成为注册职业心理学工作者的具体规定和资质要求以及注册流程等。其中的每一章都对英国的职业心理学工作者是如何开展实际工作的具体情形作了颇为详细的介绍，比方书中的专栏“职业心理学实践：工作中的一天”和“实践工作者现身说法”，可谓是细致入微！这么系统而全面的、详细介绍英国工作与职业心理学现状的书籍，在国内应该是首例！它在很大程度上有助于拓展我们的眼界，丰富我们的信息宝库。

但编著者并没有将眼光只聚焦于英国！书中通过英国与欧洲的对比分析、与美国还有其他国家和地区的职业心理学进行比较以及提供大量的跨文化的案例研究，体现了本书编著者广阔的跨文化视野。这样，使得该书既是英国背景的，又是全球多元化的！在一定程度上“既见树木，又见森林”，既是微观的又是宏观的。

5. 编排体例有益于学、教双方

本书在各章节内容安排上，先列出学习各章节后的可能获得的“学习成果”，紧接着用一段简明的“引言”提纲挈领地说明各章的主要内容，让读者一开始就有一个整体的把握，然后在阐述各章节具体内容时，穿插着列有各种练习、实践案例等的“资料盒”，在各章正文的最后以“小结”的形式对全章内容进行简单扼要的归纳总结。在小结之后还附有“深入探究”，列出了有助于深入学习的网址、参考书籍和论文等；各章最后还附有讨论题、样例论述题和样例测试题，帮助学习者开展复习，强化学习效果。书末还附有详细的作者索引和主题索引。这种体例根据学习者的学习活动规律进行编排，有利于学习者识记、理解和应用。同时，这样的编排体例也使得教学者更加明晰教学内容的重点、更好地把握教学活动的推进过程，使得教学活动可以做到顺理成章、水到渠成。同时，由于书中附有讨论题、案例分析题和测试题等等，这有助于教学者开展形式多样的教学活动，节省了收集这些资料的时间和精力，教学负担也得以减轻。

本书是由一个横跨理论与实践两个领域的团队编著的。主编之一的雷切尔·刘易斯博士(Dr Rachel Lewis) 是一名注册职业心理学家，在金斯顿商学院担任工业与组织心理学的讲师及课程主任，同时也是职业亲缘健康中心的主任。另一位主编拉腊·齐巴拉斯博士(Dr Lara Zibarras)，是伦敦城市大学的讲师以及注册职业心理学家。她们俩都有着丰富的工作与职业心理学的教学与科研经验，颇有建树，同时又都在实践领域浸染多年，熟悉实际工作的操作规则、运行机制和各种解决现实问题的技能技巧。由此，她们都深谙打通理论与实践两大领域通道的路径。编著团队中的其他成员要么是大学的工作与职业心理学教师，要么就是在该领域具有丰富实践经验，在业内颇有建树的实践工作者，要么也是横跨理论与实践两个领域的学者，他们就自己所擅长和专注的领域编写了不同的章节。就是这样一个强强联手的优秀团队，为我们奉献了一道颇具英伦风味的工作与职业心理学的丰盛大餐！

本书的翻译工作也是由一个团队合作完成的。叶茂林完成审校和部分章节的初译与复译工作，研究生彭昌怡、陈伍洋、李超虹、张敏、高璐、崔文龙、时阳、周炯、郭姝兰、张寒冰、向娇和刘江芹完成各章节的初译工作。本译丛的总主编游旭群教授及浙江教育出版社的吴颖华、赵露丹两位编辑和有关领导为本书的编译出版给予了大力的支持，在此对他们一并表示衷心的感谢！

工作与职业心理学涉及心理学的广泛领域和现实工作的方方面面，加之译者水平有限，译稿中存在不当之处在所难免，敬请专家、学者和广大读者批评指正！

译者

# 序 言

PREFACE

## 本书是如何编写的

### 第一部分

第一部分主要关注职业心理学这门学科。第1章，我们呈现了这个专业的简要历史并意图界定在当今的工作和个体的情境下，职业/组织心理学的含义。我们也勾勒了当今的职业心理学以及它与人力资源或管理咨询的不同。第2章，我们甚为详细地讨论了从事不同类型工作的职业心理学工作者。我们还介绍了你如何才能成为一位注册的职业心理学工作者。第1章和第2章，依据英国心理学会教学大纲（British Psychological Society Syllabus），我们介绍了职业心理学的八个重要领域。第二部分有八章，每一章都如下文所述，均聚焦于这些核心领域的其中一个。

第3章，我们探讨了作为职业心理学工作者，在进行研究和实践工作时所应该遵循的伦理和掌握的研究技巧。我们将为大家介绍学习职业心理学所需要掌握的关键概念，诸如开展文献综述、研究设计以及进行定性与定量研究和分析的技术。

### 第二部分

为了奉献给大家更多职业心理学工作者有趣的方面，从而让你更能投入到书中所介绍的理论和模型中去，第二部分的每一章都包含本领域中重要的从业者和杰出的学者。这不仅能使你熟悉“众所周知”的人物，还能就他们的学术和实践活动，他们的工作是如何相互影响，以及作为职业心理学工作者，理论和实践又是如何彰显其工作的，为大家提供更多的知识。

第4章：员工关系和激励

伊恩·科因和菲奥纳·加文编写

罗布·布莱恩和吉萨恩·普鲁通亦有贡献

本章介绍了组织中的雇主—雇员关系；围绕员工关系、工作动机、管理多元化、工作场所冲突以及工作场所辱虐等五个方面加以组织。

第5章：咨询和个人发展

安德鲁·金德，凯文·宁德，黛安娜·艾奇逊和尤金·法雷尔编写

富兰克·邦德和朱莉安·迈尔斯亦有贡献

本章由两部分构成。第一部分介绍了工作和职业心理学、职业选择的理论，阐述该领域所使用的方式、方法和工具；第二部分从理论层面的咨询转向实际工作的咨询，关注咨询的专业问题和结果评估的问题。

第6章：职业生涯发展与评估

朱丽特·阿尔班-梅特卡夫编写

比弗利·艾力默-梅特卡夫亦有贡献

本章关注组织中职业生涯发展的意义和情境。本章的主体部分是深度绩效评估。主要围绕绩效评估的设计与开发的方法、绩效评估产生的偏差及其影响以及组织中绩效评估体系的未来方向等内容进行编写。

第7章：工作环境设计：健康、安全和幸福感

费米达哈·穆尼尔和希拉里·麦克德莫特编写

伊凡·罗伯逊和艾玛·当纳德森-菲尔德亦有贡献

本章在介绍问题解决的整体方案以及与健康和安全相关的步骤之前，先就与健康、安全以及公平方案有关的法律问题进行考察。然后对工作与工作环境设计的组织和情境问题展开探究，特别关注可以提升健康水平和幸福感

的工作场所设计与管理。

第8章：组织发展与变革

奈杰尔·古诺和大卫·比格斯编写

萨拉·刘易斯亦有贡献

本章介绍组织发展与变革的重要概念，特别关注计划性变革模型，职业心理学工作者作为代理人或代表者在变革中的角色，变革对组织文化、过程、结构与战略的影响，同时我们还将关注决策、领导和沟通等方面的内容。

第9章：选拔与评估

安娜·科茨瓦拉和维基·阿什沃斯编写

菲奥娜·帕特森和莫拉·科林亦有贡献

本章介绍了对选拔与评估（S & A）相关的核心学术与理论原理的理解；包括选拔与测评的概览，组织中的选拔系统，工作分析的角色，测评方法，测评设计的原则和方法论，选拔中的多样性和公平性，候选人经验和选拔测评的未来发展。

第10章：培训

卡迈勒·伯迪和特蕾西·瑞德编写

库尔特·克雷格和阿拉斯泰尔·华莱士亦有贡献

本章探究了关于工作中培训和开发活动的设计、实施和评估方面的内容，包括培训周期的介绍、培训与开发的方法以及影响培训效果的因素。

第11章：自动化与人机交互

梵琉尼·维马拉西里编写

钱德拉·哈里森亦有贡献

本章对自动化和人机交互领域的核心学术与理论原理进行了探讨；包括

对该领域的概览、陈列设计、控制设计、交互程序学习、人因误差和使用者中心设计。本章也对工作场所中诸如虚拟工作、人工智能和机器人技术（AI/robotics）的出现进行了思考，考虑了自动化和人机交互（HMI）未来在职业心理学中的意义和作用。

重要提示：尽管我们已经根据英国心理学会（BPS）教学大纲将所有内容进行了结构化并分为相互独立的章节，但非常重要的一点是，我们需要明白在现实生活中，工作并不会完全像这些分类一样各自独立，每个部分之间都会有所融合和重叠。以雷切尔·刘易斯最近一项关于员工敬业度水平的研究为例。

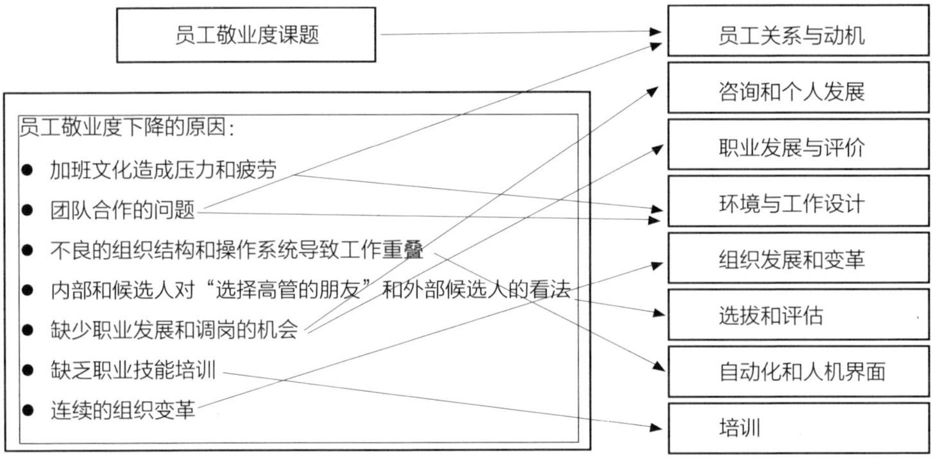


上述图表说明了尽管所有的课题都属于“员工关系和激励”的范畴，但是员工敬业度下降的原因具体可归为八个方面。

在本书第二部分的每一章中，我们将这八个部分相关的具体内容、杰出从业者的实践及学者的研究相结合，旨在为读者提供最实用的信息。这些包括：

- 学习成果与BPS教学大纲的关系；
- 尽可能涵盖道德和跨文化问题的小型案例研究；

- “职业心理学实践”部分详述了情境理论；
- 讨论题；
- 样例论述题和测试题；
- “深入探究”部分列出了一些有用的网站链接、书籍和文章；
- “工作的一天”部分，我们采访了杰出的学者或从业者，目的是让读者有机会了解相关领域的关键人物，并更多地了解职业心理学工作者的日常工作与生活；
- 参考文献。

### 第三部分

最后，在本书的第三部分，我们将围绕职业心理学的未来（第12章）和职业心理学工作者的未来（第13章）来聚焦工作场所的未来趋势。在第12章，我们探讨了英国的一些新兴变化以及英国在未来将可能变成什么样。我们探究了一些工作场所的新兴变化并讨论了这些变化将如何影响职业心理学的未来。在第13章，我们考察了职业心理学工作者将会因为最近的金融危机（译者注：原著于2013年出版，这里的金融危机指2008年金融危机）而承担越来越多的角色。我们讨论了职业心理学工作者基于新兴的趋势而获得的工作场所中的机会，这些趋势在第1章和第13章都讨论过。最后，我们探讨了职业心理学工作者未来所需要的一些技能技巧。

# 关于编写者和贡献者

## ABOUT THE EDITORS AND CONTRIBUTORS

雷切尔·刘易斯博士（Dr Rachel Lewis）是一名注册职业心理学工作者，在金斯顿商学院担任工业与组织心理学讲师及课程主任，同时也是职业亲缘健康中心的主任。她将自己的学术事业与定期的会议、演讲、咨询和培训相结合，重点关注领导力、管理与员工心理健康的关系。她2012年完成了新Wiley-Blackwell（一个电子期刊数据库）中领导力手册的修订工作，这一手册于2013年1月出版。

拉腊·齐巴拉斯博士（Dr Lara Zibarras）是伦敦城市大学的一名讲师以及注册职业心理学工作者。她的研究关注点主要在员工选择（尤其是候选者的视角）、工作场所中的亲环境行为以及创新。她已经在学术期刊上发表了许多研究成果并且在国内外的学术会议上作报告。同时，拉腊还在公共或私人的组织机构中担任职业选择、培训、发展和心理测量评估方面的咨询工作。

黛安娜·艾奇逊（和凯文·宁德）[Diane Aitchison（along with Kevin Nind）] 是一家名为All in the Mind公司的联合创始人，该公司创立于2003年，公司主要是帮助雇员和个体挖掘自身潜力，实现自身的最高水平。黛安娜和凯文都是通过英国心理学会在职业健康专业协会（HPC）注册的职业心理学工作者。他们专注于领导力与管理发展（包括培训、工作坊、发展中心和训练）、职业评估、压力管理和绩效管理。他们在公共服务、汽车、工程、金融、房地产、制药以及零售等各个行业帮助了大批的雇员，拥有丰富的经验。他们努力招募、发展和支持各个层次的雇员，从高级管理人员到一线职员；同时也支持了我们的雇员，为我们的持续成功和未来的专业化做出了贡献。此外，黛安娜和凯文还在英国心理学会评估和确保职业测试训练的相关课程符合BPS的严格标准，帮助新的心理学工作者顺利通过注册。

朱丽特·阿尔班-梅特卡夫（Juliette Alban-Metcalfe）是一名注册的职业心理学工作者，同时也是真实世界集团［Real World Group（www.realworld-group.com）］的CEO。她的研究兴趣在于通过领导力提高员工的工作投入、多样化和包容性。基于她和同事的研究，朱丽特在众多会议上进行演讲，发表了大量的文章，和全球范围内的组织进行合作。她在伦敦大学伯克贝克学院和美国西储大学分别获得组织心理学和积极组织发展与变革的硕士学位。

维基·阿什沃斯（Vicki Ashworth）是工作心理学的高级心理咨询专家，同时也是职业健康专业协会的特许和注册职业心理学工作者。维基擅长在企业或公共部门中与雇员、股东们密切合作，以确保所推荐的方法适合目的，反映最前沿的实践和理论。她的专业领域包括评价中心设计与评估，发展心理测量相关的情境评价测验，工作分析以及胜任力模型。她同时也将自己在这些领域的研究成果发表在大量的学术期刊上，并在国内外的学术会议上作报告。此前，维基就职于英国警务联络中心（NPIA），一个为警察服务提供评估及解决方案的机构。

大卫·比格斯博士（Dr David Biggs）是格罗斯特郡大学工业与组织心理学MScs项目主任。大卫作为咨询专家提供有关培训、招聘及研究服务的帮助，并且仍然在这一领域进行辅助性的工作。大卫的研究兴趣在非传统的雇用、工作以及咨询中新技术的使用等方面。最近，他根据工人间的关系、领导力和组织变革对管理现象进行了研究。

卡迈勒·伯迪博士（Dr Kamal Birdi）是谢菲尔德大学工作心理学研究所的高级讲师，同时也是一名注册职业心理学工作者。他在评估和提升员工培训与发展干预、发展员工创造力及其对组织创新的影响等相关领域从事了近二十年的研究工作。2010年，卡迈勒·伯迪博士被英国心理学会的职业心理学分会授予学术贡献实践奖，以嘉奖他在提升组织实践方面所做出的努力。

伊恩·科因博士（Dr Iain Coyne）是诺丁汉大学的工作、健康和组织研究所的一名副教授，同时也是一名注册职业心理学工作者。在诺丁汉，科因博士教授员工关系与创新，但是他的研究兴趣在工作中的欺凌行为和生产/反生产行为方面。他撰写了大量的学术论文并在国内外的学术会议中作报告，并且修订了一本有关不同情境下工作欺凌的书。

尤金·法雷尔（Eugene Farrell）在公共和私人的卫生保健方面有超过二十五年的工作经验，并且近十五年致力于员工支持服务的发展，包括整合的卫生保健、缺位管理、员工帮助、心理健康和职业健康服务。并且，他在员工的压力、缺勤、出勤、财务健康、身体健康和员工帮助计划的有效性方面进行了大量的研究并发表了相关研究成果。他还是英国职业援助协会的前任主席，总部设在美国的全球组织与员工促进（EAP）协会国际总监，以及雇员援助欧洲联合会的董事会成员。

菲奥纳·加文博士（Dr Fiona Gavin）是一名特许职业心理学工作者，目前在诺丁汉大学担任职业心理学讲师。她的研究兴趣主要集中在工作场所多样性和现代歧视形式。她的合作者包括公共部门、私营部门和慈善组织，包括那些具有国家和国际背景的组织。菲奥纳在斯特拉斯堡完成了欧洲委员会的多元化审计工作后，最近与欧洲议会合作，研究欧洲扩大对欧洲各国雇员的影响。

奈杰尔·古诺博士（Dr Nigel Guenole）是伦敦大学金史密斯管理学院工作心理学讲师和职业心理学理学硕士项目主任，同时也是伦敦肯耐珂萨（Kenexa）高性能研究所的研究主任。古诺博士的工作重点是人员选择和发展的心理概况，领导能力开发和组织绩效。他的研究曾发表在国际期刊上，他同时也是国际心理学大会的常规主持人。

安德鲁·金德（Andrew Kinder）是一名特许咨询和特许职业心理学工作者。他是英国咨询和心理治疗协会工作场所分部的前任主席，也是英国员工援助专业人员协会（EAPA UK）的副主席，最近因其对工作场所咨询的贡献而获得了英国心理咨询和治疗协会（BACP）的嘉奖。作为首席心理学工作者，他为大型职业健康/咨询服务提供者工作。他在个人韧性、辅导、压力管理、创伤支持和员工援助计划/工作场所咨询等领域发表了多篇文章。

安娜·科茨瓦拉博士（Dr Anna Koczwara）是一名注册职业心理学工作者，在人员选拔、评估和组织发展方面较为擅长。她因“在金融服务行业领导潜力的识别研究”而获得伦敦大学博士学位。2009年，安娜被评为英国心理学会年度职业心理学执业者。安娜担任工作心理学小组副主任，同时为本书做出贡献，后来成为苏格兰皇家银行集团的副主任。

希拉里·麦克德莫特博士（Dr Hilary McDermott）是拉夫堡大学体育、运动和健康科学学院的心理学讲师。她的研究专长涉及在工作和工作环境的背景下员工的健康、幸福感，预防伤害的重要性。目前的工作重点是户外休闲产业活动领导者的职业健康和幸福感。她在其研究领域的一些同行评审期刊上发表了她的研究成果。

费米达·穆尼尔博士（Dr Fehmidah Munir）是拉夫堡大学体育、运动和健康科学学院的高级心理学讲师。她的研究专长是了解和管理工作中的健康不良，设计和管理工作以提升职业健康和幸福感，了解个人和组织因素对出勤率、疾病、缺勤和重返工作岗位的影响。她还撰写了大量的学术文章，书籍章节和报告。

凯文·宁德（和黛安娜·艾奇逊）[Kevin Nind（along with Diane Aitchison）]是一家名为All in the Mind公司的联合创始人，该公司创立于2003年，公司主要是帮助雇员和个体挖掘自身潜力，实现自身的最高水平。黛安娜和凯文都是通过英国心理学会在职业健康专业协会（HPC）注册的职业心理学工作者。他们专注于领导力与管理发展（包括培训、工作坊、发展中心和训练）、职业评估、压力管理和绩效管理。他们在公共服务、汽车、工程、金融、房地产、制药以及零售等各个行业帮助了大批的雇员，拥有丰富的经验。他们努力招募、发展和支持各个层次的雇员，从高级管理人员到一线职员；同时也支持了我们的雇员，为我们的持续成功和未来的专业化做出了贡献。此外，黛安娜和凯文还在英国心理学会评估和确保职业测试训练的相关课程符合BPS的严格标准，帮助新的心理学工作者顺利通过注册。

特雷西·瑞德博士（Dr Tracey Reid）拥有超过二十年的人力资源管理经验，为包括当地政府在内的各种组织工作，目前为护理院行业提供压力管理和管理培训。她曾在谢菲尔德大学工作心理学研究所担任教学助理，及在赫尔大学担任教学研究员。她的研究主要集中在压力、健康和幸福方面，并特别强调随叫随到工作对个人的影响与这些结果的关系。她还是欧洲职业健康心理学学会会议的常规主持人。

梵琉尼·维马拉西里博士（Dr Varuni Wimalasiri）是埃克塞特大学商学院的特许职业心理学工作者和讲师。她的研究兴趣是人的因素和创造力。她的相关工作主要集中在理解和加强高风险工作环境中的决策，她与其他学者和从业者合作开发干预措施，以帮助改善容易出错（或有风险）的组织系统。梵琉尼根据她的研究工作撰写期刊论文和报告，并为学术工作者和从业者作会议报告。她还在她的专业领域开设课程，教授埃克塞特大学商学院研究生。

# 目　录

CONTENTS

第一部分

# 工作与职业心理学概述

# 第1章

# 3 什么是职业心理学

拉腊·齐巴拉斯和雷切尔·刘易斯

**学习成果**

学习完本章后，你将能够：

√ 拥有对英国职业心理学历史的整体认识；

√ 理解20世纪及进入21世纪，工作环境所发生的重大变化；

√ 在更为广泛的整体视野下，理解什么是当今的职业心理学；

√ 理解职业心理学是如何与其他领域加以区分的，比如人力资源和管理咨询。

## 引言

与工作和组织中的人有关的应用心理学领域有许多不同的名称。在英国，一般倾向于使用“职业心理学”（occupational psychology）这一术语。这是官方名称，并且受到了法律的保护。然而，你还可能碰到“组织心理学”（organisational psychology）、“商业心理学”（business psychology）、“工作心理学”（work psychology）等名称。在欧洲比较有共识的是使用“工作心理学”这一术语。而在美国，这一领域通常被称为“工业和组织心理学”（industrial and organisational psychology）（或者“I/O心理学”）。

所以，什么是职业心理学？宽泛而言，它是与工作和组织中的人类行为有关的应用心理学分支。根据英国心理学会（British Psychological Society, BPS）的定义，职业心理学是指心理科学对工作中的人的应用。这之中的工作一般被
4 认为是给予报酬的工作。也就是说，一些研究者和从业者们一直在不断加强探

索工作和非工作之间的联系，如工作时间和非工作时间之间日益模糊的界限（Brough & O'Driscoll, 2010）。

本章我们先探索职业心理学的历史，从20世纪早期萌芽一直到今天的职业心理学。接着，我们关注20世纪后期和21世纪早期工作环境有哪些重大变化，以及对职业心理学的影响。最后，我们将探讨职业心理学同其他相似领域的主要差异。

## 职业心理学简史

接下来的部分是对职业心理学历史的概述。你可能会问为什么我们需要了解这一专业的历史。答案是，了解职业心理学的历史有助于我们理解它是如何发展到现在这种状态的。对职业心理学历史的简述绝非是详细的历史记录，而是概括过去100余年这一领域的重大发展和变化。我们的目标是，通过了解这一领域的历史，让作为一个学生的你能理解当今职业心理学的背景。你可能会惊讶地看到，大多数我们认为是职业心理学中的“当代的”问题早在20世纪头10年就已经被讨论和探究了。

### 职业心理学：早年时期

早在1915年的英国，第一次世界大战期间，应用心理学研究就开始了，如探索工业中的疲劳和影响军工企业中工人健康与工作效率的因素。这些研究是由工业健康研究委员会（Industrial Health Research Board, IHRB）来开展的，且在20世纪30年代，IHRB就发布了关于工作时长、工业事故、视力和照明、职业指导和选择、时间和动作研究，以及工作和姿势的方法等方面的报告——尽管如史明和瓦里斯（Shimmin & Wallis，1994）所说，这些报告并没有引起人们巨大的兴趣，其中很多的报告很快就绝版了。不幸的是，IHRB几乎没有公布这些研究，也几乎没有将研究结果呈现给可能会使用它的人看。

1921年，查尔斯·迈尔斯（Charles Myers）（被认为是当时最杰出的英国心理学工作者之一）和一个重要的实业家亨利·韦尔奇（Henry Welch），成立了职业心理学历史上的一个重要机构（Kwiatkowski et al., 2006），即国家工业心理学研究所（National Institute of Industrial Psychology, NIIP）。它最初的目标是通过任何可行的方式推广促进心理和生理科学在商业和工业中的应用（Shimmin and Wallis, 1994:4）。NIIP被设想成将实用心理学引入工业中的非营利科学机构，因此，它的经费依赖于给企业开展的改善工作条件和绩效的诊断性调查与工作所获得的报酬。到1930年，许多机构与NIIP有联系，如英格兰银行（Bank of England）、洛克菲勒基金（Rockefeller Fund）、伦敦市法团（City of London Corporation）、劳埃德银行（Lloyds Bank）等等（Kwiatkowsiki et al., 2006）。那个时期，NIIP广为人知并拥有极大的影响力。

英国一度是开展职业心理学领域研究和实践的两大机构（NIIP和IHRB）的所在地。NIIP在20世纪30年代所进行的工作同IHRB一样多样化，关注职务分析、心理测试、面试和人才选拔等问题，这些为当代的思想铺垫了道路（Kwiatkowski et al., 2006）。比如，当前职业心理学中所说的“情商”或者“EQ”（Goleman, 1998），在心境、情绪和气质的概念范畴中已经被研究了80多年（Myers, 1920）；我们现在所指的企业中的“文化”在当时是以“氛围”的术语来被研究的（Miles, 1928）。“工作—生活平衡”的概念早在1937年就已被探索（Myers, 1937）；并且从方法论的视角来看，工作样本和工作日记研究方法当时就已经被运用（Wyatt & Western, 1920）。然而，由于NIIP给付费个人或组织提供指导，它们的研究被试大多具有专业背景。其他更广泛、多样群体的研究主要与IHRB有关（Frisby, 1970）。

由于20世纪30年代社会经济挑战如此巨大，这些前沿研究的结论变得模糊起来。1921年后，战后经济繁荣消失：许多企业在为生存而挣扎；众多人员失业，并且由于没有社会福利保障制度，也就没有了缓解困难的干预措施。此外，如煤矿基地、造船基地、钢铁基地等英国工业地区受到了巨大影响，且日益萧条。在这样不利的环境下，英国工业心理学工作者能生存下来真是不可思议，尤其是考虑到他们依赖于咨询工作（Rose, 1975）。

## “二战”时期

值得注意的是，如果没有诸如NIIP等机构中先驱者的工作，就完全没有“二战”后职业心理学的高速发展（Hearnshaw, 1964）。然而，直到“二战”期间（1939—1945），选拔程序才在军队中得到施行，战争办公室选拔委员会（War Office Selection Boards）得以建立。到战争结束时，包括海军和空军在内，300万新兵至少是部分通过心理学评价程序才进入军队的，大约200万男性和女性经历了一系列关于智力和受教育水平的测试。此外，在这些测试分数的基础 6
上，结合人口学数据，对许多新兵进行了面试和评价。凡农和帕里（Vernon & Parry，1949）详细描述了这三方面心理测评的过程和结果，这些被认为是关于差异心理学在英国大规模应用的最早技术记录之一，其中还包含了证明这些测评是否有效的后续数据（Shimmin & Wallis, 1994）。实际上，这些机构中的心理学工作者的成功得到了专家委员会报告的承认，声称心理学工作者可以代表科学、咨询以及其他与人事有关的委员会（Shimmin & Wallis, 1994）。这一背书表明了心理学工作者们所取得的巨大成就。

同时，剑桥心理学实验室开始研究人类技能和绩效，这些研究对应用心理学和新兴的人类环境改造学产生了持续性影响，特别是工作中技能获得和人机交互的研究。剑桥所进行的研究，一个显著特点是理论驱动取向（theory-drive approach），与之相对的是军队人事选拔服务中的一定程度的实用主义取向（pragmatic approach）（Shimmin & Wallis, 1994）。

## 战后政府组织中的心理学

由于心理学被成功地用于解决战时问题，在和平时期，它的应用条件更为有利。“二战”后几年的生活受战争后果所主导：新当选的工党着手国家重建时面临着人力、技术和经济的困境（Marwick, 1982）。问题包括使退役人员融入平民生活，同时又伴随着“冷战”的威胁，这意味着在进行国内重建时还需要保持军事力量。

然而，应用心理学被认为有解决这些问题的潜力，这对战后和接下来几十年职业心理学的发展有着深远的影响。尤其是心理学工作者在政府部门中开展的实践影响重大，尽管由于安全需要的限制（官方保密法案，the Official Secrets Act），这些心理学家在政府中开展的工作没有得到广泛的传播（Shimmin & Wallis, 1994）。不过，许多政府部门心理学工作者开展的工作为我们现在看到的职业心理学铺垫了前进的道路。比如，现代评价中心的基础是由政府部门工作的心理学工作者打下的，基于英国战争办公室选拔委员会（Murray, 1990）。评价中心方法的改进是由公务员考试委员会（Civil Service Selection Board）进行的（一些出版物中有记载，如Jones et al., 1991）。当然，评价中心应用在政府机构的一个显著作用是提供了大量利用心理学技术、评估和选拔技术得到的资料以
7 及其后续跟踪资料。由于心理学工作者已经在政府机构的应用中显现出评价中心的优越性，其后不久，评价中心技术也逐渐被其他实体企业和机构所采用。

心理学在公众服务上的另一个显著的进展，是从1950年开始，“心理学工作者”被确立为一个独立的职业。这就为某些期望专注于把职业心理学、实验心理学和社会心理学的技术应用于工作场所的人提供了机会。最开始这种机遇吸引了许多申请人，但是他们之间的许多人并不具备相对应的学位，即便他们满足了学位要求，也需要通过一个相对严格的选拔过程（Shimmin & Wallis, 1994）。

心理学也可应用于公务员的雇用与培训工作，这些工作由负责国家雇用政策的中枢机构开展。刚开始这种机构被称作劳工部（Ministry of Labour），但在1967年，它被重命名为就业与生产率部（Department of Employment and Productivity），并赋予干预就业、职业培训和工业关系的权力。第一个劳工局的心理学工作者被分配至就业重塑部门工作，这个部门最初的职能是为了帮助那些遭遇过工业意外的员工重新回到自己的岗位上工作。这些心理学工作者是在英国第一次参与对弱势群体提供全国性的服务。这种服务大多是对个人进行评估以及职业指导，至1968年，这个服务帮助超过12000名受伤者或残疾者重新获得工作（Shimmin & Wallis, 1994）。劳工局还配备了一些心理学工作者，向为那些辍学者提供职业和生涯指导的人员提供专业的支持，后来这种服务被命名为青少年就业服务（后来也被称作职业生涯服务）。这些心理学工作者能提供一些重要的建议，特别是那些用来评估职业兴趣与倾向的测评方法。

## "二战"后心理学在工业上的研究与应用

职业心理学在政府部门得到发展的同时，在工业领域的研究也得到了迅猛的发展，帮助英国工业有效地适应快速变化的世界。这些变化既包括孕育出新工作与新沟通方式的战时技术革新，也包括人们的期望与灵感的变化。战后时期的劳动力结构亦见证了深刻的变化：全职或者兼职工作的已婚妇女人数不断增加；由于一些工业的劳动力缺失，比如纺织业，以致从英国殖民地涌入的移民工人不断增加。

在20世纪50年代，最初的主要任务是战后恢复以及如何适应变化的社会经济和政治状况。但随着一种可以降低产品价格并且提高生产效率的新的生产技术的诞生，工业市场逐渐趋向繁盛（Marwick, 1982）。实际上，正是到了1957年，也就是战后管控彻底终止的那一年，富足的生活正式走进了寻常百姓家（Marwick, 1982）。

步入20世纪60年代早期，人们的观念和行为逐渐发生变化。在社会福利、 8
教育、就业和工业领域，人们似乎对有计划的干预和改善的可行性与收益持乐观的态度，例如"计划组织变化"，也就是以后众所周知的组织发展（Shimmin & Wallis, 1994）。总的来说，20世纪60年代是一个职业心理学的关注点和平衡点得以变革的阶段：人员选拔、职业指导、工效学和人员培训工作一直在持续不断地开展。然而，职业心理学在20世纪60年代的许多进展并未为人所知。这与心理学其他分支在那一时期的广为人知恰恰相反。正如尼尔森（Nelson, 1971）所指出，这是因为大量在组织内职业心理学工作者开展的工作并没有对外公开，比如，一些由咨询公司实施的工作出于保护隐私的原因并未公之于众；另外，在军事机构或公民服务中实施的工作也不能公开。

在此期间，职业心理学的专业性方面也有了显著的变化。1951年在弗里斯比（Frisby）的领导下，英国国立工业心理学学院（NIIP）对其章程作了修改，即"鼓励和推动工业与职业心理学的发展"（Kwiatkowski et al., 2016：185）：弱化"实际应用"的理念而关注科学化。为了取得工业研究协会的地位，NIIP在1956年也曾短时间与一些资源更好的高校，甚至与一些商业咨询机构开展竞争。但是，据记录（Kwiatkowski et al., 2006），NIIP在竞争中失去了自身的优势和动力，最终在1997年倒闭。格斯特（Guest，2006）认为，NIIP的失败是其糟糕的运营以及资金不足的结果。

另一个在职业心理学的历史上比较重要的机构是塔维斯托克研究所（Tavistock Institute），其成立于“二战”后的1946年。虽然这个机构更多地关注临床心理学而不是职业心理学（Guest, 2006），但它仍然对职业心理学的见解起了很大的作用。例如，通过对工作设计和员工生活质量的讨论（Emery & Thorsrud, 1976），这个机构影响了许多工业企业甚至是政府的决策。塔维斯托克研究所的方法有一个理论性的基础，可以为它们的工作提供一个强有力的智力支撑。当然，塔维斯托克研究所前期对煤矿研究（Trist et al.，1963）的结论为系统思考奠定了基础。组织作为一个开放的、与社会紧密联系的系统的理论由此诞生，代表着其中一个考量了个人、团队和组织的多层次框架理论。其他系统性思考包括对组织发展运动和行动研究中的理性问题。所有的这些方法和理论已广为人知。当然塔维斯托克研究所的一个关键特征是它的研究是基于证据，通过运用相关的理论和证据，致力于学术与实践的结合（Guest，2006）。

到了20世纪70年代，由于工业产业的收缩，公有产业和私有产业同时遭受
9 持续的打击，通货膨胀越来越严重，失业率不断上升，与世界市场如欧洲和远东的竞争愈加激烈（Marwick, 1982）。后来在20世纪80年代出现了一个短暂的经济繁荣时期，特别是金融、技术和服务领域一片繁荣，那段时间正是政府不断寻求降低成本、控制借贷规模的时期。这就意味着，那些依赖政府资金的组织，比如大学、研究机构和医院，在资源获取上受到了巨大的挤压。总的来说，20世纪80年代是一个社会经济大跃进的时期，在那个时期，我们处处可以看到英国的企业把它们的制造业转移到别的国家去，比如泰国、马来西亚和墨西哥，并在东欧各国扩大其市场经济的规模。在当时，英国的经济得到巨大飞跃，一部分原因是政府采用了自由放任的市场经济政策。

20世纪80年代，英国的经济和组织领域状况大大地增加了职业心理学发展的机会，特别是在咨询领域。许多众所周知的咨询公司在当时成立、发展和扩大规模。在1984年，彼特·萨维尔（Peter Saville）（后来是Saville & Holdsworth，SHL有限公司的合伙人）发表了职业人格问卷（OPQ）。

也是在这一时期，职业健康心理学（occupational health psychology, OHP）诞

生，它来源于健康心理学、职业/组织心理学和职业健康三者的结合。OHP关注的是工作场所的特点影响员工的心理发展和其他与心理健康相关的问题。1987年随着期刊《工作与压力》（*Work & Stress*）的创立，这个领域得到了迅猛的发展，并在随后的1999年，欧洲职业健康心理学会（European Academy of Occupational Health Psychology，EA-OHP）正式成立。

20世纪90年代以信息时代闻名。在这十年里，许多技术对普通老百姓而言方便获得且共用。这就导致了人们可以自由和即时地传递信息，并且能得到一些以前不能得到的或者难以找到的信息。信息爆炸是由一系列的因素导致的，包括经济全球化，如互联网之类的新媒体的广泛使用（Patterson, 2001）。同样在这个时期，出现了人才战争和人才管理这些词汇（Michaels et al., 2001）。随着劳动力的短缺，组织逐渐意识到企业招聘和留住有竞争力的员工之间的竞争越来越激烈：这是一场人才的战争（Lievens et al., 2002）。

我们的历史回顾到此结束，在接下来的章节和第二部分里，我们也会提到职业心理学理论和实践的不断发展。每个章节都会聚焦于职业心理学更加具体的领域（例如员工选拔、组织发展与变革），所以你们可以清楚地明白每个具体的领域如今是如何演变过来以及今后该如何发展。另外，在第三部分我们会谈到现今对工作场所的关注点和新兴的研究趋势，例如最近的金融危机、全球化等等国际大事。在我们继续下文之前，我记录了一些关于职业心理学如何从它最开始的状况一步步作出改变的普遍赞同的观点。

## 职业心理学的变化特征 10

起先，职业心理学（当时被称为工业心理学）主要是研究个体差异（Shimmin & Wallis，1994）的。研究的重点在于调查并解释与员工工作表现相关的属性，例如个体能力、技能、特质和人格。个体差异的概念是将个体作为主要分析对象，研究在选择、评估和职业指导中是什么支撑着员工的工作。由伦理审查委员会（Institutional Review Board, IRB）和NIIP进行的初步研究探讨了工作环境对人们工作的影响（持这一观点的主要研究人员更多采用的是社会心理学的视角），而20世纪40年代的研究人员主要是被训练成科学家一样，因而探讨人类行为的研究中使用的是实证主义的、经典的、科学的范式（Shimmin & Wallis，1994）。因此，职业心理学效仿自然科学的方法论，其目的是描述并解释各种现象，并在某种程度上进行概括。这种假设问题是明确定义的，研究能控制变量和测量，并有客观地将其科学地分离的能力。通过20世纪50年代的发展和人格因素分析模型，研究人员对个体差异的研究进一步扩大。

于是，大多数的职业心理学中的解决构想都聚焦在以个体表现为基础，以个体为单位进行的分析，但这些测评却与个体的工作环境相脱离。从20世纪60年代早期开始，科学视野中的分割和客观性观点，其潜在限制被广为认知，从社会心理学获取理念以及干预的方法开始崭露头角[如行动研究（Lewin，1954）]。因此，20世纪职业心理学在研究方法上发生了转变：将关注点从个体在指定工作中担任的工作角色转变为将组织看作一个整体，研究组织在更加广泛的社会、经济和政治环境中的功能。这些变化反映在工作环境发生改变的方式上。

现在我们简要介绍一些已经发生在工作场所的关键变化，并探讨这些变化在职业心理学的研究和实践中已经产生的结果。

## 11 工作环境的关键变化

过去的几十年中，人们的工作环境发生了一些重大变化，这些变化影响着人们的工作内容。随着企业全球化的发展，互联网革命和变革的快速发展已经影响到了个体的工作方式（Cascio & Aguinis，2008）。组织可能会越来越依赖于团队工作和合同工，而快速变化的工作角色需要（个体具有）灵活性、适应性和创新性（Herriot & Anderson, 1997）。接下来本文简要概述工作环境发生变化的几个关键路径。

### 技术

在过去的几百年里，技术出现了显著和迅速的变化。特别是互联网引发的新技术，使组织发生了深远的改变（Cascio & Aguinis，2008）。这也导致了员工在工作内容上发生了相当大的变化，只有极少数的角色没有受到电子技术的影响（Patterson，2001）。在不同的行业和部门里，一些工作角色的复杂性增加了，也有一些人面临着技术过剩所带来的结果。例如，在制造业公司，以前由人进行的工作已经被机器和机器人取代，这可能导致员工成为设备监视器而不是技术专家（Patterson，2001）。

成千上万的工人每天使用计算机以及数字化时代的其他产物——邮件、手机、互联网等。这扩大了员工分享大量数字信息的机会，并且使得员工可以随时随地地获得信息。由于技术的发展，出现了远程办公[如个人可以在家通过电脑和互联网工作，不必待在办公室里（Gajendran & Harrison, 2007）]，或者员工可以创造虚拟的团队或办公室。卡西欧和阿吉尼斯（Cascio & Aguinis）指出，在路上或者在家里越来越多地使用远程访问和移动技术，意味着：

> 21世纪的企业必须通过互联网适应自身的管理，并随之不断变化而非固定不变。围绕网络进行组织，没有严格的等级制度；建立在变化的合作伙伴和盟友之上，而不是自给自足；依靠技术优势构建而不是传统的厂房等。（2008：135）

这众多技术变革的结果就是，下列研究日益增多：人性化的设备和操作系 12
统的研究（有关这一领域的进一步研究详见第11章“自动化与人机交互”），开发培训方法来发展新的技能的研究（详见第10章“培训”），以及为了帮助那些因为技术发展和变化而失去工作的人进行的裁员辅导的研究（详见第5章“咨询与个人发展”）。

## 工作模式的变化

随着新技术的诞生，人们的工作模式发生了巨大改变，包括工作分担和弹性工作制的可能性（Patterson，2001）。与此同时，出现了工作时间的侵蚀现象：许多员工将持续通过移动设备监测并回应邮件，这导致员工无法从工作中脱离出来。

此外，20世纪80年代以来，组织都在力求减少员工人数，越来越依赖于外包合同和（或）临时或半永久性的工作人员。虽然这有可能降低组织内的就业和人员编制成本，但也可能会导致无形资产的损失，如组织认同感和工作满意度降低（Rousseau，2001）。创业的人数也在明显增加，投资组合工人的概念已经出现，在一次特定项目中，个人往往不只是在为一个公司工作，这被称为“投资组合法”（Bradley et al., 2000）。

一般情况下，许多职业的工作时长已经增加（Sparks et al., 2001）。这往往是由于雇主要求员工有更灵活的工作时间表，以满足延长的营业时间。这导致了大多数雇员的工作时间更长，工作时间的界限消弭。组织是否能够有效地管理工作和非工作需要显著影响着员工的健康与绩效。在工作模式上的所有变化使得研究人员更加关注反社会工作时长和轮班工作模式对员工的生理和心理影响。因而，在过去的十年中，引发了对工作—生活平衡的全面研究（Brough & Driscoll，2010）。研究表明，延长工作时间的确会对员工疲劳方面产生消极影响，也会降低绩效（Poissonnet & Veron，2000）。

## 劳动力的改变和全球化

英国的劳动力与几十年前相比有着惊人的不同。在英国的劳动力中，劳动人口比例发生了重大改变，妇女、少数民族裔和老年工人所占比例明显增加。
13 这些变化使得心理学工作者更多地研究工人（尤其是女性）所面临的工作与家庭责任相结合的问题，并为平等立法的实施做出贡献。

自20世纪70年代以来，立法已经变为保护劳动人口中的某些工人。法律规定，以性别、种族、残疾等理由歧视人是违法的。当属于某一特定群体中的某个人，直接由于属于这一特定群体，而不如不属于这一特定群体的人那么受喜爱，我们就说这是歧视。20世纪70年代以来的相关法案如下：

- 性别歧视法案1975
- 性别歧视（变性）条例1999
- 种族关系法案1976（2000年和2003年修订）
- 残疾歧视条例1995（2005年修订）
- 工作时间条例1998

- 兼职工作人员条例2000
- 固定期限员工条例2002
- 就业平等（性取向）条例2003
- 就业平等（宗教或信仰）条例2003
- 平等法案（详见下文）2010
- 派遣人员条例2010

2010年10月，平等法案立法。这一法案取代了以上罗列的所有法案，旨在成为一部保障工作场所中一致性和公平性的法律。此外，公共部门的“平等职责”（Equality Duty）于2011年4月生效。这项职责适用于公共机构和职能，并围绕平等法规有关的政策和服务的发展及实行。平等法案涵盖现有立法的一些方面（年龄，残疾，变性，宗族，宗教或信仰，性取向），同时还扩展了一些保护措施并加强了一些方面，比如引入联想的歧视和由于残疾所产生的歧视。派遣人员条例于2011年10月生效，并规定派遣人员（临时工和合同工）有权享有与雇员同等的待遇。也就是说，他们享有带薪年休假、休息、全国最低工资等权利。前提是他们必须完成该法规所规定的一个合格期为12周的工作。本书在第4章对该行为的影响和后果进行了详细阐述。

除这些法律在英国具体的实施之外，正在增强的全球化已通过减少贸易壁垒，如国际贸易关税和出口费用，而实现了全球经济的不断一体化。在组织中，14
通过国际间的劳动分工，这种趋势已经使物质财富、商品和服务不断增加。在集合了不同文化和国籍的工作环境下，对于职业心理学工作者来说，考察这种全球化对于工作环境的影响是十分重要的。在英国的许多工作环境下形成了这么一种趋势，许多不同文化被集合在一起，不论是从物理角度聚集在一个办公室还是虚拟化的聚集（例如总部在英国本土，呼叫中心部门的外包商在印度）。人力资源系统（招聘、培训、激励）面临的挑战是要与不同的文化和道德兼容（Landy & Conte, 2009）。这似乎已经成为21世纪多元的工作和生活环境中一个小小的方面。在你的职业生涯中，你将会与那些在文化价值和信仰上与你极为不同的同事、经理合作，这种可能性变得极大。

## 组织结构的改变

近年来，我们目睹了组织结构的巨大变化。一方面，从20世纪80年代开始，冗余的大型组织开始专注小型化和扁平化，另一方面，由于合并和并购，一些组织变得更加复杂。当今工作场所的进一步变化是许多中小型企业（SMEs，雇员少于250名的企业）在近20年来开始出现（Anderson et al., 2004; Wyatt et al., 2010）。在英国，估计超过99%的组织将会被归类到中小型企业，并且占私人部门雇用和流动的一半（BERR, 2008）。中小型企业为英国社会和经济的增长做出了重要的贡献。更多对组织结构和文化的讨论详参第8章。

由于20世纪80—90年代组织的成本削减和机构规模减少（的确，由于最近很多年的经济下行），老的雇佣关系就此崩塌。工作只是为了养家糊口的概念不再适用于现在年轻人的职业生涯（Loughlin & Barling, 2001）。因此，许多雇员现在将其关注点放在发展个人职业生涯计划来增加自身的市场适应性和就业能力上，而不再将雇主作为永久的老板。这导致对特定组织的认同感和忠诚度不断减少，也的确，在组织中因忠诚和认同感而获得奖赏是十分少见的（Wilkinson
15 et al., 2001）。个人发展与职业生涯理论将会在第5章得到更加深入的讨论。同样，雇主的要求也已经发生了改变：他们逐渐强调雇员的灵活性、适应性和创造力（Patterson, 2002），因此那些拥抱改变的雇员将会在这种动荡的组织中得到发展。关于雇佣关系，包括雇主的要求和雇员的选择，已产生了大量关注心理契约的研究（Conway & Briner, 2005; Guest，2004; Rousseau, 2001）。心理契约被认为是“抓住时代的精髓”（Guest, 1998:659）并反映着个体化的雇佣关系。心理契约在第4章将得到更多的讨论。

同时，还产生了一种新型的工人——知识型工人（Wilkison et al, 2001）。公司认同感的概念在某种程度上被重新定义，维持组织的知识资本，例如员工的知识、经验、创意和“公司记忆”，依赖于雇员的认同感和满意度。

## 当代职业心理学

大多数评论者对将职业心理学当作职业的想法持乐观态度（Guest, 2006;

Patterson, 2001）。如果将过去20年当作一个整体来看，职业心理学工作者的机会不断增加，即使在当前经济下行的环境中，这种状况依然没有改变。职业心理学领域得到了迅速的发展，不论是大型跨国企业还是公共部门，职业心理学工作者利用其丰富的理论和实践经验，对其运作起到了很大的帮助（Patterson, 2001）。的确，当代职业心理学在知识方面（Guest, 2006）、研究领域的多样性方面和实际应用方面都取得了飞速的发展，这是有目共睹的，这可以被认为是该领域健康发展的标志。这种发展不仅仅在领域内部，政府和工业领域对职业心理学专业知识的需求也在不断增加。此外，被政策制定者采纳的职业心理学建议对理论和实践的发展起到了推动作用（Guest, 2006）。

那么，我们怎样才能知道职业心理学的专业性的提高、研究领域的扩展和需求的增大呢？BPS委任备忘录不断列出领域内的空白，职业心理学论题的期刊不断增加都表明了此领域学术研究的持续进步。职业心理学覆盖的领域不断增加这一点，可从BPS的职业心理学分会（Division of Occupational Psychology, 16
DOP）年会上涉及的论题类型得以看到和反映。例如，1970年的第二次会议持续了一天半，准备的文章均与招聘和产业相关。然而多年之后的2012年，会议持续了将近三天，参会文章涉及七个领域，数量达八十多篇。论题的范围十分广泛，包括创新、技术、环境的可持续发展、风险控制、工作—生活平衡、压力和幸福感。最近创办的一个新的会议同样包括职业心理学，这个会议从属于主会议，主要对象是在读研究生和刚毕业的学生，参加会议的DOP成员逐年增加。与此同时，BPS授权的关于职业心理学的研究生课程数量也在不断增加，从1990的10门课增加到2012的25门课。

过去十年我们同样看到，工作行为研究的相关课程在不断增加，例如组织行为学、工作心理学、商业心理学等等。另外，我们看到职业心理学及相关课程，如心理学和工商管理，不断进入本科课程，同时也进入到工商管理和人力资源管理项目等研究生课程中。这表明职业心理学在英国的受欢迎程度很高且仍在不断增长。

职业心理学对工作领域有十分显著的影响。事实上，许多概念是职业心理学工作者提出来的，如绩效评估、能力测验和态度调查已经在当今的企业中得到广泛的应用。通过职场员工关系调查（Kersley et al, 2004），这些都能够得以考察，该调查问卷包含了大量英国组织中雇员关系和工作年限的状态。最近一个在2004年实施的调研显示，42%的组织使用了态度问卷，78%使用了绩效评估，46%使用了能力测验，19%使用了人格测量。在提倡使用以证据为基础的研究与实践的情况下，职业心理学工作者有机会在国家和企业政策及实践上起到显著的作用。职业心理学工作者在这些领域产生了积极的影响（见下面这几篇代表性的有影响力的文章：Michie & West, 2004; Patterson et al. , 2009; Silvester & Dykes, 2007）。

那么，职业心理学的研究和实践主要在哪些领域呢？BPS概括描述为八个
17 领域，统称为八个知识维度。这八个领域是：

1. 人机互动
2. 工作环境设计与健康、安全和幸福感
3. 人员选拔与评估
4. 绩效评估与职业生涯发展
5. 咨询与个人发展
6. 培训
7. 员工关系与激励
8. 组织发展与变革

如我们在序言中所指出的，你会发现本书的章节与上述领域类似。当你在接受成为职业心理学工作者所必需的训练时，你会看到这些领域并不是泾渭分明互不联系的。的确，你将会发现这些领域有很多的重叠部分，但是，仍然有一些区别能够帮助你学习应用心理学的这个领域。

## 什么是职业心理学的独特卖点

职业心理学的哪些研究和实践使它显得与众不同？哪些是它的独特卖点（unique selling point, USP）呢？职业心理学的许多方面都使它变得独一无二。我们同样引用了一些权威的学者和从业者对职业心理学独特卖点的看法。

朱丽安·迈尔斯（Miles），独立从业者，职业心理学指导者

> 我认为职业心理学工作者的独特卖点是通过专业训练和基于证据进行实践所带来的信任度。我们的品牌是我们是受过高度训练的专业人员，对工作中的人们有着深入的理解。这是为什么我们能够成为心理学从业者，能够紧随最新的行为科学研究发现，并将这种学习和日 18
> 常工作相结合的原因。同时我们也能够为客户提供遵循BPS专业水准的保障，特别是职业道德和行为准则方面的保障。

比弗利·艾力默-梅特卡夫（Alimo-Metcalfe,B.）教授，布拉德福德大学管理学院领导力教授，真实世界集团首席执行官

> 作为职业心理学工作者，我们郑重承诺会以严谨的研究来应对现实生活的挑战，并做到“有所作为”。另外，事实上还有很多研究者在咨询领域工作，他们将自己在工作经历中收集到的数据作为基础进行“石破天惊”的研究……

首先，也许是最重要的，职业心理学拥有科学依据。如果你回想本章的开始部分，你会记得BPS对职业心理学的定义是“将心理学的科学性应用于工作中的人们”。在你接受成为职业心理学工作者的培训时，你会熟悉重要的心理学模型、理论和研究，这些将成为你进行实践的基础。也就是说，研究是用来处理工作场所中的难题或问题的。你将会受训成为一名科学家—从业者，作为一名职业心理学工作者，时刻关注当前文献的研究结果对你来说非常重要，这样你的实践活动就可以用最新的研究作为指导。同样，很多主要在大学中工作和开展研究的研究者和学者们也是从业者，他们在组织中也同时开展重要的咨询工作。这就意味着，研究和实践的关键联系能够（也应该）得到维持。事实上，有人强烈认为，职业心理学工作者和其他旨在提高工作场所生产率的专业人员的根本区别是其实践拥有科学证据基础的支撑（Anderson et al，2001；Hodgkinson et al.，2001）。因此，科学家—从业者模型是我们独特的卖点。

弗兰克·邦德（Bond）教授，职业心理学教授，伦敦大学金史密斯学院心理系主任

> 我可以预料，虽然我是一名学者，但我认为职业心理学最重要
> 19 的一个USP是它的科学基础，尤其是它的应用优势来自于健全的科学理论、深入的分析和基于证据的结论。我们所能提供的超出其他学科的是，在处理顾客需求时对科学理论和方法的应用，无论顾客的需求是选择一项可靠的心理测验，进行严谨的工作分析，还是检验工作设计对健康和绩效的影响。

库尔特·克雷格（Kurt Kraiger）教授，科罗拉多州立大学工业组织心理学教授

> 我总是在强调职业心理学开展的研究在帮助组织对其人力资本作出更好决策中的作用。人力资源（作为一种内部职能）经常受法律上的顾虑或习惯所驱动——过去做过什么。管理顾问也经常受过去什么对他们是有效的所驱动。职业心理学工作者能基于大量证据或对特定公司的应用研究推荐干预措施。

在最开始的培训中，你将学习如何批判地分析和评价你看到的研究，这时你使用的就是基于证据的方法。通过对研究的批判性关注，你就能自己判断一个模型或理论如何在特定的工作环境中起作用。然后，你会学习如何使用这种特别的模型或理论去诊断问题、进行需求评估、制定解决方案和评估输出，以确保你的工作产生了积极影响。需要谨记的是，一个特定领域内的证据基础会根据研究的结果不断增长和改变，因此随时了解新的研究和文献对你来说非常重要。

伊凡·罗伯逊（Ivan Robertson）教授，利兹大学商学院组织心理学教授，罗伯逊·库伯有限公司主管

> 在我看来，职业心理学的独特卖点在于两大支柱：学科的科学基础和评估并改变人类行为的技术。一般来说心理学是一门混合型 20
> 学科，我认为将其过多地与物理科学进行比较是无意义的。然而，心理学的一个重要卖点是它的证据基础——并且这一证据会根据研究的结果而增长和改变。心理学工作者所能达到的测量精确性在心理测量领域可能是最易见到的，毫无意外，这成了专业职业心理学工作者最大的单一活跃领域。尽管正式的心理测量有用且重要，但是心理学工作者用来理解、评估和影响行为的整个方法代表了一种独特的宝贵贡献。

职业心理学的另外一个重要方面是职业心理学工作者在开展研究或制定解决方案时采用的多层次观点。从研究的观点看，职业心理学的一个独特方面是在开展现场研究时多采用多层次框架，即考虑了个体、团队和组织因素的重要性。通过优秀的研究设计、复杂的多变量分析和统计建模，职业心理学工作者能够找出变量之间的因果关系。这在评价研究时非常重要，这样我们就能建立两者，如压力管理干预和员工幸福感之间的直接联系。

实际上，我们大部分的实务工作，人力资源专家或管理咨询顾问都能且实际上也是他们在做——如设计甄选系统、变更管理措施、设计培训或绩效管理系统等等，不一而足。这就意味着，如果我们列出职业心理学工作者充当的角色和在组织内采取的措施和计划，这份列表和其他学科的列表可能非常相似。这会使那些不熟悉职业心理学的顾客难以看到我们的独特价值。

综上可知，并不是工作本身存在独特性，而是我们工作的方法独特——换言之是我们如何解决一个问题或一个组织需求。尽管其他学科的研究人员可能遵循一个案例研究或沿用他们过去使用的程序，我们的工作将基于我们的实验证据和理论——这样我们就可以推荐最有效的方法。正如工作心理学小组主管梅尔·凯琳（Maire Kerrin）博士所作的完美表述：

> 我觉得我们的USP必须与“心理学”这个词做到一致，这也是 21
> 当我们谈到自己的工作时吸引别人的点。虽然对我们来说最大的挑

战是人力资源顾问和管理咨询顾问总是做我们职业心理学工作者的工作，他们在我们工作的一些领域内的言论也颇具信度，但是我坚信我们作为职业心理学工作者能做的是采用一种理论，收集数据并检验这种理论，找出变量之间的关系等等。本质上，我们先提出一种假设，接着去检验它。人力资源顾问和管理咨询顾问们不做这些工作——他们通常使用案例研究作为他们工作的例子，而我们采用的是强有力的证据基础来支持我们的决策。

## 小结

本章开篇简要概述了职业心理学在英国的历史，及进入21世纪后工作环境发生的一些重要变化。接着我们谈到了这些变化给职业心理学的研究和实践带来了怎样的影响。我们简要介绍了职业心理学现在的含义，这在第2章中会详细介绍。最后，我们以职业心理学的独特卖点和其可能区别于其他领域（如人力资源顾问和管理咨询顾问）的一些方面来结束本章。

### 深入探究

扫描二维码，获取更多资源。

**讨论题**

1.你认为自20世纪中叶以来工作环境最重要的变革是什么？

2.思考一下如果没有电子邮件和电脑，工作会变成什么样——哪些方面会有不同？开展日常工作会变得更容易还是更难？为什么？

3.你会怎样向你的朋友描述职业心理学？

## 参考文献 22


Anderson, N., Herriot, P. and Hodgkinson, G. (2001) 'The practitioner-researcher divide in industrial, work and organisational (IWO) psychology: where are we now, and where do we go from here?', *Journal of Occupational and Organisational Psychology*, 74 (4):391–411.

Anderson, N., Lievens, F., van Dam, K. and Ryan, A.M. (2004) 'Future perspectives on employee selection: key directions for future research and practice', *Applied Psychology*, 53 (4): 487–501.

BERR (2008) Small and Medium Enterprise Statistics for the UK and Regions. http: // stats. berr. gov.uk/ed/sme/smestats2007-ukspr.pdf (accessed 23 September 2011).

Bradley, H., Erickson, M., Stephenson, C. and Williams, S. (2000) Myths at Work. Oxford: Blackwell.

Brough, P. and O'Driscoll, M.P. (2010) 'Organisational interventions for balancing work and home demands: an overview', Work & Stress, 24 (3): 280–97.

Casico, W.F. and Aguinis, H. (2008) 'Research in industrial and organisational psychology from 1963 to 2007: changes, choices, and trends', *Journal of Applied Psychology*, 93 (5): 1062–81.

Conway, N. and Briner, R.B. (2005) *Understanding Psychological Contracts At Work: A Critical Evaluation of Theory and Research*. Oxford: Oxford University Press.

Emery, F.E. and Thorsrud, E. (1976) *Democracy at Work: The Report of the Norwegian Industrial Democracy Program*. Leiden: Nijhoff Social Sciences Division.

Frisby, C. (1970) 'The development of industrial psychology at the NIIP', *Occupational Psychology*, 44: 35–50.

Gajendran, R.S. and Harrison, D.A. (2007) 'The good, the bad, and the unknown about telecommuting: meta-analysis of psychological mediators and individual consequences', *Journal of Applied Psychology*, 92 (6): 1524–41.

Goleman, D. (1998) *Working with Emotional Intelligence*. London: Bloomsbury.

Guest, D.E. (1998) 'Is the psychological contract worth taking seriously?', *Journal of organisational Behavior*, 19: 649–64.

Guest, D.E. (2004) 'The psychology of the employment relationship: an analysis based on the psychological contract', *Applied Psychology*, 53 (4): 541–55.

Guest, D.E. (2006) 'In praise of contemporary occupational psychology: a response to Kwiatkowski, Duncan and Shimmin', *Journal of Occupational and Organisational Psychology*, 79 (2): 207–11.

Hearnshaw, L. (1964) *A Short History of British Psychology*: *1840-1940*. Oxford: Barnes and Noble.

Herriot, P. and Anderson, N. (1997) 'Selecting for change: how will personnel and selection psychology survive', in P. Herriot and N. Anderson (eds) *International Handbook of Selection and Assessment*. Chichester: Wiley-Blackwell. pp. 1–34.

Hodgkinson, G., Herriot, P. and Anderson, N. (2001) 'Re-aligning the stakeholders in management research: lessons from industrial, work and organisational psychology', *British Journal of Management*, 12 (S1): S41–S48.

Jones, A., Herriot, P., Long, B. and Drakeley, R. (1991) 'Attempting to improve the validity of a well-established assessment centre', *Journal of Occupational Psychology*, 64 (1): 1–21.

Kersley, B., Alpin, C., Forth, J., Bryson, A., Bewley, H., Dix, G. and Oxenbridge, (2004) *First Findings from the 2004 Workplace Employment Relations Survey*. London: Routledge.

Kwiatkowski, R., Duncan, D.C. and Shimmin, S. (2006) 'What have we forgotten and why?', *Journal of Occupational and Organisational Psychology*, 79: 183–201.

Landy, F. J. and Conte, J. M. (2009) *Work in the 21st Century: An introduction to Industrial and Organisational Psychology*, vol. 3. Hoboken, NJ: Wiley-Blackwell.

Lewin, K. (1954) 'Group decision and social change', in G. E. Swanson, T.N. Newcomb and E. L. Hartley (eds), *Readings in Social Psychology*. New York: Holt, Rinehart, and Winston. pp. 459–73.

Lievens, F., van Dam, K. and Anderson, N. (2002) 'Recent trends and challenges in personnel selection', *Personnel Review*, 31 (5–6): 580–601.

Loughlin, C. and Barling, J. (2001) 'Young workers' work values, attitudes, and behaviours', *Journal of Occupational and Organisational Psychology*, 74 (4): 543–58.

Marwick, A. (1982) 'Print, pictures, and sound: the Second World War and the British experience', *Daedalus*, 111 (4): 135–55.

Michaels, E., Handfield-Jones, H. and Axelrod, B. (2001) *The War for Talent*. Boston, MA: Harvard Business School Press.

Michie, S. and West, M.A. (2004) 'Managing people and performance: an evidence based framework applied to health service organisations', *International Journal of Management Reviews*, 5–6 (2): 91–111.

Miles, G.H. (1928) 'The wide scope of psychology. In how psychology enters into the institute's factory investigations – a symposium', *Journal of the National Institute of Industrial Psychology*, 4 (1): 3–17.

Murray, H. (1990) 'The transformation of selection procedures: the War Office Selection Boards', in E. Trist and H. Murray (eds), *The Social Engagement of Social Science*. London: Tavistock Institute. pp. 45–67.

Myers, C.S. (1920) 'Psychology and industry', *British Journal of Psychology*, 10: 177–82.

Myers, C.S. (1937) *In the Realm of Mind*. Cambridge: Cambridge University Press.

Nelson, D. (1971) *Bibliography of British Psychological Research, 1960-1966*. London: HMSO.

Patterson, F. (2001) 'Developments in work psychology: emerging issues and future trends', *Journal of Occupational and Organisational Psychology*, 74 (4): 381–90.

Patterson, F. (2002) 'Great minds don't think alike? Person-level predictors of innovation at work', *International Review of Industrial and Organisational Psychology*, 17: 115–44.

Patterson, F., Baron, H., Carr, V., Plint, S. and Lane, P. (2009) 'Evaluation of three short-listing methodologies for selection into postgraduate training in general practice', *Medical Education*, 43 (1): 50–57.

Poissonnet, C.M. and Veron, M. (2000) 'Health effects of work schedules in healthcare professions', *Journal of Clinical Nursing*, 9 (1): 13–23.

Rose, M. (1975) *Industrial Behaviour: Theoretical Development since Taylor*. London: Allen Lane.

Rousseau, D.M. (2001) 'Schema, promise and mutuality: the building blocks of the psychological contract', *Journal of Occupational and Organisational Psychology*, 74 (4): 511–41.

Shimmin, S. and Wallis, D. (1994) *Fifty Years of Occupational Psychology in Britain*. Leicester: British Psychological Society.

Silvester, J. and Dykes, C. (2007) 'Selecting political candidates: a longitudinal study of assessment centre performance and political success in the 2005 UK general election', *Journal of Occupational and Organisational Psychology*, 80 (1): 11–25.

Sparks, K., Faragher, B. and Cooper, C.L. (2001) 'Well-being and occupational health in the 21st century workplace', *Journal of Occupational and Organisational Psychology*, 74 (4): 489–509.

Trist, E., Higgin, G., Murray, H. and Pollock, A. (1963) *Organisational Choice: Capabilities of Groups at the Coalface Under Changing Technologies*. London: Tavistock Publications.

Vernon, P.E. and Parry, J.B. (1949) *Personnel Selection in the British Forces*. London: University of London Press.

Wilkinson, A., Dundon, T., Marchington, M. and Ackers, P. (2001) 'Changing patterns of employee voice: case studies from the UK and Republic of Ireland', *Journal of Industrial Relations*, 46 (3) : 298–322.

Wyatt, M.R.R., Pathak, S.B. and Zibarras, L. (2010) 'Advancing selection in an SME: is best practice methodology applicable?', *International Small Business Journal*, 28 (3): 258–73.

Wyatt, S. and Western, H.C. (1920) 'A performance test under industrial conditions', *British Journal of Psychology*, 10 (4): 293–309.

# 第2章 什么是职业心理学工作者

拉腊·齐巴拉斯和雷切尔·刘易斯

**学习成果**

学习完本章后，你将能够：

√ 对于什么是职业心理学工作者以及他们在哪里工作有一个概括性了解；

√ 了解道德伦理在职业心理学研究和实践中的重要性；

√ 理解支撑起职业心理学这一学科的各领域知识；

√ 了解研究职业心理学的各种选择和成为一名执业职业心理学工作者的途径；

√ 知道成为一名执业职业心理学工作者对你来说是否是正确的选择；

√ 对成为一名职业心理学工作者必备的各类技能有一个概括性了解。

## 引言

本章的目的是为大家概述性地介绍什么是职业心理学工作者。我们希望通过一些“源于生活”的事例向大家普及职业心理学工作者这一职业，通过这些生活中的事例，你们可以更好地了解职业心理学工作者工作的类型。大家也可以在每章结尾部分看到更多关于职业心理学工作者的信息。另外，我们也将简要介绍如何开启你成为一名特许职业心理学工作者的旅程：首先你需要获得相关的专业知识；接着你需要将这些知识应用于实践操作中；最后，我们介绍了一些成为一名职业心理学工作者或在相关领域工作所需的关键技能。

# 什么是职业心理学工作者 26

## 他们做什么

正如你在第1章中所读到的，职业心理学的领域在不断扩大，包含许多不同的和复杂的主题。这些主题不仅涉及个人选择、人类工程学，还涉及组织的变化和发展。同样地，你也会看到，职业心理学工作者的研究或实践越来越集中于一个或几个领域。

广义而言，职业心理学关注的是工作中的人，以及员工、团队和组织是如何起作用的。因此，职业心理学工作者是把源于现实生活的心理学理论引入工作环境之中。通常来说，职业心理学工作者的目的是提高组织的效率，确保工作中的人员感到满意。他们所做的工作包含了咨询和顾问的角色，教学和研究的角色，以及在一些情况下偏技术性和行政的角色。

那么职业心理学工作者日常工作的一天会是怎样的呢？下面的例子是来自两位从业者和一位学者的“工作中的一天”。

罗博·布林纳（Rob Briner）教授，巴斯大学组织心理学教授

我的研究工作可能随时随地都在进行：从会议到咖啡厅到火车上甚至是飞机上。许多研究工作包含阅读、思考和写作，只需要一部可以联网的笔记本电脑即可进行我的研究。典型的与研究相关的任务包含收集和分析数据，与组织谈判，发表相关论文，作为同行评审期刊的审稿人，准备会议演讲，写拨款申请，与从业者探讨等等。我的工作中教学部分的时间和空间相对来说就更加固定了。虽然大量的研究督导通常采用Skype（免费电话软件）和电子邮件远程进行，但教学演讲通常还是在阶梯教室。

阿拉斯泰尔·华莱士（Alastair Wallace），布兰福特有限公司总经理

对我来说没有真正意义上典型的一天！还是让你来见识一下我
27 典型的一周吧，这样你可对我的工作类型和多样性有一个更清晰的认识。周一的时候，我促成了与伦敦的一家小型通讯机构的研讨会，来帮助董事会弄清楚他们新的企业资源计划（enterprise resource planning, ERP）系统的要求和关键绩效指标。周二，我在家完成绩效评估系统的设计，接着要在组织交流培训会议讨论和测试前，安排好员工和经理们的旅行计划。周三和周四，我飞到尼斯为一个大型的IT公司进行为期两天的冲突管理培训。参加培训的十二名代表来自八个不同国家，英语水平参差不齐！我在回家的航班上写了他们的评估报告和课程改进计划。周五，我一直在为一家大型的国际饮料制造商实施心理测评并提供反馈作为研发中心的一部分。

梅尔·凯琳博士，工作心理学小组主管

我的工作真的每天都不同。早上我可能会在办公室召开小组会议，接着可能会与会计师或财务或人力资源工作者开会，下午我会在一个类似圣戈班的客户那里给高级管理人员进行一对一的反馈工作，接着我会回办公室为某个组织写投标书或建议书。真没有典型的工作日，但是我觉得我在组织中的工作既包含一些关注组织内部的活动，也有一些关注组织外部的活动。当然在我们组织内部存在业务周期性，在每年的特定时候会特别忙碌，例如，9月到10月，接着是1月到3月。这是因为我们为客户做的工作存在高度重复性，客户们在每年的这些时候都要进行招聘和选拔，因此我们会有一段特别忙的时间来组织和开展这些活动。但是总的来说，我们的工作真的每天都不一样。

## 职业心理学工作者在哪里工作

职业心理学工作者的就业范围较广，就业公司多样，无论是在公共部门还

是私营部门都存在就业机会。只是因为工作角色类型的不同，薪水可能会存在 28
差别。大多数职业心理学工作者的工作角色都是下列四个岗位之一：

1. 作为大型民营企业（如苏格兰皇家银行、福特或博姿）或政府和公共服务部门的内部顾问（作为组织内部成员）。在英国，行政部门是职业心理学工作者的最大雇主之一，这些部门包括内政部、工作和养老金部以及国防部。在这里，职业心理学工作者可能要与其他专业人士如人力资源顾问、培训经理和来自本组织或特定行业的专家一起工作。
2. 作为外部顾问。这意味着他们将服务于咨询机构，在不同的组织和环境中工作。这种情况下，职业心理学工作者需要为许多不同的客户提供项目和解决方案，这些客户既可能来自公共部门，也可能来自私营部门。他们将服务的咨询公司范围从大型的测评企业（如SHL或OPP）到较小的民营咨询公司（如合益集团、萨维尔咨询、皮尔恩·坎都拉公司）。通常情况下，咨询公司各有所长，专攻他们承担的项目和为顾客提供的服务，例如，工作心理学小组在选拔和评估方案上是专家，“职业亲缘健康中心”（Affinity Health at Work）在职业健康方面就是专家。
3. 作为一名独立从业者——或者是作为合作伙伴（此种情况下你依照临时合同为其他咨询机构或组织工作），作为个体营业者（此种情况下你以自己的名义工作），或者是以有限公司的名义（此种情况下，你需要建立自己的咨询公司）。在实际情况中，绝大多数职业心理学工作者都包含于上述框架内。
4. 作为一名学者/研究者。这种角色可能是心理学系或商学院的讲师，或者也可能承担多种研究角色，可以在大学任教也可以不在大学任教。例如工作基金会或美国照明协会这些组织的内部研究者。

## 为什么职业心理学工作者通常不把自己称作职业心理学工作者

虽然你可能是位专业的职业心理学工作者，但是只有少数人的工作头衔真实反映出了这点。组织内部存在真正的职业心理学团队或部门的情况极少。在组织内部工作的职业心理学工作者倾向于在人力资源或评估服务或业务战略部

门工作——或者是其他组织功能或服务部门。因此，通常情况下，职业心理学
29 工作者更可能有其他头衔，例如人力资源经理、人才主管、评估服务经理、学习和发展经理、业务主管等等。在为组织选拔人才过程中与你打交道的人力资源经理事实上就是经过培训的或专业的职业心理学工作者。

更甚者，你会发现在咨询公司（甚至是专业的职业心理学咨询公司）中，职业心理学工作者经常被称为工作心理学工作者、组织心理学工作者或商业心理学工作者。这一事实表明，对那些不熟悉我们职业的人来说，很难分清职业心理学工作者和职业治疗师（他们的工作类型与我们相差巨大），因此，使用“工作”“组织”“商业”这样的称呼能使顾客对我们有个更清晰的了解。

这里我要重点声明，“职业心理学工作者”是一个受保护的头衔。作为职业心理学工作者，我们会受到英国卫生行业委员会也称HPC的监管（例如，医生）。为了使用“职业心理学工作者”这个头衔，我们必须在HPC注册，这样才能成为一名注册职业心理学工作者。如何成为一名注册职业心理学工作者会在本章后面部分探讨，总的来说你需要在获得职业心理学硕士学位后经历一段获得工作经验的过程（可能有薪也可能无薪），这段过程称作注册。注册由BPS负责管理，一旦你完成并通过了注册，之后就可以成为HPC的注册职业心理学工作者。这也可以解释为什么职业心理学工作者这个词在工作的世界中并不如你想象的那样常见。同时也表明，如果你看到谁使用职业心理学工作者这个头衔，你基本就可以确定这个人在其专业领域内具有较高水平的能力和经验。

## 为了成为一名职业心理学工作者我需要具备哪些技能

你要认识到在攻读硕士研究生期间你不可能学到职业心理学工作者需要的所有技能。这些技能是要慢慢积累的。在你攻读硕士研究生期间，你可能学到的是职业心理学工作者需要的一些专业技能，例如如何做工作分析，怎样进行关键事件访谈或开展焦点小组，你还可能学到很多研究需要的技能（这些内容会在第3章详细解释）。但是，在你作为一名职业心理学工作者接受继续培训或参加工作时，你还会继续积累你的技能。当然，你可能还需要一些其他重要技能，例如团队合作和批判思考的技能。接下来是对一些可能有用的技能的简要

概述，下面的这些引述来自知名职业心理学工作者对职业心理学工作者需要什么技能这一问题的回答，其中概括了一些职业心理学工作者需要的技能。

艾玛·唐纳德森-菲尔德（Emma Donaldson-Feilder），独立从业者，职业亲缘健康中心主管 30

反思性实践的能力和不断从自己的个人经验和文献（研究、理论、模型、其他人的经验和案例研究等）中学习的能力。

伊凡·罗伯逊教授，利兹大学商学院职业心理学教授，罗伯逊·库伯有限公司主管

经常关注最新研究动态对优秀的职业心理学工作者来说是一个非常重要的方面。扎实掌握最新的研究方法和数据分析程序也同样必要——为了达到这一目标，你需要接受继续培训、阅读和发展。另外，我认为加强自己对商业技能和咨询技能的了解也是非常有用的，不要在意这些技能是不是你的专业要求掌握的。

某种程度上，你需要的专业技能水平要看你想研究的领域。但不管怎样，职业心理学的一些实践或技术性技能包括：访谈；使用ORCE模型，即观察、记录、归类和评估；开展关键小组；使用压力审计或风险评估工具；分析调查数据；进行验证性分析；等等。你还需要通过职业考试，获得证书，成为一名合格的认知能力测试或人格类型测试使用者。事实上在你硕士学习期间，你将要学到的是一系列定量的和定性的研究技能，例如，你可能会学到如何设计问卷或使用SPSS（相关和回归）进行数据分析。你可能还需要学习定性分析的研究技能，如内容和案例分析（这些研究技能我们将在第3章具体讲解）。硕士学习期间，你还会学到如何批判性地评价理论、研究和实践，这样你就可以比较和对比一些不同的方法。这项技能在职业心理学领域是非常重要的，掌握了这项技能，你就能在使用什么类型的方法或模型上作出更多有理可依的决策。批

判性地评价信息可以增强你的问题解决能力，以确保你能开发和评估选项以及为顾客提供恰当的问题解决方案。

31 罗博·布林纳教授，巴斯大学管理学院组织心理学教授

> 我认为职业心理学工作者需要培养三方面的技能。首先，较深层次的批判思维能力是必要的：关于研究、关于他们自己的实践和他们在组织中看到的问题的批判性思考。其次，关于综合和使用现有研究证据的能力是必要的，尤其是学习系统性地评价现有的与组织实践问题相关的文献证据的能力。最后，数据分析能力是必要的，具备了这项技能，你才能使那些组织已掌握却看似散乱的数据变得有意义起来。

可见，时刻关注你领域内的最新研究动态可能也非常重要。就像在第1章中介绍的那样，职业心理学提倡使用科学家—从业者模型。这是由于科学（心理学）研究通常来源于组织中现实生活的实际问题；此外，如果实践没有依据科学研究和理论，那么实践就没有意义。正如安德森等（Anderson et al.，2001）主张的那样，职业心理学工作者应致力于务实科学，虽然务实科学与实践相关，但是却有严谨的和理论丰富的依据。

在你硕士学习期间，你有很大可能性会在不同学科团队工作。就像我们在本章前面部分提到的那样，职业心理学工作者可能和其他专业人士一起工作，例如人力资源和培训经理，以及组织中的或他们服务的工厂中的专家，因此他们需要培养良好的团队工作能力。此外，作为一名职业心理学工作者你可能还需要与各式各样的受众进行有效的交流，可能是文字交流也可能是语言交流。上文中我们提到，很多心理学工作者是作为顾问在工作，因此顾问技能，如谈判和销售技能、报告书写和分析技能都是绝对必需的。

最后，可能也是最重要的，对职业心理学工作者来说培养反思性实践能力也是非常重要的，这样他们就能在他们职业心理学的培训范围中，在自己的职业、智力和个人发展基础上作出批判性的和建设性的反馈。

表2.1　职业心理学工作者工作需要的关键技能示例 32

| |
|---|
| 批判性思考能力：运用逻辑和推理来判断不同方法、结论或问题解决方案的优势/劣势的能力 |
| 问题解决能力：确认问题，审查相关信息并提出/评估选项和实施解决方案的能力 |
| 顾问能力：从与客户磋商协议开始，完成整个咨询流程的能力；确认和分析项目的需求和问题；提出、实施和评审方案；最后报告、反馈和评估结果 |
| 沟通能力：与不同类型受众有效沟通（包括语言和文字）的能力 |
| 数据管理和分析能力（如SPSS知识和/或定性研究知识） |
| 科学家—从业者模型：使用基于证据的研究来指导实践并解决问题 |
| 团队工作能力：在团队中高效工作并与客户和同事建立积极的人际关系的能力 |
| 计划和组织能力：提前思考和计划，安排事情的轻重缓急和规划时间的能力 |
| 积极倾听能力：全神贯注地倾听别人的发言，花时间理解别人的观点，恰当地提问，不打断别人 |
| 相关的技术性能力（取决于专长水平和领域）：进行职业测试的执照，面试能力，使用压力审计或风险评估工具的能力；分析调查数据；进行验证性分析；等等 |

## 职业心理学工作者工作中的道德融入体现在哪儿

早期英国应用心理学是人本主义取向的，认为尊重人类尊严非常重要。事实上，国家工业心理学研究所NIIP（我们在第1章介绍过）率先参加了评估服务的讨论会，讨论会既包括用户也包括消费者。这通常被看作是一项新的发明（Kwiatkowski et al., 2006）。

近年来，人们的注意焦点转向了研究及专业实践的价值和伦理考量。人们通常认为职业心理学工作者在符合道德伦理的情况下运用他们的专业知识来提高个人和工作组织的幸福感（Shimmin & Wallis，1994）。可能有人会说，因为
通常是私人机构或公共部门支付职业心理学工作者专业服务费用，无可避免的， 33
这些机构给予职业心理学工作者的利益可能会使其凌驾于其他社会和道德考量之上。但是，这两个目标并非水火不容，对职业心理学工作者和从业者们来说，为客户找到既有利于员工又有利于管理者的方案非常重要。

正如伊凡·罗伯逊教授和菲奥娜·帕特森（Fiona Patterson）教授强调的那样，职业心理学工作者们在开展工作时，伦理道德是要牢记于心的。

伊凡·罗伯逊教授，罗伯逊·库伯有限公司主管，利兹大学商学院组织心理学教授

> 伦理问题渗透在职业心理学工作者每天的工作中，对他们的工作来说相当重要。对个人数据保密，确保组织以符合伦理和专业的方式处理员工行为问题，认识到个人拥有的专业能力的边界和局限，还有其他很多与伦理相关的重要问题，是职业心理学工作者日常工作实践的组成部分。

菲奥娜·帕特森教授，剑桥大学教授，工作心理学组主任

> 从研究的视角来看，不论是从高校层面，英国国家医疗服务体系（NHS）层面，还是其他层面，我们所做的每件事都需要各种伦理委员会的支持。作为工作心理学组中的一个团队，我们做的每件事都非常重要；我们的价值在于专业性和完整性。我们也鼓励人们成为特许职业心理学工作者，因为我坚信这能证明你的专业性。工作中有关伦理的另一个重要方面是客户；在变动性较大的程序中，保护个人权利是非常重要的。

职业心理学工作者可能面对的伦理困境来自于职业心理学工作者与员工、管理者和赞助商及组织内部政策不同关系间的期望冲突（Mirvis & Seashore,
34 1982）。因此，对所有职业心理学工作者来说，遵守BPS的职业行为规范非常重要。在第3章中我们会详细介绍这一职业行为规范，它涵盖了在面对顾客时的保密性准则、态度准则和行为准则。在第3章中，你还有机会探索一下你在工作实践中可能会遇到的伦理问题。

当成为一名职业心理学工作者后，你将学习如何处理你作为一名个体研究者或从业者所遇到的关于价值或伦理的问题。下面，萨拉·路易斯（Sarah Lewis）解释了伦理对于从业者的重要性。在第3章中我们将会详细探讨在实践工作中需要特别注意的具体问题。

萨拉·刘易斯，拥抱变化公司总经理

对于我所做的工作来说，明确道德立场和清晰的道德认知是非常重要的。我的工作并不是无价值的活动；它也并不是中立或者没有影响力的工作：我希望它能有一个良好的作用。这就意味着我要知道我的工作的评价依据是什么，例如我必须拥有我工作的道德边界感。一般情况下我会这样认为，作为心理学工作者，在工作实践中我们拥有有力的知识和工具。我们的一言一行会影响人们的情绪状态、自我感知、身份意识和动机水平。我们对组织方面的影响是通过人的动力系统和人际关系进行的，在我们转战下一个项目时，人们还要继续在这个动力系统和人际关系中工作。这一责任需要由一个清晰的伦理框架进行约束和监督。

## 我如何成为一名职业心理学工作者

如果你想成为一名注册职业心理学工作者，目前（2012）只有一种选择。首先你要通过完成BPS中的申请程序获得许可，接着在成功申请的基础上你需要在HPC上进行注册。如果你想按着这条路继续走下去，请遵循以下步骤。

**步骤1**：获得BPS认可的心理学学士学位或文学学士学位（查阅BPS网站认可哪些课程）。

**步骤2**：获得BPS认可的职业心理学硕士学位（同上，详细内容见BPS网站）。

**步骤3**：报名并通过BPS的许可程序（QOccPsych），这样才能成为集体中 35
的一员。

**步骤4**：在HPC上报名成为一名注册职业心理学工作者。

本章的后面部分会对这个过程中每个步骤的细节进行解释。

## 我需要成为一名注册/特许职业心理学工作者吗

1970年以前没有注册职业心理学工作者的称谓。但是，有人认为职业心理学工作者的专业标准会被那些声称能够提供心理咨询的非专业机构所威胁；媒体对心理学的误传也误导了人们对心理学的认识（Shimmin & Wallis，1994）。

目前，普遍认为注册机制具有双重功能，它不仅能保护公众（免受潜在的非专业行为的危害），也能建立公众对专业的信心。符合注册的标准能使人们相信从业者已在相关知识储量和技能方面达到较高的胜任水平，已经达到脱离BPS监管单独实践的标准。事实上，只有当你已达到注册标准，成为DOP的正式成员并已在HPC上登记，你才能使用“职业心理学工作者”这一头衔。很多人认为对那些在职业心理学领域工作的人来说，向着注册标准努力工作是非常重要的，这也是对他们益处很大的一件事。至于为什么注册可能对你有益，表2.2列出了一些关键原因。

需要说明的是，并不是每个决定成为一名注册心理学工作者的人都是为了这些利益。对于那些决定走一条不经认证的硕士学习道路的学生来说，他们仍然有机会在职业心理学领域工作而不必非得注册。如果你可以回想起本章的前面部分，相信你会记得我们曾概述过职业心理学工作者的一些工作地点及他们的工作类型。

我们必须强调，对那些未注册的学生来说，仍然存在很多职业路径可供选择，你可以从事招聘与选拔、人才管理和员工关系等等，不必非得成为注册职业心理学工作者。另外很多学生（事实上是大部分学生）在完成了要求的硕士课程后会决定不再进行注册的程序。也许你可以参照表2.2来决定是否有你想追求的东西。但不管你做怎样的选择，你在硕士课程中学到的理论知识都将是你工作的强大助力。

对那些外国留学生或决定移居国外的英国学生来说，他们可能会质疑如果决定在国外工作，追求认证注册是否值得。

表2.2　我应不应该成为注册职业心理学工作者

| **注册的潜在好处** | **你选择不注册的可能原因** |
| --- | --- |
| 只有注册之后你才能成为一名HPC（心理学工作者的监督管理机构）上在册的心理学工作者。 | 迫不得已的选择（例如，你没有获得要求的心理学本科学位和/或要求的硕士学位）。 |
| 在某些组织中，注册是职业心理学工作者在一定水平之上工作的必要要求。 | 注册对你的工作角色来说可能不是很重要或不是必要的。注意，这不是仅适用于与“心理学”相关较低的角色，如人力资源顾问或培训与发展经理，甚至很多时候即使是商业心理学顾问也同样适用。 |
| 在一些组织的（尤其是公共部门的）合同上，招聘条件可能规定只招聘那些经认证的（如已注册的）心理学工作者。 | 很多客户对什么是注册不是很了解，因此这看起来不是你的优势。你可以询问你的同事或组织中其他相关人员对注册程序了解多少，或他们是否知道注册职业心理学工作者和商业心理学工作者可能存在的差别。 |
| 你的员工或潜在客户更可能觉得你是一个有能力的人。 | 注册过程花费昂贵，没有组织的支持，很多人可能无法承担注册费用。 |
| 注册通常是与额外报酬（例如你可能获得更高的报酬）相伴的。 | 在英国，为了能够注册，你必须要有工作经验（主要的）。随着全球化程度不断加深，获得足够的工作经验对有些人来说非常困难。 |
| 很多职业心理学工作者承认，达到这一状态能增加自信和自我效能。 | 这一过程历时较长，因此完成这个过程需要较高水平的个人动机。 |
| 在申请职业心理学的专业/实践博士学位时，这可能是必备条件。 | |
| 在没有博士学位的情况下，通常将其作为在美国或其他国家从业的基本条件。 | |

在表2.3中，我们简要概述了职业心理学工作者在欧洲和美国工作的路径。 36

表2.3　欧洲和美国成为职业心理学工作者的路径

| **欧洲——欧洲心理学资格认定** | **美国** |
| --- | --- |
| • 2010年，由欧洲心理学工作者协会联盟（EFPA）制定的欧洲心理学资格认定在欧洲实施。<br>• 从本质上来说，这是心理学工作者的欧洲资格标准，只授予那些满足一系列特定教育/职业要求的心理学工作者。<br>• 获得欧洲心理学资格认定的要求包括：获得心理学本科学位5年以上，至少1年的督导实践。<br>• 申请者还必须签署一份声明，声明他们的行为会遵照职业道德规范。 | • 在美国，一般你看到的那些称自己为工业/组织（I/O）心理学工作者的人都已获得博士学位。<br>• 美国的博士课程一般比英国更结构化，其中会包含一些特定的教学部分，如人力绩效、工作评价、组织理论和数据分析等等。<br>• 在美国的工业组织心理学领域，你有机会从事硕士水平的工作项目；但是通常会将其看作博士前培训或从业者定向培训，这 |

续表

| | |
|---|---|
| • 资格认定的主要目的是促进心理学工作者们的跨境服务，同时向客户保证一定水平的专业技能。<br>• 但是，要注意本资格认定不是心理学工作者在其他国家工作所必需的，也不能保证他们在其他国家工作，这只是欧盟的一个指令，旨在统一要求。<br>关于实践，各个国家可以制定它们自己的规则，因此至于你是否能在特定的国家工作，可能存在一定的限制。<br>• 想了解更多关于欧洲心理学资格认定的信息，可以访问这个链接：http://www.efpa.eu/europsy 。 | 种情况下人们可能会在组织内工作却没有I/O心理学工作者的头衔（这与原版书第28页中概述的英国的情况类似）。<br>• 社会杂志认为这两种路径的关键区别在于：对工业和组织心理学（SIOP）来说，对博士的培训是为了培养知识的生产者；而对硕士的培训是为了培养知识的消费者。<br>• 如果想了解更多，SIOP网站详细介绍了这两种路径：http://www.siop.org/gtp/。 |

## 在英国注册——此过程已解释过

注意，这部分只适用于那些想成为一名登记或注册的职业心理学工作者的人。

最近，进入职业心理学的路径发生了一些变化。这些变化可能还会继续，因此要注意查阅相关网站以便及时了解更多变更的信息。你需要重点关注的网站是BPS网，尤其是在职业、教育和培训部分。不管怎样，至少目前情况是这样，如果你想通过职业心理学培训这条路成为一名BPS上的注册成员，首先你要具备下列资格。

### 38 注册会员的学历要求（GBC）

你可以通过获得本科心理学学位或完成BPS认可的心理学转换课程来达到这一要求。为了确认你感兴趣的学位是否被承认，你可通过BPS网站进行搜索，链接如下：http://www.bps.org.uk/bpslegacy/ac 。

接着，你必须在职业心理学的知识维度上展示你的能力。关于这点，你可以选择完成BPS认可的职业心理学硕士或者完成BPS对职业心理学资格要求的第一阶段。下面是对这两种方式的介绍：

#### 职业心理学硕士学位

硕士学位也必须是BPS承认的，在英国许多不同的大学都提供BPS承认的职业心理学硕士课程。不过，一定要记住不同学校可能以不同的方式称呼这些课程。有些学校可能称这些课程为“职业心理学硕士”，而另外一些学校可能称这些课程为“组织心理学硕士”。注意BPS承认的课程不一定叫作职业心理学，职业心理学中的课程也不一定被承认。你也可能被授予非BPS认可的硕士学位，像“工作心理学”“商业心理学”或“组织行为学”；但不管怎样，完成BPS认可的课程是成为一名注册职业心理学工作者的首要条件，因此首先确认BPS是否承认你所感兴趣的课程。这里要再次强调，这些课程都可以通过前面提到的BPS网站查到。

不同的学校和硕士课程可能在入学要求上存在些微差异（例如，有些学校可能会规定本科学位课程成绩最低为2.1或更高，还有一些学校可能要求入学前具备相关的工作经验）。另外，有些课程可能是一年期全日制或两年期非全日制（或两种情况都有），还有一些课程可能是远程教学。你对这些不同选择的偏好可能是依据你的个人环境而决定；但有些学生可能倾向于非全日制课程，这样他们就可以一边工作一边学习，而有些学生可能更喜欢远程教学课程的灵活性。

## 职业心理学资格要求第一阶段

这个阶段称作“QOccPsych阶段1”，更详细的信息可在BPS网站上看到（具体链接可以在相关网站上找到）。这一阶段的资格要求是通过一系列考试和一个研究维度来评估的，考试由八篇书面论文组成，研究集中于职业心理学的八个知识领域。你可以通过登陆BPS来了解这个过程。

MSc和QOccPstch阶段1都以职业心理学的这八个领域为基础，它们共同构成了QOccPsych（阶段1）的知识维度。本书第二部分中八个章节的标题分别对应了这八个领域。这本书的结构设计是为了帮助你更好地理解我们在第1章中介绍的职业心理学的领域。 39

职业心理学是一门基于证据的学科，它根植于科学（这一思想在第3章中有详细阐述），因此还需要研究维度来评估能力。这种评估可以通过MSc或QOccPsych阶段1来实现，因为它们二者都包括研究方法和统计方法的要求。但不管选择哪种方式，基本上都需要你证明自己具备以下知识/能力：职业心理学领域内的心理学研究知识；批判性地评价研究文献和理论拓展、假设检验的能力；数据分析能力（包括定性分析和定量分析）。

## 成为一名注册职业心理学工作者

在你完成你的MSc或QOccPsych阶段1后，你需要完成下一步的职业发展。这一步称作职业心理学资格要求第二阶段（或“QOccPsych阶段2”），详细信息可在BPS网站或相关网站找到。

QOccPsych阶段2要求在一名注册职业心理学工作者指导下至少完成两年的督导实习。督导实习的设计是为了让实习职业心理学工作者能将要求的知识和技能转变成职业心理学工作者独立实践的能力。在你的督导者的支持和指导下，作为一名实习职业心理学工作者，你需要：

- 获得专业工作的实际经验；
- 培养你的实践能力；
- 培养你理论结合实践的能力。

这种方式强调在研究和任何岗位的咨询中能够理解和展示良好的专业实践。注意，你的督导者不必与你在相同的组织中实际工作；你需要定期与他或她会面，通过讨论或者在你的督导者参观你的工作场所（如果你们没在同一个组织工作）后，你的督导者需要对你做的工作进行“签字确认”，确保你做的工作满足BPS设立的指标。

那么你的督导者应该承担怎样的角色呢？他将是你培训过程的主要支持者。
40 他指导你的工作进度，为任何潜在的培训需求提供建议。他会观察你的工作，在你工作日志的完成和整体进步中给你建议，帮助你反思你的学习和实践，促进你将理论应用于实践。你的督导者是否愿意且有能力掌控你一年（至少应该是每季度）的督导事件，观察你的实践，审查你培训计划的准备情况，由你自己去决定。关于你的日志条目或进展报告，你的督导者应该能给你恰当、详细和及时的反馈。

为了能在职业心理学工作者培训的第二阶段证明你的能力，你必须采用结构化的日志形式对包括你在个人发展和管理情况方面的反思在内的实践做个记录。你的日志应该包含两个主要领域，广度部分和深度部分。下面会详细介绍这两个部分。

## 广度部分

在你的广度部分，你必须获得实践经验并在八个知识维度（在第41页有介绍）中至少五个知识维度上培养技能。对于这五个知识维度的每个维度来说，你都必须提交至少两个符合下列所有过程技能的日志条目（因此共十个条目或工作部分），之后依据这些条目对你进行评估。

- 收集信息的能力或技能——例如，在人才选拔和评估维度中，可能包括开展工作分析的技能。
- 检测或分析信息的能力或技能——例如，在咨询和个人发展领域内，可能包括总结能力和对客户所说内容进行反馈的能力。
- 评估信息的能力或技能——例如，在培训知识维度中，可能反映在开发培训评估技术中。
- 应用信息的能力或技能——例如，在员工关系和激励领域中，可能反映在开展绩效考核中。

在你开始你的深度条目之前，你需要完成并提交所有的广度条目。

## 深度部分

在你的深度部分，你必须提交至少两个条目，这两个条目要展现你在与实践相关的四个领域中的至少一个领域内独立实践的部分，这四个与实践相关的领域为：

- 工作和工作环境；41
- 个人；
- 组织；
- 培训。

注意，这些实践领域映射了八个知识维度，如表2.4所示。

表2.4 职业心理学的八个知识领域及其如何映射到QOccPsych第一阶段和第二阶段

<table>
<tr><td>人机互动</td><td rowspan="8">QOccPsych<br>第一阶段<br>在八个领域内展现你的知识和理解</td><td rowspan="8">QOccPsych<br>第二阶段：广度<br>在八个领域中的五个培养实践能力</td><td rowspan="8">QOccPsych<br>第二阶段：深度<br>在四个领域中的一个进行胜任能力实践</td><td rowspan="2">工作和环境</td></tr>
<tr><td>工作环境设计：健康、安全</td></tr>
<tr><td>人才选拔与评估</td><td rowspan="4">个人</td></tr>
<tr><td>绩效考核和职业生涯发展</td></tr>
<tr><td>咨询与个人发展</td></tr>
<tr><td>培训</td></tr>
<tr><td>员工关系和激励</td><td>培训</td></tr>
<tr><td>组织发展与变革</td><td>组织</td></tr>
</table>

在你深度部分的条目中，你需要将咨询周期的七个阶段全部应用于单独一项工作或计划。咨询周期的七个阶段如下所示：

1. 与顾客达成一致；
2. 明确需求与问题；
3. 分析需求与问题；
4. 制定方案；
5. 实施和评估方案；
6. 评估结果；
7. 报告和反馈结果。

这个循环向我们展示了组织中的职业心理学工作者如何从与顾客或客户达成最初一致，到确定明确的需求和问题，接着分析需求和问题的诊断过程。上述过程有效地促成方案的制定、执行、核检和评估。框2.1展示了如何在实际工作中操作上述过程的一个例子。

42

框2.1

**职业心理学实践**

理解咨询周期

想象自己处在下列情境中：

你是一个职业心理学工作者团队的一分子，一个组织与你们接洽，希望开发一个基于胜任力的面试作为其人才选拔过程的一部分；这个面试必须能有效预测那些在组织中表现出高绩效的员工。

你会做什么？怎样做？让我们通过梳理咨询周期的各个阶段来解决这一问题。通过与总经理会面，你可以就预算、时间表及他们对面试的要求达成一致（第一阶段）。也许你还可以确定，目前的问题在于组织缺乏适用于他们销售团队的标准化的面试形式（第二阶段）。在开始制定方案（第四阶段）前，你可能需要先做一些分析工作（第三阶段），例如：

- 审查职位介绍和人员规范；
- 对当前的销售团队进行工作分析访谈。你也可以从各种各样的其他来源（如经理、直接下属和客户等）获得相关信息；
- 开发胜任力框架；
- 开发基于胜任力的面试问题；
- 针对面试问题的答案开发评分标准。

你在实际选拔过程（第五阶段）中运用这一面试前，可能需要将你开发的问题在现有的雇员中进行测试。这个过程可以帮助你明确哪些面试问题起作用，哪些面试问题作用不理想；同时也可以帮助你弄清楚评分标准是否有用且相关。

你还需要检验过程并评估面试是否能有效预测在组织中有高绩效的员工（第六阶段）。你也可以在实施前通过并行的验证程序来对其进行评估。这种情况下，你需要通过将组织现有员工的面试分数与其绩效结果（如管理等级或者像销售额这样的客观指标）关联来对一组员工进行测试。希望上述二者存在正向相关，这样那些在面试中得分高的人销售额也会高。或者你也可以选择使用预测验过程，即你在选拔过程中对候选人做面试评级并将分数与其稍后的工作绩效（大概三到六个月后；你可以使用经理评定或销售额作为绩效指标）相关联。你还需要依据胜任力框架来复检你的发现。基于你对发现的复检和评估，来调整过程、胜任力框架、面试或评分标准。在项目结束时，你要将结果报告给组织，可以选择书面报告或口头陈述的形式（第七阶段）。

最后，你和你的同事要对这个过程进行反思——哪些环节进行得顺利？哪些环节进行得不顺利？未来项目中哪些需要提高？本质上来说，你在这个过程中学到了什么？

43 对于广度和深度两个部分，我们也会依据职业心理学的通用技能和职业标准，对你的日志条目进行评估。你必须保证所有工作日志条目均呈现出以下每个通用技能：

- 问卷或调查设计；
- 面试；
- 报告的写作；
- 演讲技巧；
- 统计或定性分析技能；
- 评价技术。

此外，在你的所有工作日志条目中，你必须说明在职业标准问题上，你是如何通过对以下四个关键能力的实践来获得相应的专业能力的。请看框2.2。

框2.2

候选人手册中的职业标准：职业心理学工作者第二阶段的资格认证

在实践中，职业标准认定的四种关键能力已经在所有执业心理学工作者中达成共识。

这四种常见的关键能力是职业心理学工作者持续性发展其专业

技能并且应在整个职业生涯中不断学习新的知识的基础和要求。这些能力具体包括：

1.制定、执行和保持个人的和专业的标准和道德实践；

2.运用心理学的和相关的从可重复的研究结果得到的方法、概念、模型、理论和知识；

3.研究和发展新的和已存在的心理学方法、概念、模型、理论与工具；

4.就心理学知识、原则、方法、需求和政策要求进行沟通。

## 记录你的结构化日志

结构化日志的主体应该是你在项目上或一个工作上实际做了什么。在日志上需要展示你用什么理论框架来指导你的工作，这是十分重要的。你还必须在日志上反映你在某段特殊的经历中学会了什么。正是通过这些思考，你的专业能力会得到不断的提升。对于一个专业的心理学工作者来说，终身的反思性实践是一个 44
很重要的技巧。同时也必须考虑和解决这项工作中可能出现的道德和伦理问题。最后你需要向BPS提交你的日志进行一年一次的评估。在框2.3中，你将从一个在特定项目中从事培训反馈工作的职业心理学工作者那里看到一个节录。

框2.3

**职业心理学实践**

职业心理学工作者在培训中的思考[安东尼奥·庞加罗（Antonio Pangallo）]

关于介入这次培训，我所面临的主要问题之一是学员的技能和经验不尽相同，这些不同点都不能在需求分析上找到。例如：虽然大多数学员已经把培训指导看作是培训的需要，然而只有大约四分之一的学员可以熟练地运用教学技术。这使培训很难达到对整个集体都可行的水平。有时我觉得材料对于班级中的小部分人来说太简单，但对于另外小部分人可能又太难。这也意味着我必须定制一个合适的培训计划来排除个别学员技能方面的巨大差异对整个培训效果造成的干扰。

为了解决这个问题，我将这一点告诉我的客户，以确保我们再次讨论需求分析时，能获得更准确的学员信息。虽然我了解这个项目实施的是客户的一个竞争性需求，但客户却表示他并没有关注到员工之间个体差异对培训效果的影响，所以我觉得这次培训可能已经被我的客户更多地看成是一种常规的机械的练习，并没有多少实际性的作用。这和我的职业道德和价值观发生冲突，因为我希望我的工作是有作用的，我的客户会认为聘用我来主持这个项目是物有所值的，而我也能获得客户对项目的事后反馈。为了解决这个问题，我认为最好是对项目采取更多的控制措施，并且在准备下一次课程之前，我会要求我的客户向我提供所有课前问卷调查和相关文件，以便我亲自整理和分析结果。在这个例子中，我的客户做了整理和分析。我相信这会使我在未来的课程中出现此问题的概率降低，以保证我可以更充分地准备和更紧密地满足参与者的需求。

我面临的另一个问题事实上是工作上的道德伦理问题，上面所述例子的学员中至少三个高级政府官员学员都将这次培训看成是政治意图而非教育目的。然而，我所面临的问题是这些高级官员级别的学员的行为严重影响了参与培训的其他学员，例如在培训过程中他们经常插话，相互之间窃窃私语，甚至在培训中打电话。我的困境是，对我的客户而言，这些人在利益层面上是好的，但是他们对培训的效果没有帮助。因此，我必须想办法从道德的角度慎重地解决这个问题。

45 我决定以一种所有参与者都感觉不到威胁的方式直接解决这个问题，并且向他们解释课程成功的关键是每个参与者都能够得到尊重。我提及第一次上课时给他们展示的学习同意书，并告诉他们只要他们认为合适，他们可以随时离开。令人惊讶的是，他们的态度由此发生转变。很明显，在接近结束的那两天里，他们已经能够改掉以往的坏习惯并努力地参与到培训课程当中。

当你完成职业心理学中BPS资格的第二个阶段，你将能够使用“职业心理学工作者”这个称谓，为此你将需要在HPC上进行注册（http://www.hpc-uk.org/）。

图2.1描述的是BPS、HPC和DOP关系；这可能对解释HPC和BPS的职业心理学分会的区别有一定的帮助。

- DOP是代表其成员的组织。其主要作用是促进职业心理学工作者的持续专业发展（例如，通过出席每年的DOP会议和参与研讨会），并监督职业心理学工作者资格的认证过程。
- HPC是一个监管机构，心理学工作者如果要使用“职业心理学工作者”的称谓就必须在此登记。HPC颁布了心理学工作者技能熟练程度的标准（从业者门槛，熟练程度标准，2009），描述与职业心理学工作者相关的要求。

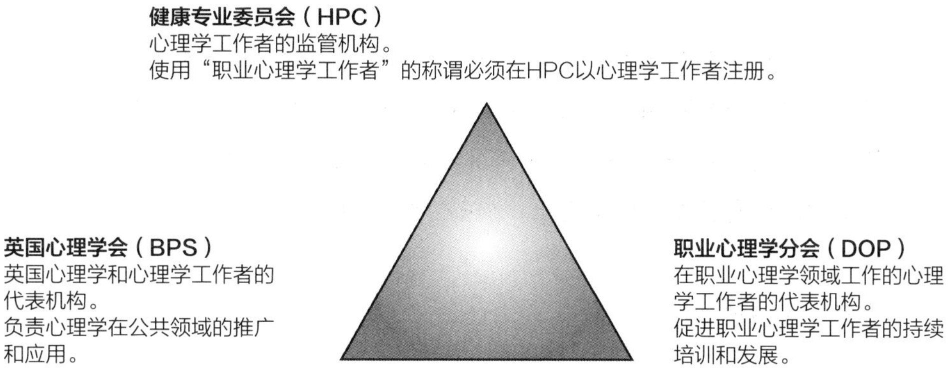


图2.1 HPC、BPS和DOP之间的关系

## 我怎样才能得到一份职业心理学工作者的工作 46

在本节中，我们提出几点建议，这将有助于你开始思考如何获取一份作为职业心理学工作者的工作。我们还会向最近要毕业的硕士生提供一些有用的提示和建议。

安东尼奥·庞加罗

跟尽可能多的现有的联系人保持沟通，尽你所能建立专业的人脉……自愿为他人提供服务作为开启你工作的准备。

在职业心理学工作者的职业生涯中，拥有相关工作经验才能使你变得更具有洞察力。事实上，最初你可能会选择一些没有报酬的工作，以便积累足够的经验来获得一份有收入的工作，但是请记住，一些没有报酬的工作有可能在将来变成有报酬的工作，哪怕不会，这些工作经验也会丰富你的简历。

卡莱尔·罗伯逊（Clare Robertson）

我推荐你利用BPS注册心理学工作者工作提醒功能来寻找工作；我也发现很多招聘顾问通过领英（LinkedIn）找到我。这是一个奇妙的网络工具，有一些公司会在那里发布招聘信息，而不是像通常那样把招聘信息放在一般网页上（例如：Totaljobs）。

卡莱尔·罗伯逊

另一个建议是：要在你的简历上写上尽可能多的关键字，因为一些招聘单位会通过关键字搜索来寻找合适的人才，比如你会某个统计软件（如SPSS），或者是有一些资格证书（例如职业测试用户证书），你就需要把这些技能的关键字写在简历上，以便招聘单位检索。另外请记得保持简历的简洁性。因为招聘单位收到的简历实在是太多了，一个有经验的招聘人员一般只会读简历每一段的头一两行，因此必须确保你将最重要的内容放在简历的最前面，确保一份简历总结了你大部分的工作内容，并保证简历不超过两页。

47 此外，许多雇用职业心理学工作者的组织同样也会提供一些实习机会，时间为一个月到六个月不等，尽管报酬不是特别丰厚（有些地方可能会提供少量津贴，即一些少量报酬加出差费用），但这类工作是无价的。你可以通过你所在区域的特许心理学工作者目录来寻找职业心理学工作者的工作或实习机会。如果你没有其他机会，那么这会给你一个关于职业心理学工作者所在组织类型的好主意。如果你是一个BPS会员，你每月都会收到《心理学工作者》（*The Psychologist*）杂志，上面会有一些关于职业心理学工作者的职位，在http://www.psychapp.co.uk/上也可以看到。

杰玛·罗伯茨（Gemma Roberts）

尽可能多地与招聘顾问见面，这样你就有机会介绍你的潜在技能（如果你正在尝试进入一个你以前没有工作过的领域）。最终他们会将你推荐给一个组织，所以他们越了解你的求职优势就越好。

与同行及其他职业心理学工作者建立人脉是十分重要的。你可能对听到这一点感到惊讶。但职业心理学的世界很小，可能很多人是通过互相介绍找到工作的。建立人脉的一个好办法是参加会议，当你参加了会议，与参会者进行交流是十分重要的，这样能够使大家认识你的名字和长相。在你职业生涯的早期，BPS的研究生职业心理学会议是个不错的选择。这是为硕士生和应届毕业生量身定制的，并提供极好的机会让你能跟踪最新的研究，聆听有声望的主讲嘉宾的讲座，以及出席基于技能的相关研讨会。此外，BPS定期举办旨在支持职业发展的活动和研讨会（关于你所在地区的活动，可以登录此网站进行查看：http://www.bps.org.uk/events/search）。这是一个结识志同道合的心理学工作者并建立人脉的好机会。

卡莱尔·罗伯逊

对你的求职申请保持一个开放的心态，灵活性是十分重要的，尤其是在一个竞争激烈的就业市场。我曾经申请了一份工作，虽然我没

48

有得到它，但机构却给了我另一个更适合我的背景和资历的工作机会。有时需要做的只是在招聘人员面前展示良好的形象以求形成良好的关系。此外，可以直接向面试官索要你的面试反馈，虽然并不一定能拿到录用通知，但这些反馈对你往后的求职来说也会有启发作用。

杰玛·罗伯茨

在面试的过程中就要开始建立联系，因为你可能会在未来几年中跳槽到其他的岗位，而这个岗位很可能是通过你打电话给之前建立的人脉而得到的。

需要提醒的是，很少有硕士研究生毕业之后就能直接成为一名职业心理学顾问。许多人发现他们的职业道路比这更多样化。事实上，许多像人力资源、学习和发展、组织发展和变化、管理咨询等工作都要使用在硕士课程上学习到的技能，你可以把这作为自己成为一名职业心理学工作者的开始。所以硕士毕业之后你的第一份工作及之后的工作可能是与职业心理学相关的工作，但你还没能获得“职业心理学工作者”这个称谓。事实上，你的职位可能是招聘经理或培训经理或组织变革顾问。值得注意的是，尽管你开始工作的时候只是一个企业的人力资源管理者，也没有职业心理学工作者的头衔，但你还是应该积极主动地塑造自己作为职业心理学工作者的职业生涯。你可能会被迫向你的雇主奉献你的相关技能，但是只有这样，你才能获得更好的职位。你可以用框2.4来帮助自己作出决定：对你来说，职业心理学作为自己的职业是否是正确的?

框2.4

职业心理学工作者是否适合作为我的职业？

开始新的职业生涯或者衡量一些事情的重要性是一件很令人感到畏惧的事情。我们建议你问自己以下问题，以帮助确定这是否你想要走的职业路线。

**任务**：你是否对职业心理学工作者的任务感兴趣？诸如压力管

理、员工选择和发展等是否令你感兴趣？你是否有兴趣持续不断地学习，跟上和理解行业的新发展，如新的数据分析技术？

**知识**：你是否有兴趣建立一套关于工作情境下人的心理的知识体系？

**技能**：你具备或者愿意习得上述技能吗？例如批判性思维技能、问题解决技能等。

**能力**：你能否聆听、吸收并理解传递给你的信息和想法（通过书面或口头形式）？你是否能够根据具体问题的规则和理论来制定具体的解决方案？

**活动**：你想对个人和/或团体提供指导和建议吗？你想和你的客户（包括内部的和外部的）建立和保持良好的工作关系吗？

**工作环境**：你想在什么样的环境中工作？大部分时间你会在电脑前，回复电子邮件，打电话，帮客户处理问题，这会让你有幸福感吗？

**教育**：你愿意花时间（和金钱）来获得特许职业心理学工作者的称谓吗？你想再努力去获得博士学位吗？对你来说特许职业心理学工作者的称谓有多重要？花一些时间重温表2.2并理解人们决定通过或不通过特许职业心理学工作者认证的原因，并自问：特许认证是否适合我？

和朋友或同学一起探索这些问题的答案来决定职业心理学工作者这份事业是否适合你，你会发现这对你有所帮助。

## 小结

通过阅读本章，相信你现在应该对什么是职业心理学工作者，他们在哪里工作以及他们做什么有了一个明确的概念。我们已经阐述了成为职业心理学工作者的路线，这应该使你更清楚地知道这个职业是否值得追求。我们已经概述了一些作为一名职业心理学工作者所需要的关键技能，以及在此领域找工作的建议。这将有助于你最终塑造一个适合你的职业心理学职业生涯。

## 深入探究

扫描二维码，获取更多资源。

50 **讨论题**

1.与内部顾问相比，你认为作为外部顾问，其工作有什么优点和缺点？

2.你认为从短期来看最重要的技能是什么？从长期来看呢（例如三年）？

3.思考特许认证对你而言有哪些优点和缺点。

## 参考文献

Anderson, N., Herriot, P. and Hodgkinson G.R. (2001) 'The practitioner-researcher divide in industrial, work and organisational (IWO) psychology:where are we now, and where do we go from here?', *Journal of Occupational and Organisational Psychology*, 74 (4):391–411.

51 Health and Care Professions Council (2009) 'Practioner psychologists, Standards of proficiency' Available at: http://www.hpc-uk.org/assests/documents/1000296350p_Practioner_Psychologists.pdf(accessed 25 November 2011).

Kwiatkowski, R., Duncan, D.C. and Shimmin, S. (2006 ) 'what have we forgotten and why?', *Journal of Occupational and organisational Psychology*, 79:183–201.

Mirvis, P.H. and Seashore, S.E. (1982) 'Creating ethical relationships in organisational research', in J.E. Sieber (ed.), *The Ethics of Social Research Surveys and Experiments*. New York: Springer. pp. 79–104.

Shimmin, S. and Wallis, D. (1994) *Fifty Years of Occupational Psychology in Britain*. Leicester: British Psychological Society.

# 第3章

# 职业心理学工作者所需具备的道德和研究技能



雷切尔·刘易斯和拉腊·齐巴拉斯

**学习成果**

学习完本章后，你将能够：

√ 理解BPS范式和实现道德的方法；

√ 讨论在众多特定情境下出现的道德事件及其约束；

√ 理解并在实际中使用道德技巧，例如合同的作用、保密协议和忠诚的含义；

√ 描述和界定不同的研究方法和设计；

√ 知晓如何阅读和评价一篇学术文章；

√ 描述和界定不同的统计方法；

√ 掌握在何时及怎样选择最适合的统计测验；

√ 掌握定性方法在职业心理学中的作用；

√ 描述和界定定性方法。

## 引言

第2章已经介绍了道德在职业心理学工作者日常工作中的重要性。这一章将会通过探究当一个职业心理学工作者所需要的道德技巧来继续延伸这个话题，并且提供机会讨论那些出现在许多不同情境下的道德约束与事件，而这正有可能与你未来的职业生涯相关。同时，在这一章中我们还会讲到BPS和HPC的行为准则和道德实践。

这个章节的剩余部分将会聚焦在作为一个学者和从业者所需要的研究技巧
53 上，还会解释和澄清一些围绕着定量和定性研究的关键概念和方法。需要强调的是这一部分并没有也不应该取代专门讲研究方法的书籍和讨论统计或定性方法的教材。在这一章结束时，你将会看见一系列的推荐文章。这一章的用处在于：

- 作为一份复习资料，让在以往的教育中已经学习和使用过研究方法和统计技巧的人温故知新；
- 作为一份“快速浏览”的参考资料，帮助你理解这本书的第二部分或学术文章中所用到的关键概念和方法；
- 作为一份介绍和基础资料，让在以往的课程中从来没有正式学习过研究方法和统计的人对这一方面有所了解。

## 关于道德

不管在研究中还是实践中，道德比任何事都重要——BPS网站，2011。

在第2章中，通过对道德的情境意义、道德对学术和实践的重要性的探讨，以及学者和从业者个人对道德的看法，我们展开了对道德规范的讨论。关于行为准则和道德规范的考虑无疑是职业心理学工作的重中之重，而且还会以许多不同的方式贯穿整本书。

接下来我们将会探讨与职业心理学打交道的从业者所需要的道德技巧或“工具”。你还会发现在第二部分的每一章中，你将有机会探讨在具体情境中关于道德的思考是怎么出现的。首先，一些章节的案例研究会包括在特定的课题和工作情景中所涉及的具体道德事件的考虑。其次，在每一个贡献部分（包括主要的从业者和杰出的学者），作者会对道德在他们每天的工作和实践中承担什么角色作出回答。

## 关于道德：BPS范式

BPS给研究者、教师和从业者发布了一个全面的道德指南。关键的文档是《道德和行为准则》（2009年8月），它可以在文后链接中的BPS网站中找到。BPS在1985年第一次采用行为准则（框3.1），并持续对它进行常规更新。

框 3.1 54

英国心理学会道德和行为准则（2009）

考察与道德相关的主要责任时，应该基于四项基本的道德原则。它们是：

1.尊重

心理学工作者应该重视所有人的尊严和价值，要对客户的授权和动态影响比较敏感，还要特别留意个人在涉及他们隐私和选择时的权利。

2.能力

心理学工作者要重视持续发展自身的专业能力，并保持对专业工作能力的高要求，同时认识到自身在知识、技能、培训、教育和经验上存在不足后能保持发挥最优水平的重要性。

3.责任

心理学工作者要重视他们对客户、普通大众和心理学界的责任，包括避免损害和防止滥用他们对社会的影响。

4.诚实

心理学工作者不仅要在与所有人的交往中保持真诚、准确、清醒和公正，还要在他们科学和职业尝试的所有方面不断提高其诚实性。

有了道德与行为准则的引领，意识到可能出现的情况，BPS提出了一组职业心理学工作者或培训中的从业者应该具备的有关道德实践能力。它们包含在关键能力里。和道德相关的关键能力是关键能力1，它包括“制定、执行和保持个人的和专业的标准和道德实践”。

这个关键能力包括五个学习成果：

1. 在职业心理学中建立、保持并发展法律的、道德的和专业的标准体系；

2. 遵从职业心理学中法律的、道德的和专业的标准；

55 3. 作为一个职业心理学工作者，致力于持续地提升自己；

4. 专业并道德地回应不可预测的情境；

5. 为职业心理学中法律的、道德的和专业的标准规划发展。

你可以在《职业心理学资格认证指南》的附录2中找到这些能力的全部细节，在第2章中我们也提到过这个指南，它可以从BPS网站下载。

需要记住的重要的一点是，正如第2章中所说，BPS是我们的代表主体，而HPC是我们的监管主体。如果你决定要取得从业执照，你应该向HPC申请注册。HPC有自己的道德准则，叫作“健康专业委员会关于行为、绩效和道德的标准”。这个准则更新于2008年，里面包含14条作为一个注册者需要注意和遵守的详细标准。实际上，签署一份承诺书来保证遵守这些标准就是注册的条件之一。虽然有很多标准与BPS的描述相似，但不同的是，HPC还有关于收集知情同意书和应对感染风险的标准。这些标准都可以在HPC网站上找到。

## 作为一名从业者你所需要的道德技巧是什么

通过关注BPS指南关键能力1，你就能知道一名有道德的从业者需要哪些广泛的技能/知识。它告诉你什么是需要你去做的和思考的；但是怎么才能有道德地工作，同时又需要哪些工具呢？

发展道德技巧的第一步是伴随你所承担的课题或研究中关于道德的决策过程发生的。这就意味着为了采取最好的解决方法，你应该判断这些道德问题或困惑属于什么类型。BPS（2009）提供了一个有用的决策树来帮助我们完成这个过程（图3.1）。

从决策树中可以发现，大部分时候都需要和别人讨论可能的道德问题或约束。这不仅仅意味着和客户或其他研究者进行探讨，还意味着与同事、朋友和BPS讨论。通常情况下道德问题并没有一个简单的解决办法，道德困惑也不一
56 定是明显的，因此尽可能让更多的人参与进来才是一个好主意。

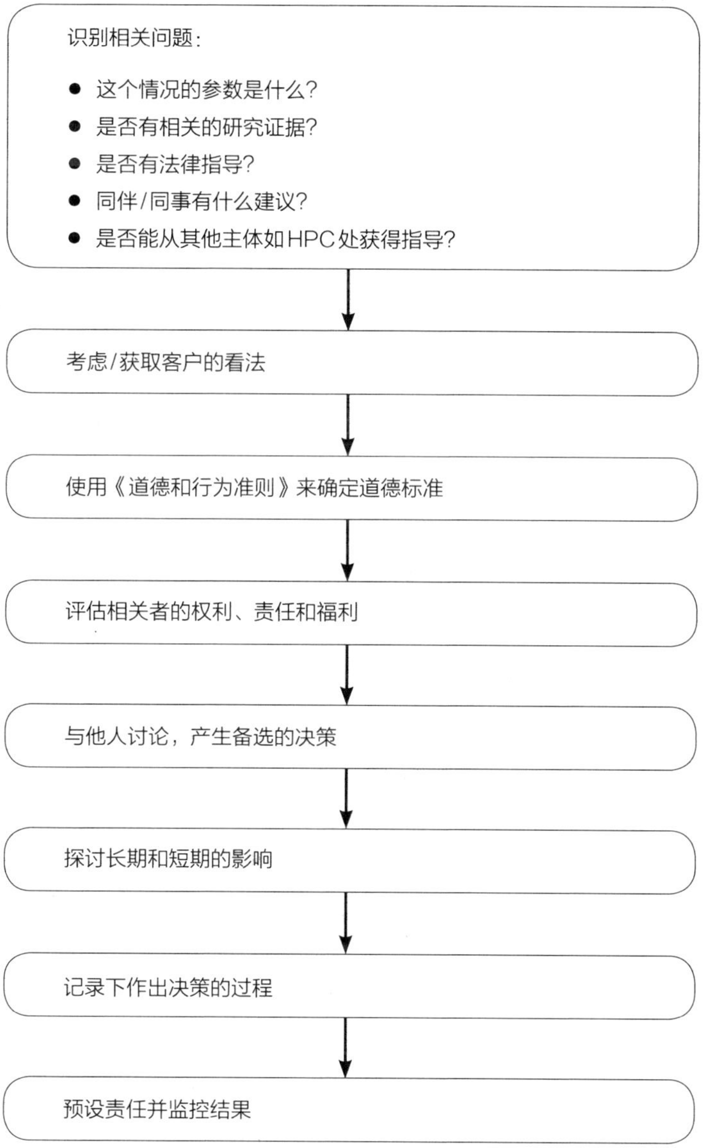


图3.1　BPS决策树

## 关于道德——小组课题

尝试与一组同伴讨论框3.2情境中可能遇到的道德问题或约束，要注意收集讨论过程中不同的观点。如果你并没有一个可以一起商讨的小组，请在你继续往下阅读之前花些时间好好思考每一个情境。

57 框3.2

**职业心理学实践**

**道德讨论情景1**

你是一名注册的职业心理学工作者。英国一家大银行邀请你作为顾问，开展一项关于员工健康与工作绩效之间关系的研究。银行方面认为健康的员工是更好、更努力的员工。为了开展研究，银行给予你查看最近几年所有员工记录的权限，包括（但不限于）缺勤数据、病假数据、工作时间数据（使用考勤记录）、绩效评估排名和销售数据（对于客户服务和销售员工）。你也将会采访几位来自银行各个不同部门的员工来获取他们的想法。

提示：在使用他们的数据时，你是否考虑过员工的权利？你怎么保证这些数据的使用符合道德规范？当找到健康与绩效的关系之后，银行会受到什么启示？

**道德讨论情景2**

你是一名实习职业心理学工作者，在一家大型零售企业工作。这个企业发现，过去两年员工的离职率成倍地增长，而这对年度的培训和招聘成本（还有其他相关成本）都有负面影响。你被人力资源主管任命去寻找大量员工离职的原因。她给予你查看员工离职访谈记录的权限，并要求你从中找出答案。

提示：你认为员工的离职访谈能反映全部问题吗？作为一名有道德的从业者，你能够只是使用这些资料吗？你还需要什么？这给了你什么启示？

**道德讨论情景3**

你在一家历史悠久的工程企业中担任学习和发展顾问。其中一位客户在谈话中告诉你，董事会的一名成员对一些女性员工（不包括这位客户）有明显的性骚扰行为。这位客户认为，由于这名董事会成员地位高，那些被骚扰的员工并不敢直接投诉他——而是想办法避免与他接触，或在某些情况下离开公司。你的客户还认为，这名董事会成员的行为导致他所领导的团队里一些员工经常请病假。这名董事会成员恰好是你非常好的朋友，你对这样的指控感到震惊。

提示：你该如何看待这种二手信息？忽视这个问题是否是道德的？这件没有被公开的事情暗示了这家企业具有怎样的文化氛围？

为了指导每一个讨论，请用下列问题思考这些道德事件。 58

- 对承担这项工作/研究的参与者/员工来说会产生什么道德问题？对所有相关者而言问题是一样的吗？
- 对客户/企业来说会产生什么道德问题？客户/企业的道德问题与参与者/员工的道德问题是重叠的还是互相冲突的？
- 一个实践者/学者的工作会产生什么道德问题？

除此之外，在每一个案例中讨论这项工作是否隐藏着法律问题。这时候无须担心怎么去解决这些问题，应该把注意力更多地集中在识别问题上。

这些情境说明了在职业心理学的工作中，对于道德的考虑是多么重要而且复杂。下面是两位主要的实践者对道德在他们日常生活和工作中的重要性的描述。

艾玛·唐纳德森-菲尔德，职业亲缘健康中心主管

道德对于我的工作非常重要，这包括保密，透明，言出必行，在合适的时候获取知情同意书，参与到使个体感到顾虑的事情中来并提供咨询，在对待客户、个体、组织、同事……乃至所有人时都保持正直。这也就意味着要时刻进行反省。

朱丽安·迈尔斯，职业心理学工作者。朱丽安是一名杰出的职业生涯咨询师，她阐述了道德在她的日常工作中是多么复杂而且关键

为了使我的客户能够敞开心扉、畅所欲言，完全的保密和一个

> 不评判的态度是非常必要的。在我的日常实践中最大的挑战是要有保持专业界限的能力。因为与客户的关系是一对一的，个人问题就
> 59 会经常出现。我发现在筛查和签约阶段尤为重要的是明确自己的角色是一名职业心理学工作者，而不是心理咨询师或其他类型的治疗师。对于客户来说，最主要的问题很可能是一段成问题的个人关系，或是一种使人衰弱的焦虑心情。如果从最开始的谈话中我发现个人或人际关系指导更合适，我会建议他去别的地方。另一个界限就是在咨询师/指导者和顾问之间。作为一名心理学工作者，客户会认为我是一个专家，希望我告诉他该怎么做，而我把自己定位为一个让客户自己作决定而不是直接告诉他们答案的向导。

你会从这些例子中发现道德技巧是多样和复杂的。下面是你从事的每一项工作中都会出现的三个关键的道德领域，但请注意这并没有穷尽所有情况。

## 签约

当你和客户或员工工作时要做的第一件事就是签约。与客户签约时需要一份书面的合同，内容包括对你的工作内容、工作时间、相关人员、应交付的成果和费用的详细描述。另外还需要有诚实和保密协议。签约阶段是你和客户共同商讨在什么情况下你们会一起工作的反复的过程。与员工、研究伙伴或有辅导/咨询关系的客户签约通常是逐字逐句来完成的。

## 保密协议

不管在研究还是实践中，你都需要使用到保密协议。如果你是一名学生，你第一次使用保密协议应该是在你的研究课题中，你需要收集研究参与者的保密协议。作为一名从业者，你也许已经与一些利益相关者——包括客户/组织和员工签订过保密协议。当你为组织工作时，为了获取特权信息或数据，你也会被要求签署保密协议。

关于保密协议，需要记住的要点包括： 60

- 考虑课题/研究中涉及的每一个人，以及需要保密的水平。
- 获取书面的协议——拥有实体证据对证明你签署了怎样的保密协议非常有帮助。
- 研究数据——你将怎么处理这些数据？你要怎么安全地存储这些数据以保证没有人能够获取这些数据？如何对这些数据进行匿名处理的同时又不丢失有用的信息？（例如，你怎么去追踪这些回答；或者如果你需要收集进一步的数据，你要怎么联系这些员工？）你会存储这些数据多长时间，之后又会怎么清除它们？
- 对客户与对员工保密——例如客户是否会知道是哪位员工或者有多少员工参与了研究？他们是否有权对数据进行分组？
- 后勤——如果你在组织中工作，确保你可以使用单独的房间或电话以保证谈话是保密的。
- 反馈——你如何在不违背保密性的同时把结果反馈给客户或研究伙伴？在课题的一开始就考虑这个问题比交付成果时再考虑要好。
- 坚持反复检查——确保在整个课题/研究中你没有违反任何一方的保密协议。这在课题结束后仍然适用。

第5章将会对保密协议进行更详细的讨论，讨论的焦点在于是否需要在职场辅导干预中保密。

## 理解诚实

你应该对谁诚实，或者谁是你的客户，是当你为组织工作时首先需要确定的事之一。例如，当你和一名员工讨论时，你发现这名员工并没有有效地工作（这可能是由于缺乏能力或动机，或是生病了），你会对你的“客户”说明这个情况吗？答案其实不分对错，这取决于你应该对谁诚实。

关于诚实的要点如下：

- 并不一定是对支付你工资的人诚实。给你费用或雇用你的人/组织并不一定是你需要表示诚实的对象。想一想，当你是一个有道德的从业者，你应该对

谁诚实？例如，如果你在为客户开发一个以发展为重点的360°绩效评估系
61 统，客户需要看到每一个参与者的等级评分吗？

- 分裂的诚实——你也许会遇到这种情况，你所提供的解决方法或干预手段并不如你的客户所希望的那么有效。例如，如果你在一个代理机构中担任顾问，给这个代理机构提供解决方案就是你的工作——不管这个方案好或不好。你会对此感到开心吗？当你的诚实被你的专业、你的代理机构和你的客户所分裂的时候，你该怎么办？
- 把它写下来——很多时候，在项目进行过程中，客户会想着“推翻一切”，要求你提供你没有同意或讨论过需要交付的信息。这时候你要确保关于诚实的细节都写下来并且分发到相关者手中。
- 与每一个相关者沟通诚实协议。以上面的绩效评估系统为例，与所有相关者沟通诚实或保密条款是非常关键的，这样客户就会知道他们会获得什么，同样所有的参与者也知道他们在什么情况下需要评定/被评定。如果一名经理正在查看结果，你知道组织并不会知道你对个人的评分，而只会看到你提供的发展计划，这样在评估过程中你就会更加轻松和诚实。

## 关于研究

在第1章和第2章中，我们讨论了职业心理学工作者是做什么的，以及这和其他诸如管理咨询师和人力资源师等职业的不同。其中一点主要的区别就是我们基于证据的研究技巧。

你并不需要阅读很多关于职业心理学的书籍就能够了解到学术界与实践界的分歧（参考如Anderson等，2011，在此方面的综述）。这个争论占据职业心理学的中心位置：一方认为学术不用承担实践中的工作或开发对实践有用的解决方法（象牙塔争论），另一方则认为从业者采取的解决方法和干预手段无须根植于实验证据。我们认为，并不总是如此。从业者采用基于实证的方法来工作，学者考虑他们研究的实践启示，这是非常关键的。

艾玛·唐纳德森-菲尔德，一名杰出的从业者，强调了它的重要性：

> 我的目标是我做的所有事都要有理论、文献和研究支撑——也可以是通过我的经历收集而来的证据。我总是强调我做研究是为了保证我的实践确实有依有据，但是作为一个从业者，我所做的研究都是和实践相关，是非常具有实践指导意义的。

在这本书中，我们确保了所有理论和研究模型的出处都被标明，而且它们 62
的实践启示和作用都是明确的。这本书还包含了非常多来自学者和从业者的例子，他们都解决了这个分歧，并且在职业心理学的正确方向上努力着。

引用工作于学术和实践两个领域的伊凡·罗伯逊教授的话为例子：

> 我工作中的实际应用经常会为研究提供数据和想法。例如，我(和同事一起）最近发表了一篇研究心理幸福感增强员工工作投入对生产力影响的学术文章。所有的数据都来源于直接满足客户要求的调查。实际上，研究和实践的联系是贯穿我职业生涯的反复出现的主题。我几乎所有的实证研究文章都依赖于实际组织情境下的数据，而这又是在一个真实的项目开展过程中收集的——并不是仅仅为了研究才进行收集。我非常深信的一件事是，最小化职业心理学在研究、实践和教学之间的障碍对于这个职业来说是有益的。

不管是学者还是从业者，掌握研究技巧并紧跟研究前沿绝对是职业心理学工作的重中之重。这章节的剩余部分介绍了阅读相关研究和理论你所需要了解的研究技巧。不管你是否正在接受职业心理学工作者的培训，这一部分对你来说都是可以理解并且有实际用途的。

## 研究方法和设计

每一项研究都有特定的结构。结构，或者说研究设计，会对能够收集到的结果和能够回答的研究问题产生影响——因此，要选择与研究目的相匹配的研究设计。研究者使用最恰当的研究设计是非常重要的，因为只有这样结果才是可信或者准确的，也才能够得出结论或启示。

大体上，研究可以被分为两类：定量研究（使用量化的数据测量结果）和定性研究（使用语言分析结果，通常是解释性的）。

在决定研究方法之前，你需要思考你关于研究和测量的信仰系统是什么。信仰系统可以划分为关于社会科学的四个主要假设。基于对这四个假设的介绍，
63 你可以看看哪一个假设反映了你的哲学观——哪一个是适合你的？

1. 本体论——对现实本质的研究

  a. 主观主义者认为世界并没有真实的结构。事物是否存在取决于个体的主观感知。
  b. 客观主义者认为世界是真实存在的——事物是否存在与我们对它存在的感知无关。

2. 认识论——对知识的学习；关于“我们如何知道我们所知”的问题

  a. 解释主义者认为知识只是一种解释——我们都会用不同的方式解释事物。
  b. 实证主义者认为知识是可以测量和计算的。

3. 人类本性

  a. 唯意志论者认为人类是自主的，在自由意志下采取行动。
  b. 决定论者认为我们的行为是由我们所处的环境或情境所决定的。

4. 方法论

  a. 定性的观点认为我们可以通过获取参与者的一手知识和他们的主观报告来认识世界。
  b. 定量的观点认为测量的过程是核心，方法论应该包括检验假设，并植根于科学的严谨性。

本章的后面将会介绍与定性和定量研究相关的最常用的分析方法，如差异性和相似性定量检验，并界定定性方法，包括内容分析、语言分析、主题分析和解释现象学分析。

## 不同的研究方法/设计释义

在这一部分我们会探究五种不同类型的研究方法和它们的相关设计。这包括：

1. 描述性研究；
2. 相关性研究；
3. 实验设计；
4. 准实验设计；
5. 文献综述。 64

谨记在进行任何一种研究之前，进行一次预研究是非常有用的——一般就是对计划的课题进行小规模研究。

### 1 描述性研究

描述性研究包括观察、描述，以及在没有影响参与者行为的情况下对行为进行测量。

这种类型的研究设计的例子包括以下几种：

- 案例研究——对于特定情况的深入研究，例如某个组织的管理行为；
- 日记研究——通过参与者对日常事件、任务或想法/情感的记录来观察他们这段时间的行为；
- 焦点小组——小组访谈，参与者被要求谈论他们对某一特定主题的想法、意见或观点；
- 访谈——结构化访谈，参与者被单独要求谈论他对某一特定主题的想法、意见或观点；
- 观察——通常这是一种明显的自然观察，参与者知道他们在执行日常任务时被观察（这种观察通常被用于工作和任务分析）；
- 调研——通过问卷收集数据；这是职业心理学中最常用的研究设计之一。

## 2 相关性研究

相关性研究探讨的是两个或更多的变量之间是否相关，也就是检验一个变量（如工作幸福感）的增加或减少是否会引起另一个变量（如工作绩效）的增加或减少。

相关性研究绝大部分是横向或纵向的。

- 横向研究——通常只在一个时间点上通过调查收集相关变量的数据。所有数据都是同时收集的，代表了一个组织或现象的现状。
- 纵向研究——在一段时间内收集数据，每一个变量都会在两个甚至更多的时间点上测量。这使得对改变量的测量成为可能。纵向研究可以是时间性（间隔一定时间向混合样本收集数据，如连续年度的职工调查）或面板性的（随时间变化收集同一群被试的数据，测量个体层面的变化）。

## 3 实验设计

一个真正的实验设计只有一个变量被操控，其他变量都要保持不变，这样才能够看出这个变量是否引起了另一个变量的改变。通过控制无关变量，研究者就可以排除引起这个效果或改变的其他可能的解释。因此，实验设计可以探究因果关系。真正的实验设计需要具备以下条件：

- 一个随机样本；
- 一个控制组（非实验组）；
- 被试必须随机分配到控制组或实验组；
- 只有一个变量被操控和检验，其他变量保持不变。

实际上，在职业心理学中完成一个真正的研究设计是非常困难的。因为如果被试知道自己是实验对象会产生霍桑效应，如果被试不知道又可能产生道德问题。而且在一个组织当中，真正的随机样本是几乎不可能实现的，因为极少能够把大家都“随机分配”到不同组别里面。

## 4 准实验设计

当一个或多个真正的实验设计的条件无法满足时，我们可以采用准实验设计。这包括：

- 随机分配被试到各个实验水平；
- 对自变量实施完全的实验者控制。

例如，当两个相似的团队分别作为不同的实验组，或者，更常见的是被试自愿参加研究而不是实验者从员工中随机挑选时，研究就需要采用准实验设计而非实验设计。从研究中我们可以发现，一般自愿来参加实验的被试与普通的组织成员“不同”（如在心理健康和人格变量上的不同）。邦德和邦斯（Bond & Bunce，2001）的文章是职业心理学中准实验设计的绝佳例子。

66

## 5 文献综述

回顾他人的研究最常用的方法是元分析和文献综述。

元分析是一种综合不同研究结论的统计手段。很多时候一些独立的小型研究探讨的都是同样的变量——例如，很多文章研究的是工作控制感对工作绩效的影响。元分析通过把所有独立的小型研究的数据整合起来，使得研究者可以有效地利用更大量的数据来得出更可信和准确的结论。元分析的强度和有效性取决于研究者是否对所有可得的文献进行了全面梳理，并采用了在统计上和方法上相似的文章来进行分析。例如，元分析里面的所有研究都应该采用相同的量表测量工作控制感和工作绩效。

系统的文献综述是对前人在特定领域的研究的一种深度评价，通常以总结的形式呈现出来。需要注意的是，文献综述是对大量研究的不同方法和观点的评价——并不仅仅是所有发表文章的概括。因此，文献综述里应该包括对各个研究的质量，以及目前这个研究领域的现状的评价（例如主要的研究空白）。

学会对文献进行综述是你在学习成为职业心理学工作者的路上需要掌握的最重要的研究技巧之一——不管你的目标是成为学者还是从业者。然而，鉴于可得的信息量之大和复杂，文献梳理有时候是令人困惑的。接下来的部分为如何着手进行文献综述和浏览学术文章提供几点建议。

## 进行文献综述

进行文献综述最困难的就是要鉴别手头的文章是否合适与可靠。这个选择也决定了最终的成果（你的文献综述或工作）是否有用。学生在论文和作业中得低分的常见原因之一就是他们使用的材料质量不高。接下来的部分将会帮助你作出合适的选择。

67 框3.3

**如果你想提高自己的文献研究技巧，请看这里！**

为了帮助你提高互联网研究技巧，英国大学的讲师和图书管理员组成了一个团队，开发了一系列叫作“虚拟培训室”的免费网上课程。每一个课程约耗时一小时，你也可以每次只看一个部分。通过互动的方式发展研究技巧，这是非常理想和值得推荐的方法。每一个课程都会分为四个部分，这样你就能够：

——通过互联网寻找你的研究领域；

——学会如何在网上搜集信息；

——评估哪些资源对你来说是最合适的；

——从例子中学习。

下面是“商业和管理课程”和“心理学课程”的链接，选择最适合你的学习进度或者最感兴趣的网页浏览。如果你正在学习职业心理学，我们推荐你先看这两个课程的“游览”部分，这样你就知道如何获取心理学与商业的期刊和文章。

获取心理学课程：

http://www.vtstutorials.co.uk/ws//tracking/launchcontent.aspx?cv=36073971-FF61-45A7-B21D-F4667B77EED1&e=A0000&c=209AD8E4-D129-457C-8554-F7EA6C629679&SID=24453c0b-2543-458d-bb95-1068c20b60cb

获取商业和管理课程：

http://www.vtstutorials.co.uk/ws//tracking/launchcontent.aspx?cv=78911681-E697-49D1-B98C-7901B6648D0E&e=A0000&c=19FCBF04-106D-49FB-BAE8-8274A87C680F&SID=24453c0b-2543-458d-bb95-1068c20b60cb

首先要知道，当提到文献时，我们指的是什么。职业心理学文献一个重要
和独特的方面是，关键的相关信息既可以从心理学文献中找到，也可以从商业
或管理学文献中获取。当谈到“文献”时，我们一般是指刊登在学术期刊或书
籍上的学术或教育性的文章。在本科教育中，你通常会有针对每一个特定课程 68
的推荐购买或借阅的书籍清单。目前很多书都已经被做成了电子书，所以在购
买之前你务必先弄清楚。稍后我们将会更详细地对学术期刊进行介绍。

**政府网站**

关于法律法规的关键信息、统计来源和受资助的报告。
——健康与安全部门（HSE）
——就业与退休保障部门（DWP）
——皇家出版局（HMSO）
——国家统计局（ONS）
——商业、创新和技能部门（BIS）
——商业在线

**与组织相关的社会/专业机构**

大部分提供在专业领域有用的报告、评论和数据。
——英国心理学会（BPS）
——美国心理学会（APA）
——特许人事和发展协会（CIPD）
——英国公会联盟（TUC）
——国家职业安全和健康局（NIOSH）
——咨询、调节和仲裁服务（ACAS）
——就业研究所（IES）
——工作基金会
——特许管理协会（CMI）
——社区商业（BITC）

**出版物**

大部分出版物都可以从网上免费获取，是紧跟商业和心理学事件与新闻的最佳方法。
——新闻（网络和印刷品）如BBC的商业专刊、《财经时报》（*Financial Times*）和《纽约时报》（*New York Times*）的商业专刊
——《经济学人》（*The Economist*）
——《伦敦周刊》（*The Week*）
——《人员管理》（*People Management*）
——《心理学工作者》（*The Psychologist*）
——心理学社（PsycPORT）
——播客如钱框（Money Box）

图3.2　信息源

心理学，尤其是职业心理学，是一个不断进化和发展的学科。第1章讲到职场持续快速变化，这为我们理解职业心理学带来了启示。这意味着，如果书籍是好几年前发行的（或者至少没有思考发行以来发生了什么变化），那么单纯

依赖书本上的知识并不是一个好主意。这也就是为什么把学术期刊作为主要的文献来源更值得推荐（尤其是在攻读硕士学位层面）。

但是，在我们把注意力放在学术期刊之前，我们强烈建议你尽可能多地了解搜集信息的方法。互联网无疑是紧跟最新消息的明智而简单的途径。一个良好的商业嗅觉对理解任何你所看的理论或模型带来的启示是非常关键的。图3.2
69 展示了各种可以搜寻到有趣信息的信息源。

除此之外，别忘了使用社交媒体作为信息来源，例如：

- 脸书（Facebook）上有很多职业心理学群组，包括英国心理学会的职业心理学分会群和《职业健康心理学期刊》（*Journal of Occupational Health Psychology*）群。
- 领英（LinkedIn）使你能与在同一行业中的人取得联系，它有大量的相关群组，包括“职业和组织心理学工作者”“英国心理学工作者”和“商业心理学工作者协会”等等。
- 推特（Twitter）对追随关键人物十分有帮助——试试搜寻这本书中提到的那些杰出的心理学工作者，也可以关注专业机构和相关组织的动态。
- 博客。寻找可能感兴趣的博客。你可能想要关注“佩斯顿精选”（罗伯特·佩斯顿是BBC商业专刊的编辑）、BPS研究文摘和卡里·库伯教授的博客（卡里教授是在职场健康与绩效领域顶尖的职业心理学工作者）。
- 维基百科。对于一般的信息而言，维基百科是比较有用的信息来源（尽管千万别用维基百科来做作业），但是还有更具体的维基百科等着你使用，如“心理学维基百科（The Psychology Wiki）”和“网络商业精华（Business Essentials on the Web）”。
- 视频分享网站。优兔网（Youtube）里有一些有用的课程和内容——可以看看包括哈佛等美国大学和院校课程的Youtube EDU。你还可以在TED，Fora.TV和Scitalks上找到与职业心理学相关的内容。

使用社交媒体时需要留意：这些信息通常都没有被验证——因此不可以想当然认为它们都是正确的。不要太依赖于这个手段，把它当作文献检索的基础也是绝对不可取的。但是它有利于你掌握整个事情的来龙去脉，并让你领悟到研究领域中的一些批评和争论。

## 学术期刊

尽管阅读和消化广泛的文献是一件好事情，但是如果你还是一名学生，你应该关注学术期刊（或书籍）上的文章。市面上有很多可供选择的学术期刊，每一本期刊都是定期发行的——通常每季或每月一刊。总体而言，经过同行评审的期刊是可以信赖的。同行评审是一种质量控制程序，即每一篇文章在刊登之前，都会被一个或多个目标学科的专家阅读和验证过。这就保障了同行评审的期刊具有可以信赖的品质。虽然期刊一般是纸质版的，可以在图书馆找到，但实际上，大量的期刊现已可以在线阅读。框3.4对使用学术期刊和文章常遇到的问题提供了一些答案。

框3.4 70

**怎么找学术期刊和文章？**

如果你是一名学生，最好的方法就是从你的图书馆网站着手。通过图书馆的搜索引擎，你可以找到所有你需要的文献——期刊、书籍和数据库。你还可以访问像Ingenta和ScienceDirect这样的学术搜索引擎，对你学校来说这些通常都是免费的。你可以阅读哪些期刊也取决于你的学校——要确保你从学习提供者那里联系上一位导师，以便你最有效用地使用它们。

如果你不是一名学生，你也可以通过谷歌学术免费获取学术资料。在谷歌主页的下拉菜单中你就能找到谷歌学术。谷歌学术的运作方式是搜索来自不同大学、出版商和社团的大量数据库。虽然这很有用，但它并不够全面，因此如果你是一名学生，你还需要使用其他信息源。

此外，循证管理中心（http://www.cebma.org/about-cebma/）允许社会人士拥有ABI/INFORM，Business Sorce Elite和PsycINFO的访问权。你只需成为中心的会员（http://www.cebma.org/membership/），拥有账号和密码，就可以使用这些数据库。在出版时会员费约为120英镑，但相比较而言这还是比较实惠的。

**找到这些文章时我是否可以打印或保存?**

这得看情况。如果你是一名学生，你的学校会给一些期刊缴纳订阅费，这其中会有一些包括“全文”服务。如果你有访问全文的权限，你就可以打印这些文章，否则，你就需要付费（通常每篇约20～30英镑）。

在谷歌学术上，如果文章的右边有一个链接或图标，就可以打印出来。提醒一下，如果你的学校没有订阅全文，可以看看在谷歌学术上能否找到。

**我怎么判断这是否是“好”文章?**

判断一篇文章的质量非常关键。这比看起来要难，而且很多时候其实靠的是经验。

三个关键提示：

1.使用学术搜索引擎寻找文章。这将保证文章都经过某种“审查”程序。

2.看这篇文章是否发表在“同行评审”期刊中。这是一种正式的质量控制程序，意味着在相关领域的独立的第三方专家已经在发表之前阅读和审核过这篇文章。你可以在期刊的官网上查阅投稿程序以确定它是否被同行评审。

3.看看哪里引用过这篇文章——如还有谁使用过它。如果一篇文章被其他作者引用过很多次，那就很可能是一篇质量上乘、实用的文章。你可以通过多种方式检查引文，最严谨的方法是通过ISI Web of Science，你也可以通过图书馆的搜索引擎或谷歌学术来检查。但请注意，如果一篇文章是最近才发表的（例如去年），它也许还没有被引用。

## 阅读学术期刊

你会发现有一些重要的期刊一遍又一遍地出现在你的阅读清单中。它们会是哪些期刊取决于你学习的科目（例如，人力资源或职业心理学课程），以及这个学科所处的领域（例如，选拔和评价，或自动化和人机交互）。阅读本书每一章结束时的参考文献就能够对每一个特定领域的相关期刊有个大概的了解。

刚开始阅读学术期刊时可能会感到非常气馁，因为里面充斥着不熟悉的语言、写作风格和分析程序。这一章节接下来的部分将会对一些分析程序进行解释。当你寻找文章时，在通篇阅读之前先看一下摘要部分，因为摘要会告诉你这个研究包含哪些部分，目标是什么，以及主要的结论，从而在更深入地阅读之前判断这是否是对你有用的文章。

总体而言，一篇学术文章有其固定的结构。框3.5介绍了每一部分的内容。请注意，这适用于定量研究而非定性研究；事实上绝大多数学术文章都是定量的。此模板同样不适用于综述文章。

框3.5 72

**文章的标题**

**作者（及其单位）**

**摘要：** 摘要通常在100～150字，包括对整个研究、研究目的、研究方法和结论的简单描述。

**引言：** 引言为研究设定了前提，是对相关研究文献和缺陷的简单回顾，为整个研究奠定了理论基础。引言还包括假设或要检验的研究问题，通常还会有一个子标题，预示着文献回顾的特定领域。

**方法：** 这一部分会详细介绍进行研究的实际工作，通常也有一些子标题：

- 被试：样本容量，描述性统计如样本中的男女比例和学历分布。
- 测量：这一部分描述了研究中采用的所有测量方式或量表，通常还会给出一个样例（例如一个测量题目），还会给出量表在这个样本中的可信度（采用α系数）。
- 程序：这一部分描述了整个研究设计（研究是怎么执行的），例如选择了多少被试，给他们提供了什么，数据收集了多少次。这应该足够详细，让每一个读者都能重复这个实验。这一部分还会提供保证数据安全性的相关信息。

- 数据分析：这一部分描述了整个研究和针对每一个假设/研究问题采用的分析程序。

**结果：** 通常结果部分会按每一个假设或研究问题的顺序写下来，还会描述每一个分析程序（如果在方法部分没有数据分析，则会在这里详细介绍）。结果部分详细描述了研究的发现，但并不涉及这些发现带来的启示。

**讨论：**

- 讨论的第一部分会总结每一个假设的结论，并在以往研究数据和结论的背景下对这些发现带来的启示进行讨论。这一部分还会重点强调整个研究的优点。
- 方法上的问题和不足之处：这一部分会描述整个研究在研究设计、测量方法和取样上的不足（例如只使用了横向数据）。这对判断这篇文章的结论是否具有普遍性有帮助。
- 启示和研究展望：这一部分不仅阐述了研究的理论意义和实际意义（例如这些发现如何与组织相关联），而且还会提出研究展望。当需要寻找研究空白时，浏览研究展望是比较有用的。

**结论：**

这通常是一个大约200字的简短的段落，提供了这个研究的总体信息，可能是对更多研究的号召，抑或是重申这个研究的重要性。

## 在研究中使用分析程序

正如前所述，职业心理学的研究可以使用定性或定量的研究方法。在本章节的最后一个部分，我们将会介绍在你的课程或阅读中可能会遇到的定性或定量研究方法的分析程序。在职业心理学的学习或工作中，你将需要理解甚至使用这两种研究方法。

到底使用哪种方法取决于你的研究问题。例如，如果你在进行员工调查，你就需要收集定量的数据。这是因为你希望在短时间内接触到大量的员工。分析这些数据可以揭示像不同人群的满意度差异这样的信息，例如数据可能显示25～35岁的女性员工是感到最不满意的员工群体。虽然定量数据表明了这个情况的存在，但是它无法解释原因。这会是因为这个年龄层的女性员工可能正承担着照顾孩子的责任——从而使她们处在巨大的压力之中吗？抑或是与女性的晋升机会较之男性更少相关呢？很多原因都可以解释这个问题。通过采用定性的方法如焦点访谈，我们就可以理解数据背后的原因。因此，定性的方法不仅对不同的研究是有用的，它还作为补充方法广泛地应用在以实践为基础的研究中。安迪·菲尔德（Andy Field）教授重申了这一点：

> 大家倾向于站在两个阵营里，对哪个方法是“最好”的问题坚持自己的观点。但是，这与问刀子和勺子哪个更好一样愚蠢。如果你想要切东西，刀子是最好的；如果你想要喝汤，勺子是最好的。定性与
> 定量方法也同样如此：它们各有千秋。它们也可以结合起来使用，以 74
> 得出更有说服力的结论。依我所见（相信一些人会不同意），定性的方法适合于提出假设，而定量的方法则适合于检验假设，但这还存在争议。总体而言，这两种方法各有所长。

## 在职业心理学中使用统计方法的重要性

硕士课程对统计的要求让大部分潜在的学生感到恐惧（在认可的职业心理学硕士学位中，通常占到20%以上的课程内容）。这有时候甚至使学生放弃认可的培养课程，转向非认可的课程（涉及较少的统计）或其他相关课程，如商业心理学。

那么为什么统计对职业心理学如此重要呢？如果你想在职业心理学领域做研究或工作，统计/统计技能是必不可少的。正如安迪·菲尔德教授所说，“统计的实际应用潜藏在我作为儿童发展研究者所做的一切工作之中”。也就是说，统计只是研究型科学家的必备技能这种想法是不可取的。就算不使用统计方法，

对统计具有核心理解是对一个有工作能力的、讲证据的从业者的关键要求。例如，掌握统计技能后我们将可以：

- 理解和传播期刊中的最新研究——这保证了一个从业者可以站在这个领域的前沿。
- 对期刊中的研究进行评判，从而确保研究结果可以被理解（例如，这个研究是否可以应用在我所在的组织/部门/团队中？）。
- 向客户有效地、精确地解释结果。例如，如果你需要给客户反馈一个绩效管理过程的结果，经理1获得了5分中的4.75分，而经理2获得了5分中的4.5分，客户就会以为经理1的绩效比经理2更好——但是，在没有进行统计分析的情况下并不能得出这个结论。你可以通过统计的手段来确定这两个数之间是不是确实存在差别。这给我们的启示是——如果没有进行统计分析，很可能得出错误的结论，经理2的绩效就会被误以为更差——这将对这名经理的薪酬和福利造成影响。

因此，统计技能将使你更有力、可信，同时更重要的是，它能够帮助你通过为客户提供最好的建议和服务来表现得更像一名有道德的从业者。下面是安迪·菲尔德教授的一段话。

75 安迪·菲尔德教授，苏塞克斯大学儿童精神病理学教授

如果你在做某种研究，统计可以赋予你解答非常有趣的问题的能力。我觉得很多学生都有这样的疑惑：他们对心理学问题感兴趣，但是他们认为统计是另外一门学科，之所以要学习统计是因为他们犯了一些连自己都不记得的错误，这是一种惩罚。然而，对统计具有广泛而深入的理解会赋予你巨大的力量。得承认的是这并不是蜘蛛侠具有的那种令人激动的攀墙的能力，而是另一种力量。使用正确的统计工具可以使你回答激发你好奇心的任何问题；任何好问之人，尤其是学生，都会发现那是令人难以置信的具有革命性和兴奋性的前景。

# 关键概念的界定

这一部分并不是要取代传统的统计书籍，但是可以作为一个快速参考，解释一些你在阅读文章，尤其是统计检验部分时可能会遇到的名词。

如果你正在学习职业心理学，购买一本统计书是明智的选择。任课教师会给你提供一份阅读清单，但是根据大部分学生和讲师的经验，最受欢迎的书出自安迪·菲尔德。我们推荐的是《通过SPSS了解统计学（第三版）》这本书。安迪·菲尔德还建立了一个网站：www.statisticshell.com，里面包含了大量有用、清晰和免费的信息。

当你开始学习职业心理学的课程，或者在本科阶段学习心理学时，通常会被推荐使用SPSS。这是一款能够处理大多数统计分析的软件。还有其他的软件值得推荐，如SAS，AMOS和LISREL，但这些都是为更加高级的统计技巧设计的。

## 关键的概念：统计分析基础

### 集中趋势的测量

集中趋势告诉我们一组数据中最典型或最具有代表性的数是什么（框3.6）。

- 平均数是一组数据的算术平均值，是集中趋势最主要的测量手段。把所有被试的原始值加起来，再除以被试人数就可以得出这个值。
- 众数是数据中出现次数最多的数。
- 中位数通常被描述成“中间值”。把所有数据按从低到高的顺序排列出来，排在最中间的数就是中位数。



框3.6

试试计算下列数据的平均数、众数和中位数。

17 1 7 23 25 7 2 24 17 2 3 15 19 17 12 15 21 5 3 17 15 20

（提示：计算中位数你需要按顺序排列这些数据，再看哪个数在最中间。计算众数你需要看哪个数出现的频率最高。计算平均数只

需把所有数相加再除以22，22是这些数据的个数）

答案如下：

平均数：13.05；众数：17；中位数：15

你得出正确的答案了吗？

然而，对集中趋势的测量并不能提供有关这些数据的总体分布信息，因此我们通常还需要计算标准差和方差。

标准差是对个体分数与组内平均数的差距的计算。当标准差较大时，这组数据变化的范围较大；反之，当标准差较小时，数据变化的范围较小。以心理学考试为例子，假设有两组人参加了考试（例如硕士研究生组和选修学生组），平均成绩都是58分，硕士研究生组的标准差是12，而选修学生组的标准差是26。这告诉了我们什么信息？硕士研究生组的标准差更小，意味着分数的浮动范围更小——因此有更多的学生在考试中取得了近似的分数（接近平均数）。选修学生组的标准差更大，那么分数的浮动范围也更大——有更多考试成绩很好或很差的学生。

方差是离散趋势的另一种测量方式，是标准差的平方。通常我们使用的是标准差。

## 变量

在研究和文章中，你会发现变量通常是指自变量或因变量。自变量是指你
77 可以操纵或改变的变量；而因变量是指通过操纵自变量来观察的变量。以检验工作时长对工作满意度的影响的研究为例，在这里工作时长是自变量，工作满意度是因变量。另外一个辨别的方法是，自变量是你的研究变量，因变量是你的结果变量。

## 统计显著性

当我们查看统计分析的结果时，我们感兴趣的是检验是否显著，即结论是

否具有偶然性（或我们能否信赖研究中获得的结论）。我们通常能够接受的是0.05的显著性水平。这是一个检验在95%的概率水平，或换言之，我们的研究结果只有5%的概率具有偶然性/误差性。

## 误差

如果我们的研究采用的是0.05的显著性水平，相当于接受了研究结果有5%的可能性是由于误差得到的；也同样承认了研究中总是会存在一定程度的误差——只不过5%是可以接受的水平。在统计上，我们关心的是两类误差：第一类误差和第二类误差。

- 第一类误差是指研究的结果显著（如显示了两组结果具有差异性），但实际上并没有差别。这也可以叫作是一个假阳性的结果。
- 第二类误差是指研究的结果不显著，但实际上确有差别（就是说你没有找出两组结果的差异性）。这也可以叫作是一个假阴性的结果。

## 参数和非参数检验

参数检验的数据呈正态分布，而非参数检验的数据不遵循任何一种确定的分布。期刊中描述的绝大多数是参数检验，因此我们只对参数检验进行定义。但如果你的研究需要用到非参数检验（如曼–惠特尼检验或威尔克森检验），请参考统计书籍。

我们可以大致地将统计分析分为两类：

- 差异性检验研究的是两个或更多变量之间是否具有显著的差异。研究问题如“兼职员工是否比全职员工的幸福感更高”或“是否有一些部门表现得比其他部门好”。
- 相似性检验研究的是两个或更多变量之间是否具有关联。研究问题如“考试成绩与工作绩效相关吗”或“幸福的员工是否生产力更高”。 78

接下来将介绍每一种统计方法中最常见的分析模式。每一部分开始处都有一个树状图阐述如何选择合适的检验。

## 差异性检验

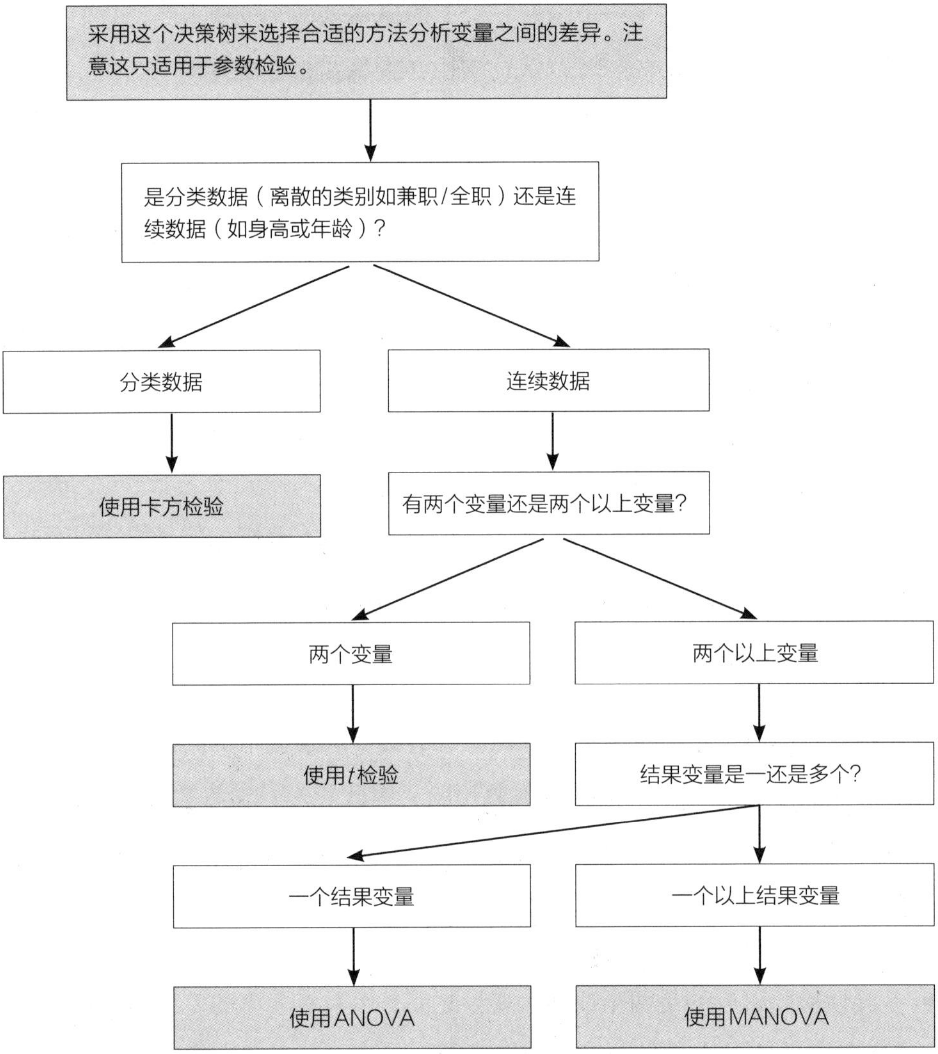


79 *t*检验用于研究两个均值之间是否有显著的差异（例如：2012级的职业心理学硕士研究生是否比之前的2011级成绩更好）。*t*检验考虑了每一个样本的容量（如在此例中每个组别的人数）和每个组内的得分差异，而不是仅仅看数字是否不同。这个检验会报告一个*t*值；*t*值越大，检验显著的可能性越大，也就是说一个组确实比另一个组的成绩更好。

ANOVA（方差分析）是另外一种检验差异性的方法，但它可用于比较两个以上群组（与*t*检验只能检验两个组相反）。举个例子，你正在查看组织中的绩效评估得分，并想知道部门之间——如财务部、市场部、销售部、采购部等部门的得分是否不同。ANOVA的计算基于对组间的相对方差和组内方差的比较。两者的相对差异越大，检验显著的可能性越大，即不同的群组互相具有差异性。通过计算ANOVA可以发现在绩效评估上不同部门之间确实具有显著差异。接下来就要使用$t$检验确定哪些组之间的差异是显著的。ANOVA也会报告一个值，叫$F$值。

MANOVA（多变量方差分析）。ANOVA研究的是只有一个因变量或结果变量的组间差异（在我们的例子中就是研究不同部门在绩效评估上的差异），MANOVA可用于研究有一个以上因变量的组间差异。例如我们不仅可以使用MANOVA研究不同部门在绩效评估上的差异，还可研究其在病假率和员工投入水平上的差异。MANOVA还可以研究这些结果的不同组合。你也许会认为多做几次ANOVA——先研究不同部门在绩效评估上的差异，再分别研究病假率和工作投入水平的差异就可以了。尽管这是可能的，但多做几次分析意味着犯错误的概率增加，因为你在同样的数据上做了多次检验。

卡方检验（$\chi^2$）用于离散型数据（分类数据而不是连续数据）的差异性检验。例如，如果研究一个部门是否比另一个部门雇用更多的兼职员工（与全职员工相对），就需要使用卡方检验。这个检验基于对每个群组的数据进行交叉比较（部门1兼职，部门2兼职，部门1全职，部门2全职）。相似地，卡方检验也会报告一个值，值越大，检验显著即组间具有差异的可能性越大（在这里指一个部门显著地比另一个部门有更多或更少的兼职员工）。

## 相似性检验 80

相关性探究的是数据之间是否互相联系（即变量是否共变），而不是它们的差异性。不同类型数据的相关性有不同的计算方法，但结果都是呈现一个相关
系数。相关系数的变化范围在-1到+1之间，0代表不相关（或两个得分没有关 81
联）。如果结果是负相关（相关系数在-1和0之间），意味着两个变量此消彼长。例如变革型领导和离职倾向的关系——上级领导如果表现出更多的变革型领导行为，员工离职的可能性更低。

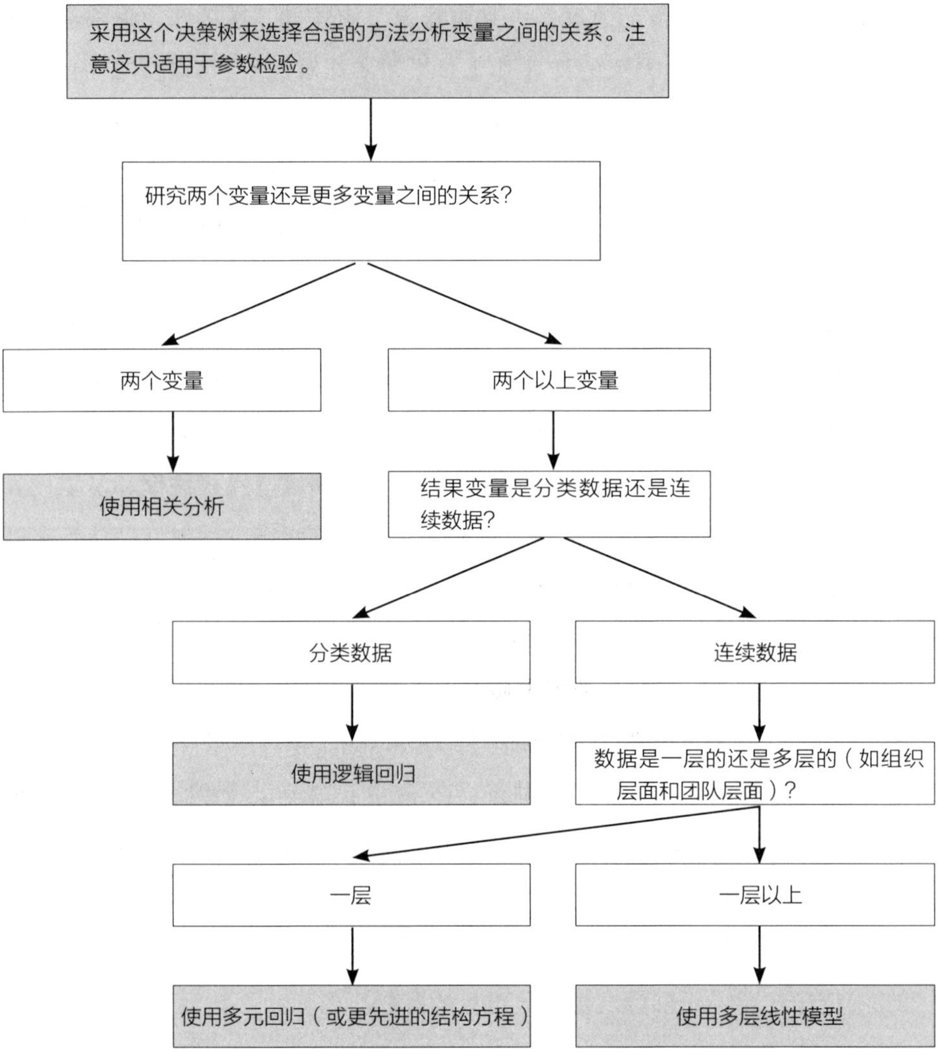


如果结果是正相关（相关系数在0和1之间），意味着一个变量增加，另一个变量也随之增加。例如年龄和员工工作满意度的关系。年长的员工一般对工作感到更满意；因此随着年龄的增加，工作满意度也增加。你会发现相关性贯穿了这本书。一般而言，相关系数越接近-1或+1，两个变量之间的关系就越强，两者更有可能显著相关。

正如ANOVA是*t*检验的一种更复杂的形式，多元回归是一种研究相似性的更加复杂的方法。相关性探讨的是两个变量的关系，而多元回归使得研究者可以探讨两个以上变量的关系。例如，你可能会想知道职场中什么因素与工作满意度相关，可以研究年龄、自主性和变革型领导的影响（还有其他你想研究的变量）。研究者使用多元回归可以知道每一个变量的相对重要性（通过单独估计每一个变量的相关系数），还有全部变量的总体重要性。例如，你可以知道年龄、自主性和变革型领导引起了工作满意度多少变异量——以及哪个变量与工 82
作满意度的相关性最强。你也许还会遇到逻辑回归这个词。逻辑回归也是一种多元回归，但是其结果变量是分类变量。

多元回归还能够让研究者探讨调节变量和中介变量。调节变量是影响两个变量关系强弱的变量——例如，年龄可以作为调节自主性和工作满意度的变量，因为年长的员工更乐意承担更多的责任，拥有更多自主性。也就是说，年龄会强化自主性和工作满意度之间的关系。中介变量是连接两个变量的中间变量——例如，有可能是变革型领导导致员工感到他们有更强的工作自主性，再使他们对工作感到满意。在这个例子中，自主性就是变革型领导与工作满意度之间的中介变量。换句话说，变革型领导之所以和员工的工作满意度相关，是因为变革型领导增强了员工对自主性的感知。

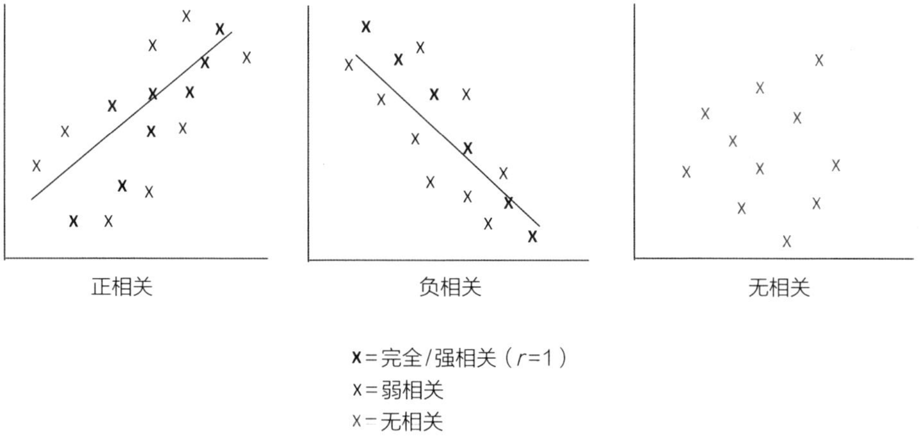


框3.7

记住中介作用和调节作用两者区别的小窍门

想象一个汽车音响，音乐是自变量，声音是结果变量。调节变量就是音量按钮——它加强或减轻这个效应——使得声音更响或更轻。中介变量就是电源按钮——只有开了电源才会有音乐的声音传出来。

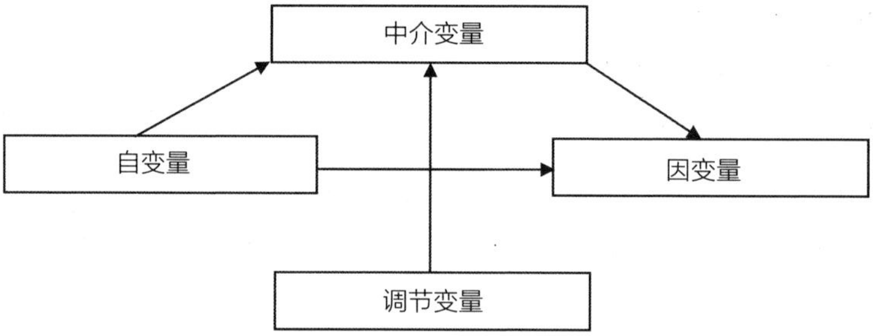


图3.3

83

## 最后——更多前沿方法

请记住，虽然作为一名学生你可能不会用到这些方法，但你会在学术文章中看到它们被使用或提到，因此有一个更广泛的认识对你来说是有益的。

结构方程（SEM）是一种非常复杂的回归形式。它使得研究者可以同时探讨所有变量之间许多不同的关系。一般而言，SPSS并不能使用结构方程，但是像AMOS或Mplus这样的程序可以。

多层线性模型（HLM）是另外一种高级的回归形式，它使得研究可以探讨多于一个层次的相关关系——例如，不仅在部门层面，还在团队层面研究工作条件和工作满意度的关系。因此它需要嵌套数据——员工数据在组织、部门和团队的嵌套下收集。

框3.8

测试你的理解

对于以下情境，使用哪一种分析方法才是最合适的？全部答案都在网站上。

- 你想研究工作投入的预测变量，并已经有管理能力、员工工作投入和工作时长的数据。
- 你要分析兼职员工是否比全职员工的效率更高。
- 你想知道管理行为和员工幸福感之间是否相关。
- 你想研究一些选拔方法是否比其他方法更加有效。选拔方法有面试、心理测验和内部推荐，你想检查这些方法在成本、候选者满意度和准确性方面的效用。

## 职业心理学中定性方法的作用

定性研究者需要全面的知识和对哲学命题深刻的思考以巩固他们的研究。与定量研究者不同的是，定性研究者通常需要用本体论（对现实的研究；问题如“我们看到的是什么？”）和认识论（对知识的研究；问题如“我们如何知道我们所知？”）来维护他们的地位，因此这是一个定性研究者需要掌握的基本的关键技能之一。定性研究被认为比定量研究更简单和轻松。但要完成一个好的 84
研究则正好相反。

定性研究的数据一般是通过访谈或焦点讨论这些方法获取的，需要将对话内容进行编码。研究者的任务就是在分析之前把它们转录成可以分析的数据。为了分析定性的数据，研究者需要把大量的文本和/或图像数据转化为理论。巴顿（Patton，2002）认为这包括四个关键的技巧和步骤：

- 减少数据量；
- 把不重要的数据从重要的数据中剔除出去；
- 识别数据中的关键主题；
- 构建概念框架。

数据编码（把数据拆解成可识别的要素）是分析的早期阶段。研究者需要把编码元素联系起来形成主题（如共同的领域）和一个整体的故事。例如，研究也许对理解职场中缺乏动机的原因感兴趣。在这个例子中，主题（或原因的分类）可能包括工作环境不佳、薪酬低、缺乏晋升机会等。这就需要有大量的技巧和对数据深入的理解。从更广义的分析角度来说，尽管定性研究中用到了不同的分析方法，但这些方法更多是指导性的而非教条。这意味着研究者具有灵活性，可自己判断应用哪些指导原则对数据进行转化。

最后一点是定性研究最重要的方面之一——自反性。自反性包括“对研究开展方式的反映，以及对研究如何得出结果的过程的理解”（Hardy et al., 2001:533），本质上是指研究者本身如何对研究设计和结果产生影响。

对定性研究进行简洁的描述有时候是一件困难的事情，在这一部分中我们会介绍使用了各种特定方法的职业心理学例文。如果你对这些方法感兴趣，找出文章并看看它们是如何被使用的。

解释现象学分析（IPA）是专门为心理学开发的相对较新的分析方法。不仅已经被广泛应用于健康心理学领域，也逐渐成为职业心理学领域越来越常见的方法。IPA 主要强调的是用归纳的方法详细研究每个被试如何理解一个物体或事件——这与描述客观事件无关，也不会验证假设。通常来说数据是通过与被
85 试进行深度的访谈获得的，样本量较少。因为要做针对性的分析，这个过程又相当痛苦，所以少量的同质性（互相类似）样本也是可以接受的。我们的目标是对这个群组有大概的认知和了解，而不是妄下结论。

使用这个方法的例文是：Millward, L.J.（2006）‘The transition to motherhood in an organisational context: an interpretative phenomenological analysis’, *Journal of Occupational and Organisational Psychology*, 79:315–33.

内容分析可被定义为“在预设的类别下系统、重复地对内容进行定量化的一种文本分析方法”（Bryman, 2001:180）。这个过程包括数据编码，有三种实现的方法（Hsieh & Shannon, 2005）。第一，传统的方法是研究者阅读文本，然后从中划分出类别。第二，定向性的方法是研究者把现成的理论或模型应用于文本中。第三，总结性的方法是通过文本的关键词或要素出现的频率来分析数据，而不是对整篇文章进行编码。每一种方法中研究者都会把数据进行分类以创建一个编码框架。通过对编码进行频率分析（例如，用百分比频率表示数据中特定的主题），内容分析就有可能作为定量分析的一种。使用这个方法的例文是：Lewis, R., Yarker, J. and Donaldson–Feilder, E.（2010）‘Using a competency based approach to identify the management behavious required to manage workplace stress in nursing: a critical incident study’, *International Journal of Nursing Studies*, 47:307–13.

模板分析或主题编码可被看作是在内容分析和扎根理论之间的一种技巧（King, 1998）。与内容分析相似，它也涉及编写与数据中的主题相关的代码。两者的区别是，内容分析中代码是预设好的，并根据这些代码对数据进行分析；

而在模板分析中，许多代码是先验的，但随着研究者继续分析数据或文本，代码会被调整、更新和改变。使用这个方法的例文是：Dick, P.（2000）‘The social construction of the meaning of acute stressors: a qualitative study of the personal accounts of police officers using a stress counselling service’, *Work & Stress*, 14:226–44.

话语分析强调的是在个体如何和为什么使用他们的语言方面理解“语言”。因此它包括寻求个体对他们自己和这个世界的意义的洞见。开展话语分析有多种不同的方法。通过解构“话语”（可以是对话、演讲、书信、传单、闲话和其他任何形式的话语），研究者会致力于探索整篇文章中的意思。这可能包括 86
分析停顿的长度和频率、声音的语调、发音、句子结构、语言的组织，或语言行为的其他方面。从话语分析中得到的观点往往是一种社会建构论，认为现实是完全主观的，由个体通过他们的思考过程和社会互动来定义。使用这个方法的例文是：Harkness, A., Long, B.C., Bermbach, N., Patterson, K., Jordan, S. and Kahn, H.（2005）‘Talking about work stress: discourse analysis and implications for stress interventions’, *Work & Stress*, 19: 121–36.

## 小结

本章通过研究职业心理学的学者或从业者所需的道德技巧来延续第二章中对道德和道德技巧的介绍，还探索了应对道德问题的方法和BPS与HPC的相关标准。第二部分的每一章还会继续涉及和讨论道德话题——记得尤其关注每章结尾处从业者和学者们对道德如何与他们的日常生活相融合的见解。

本章的第二部分关注的是研究技巧，介绍了作为一名学生以及未来在组织中工作或做研究时你都需要掌握的那些技巧。当你阅读本书的第二部分时，这一章将会作为一个参考，解释你所遇到的关键名词；同时帮助你紧跟学术论文和期刊文章。当你继续阅读本书的第二部分时，你会发现研究对于学者和从业者而言是多么重要——同样的，具体的例子请参见每章结尾处从业者和学者们的见解。本章的目的就在于介绍研究的技巧、方法和分析程序。你可能需要或想继续在特定领域探讨下去。如果是这样的话，如下的列表提供了更进一步了解方法论和定性与定量分析方法的阅读清单。

## 深入探究

扫描二维码，获取更多资源。

87 **讨论题**

1. 保密性与匿名性有何不同？在实践或研究工作中分清楚两者的区别是非常重要的。这两个词经常互换使用，但这会导致很多问题。
2. 在研究和测量中你持怎样的信仰系统？
3. 有人认为统计和统计方法的使用在未来的组织中会越来越重要。为什么会这样？

## 参考文献


Anderson, N., Herriot, P. and Hodgkinson, G. (2001) 'The practitioner-researcher divide in industrial, work and organisational (IWO) psychology: where are we now, and where do we go from here?', *Journal of Occupational and Organisational Psychology*, 74(4):391–411.

Bond, F.W. and Bunce, D. (2001) 'Job control mediates change in a work reorganisation: intervention for stress reduction', *Journal of Occupational Health Psychology*, 6(4):290–302.

88 Bryman, A. (2001) Social Research Methods. Oxford: Oxford University Press.

Hardy, C., Phillips, N. and Clegg, S. (2001) 'Reflexivity in organisation and management theory: a study of the production of the research subject', *Human Relations*, 54(5): 531–60.

Hsieh, H. -F. and Shannon, S.E. (2005) 'Three approaches to qualitative content analysis', *Qualitative Health Rresearch*, 15(9): 1277–88.

King, N. (1998) 'The qualitative research interview', in C. Cassell and G. Symon (eds), *Qualitative Methods in Organisational Research*. London: Sage. pp. 118–34.

Patton, M.Q. (2002) *Qualitative Research and Evaluation Methods*. Thousand Oaks, CA: Sage.

第二部分

# 职业心理学的主要领域

第4章

91 # 员工关系和激励

伊恩·科因和菲奥纳·加文

**学习成果**

学习完本章后，你将能够：

√ 了解员工关系的变化属性以及心理契约作为一种管理员工关系的相对新近的方法；

√ 区分需求理论、认知理论和工作设计方法以理解员工激励；

√ 了解工作场所中多元化管理的不同方法；

√ 从功能和功能失调视角理解组织冲突和包含在冲突中的过程，以及它的管理和预防；

√ 了解工作场所欺凌，包括它的概念、个体和组织层面的前因后果，以及减少工作场所欺凌的途径。

## 引言

本章主要涉及组织内的员工关系以及心理学在帮助我们理解和管理员工关系的过程中所扮演的角色。我们始终认为管理者能够改善员工关系，最终提高企业绩效。首先，设置更宽的员工关系场景，以及从传统的集体劳资关系理念转向更
92 加个体的员工关系。其次，概述基于信任、公平、互惠交易理念的心理契约作为一种管理个体化员工关系的方法。接下来，我们指出员工敬业度是积极互惠交易的一个结果变量，检验有关人类动机的心理学理论以及它们如何帮助我们更好地理解员工如何和为什么投入或不投入工作。接着，我们考虑工作场所的多元化以

及它如何影响雇佣关系，特别强调探索管理多元化的方法。因为兴趣和价值观的多元化是组织出现冲突的一个因素，所以我们会探究功能和功能失调冲突并讨论在理解和管理冲突背景下的员工关系。最后，我们学习一种破坏性人际关系的特殊形式——工作场所欺凌，并详述现有文献以及干预管理的意义。

本章我们始终通过运用职业心理学行为的案例研究练习、播客链接、说明性例子来讨论理论发展和应用背景。

## 员工关系

员工关系（employee relationship，ER）意即“公平管理和使员工产出最优化”。引文（引自Gamble, 2006）描述了一个在中国开展业务的英国机构采用的管理员工关系的方法。在阅读这章内容时，请记住这句引文并思考员工关系是否简单地只关乎“公平”和“员工产出最优化”。

员工关系管理典型地从属于组织内部更广泛的人力资源管理战略。员工关系包括：劳动合同管理、工作安排、管理者和普通员工以及工会/非工会代表之间的沟通、基于奖励结构的组织、工作冲突管理、员工幸福感提升、人才保留等。员工关系被认为是一门哲学而不是管理功能。它是积极的，它关注建立信任，管理复杂、快速变化的环境，以及“以人实现战略”（CIPD, 2005:2）。最终，一个组织的员工关系管理被设计来保证员工的承诺、动机和忠诚度，使员工实现组织的经营目标。

历史上，术语“劳资关系”（industrial relations, IR）是这个领域的代名词。典型地，劳资关系反映了这样一个就业环境：工会参与度高、集体谈判、罢工、制造业就业机会为主（Bryton和 Turnbull, 1994）。然而，随着经济环境、工作和组织性质以及工会成员的改变，我们在实践中不会再看到传统的劳资关系。工作安全有保障、时间和努力有回报、收入与经验相关、薪资与绩效挂钩的旧的稳定的结构化就业环境，已经被相对不稳定的、灵活的就业环境所取代，在这样的环境下，工作缺乏保障，结果是被预期的，奖励是基于绩效的（Hiltrop, 1995; Millward & Brewerton, 2001）。员工数量的削减、工作的灵活性和碎片化、工作场所越来越多元化、个人主义的增长促进了员工关系的发展（Guest,

2004）。这反映了从反应、低信任、正式的、集中化的、专家观念的人事管理（更适合管理劳资关系）向用于管理员工关系的更主动的、高信任的、有机的、灵活的和战略性的人力资源管理的转变（Guest, 1987）。

图4.1 按时间顺序呈现了英国员工关系的变化特点。它清楚地描述了从集体主义到个体主义、从机械的组织结构到有机的组织结构、从工会主导到稳定状态的工会会员的转变。近来，英国的员工关系以稳定的工会会员关系、上下级之间更直接的沟通、信任增加、工作更灵活为特征（Kersley et al., 2005）。有趣的是，预测显示对高层管理者的信任减少，员工缺乏安全感、压力大、忧心忡忡，员工关系不稳定，劳工行动不断升级（CIPD, 2011a, 2011b）。关于员工关系前景的更多观点见框4.1。

框 4.1

员工关系前景

下面的播客来自CIPD播客系列，突出不同个体对英国员工关系前景的观点。听两个播客并思考由主播提出的主题以及它们可能如何影响员工关系。同时，思考在目前的雇佣氛围下，这些观点能否得到支持。

2008-http://www.cipd.co.uk/podcasts/_articles/_employeerelations.htm?link=title

2011-http://www.cipd.co.uk/podcasts/_articles/_hrtrendsfor2011.htm?link=title

虽然我们关注了英国文化背景，但我们必须简要触及国际层面的员工关系管理。首先，我们不能假设英国已经探索出了一种适用于世界各地的员工关系管理方法。例如，20世纪80年代至90年代，日本的质量循环系统、团队合作以及整体质量管理影响着英国的员工关系实践（Leat, 2007）。其次，如斯帕罗（Sparraw，1996）指出，我们也不能假设建立一种全球性的方法。例如，欧洲国家的证据表明，不同的员工关系实践被采用（Larsen & Brewster, 2003），劳工行动发生率在变化——暗示需要用不同的方法处理员工关系（欧洲生活和工作环境改善基金会，2010）。所以，当我们说一个员工关系新视角出现时，认为这个模式是全球性的是不准确的。

| 20世纪50年代 | 20世纪 60年代 | 20世纪 70年代 | 20世纪80年代 | 20世纪 90年代 | 21世纪头十年 | 2010年以后 |
| --- | --- | --- | --- | --- | --- | --- |
| 高工会会员和劳资关系。<br>有关工资、工时、环境等，75%的工作场所受国家的或法定的契约所规范。 | 行业或国家层面的谈判日益被工作场所的集体契约所削弱。<br>仍然存在强工会。 | 工会“权力”大，劳工行动、罢工和冲突达到巅峰。 | 谈判机会、劳工行动规范和工会运动变化的减少。<br>劳工行动的减少（下降93%）。 | 管理员工关系的人力资源管理方法的发展以及日本“精益生产”模式的影响。<br>基于绩效的管理。<br>心理契约的出现。 | 工会会员的稳定状态——在公共部门占主导地位。劳工行动的持续减少。上下级直接沟通的发展以及工作条件灵活性的增加。<br>对于非管理者的工会组织更加信任，但整体员工关系良好。 | 伴随关系削弱的模式，预期员工关系会不稳定。工会会员显示出增加的迹象（主要在公共部门）。一些迹象表明劳动力忧心忡忡并颇具压力。<br>对管理者态度友好，但对高层管理者缺乏信任。关注员工投入。 |

图4.1 英国雇佣关系时间轴

来源：CIPD(2005, 2011a, 2011b), 格斯特(1987)，凯斯利等人(2005)，利特(2007) 和 卢梭(1997)

95 因此，跨国组织需要慎重考虑如何在当地组织中管理员工关系以及在不同的文化价值观下是否给予区别对待、员工关系管理方法是否能从一个国家应用到另一个国家。利特（Leat, 2007）提出三种方法：

- 本国中心——以母公司员工关系管理程序指导，并支配当地组织；
- 多中心——员工关系管理程序由母公司设计，但与当地组织的文化价值观保持一致；
- 地区中心或全球中心——在一个区域或某一地理层次开发员工关系管理程序（例如，亚洲）。

虽然框4.2指出本国中心战略也有效，但利特(2007)强调多中心战略更加普遍。

框 4.2

案例研究：中国人力资源管理实践的经验

岗博（Gamble，2006）详细描述了一个在中国开展人力资源管理实务工作的英国公司（UKStore）关于雇工经历方面的案例研究。UKStore在中国有效地采用了本国中心的员工关系管理方法。通过访谈和调查研究，要求中国员工比较他们在UKStore的经验以及在国有企业（SOEs）的经验。

*对UKStore和SOEs的看法：*

- UKStore：快节奏，分工明确，平等对待，长期规划，良好（非正式）的上下级关系，信息共享，基于能力的晋升，工作有保障，较多的发展和晋升机遇，现代的管理方式，以人为中心。
- SOEs：慢节奏，区别对待，专项规划，正式的上下级关系，信息不共享，基于资历的晋升，工作保障日益恶化，传统的管理方式。
- 相比在SOEs，UKStore收入更高，工作环境更好，满意度更高，员工归属感和成就感更高。
- 相比在SOEs，UKStore的工作节奏更紧张，职业道德更强。
- 96 在UKStore，员工有进谏和获得反馈的途径。

***结论：***

岗博总结道，虽然UKStore的人力资源管理方法和传统的中国管理方法（例如在SOEs中常见的）相反，但是员工对UKStore的看法比对SOEs更积极。这就支持了“西方”人力资源管理实践可以应用到中国文化背景这样一种观点。的确，他证明了UKStore的管理方法对年轻的、更有志向的中国居民更有吸引力。

***说明：***

岗博对这些发现进行了说明，引发了一些值得讨论的问题：

1.UKStore是一家新兴的、令人兴奋的企业，在中国只有短暂的历史。从长期来看，当员工最初的兴奋感消退以后会产生什么问题呢？员工的看法是否仅仅与最初的对比效应相关？

2.UKStore 是在中国一个经济发达的地区开展业务。如果是在相对不发达的地区是否会出现相同的结果？

3.在经济不稳定的时期，UKStore是否还能够满足员工工作有保障、高收入等期望？

Gamble, J.（2006）‘Introducing Western-style HRM practices to China: shop floor perceptions in a British multinational’, *Journal of World Business*, 41：328-343.

## 心理契约

我们已经讨论了员工关系契约从卢梭等人（引用自Guest, 2004）提出的标准契约（集体主义）到特殊契约（个体主义）的变化属性。这就意味着从制度化视角到一个更加个体化的员工关系视角的转变。结果，心理学已经变得与我们理解的这个领域更加相关（Arnold et al., 2005），因为心理学能够帮助研究者和从业者理解为什么个体会如此反应。

一个正在涌现的概念，其反映契约的变化属性，就是心理契约。心理契约出现在社会交换理论的早期研究阶段（Blau, 1964），假定个体间关系通过遵循社会交换的持久互惠过程起作用，只要这些规则存在，信任和忠诚的关系就得以维持。心理契约被定义为：组织和个体两者对互惠承诺的雇佣关系以及蕴含其中的意义的看法（Guest & Conway, 2002:22）。因此，它从企业对员工的要求以及员工对企业的期望两方面为员工提供了一个雇佣关系的心智模型。个体化 97

很好地与针对员工关系的新人力资源管理方法融合了。

心理契约的关键特征（Rousseau，1995）：

- 相信雇员和雇主有义务作出贡献；
- 期望互惠关系；
- 专注于履行承诺而不是达到期望；
- 在心理契约的发展和管理中强调公平和信任的概念。

卢梭（1995）在“事务型”（以短期、有限的员工参与和低承诺的经济交易为特征）到关系型（长期和动态的，基于信任、忠诚和员工参与）的连续范围上建立心理契约的理论。卢梭进一步指出信念可以从公开承诺（例如在招聘时讨论培训规定）、学习和经验（例如学习其他员工的工作经验）发展起来。责任感不必要是一成不变或普遍的，而是根据角色、组织改变，并随着时间变化(也就是如前面所探讨的那样，从“旧的约定”到“新的约定”)。表4.1举例说明了前人研究证明的一些主要的雇员和雇主责任。阅读并讨论员工关系的变化，思考一下为什么有些承诺在将来会变化。

心理契约的形成经历了几个阶段（Rousseau, 2001）。在个体开始工作之前就已经对工作和组织的性质有了信念（可能从以往的经验获得），让其产生加入某一特定组织的明确想法。接下来在招聘过程中，潜在的雇员和雇主产生了对双方应该提供什么的最初理解。一旦进入角色，工作经验促进了雇员和雇主之间可持续的交换关系。最后，雇员开始评估这段关系以判断是否尽到义务。当感知到公平交易，忠诚、留任意愿（De Vos & Meganck, 2009）、组织公民行为（Hui et al., 2004）等方面积极的组织利益就会出现。然而，如果一方有一种不能实现承诺的想法，心理契约违背就会出现，结果可能导致：低信任，工作不满和员工离职（Robinson & Rousseau, 1994）；忠诚度低，无法恰当完成工作（Turnley & Feldman, 1999）；组织公民行为的减少和工作场所越轨行为的增加（Restubog et al., 2007）。

心理契约的概念也受到批判。阿诺德（Arnold，1996）认为事务型和关系型契约之间的区别在实践中并不是很清晰，以致义务不会总是映射到事务型和关系型框架（例如，培训有时候被看作是事务型，有时被看作是关系型）。他进一步指出，少量研究已经检验了一个契约是否只是基于打破的承诺或也可以来自未满足的期望。事实上，蒙特斯和茨威格（Montes & Zweig，2009）的研究已经表明当没有作出任何承诺时会出现心理契约违背。卡利南和邓登（Cullinane & Dundon，2006）提出心理契约其实不是一个契约，因为它在双方之间没有一致且明确的协议。最后，斯帕罗（1996）质疑在不同文化背景下心理契约的概念是否等同。他指出心理契约“受到民族文化的限制”（1996:484），并且作为个体因素（例如，全国各地存在不同的个体需求）、社交暗示（例如，在每个国家的重要性）和不同管理实践的结果，在全国各地也不同。

表4.1 心理契约中雇员和雇主的责任 98

| 雇主责任 | 雇员责任 |
|---|---|
| 提供充分的培训 | 遵守契约 |
| 保证选拔和评估的公平性 | 职业道德高 |
| 咨询员工 | 诚实 |
| 提供绩效反馈 | 灵活 |
| 提高员工责任感 | 忠诚和承诺 |
| 提供合理的报酬 | 发展新技能和更新旧知识 |
| 提供合理的工作保障 | 提出新的想法 |
| 提供晋升机会 | 必要时增加额外的工作时间 |

来源：CIPD（2011c），克劳斯等人（2008）和赫里欧等人（1997）

作为尝试去拓展心理契约以提供一个理解员工关系出现的框架，格斯特（2004）提出了一个综合考虑语境、背景因素以及共享心理契约的原则、心理契约的性质（例如，一致的承诺感是什么）和结果变量的系统模型。该模型的核心是，就信任而言心理契约的当前状态。这些状态成为心理契约和结果变量(例如，工作满意度、组织承诺、工作绩效和离职意向）之间的中介变量。根据格斯特的观点，模型的最大优势是它“帮助维持关注员工关系，关注越来越多的非工会以及员工进谏受限制背景下的员工”（2004:551）。

格斯特的模型可以帮助研究者和从业者更好地理解员工如何看待他们与雇主之间的关系，以及在变化的经济和雇用环境下，管理者持续监控心理契约水平有多重要。与员工有效地沟通以培养信任感和公平感成为这个过程的本质。

## 工作投入和激励 99

在时间轴中（图4.1），我们介绍了工作投入的概念，听了播客（框4.1）

后，你已经了解到工作投入被认为是未来员工关系管理的关键驱动力。回顾心理契约，在该领域工作投入被认为是互惠交易的一个结果变量。萨克斯（Saks，2006）建立在社会交换理论的基础上，认为互惠信念规定了个体角色参与或不参与的范围。他断定：作为从组织获取资源的回报，员工感觉有义务更加投入角色当中。当组织无法为员工提供资源时，员工就更可能脱离角色（2006:603）。因此，类似心理契约，工作投入在雇员和雇主之间是双向的关系。

卡恩（Kahn）将个体工作投入定义为“组织成员自我转化为他们的工作角色”；而将个体不投入定义为“从工作角色中解除自我”（1990:694）。当工作投入时，员工指导他们自己进入积极的角色表现，并在生理、认知和情感上变得投入。工作投入的心理驱动力包括：工作和角色有意义、进谏时的心理安全感、直接上级的管理风格和技巧、个体工作匹配度、高层管理愿景、环境支持、有效沟通、公平性和挑战性工作（Alfes et al., 2010; Fleck & Inceoglu, 2010; Kahn, 1990; Macey et al., 2009）。

工作投入的员工参与度、满意度、承诺感、内部激励更强，更可能留在组织，并在工作中表现得更好（Rich et al., 2010; Saks, 2006）。更进一步，工作投入对资产收益、盈利和股东价值有积极的影响（Macey et al., 2009）。因此，工作投入成为热门话题不足为奇，因为组织通过货币报酬激励员工的能力有限，需要寻找其他方法让员工投入。不过，注意：太多的投入支持（例如，工作挑战性太强或者信任不能互惠）可能反而导致员工不投入（Macey et al., 2009）。

虽然对于什么是工作投入观点存在分歧——一些批判家确实质疑它是否是一个新的概念（Newman & Harrison, 2008）——但认为工作投入是一种包括认知和情感成分的心理状态的共识不断增强。例如，弗莱克和因杰奥卢（Fleck & Inceoglu，2010）基于认知情感、工作组织框架推导出四种投入水平。

- 认知——工作：专注工作；
- 认知——组织：与组织目标保持一致；
- 情感——工作：工作精神饱满；
- 情感——组织：与组织情感共鸣。

100 如果工作投入是一个如此热门的话题，并且被认为是员工关系的关键驱动力，那就有必要更好地定义它以及了解它的潜在进程。因杰奥卢和弗莱克

（2010）提供了这样一种方法：在一个从倾向性动机（人格或需求）到情景动机（被激励的行为）的动机连续体内观察工作投入。工作投入被放在框架中间，被看作是动机状态或被激励的感觉。因此，理解个体如何体验被激励（或工作投入）的感受对于组织内部培养高绩效文化很重要。你有表现的才能，同时环境也允许你表现；但动机决定了你是否将会真的表现（Muchinsky, 2006）。组织的最终目的是激励那些朝着组织目标努力、在工作中付出最大的努力、长期维持努力的员工（Muchinsky, 2006）。

心理学充斥着过多的声称解释人类动机的理论，每一种理论都采用略微不同的视角。接下来的讨论将会详细说明几种主要的理论，并评估它们的实证支持和实用性。

## 需求理论

需求理论指出个体被各种潜意识需求所驱动。结果，这些探讨符合倾向性动机的概念（Inceoglu & Fleck，2010），因为它们是相对稳定的，并且说明了个体为什么会感觉投入。在这些理论中，最著名的是马斯洛（Maslow）的需求层次理论（1943）。马斯洛将人的需求分为五个层次，也就是，当个体低层次的需求满足后才会向下一个更重要的需求发展。需求一旦被满足，就不再成为个体驱动力的关键，也会停止对个体的直接激励（见图4.2）。

需求层次的最底层是诸如食物、水等基本生理需求；第二层需求是对心理安全和远离伤害的安全需求；紧接着第三层是社交需求，希望爱和被爱。马斯洛将这三层需求视为匮乏需求，因为这些需求没有满足将导致个体无法向模型中更高层次的需求发展。后面两个需求层次依次是自尊和自我实现。它们被视为成长需求，因为其激励个体去寻求新的经验、发展和成长。自尊需求促进我们对成就、自由、认可和欣赏的渴望。最高层次的需求是自我实现或自我超越，为了达到最后的需求，个体需要成为一个“基本满意的人”（Maslow，1943:383）。

马斯洛的模型有直觉的吸引力并提供实用价值，尽管如此，该模型的实证 101
支持有限。穆申斯基（Muchinsky，2006）强调需求的数量缺乏一致性以及需求满足的层次发展存在问题。有趣的是，虽然该模型被描述为严格的层次体系，但马斯洛实际上指出了一些例外。例如，富有创造力的人群可能倾向于自我实现，尽管他们的基础需求似乎并未得到满足（例如，穷艺术家）。实际上，他认为层次体系应该被视为“相对满足水平”而不是绝对的。因此，个体不需要百分之百满足某一需求后才向下一需求发展。只要个体达到他满意的水平，那么满足下一需求的驱动力就被触发。

随后，奥尔德弗（Alderfer，1972）在马斯洛模型的基础上发展了人本主义需求理论（ERG needs theory）。该理论认为，人类动机被三种需求所驱动，这些需求可以在任何时候被激活，而且可以是同一时间起作用（因此没有层次）。

- 生存需要：这与马斯洛模型的生理和安全需求相似。
- 关系需要：通过有意义的社会和人际关系满足需求（与马斯洛的社会需求相似）。
- 成长需要：个体通过做一些创新的、富有成效的贡献来满足需求（与马斯洛的自尊和自我实现需求相似）。

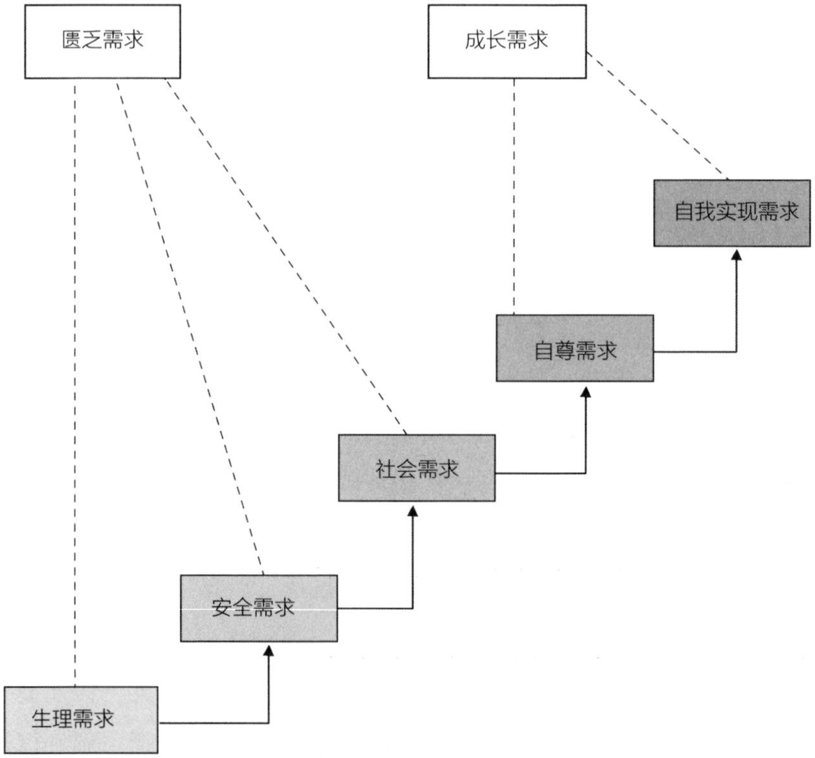


图4.2 马斯洛的需求层次模型

麦克莱兰（McClelland，1961）的理论在需求的定义上与前两者存在区别。102
麦克莱兰提出了一个基于特质的概念，指出个体的不同影响了满足某种特定需求的驱动力，而不是把需求描述为普遍的、固有的行为驱动力。在职业心理学中被普遍研究的需求是：

- 成就需求：指追求卓越、达到目标、争取成功的需求；
- 关系需求：指他人的陪伴和建立良好人际关系的需求；
- 权力需求：指影响或控制他人、主管工作的需求。

相对于前两者，该理论的一个优点是更直接地把需求映射到实际工作行为中（Steers et al., 2004）。举个例子，巴特拉姆（Bartram，2005）解释了在组织胜任力模型中权力需求和成就需求与胜任力的相关性。实证表明，成就需求与企业成功相关（Collins et al., 2004）。其他证据表明，有效的管理者具有高权力需求、中成就需求、低关系需求（McClelland Boyatzis, 1982）。

该理论的缺点是采用主题统觉测验（TAT）测量这些潜在的需求。主题统觉测验评估和投射测验需要由专业顾问来解释，例如主题统觉测验的心理量化计算就受到质疑（Woods & West，2010）。

## 认知理论

你可能会接触到需求理论，有时也被称为内在激励理论。因为它们描述了什么会激励个体以及个体为什么表现出特定行为（例如，我被激励着工作更长时间以满足我的成就需求）。正如所说，它们倾向于反映激励的内在

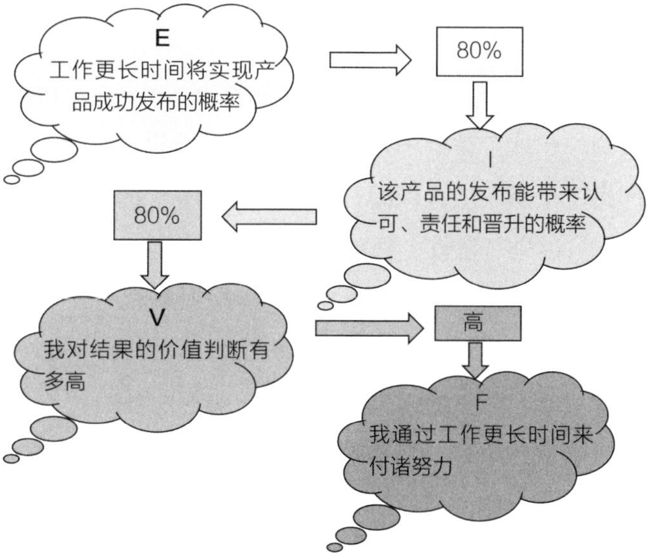


将你自己的例子代入此模型

图4.3　工作更长时间的VIE过程

性。然而，它们倾向于忽视个体如何从一系列选项中选择某种行动以及作出这种选择的过程（例如，为什么我选择去工作更长时间而不是参加培训更新我的知识）。在激励研究的“黄金时代”（Steers et al., 2004）出现的一系列过程导向理论，尝试去确认个体选择以某种特定方式行动时的认知过程。这样的理论也许能帮助我们解释个体工作投入背后的激励基础、个体如何形成工作投入的激励水平以及他们如何选择积极的工作行为。

弗鲁姆（Vroom，1994）的期望理论假定激励作用是由效价、工具性（关联性）、期望三个因素构成的函数（图4.3）。

- 效价（$V$）：达到目标对于满足个体需要的价值（从积极到消极）；
103 • 工具性（$I$）：工作绩效与积极产出相关联的主观概率；
- 期望（$E$）：达到某种目标或满足需求的主观概率。

弗鲁姆将上述要素组合到一个等式里用来预测“行动的力量”（$F$）：

$$F=V\times I\times E$$

大多数研究支持这个模型，通过VIE激励得分预测了努力的程度、工作绩效（Pritchard & Sanders, 1973）和工作态度（Van Eerde & Thierry, 1996）。尽管在这两种情况下，VIE得分的预测能力不如个体因素（例如，$V$）或者其他组合因素（例如，$VE$）。此外，随后也有研究表明VIE模型对实际的工作相关行为结果没有显著的影响。

在公平感认知的基础上，亚当斯（Adams，1963）提出了公平理论来解释
104 激励。在这个模型中，员工评价他们的投入（经验、技能、资历、忠诚等）与产出（报酬、工作保障、地位、认可等）的比值，并跟参照对象（同事）的投入—产出进行比较。从评价中得出三种状态。

- 公平感：员工的投入产出比与参照对象相当；
- 负疚感：员工的投入产出比大于参照对象；
- 吃亏感：员工的投入产出比小于参照对象。

感到公平时，个体就会满意，工作积极。不公平则会制造紧张感，而个体有减少紧张感的动机，以恢复平衡。穆申斯基（2006）认为公平感可以通过行为（增加/减少投入或产出）和认知（改变看待事物的方式）来实现。框4.3 呈现了英国公共部门员工感知到不公时该模型如何起作用。

框 4.3

公共部门削减开支的不公平

由于银行危机，2010至2011年英国公共部门的员工被削减了工作保障资金和退休金。随即在部门中产生一种不公平感，他们觉得贪婪的银行家的错误使自己受到了冲击。让我们来假设公共部门员工的吃亏感。

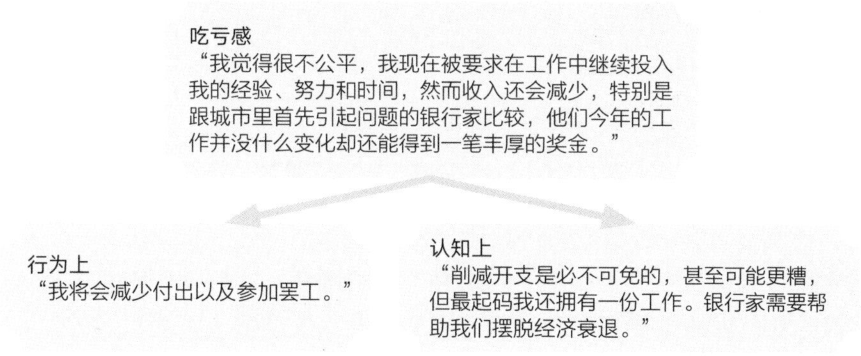


亚当斯提供进一步的证据支持该理论，同一时期更多的理论也表明了公平感与工作满意度、离职倾向之间的关系（Griffeth & Gaertner, 2001）。然而，支持内疚感的研究证据有限，模型的主要问题在于，在没有促进员工付出更多努力的情况下，公平感能够被减少（Muchinsky，2006）。这对于一个组织来说不是一种理想的情况。 105

同一时期更多的理论学家在组织公平理论的基础上拓展了公平理论。在这个框架下，公平超出了结果公平的概念，还包括其他形式的公平。

- 分配公平——结果的公平性；
- 程序公平——决定结果的操作过程的公平性（Colquitt et al., 2001:425）；
- 互动公平——是否感知到被有尊严地对待、被尊重（人际公平）以及决定如何被传达和解释（信息公平）。

科尔奎特等（Colquitt et al., 2001）的多元分析报告了所有的公平维度与工作满意度、承诺、离职和绩效之间的关系。其他研究表明了程序公平与内在激励、任务绩效之间的关系（Zapata-Phelan et al., 2009）以及程序公平与职场侵犯的关系（Hershcovis et al., 2007）。我们已经知道公平感（程序公平和互动公平）与心理契约的发展和维持有着内在联系。

目标设定理论（Locke & Latham, 1990）表明个体实际上是为了达到目标而采取行动和付出努力。原则上，明确而有难度的目标会激励个体去实现更高的任务绩效，因为它们：

- 关注目标；
- 减少绩效期望的模糊性；
- 坚持努力实现目标；
- 精力充沛，通过付出更多的努力以取得成功；
- 运用和发展策略去实现目标（Locke & Latham, 2002）。

通过这些机制，个体被激励去实现它们既定的目标，将比没有目标或目标不明确时表现得更有效率。如果对绩效和奖励满意，他们会承诺新的目标。这个过程受到目标的重要程度和是否有意义、自我效能感或实现目标的信心、目标实现过程中的反馈、任务的复杂程度的调节（图4.4）。

106

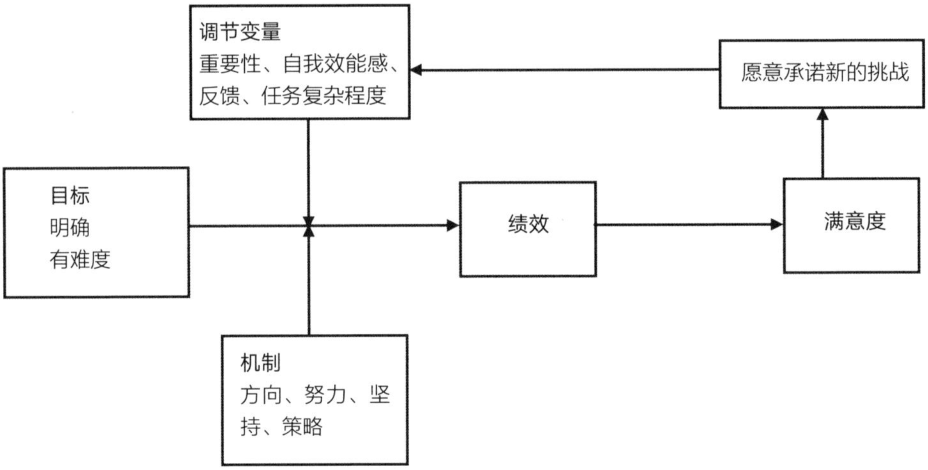


图4.4 目标设定理论模型

来源：Locke, E.A. and Latham, G.P.（2002）‘Building a practically useful theory of goal setting and task motivation. A 35-year Odyssey’, *American Psychologist*, 57（9）: 705-17.

目标设定理论是“组织心理学中最有效和最实用的员工激励理论之一”（Locke & Latham, 2002:714）。大量的研究支持该模型（Ambrose & Kulik, 1999），其相对简单性允许有效的基于目标的组织干预的发展，以加强员工激励。相反地，局限性包括：

- 目标多元化导致目标冲突，从而阻碍了单一目标绩效。
- 目标有时候会导致冒险行为的增多。
- 目标会使人仅仅关注目标导向的行为而忽视其他行为。

## 工作设计模型

工作设计模型关注的是工作的特征促进激励，而不是个体本身的过程。该模型以赫兹伯格（Herzberg，1966）的激励—保健理论为基础。通过检验人们为什么对工作满意或不满意，赫兹伯格发现了两类因素。

- 保健（外在）因素：例如薪酬、工作环境、管理质量，这些因素虽然不是必要的激励因素，但是当它们得不到满足时会导致不满意感。
- 激励（内在）因素：例如成就、晋升和认可，这些因素会促进个体的成长、动机和满意度。

为了加强员工激励，管理者需要丰富工作特性以激发员工的内在动机，包 107
括参与、责任、职业发展。该理论的批判者认为，保健因素（尤其是薪酬）确实能够起到激励作用。然而，扎豪（Sachau，2007）认为该批判误解了赫兹伯格关于保健因素“激励”（或者我们现在看来的外在激励）个体的本意。因此，薪酬被看作是外在激励，虽然它有一个短暂的保存期并且可能不能满足每一名员工。

采用内在激励这一概念，哈克曼和奥尔德姆（Hackman & Oldham，1980）提出了工作特征模型（job characteristics model，JCM）。理论上假定明确的工作特征（技能多样性、任务完整性、任务重要性、工作自主性和反馈）能够预测内在激励的结果、工作绩效、工作满意度、缺勤率和离职率。这通过三种心理状态来实现。

- 意义——技能多样性、任务完整性、任务重要性使个体体验到工作的目标和重要性。
- 责任——工作自主性使个体感到自身对结果负有责任和拥有实现目标的

自由。

- 对结果的了解——工作反馈提供了有关个体工作绩效的信息。

此外，他们提出个体对工作特征的反应程度和心理状态的体验受到成长需求强度（growth need strength，GNS）的调节。他们进一步得出一个等式供企业计算工作的激励潜能分数（motivating potential score, MPS）:

$$\text{激励潜能分数}=\frac{\text{技能多样性}+\text{任务完整性}+\text{任务重要性}}{3}\times\text{工作自主性}\times\text{反馈}$$

元分析支持大量已提出的工作特征与结果变量之间的关系以及心理状态的影响（Fried & Ferris, 1987; Humphrey et al., 2007）——虽然心理状态的意义被证实为工作特征与结果变量之间关系的主要影响因素。相比之下，支持工作特征与工作绩效、缺勤率之间关系的研究较少。

汉弗莱等（Humphrey et al., 2007）通过加入额外的激励特征、新的社会特征（如社会支持）、新的工作特征（如生理需求）以及其他结果变量（如幸福感和角色认知）拓展了工作特征模型（JCM）。

108 工作动机心理学有很长且独有成效的历史，我们可以看到其中一些理论是如何运用到实践的。理论涵盖了他们直觉的、客观的、经验上的观点，关注人们为什么被激励，他们如何选择一系列行动，或者什么工作特征会促进激励。这些理论未必彼此矛盾，只是关注激励过程的不同方面（Locke & Latham, 2004）。实际上，这些作者假设一个巨大的理论体系的发展，一开始主要基于目标设置理论，现在还包括需求理论、期望理论、公平理论和工作特征模型。我们也看到这些理论方法可能帮助人们深入了解员工如何以及为什么投入工作。动机理论的讨论反映出工作投入的一些驱动力：工作的意义（工作特征理论）、倾向性（需求理论）、公平性（公平理论）和挑战性工作（目标设置理论）。同时，理论也帮助我们理解员工如何被激励而投入工作：驱动的结果是否满足需求、一个基于期望或公平的认知过程、实现明确且有难度目标的努力，或者通过工作意义、自主性和反馈促进内部动机。

## 工作多元化管理

在过去的三十年里，学者和专家越来越强调建构员工差异化管理的概念，这显然有利于员工和组织双方（Harzig et al., 2010）。工作场所特征的变化明显地对员工关系的本质和管理有着影响，尤其是在不同员工如何看待其与所处组织的心理契约这方面。因此，了解不同个体或团队彼此之间如何工作、如何确保差异化管理的公平性以及如何通过差异化管理实现组织绩效成为有效员工关系管理的重要特征。

正如第1章所探讨的，各种各样的社会过程，如全球化、职场女性增加，已经导致了当代劳动力的社会和心理多样性（Harrison & Sin, 2006）。然而，在工作场所中，公平就业和工作场所的平等对待仍然是一项挑战，经常受到争论并且很难处理。事实上，曾有人说过组织是一个同时反映和保持社会不公的场所（Priola & Brannan, 2009）。英国平等和人权委员会最近发表的报告已将当前英国工作场所的平等状态作为更广泛的社会平等的一部分去评估。框4.4呈现了一些关键的发现：

框4.4 109

英国有多公平？

2010年首次三年回顾

*就业率*

- 20世纪70年代到21世纪初，有工作的低学历残疾人的比例从77%下降到38%。
- 45%的残疾人在他们二十多岁初期既没有就业，也没有接受教育或培训。
- 只有25%的孟加拉和巴基斯坦女性拥有工作。
- 在所有的宗教团体中，穆斯林就业率最低，只有47%的穆斯林男性和24%的穆斯林女性拥有工作。

*职业和等级隔离*

- 女性占据了77%的行政和秘书岗位，而只有6%的工程师和14%的建筑师、设计和测量员是女性，同时提供劳务的人87%是女性。
- 40%的女性职业是在公共部门，相比之下男性职业只有15%，这是导致收入差距（见下面）的一个因素，因为与私营部门类似职位相比，公共部门工资相对较低。
- 尽管越来越多的女性进入职场，但是只有三分之一的管理岗位由女性担任。

*收入差距*

- 40岁女性的收入平均比同龄男性少27%。
- 残疾人与正常人的收入差距达到11%。
- 黑人大学生一生中要面对24%的收入罚款。

*歧视和骚扰*

- 有缺陷或长期生病的人在工作场所中被恐吓或骚扰的可能性是正常人的两倍以上。
- 女同性恋、男同性恋和双性恋被歧视和不公平对待的可能性分别是异性恋的两倍和接近两倍。

来源：英国平等和人权委员会（2010）

导致工作场所持续不平等的因素范围很广，包括：

- 基于性别、种族、缺陷或其他人口学特征的刻板印象以及对个体技能、能力的假设（例如，男性是好机械师，女性是好接待员）；
110 
- 与接受特定工作和行为紧密相关的社会压力和文化整合（例如，相比女性，男性要求涨工资是一个更能被接受的行为）；
- 群体偏见，有权力的人简单根据群体成员贬低来自其他群体的个体（例如，由于对个体性取向的偏见而没能提拔最好的人选）；
- 家庭关系的不平等（例如，指定女性为主要的照顾者，而男性养家糊口）；
- 工作角色的社会建构（例如，强调自信果断——被认为是男性特征——是管理者需具备的一项素质）；
- 获得教育和教育资质的差异；
- 在工作条件、设施和其他工作资源方面缺乏客观现实性。

## 机会平等和管理多元化

早期处理劳动力差异的方法是在20世纪60年代到20世纪70年代的社会和文化背景下发展起来的，是建立在解决不同社会地位的群体间不平等的道德需求上的（Doherty, 2004）。“机会平等（equal opportunity，EO）”的概念由此而来。然而，尽管意图很好，机会平等的措施却受到一些严重质疑。

- 一些企业要面对多数员工（通常是白人男性）的集体反对，他们不满所看到的对少数员工的“特殊对待”（Doherty, 2004）。
- 一些个体容易被指责受到奖励仅仅是由于其少数的身份而非应得（Kalev et al., 2006）。
- 所有的群体都被鼓励培养传统的价值观以及在现有的父系社会中竞争而不是挑战文化（Smithson & Stockoe, 2005）。

20世纪90年代，一个新的“管理多元化”模型发展起来，在一定程度上回应了机会平等的失败。它的关注点更加积极并且有总体的促进目标，包括与所有员工密切相关的工作。图4.5列出了新旧模型的主要区别。

## 多元化的商业案例

采用管理多元化道德观的主要动机是对关注内部经济的多元化商业案例的信念。该商业案例认为，首先，被排斥的员工的工作绩效会下降，而旷工和员工流动的成本会增加；其次，多元化的员工队伍能够激发创造力和提高生产效率，也能更好地应对客户群体的需求。 111

| 机会平等 | 管理多元化 |
| --- | --- |
| 外部驱动<br>• 道德/法律责任<br>• 机会平等=成本 | 内部驱动<br>• 基于商业案例<br>• 多元化管理=投资 |
| 操作基础<br>• 关注统计数据<br>• 零散的干预 | 战略基础<br>• 关注经验<br>• 整体的文化改革 |
| 团队中心<br>• 团队计划<br>• 家庭友好政策 | 个体中心<br>• 个体发展<br>• 员工友好政策 |
| 差异=其他<br>• 缺损模型<br>• 种族中心主义和异性恋理论<br>• 主张同化<br>• 关注差异<br>• 烦恼=个人问题 | 差异=资产<br>• 丰富模型<br>• 赞美差异<br>• 主张公司适应<br>• 关注发展<br>• 烦恼=组织文化问题 |

图4.5 机会平等与管理多元化比较

来源：威尔森和伊莱斯（1999）

虽然多元化的商业案例有直观的吸引力，但是不可避免的复杂性让现实没那么理想。一项绩效评估（Personnel Today，2005）发现，虽然113个组织中有91%被确定为多元化的商业案例，但是只有35%能够量化利益。因此，如果采取一个理性的经济立场，会认为65%的经营没有得到任何可量化的利益，管理多元化仅仅是带来成本而已。这表明，在这些案例中，为了驱动平等行为，回到对机会平等的道德探讨是有必要的。

## 组织包容性

尽管多元化管理模型受到批判，组织包容性（organisational inclusion）的概念——管理多元化理念的核心，是探索少数群体工作经验的有效开端。图4.6给出了包容性工作场所的定义。

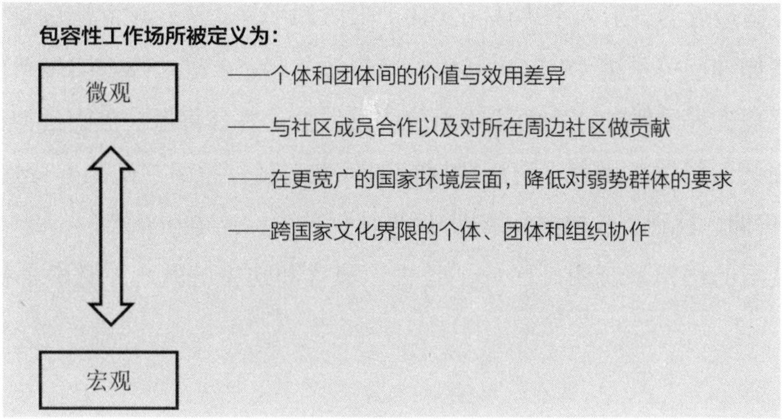


图4.6　包容性工作场所的定义

来源：莫·巴拉克（2000）

建立一个价值基础，如莫·巴拉克（Mor Barak，2000）提出的，可能是一个实践管理多元化的有用起点。但是，有众多的实证证据表明，这不足以保证平等和包容性。在最近一项横跨酒店行业163家企业的大样本研究中，赫德曼和麦克米兰–凯普哈特（Herdman & McMillan-Capehart，2010）探索了多元化氛围感的组织层面预测变量。他们发现多元化的存在与多元化积极氛围（positive climate for diversity，PCFD）存在正相关，但是这种关系受到几个变量的调节，包括“现实多元化和管理层的集体关系价值”（2010:41）。换言之，他们自身的多元化主动性将预示多元化积极氛围，但是当管理层本身由种族差异很大的个体组成时，以及当管理层被认为对员工采取投资或“关系型”方法时，这种关系要强得多。解释是这样的，个体利用多种线索感知环境，因此如果组织拥有多元化项目但其管理团队却是非多元化的，那么就会向员工传递有关组织现实的多元化承诺不一致的线索。

## 平等、多元化与英国法律

在过去的三十年，越来越多的国家和国际法律寻求保护少数群体的权利，然而全球范围内的立法还是零散的。虽然欧洲地区（例如，荷兰和斯堪的纳维亚）是最广泛尊重多元化的地区之一，但是即便在这一地区，根据国家方针的不同，多元化立法也存在差异。

113 英国最近尝试引入平等法（2010）来协调平等立法，该立法更新和替代了原先诸如种族关系法（1976）和残疾歧视法（1995）等法律。实施新法案的目的是实现各种受保护特性的法律地位的一致性，并且将保护范围延伸至先前没有覆盖到的特性。目前，受法律保护的特性包括：年龄、缺陷、变性、种族、宗教/信仰、性别、性取向、婚姻/民事伴侣关系、怀孕和分娩。

英国的法律系统明确区分了歧视、骚扰和伤害的概念，它们都被平等法禁止。

### 歧视

直接歧视被定义为相比其他人，不公正地对待某一些人，因为他们（a）具有受保护的特性，（b）被视为具有受保护的特性，或者（c）与具有受保护特性的人来往。间接歧视也是被法律所禁止的，它是指应用于每一个人的政策或措施却特别不利于这些具有受保护特性的人群的情况。

### 骚扰

法律中定义了三种骚扰类型：

类型1：与“受保护特性”相关的不受欢迎的行为（可以包括口头或书面语，或者虐待、图像、肢体动作、面部表情、玩笑等）。

类型2：性骚扰，指的是带有性色彩的不受欢迎的行为和信息（语言、非语言或者躯体的），会侵犯个体的尊严，或者产生令人害怕的、敌对的、有辱人格的、丢脸的或冒犯的气氛。

类型3：由于屈服或拒绝之前的性骚扰或建立在变性基础上的骚扰而受到不公正对待。

### 伤害

伤害出现在某人由于在平等法（2010）下作出或支持某一声明而受到不公正对待的情形下。

图4.7总结了平等法的重点，框4.5给出了一些平等法可能如何被应用到工作场所的例子。

## 平等法（2010）

## 新增与变更一览

**图例**

| | |
|---|---|
| 现存法律覆盖的特性——没有变化 | |
| 现存法律覆盖的特性——部分发生变化 | 变更 |
| 现存法律没有覆盖的特性——现在覆盖了 | 新增 |
| 现存法律没有覆盖的特性——仍然没有覆盖 | |

| | 年龄 | 缺陷 | 变性 | 种族 | 宗教/信仰 | 性别 | 性取向 | 婚姻/民事伴侣关系 | 怀孕和分娩 |
|---|---|---|---|---|---|---|---|---|---|
| **直接歧视**<br>某些人相比其他人因为具有受保护性（profected charateristic, pc)而受到不公正对待 | | | | | | | | | |
| **关联歧视**<br>直接歧视某些人因为他们与具有受保护的人来往 | 新增 | 新增 | 新增 | | | 新增 | | | |
| **感知歧视**<br>直接歧视某些人因为其他人认为他们具有受保护性 | | 新增 | 新增 | | | 新增 | | | |
| **间接歧视**<br>当一项应用于所有人的规则或政策不利于某一特定保护特性时可能会发生 | | 新增 | 新增 | | | | | | |
| **骚扰**<br>员工现在可以抱怨他们发现的冒犯行为，即使该行为不是直接针对他们的 | 变更 | 变更 | 变更 | 变更 | 变更 | | 变更 | | |
| **第三方骚扰**<br>雇主潜在地为他们没有雇用的第三方人员骚扰负责 | 新增 | 新增 | 新增 | 新增 | 新增 | | 新增 | | |
| **伤害**<br>某人由于根据平等法作出或支持某一抱怨或不满而受虐待 | 变更 | 变更 | 变更 | 变更 | 变更 | 变更 | 变更 | 变更 | 变更 |

图4.7 英国平等法（2010）

来源：ACAS雇主指南（2011）

115 框4.5

**职业心理学实践**

英国平等法（2010）

***平等法可能被运用到哪些方面？***

**情景1**

赛义德45岁，但是看起来年轻很多，很多人猜他25岁左右。他不被允许代表他的公司出席一个国际会议，因为总经理觉得他太年轻了。

*赛义德受到被认为具有保护特性的歧视。*

**情景2**

保罗是一个高级经理，他拒绝了安吉拉晋升为主管的申请。安吉拉是一个女同性恋者，她发现保罗之所以这么做是因为他认为她申请管理的团队是异性恋者，她的性取向会让她得不到团队的尊重并且不能有效管理团队。

*这就是对安吉拉的性取向的直接歧视。*

**情景3**

琼是一个项目经理而且想要得到晋升。然而，当她告诉老板她母亲中风了，她的晋升就被撤销了。

*这可能是对琼与残疾人有关联的歧视。*

**情景4**

在一家呼叫中心工作的莉迪亚怀孕了。经理知道她怀孕了，却还责怪她去太多次洗手间。

*这是一种歧视，因为对待怀孕和分娩员工的方式不能与对待其他员工的方式进行比较。*

**情景5**

安妮投诉她受到经理的歧视，因为她感觉到自从她结婚后就受到不公正对待。该投诉通过公司的投诉程序解决了，这其中存在一定的误解而不是真正的歧视。自从投诉以后，安妮被同事所排斥，因为他们觉得她在无中生有，而且经理也跟她保持一定距离，因为他感到被冒犯。

*安妮可以申诉受到伤害。*

## 多元化审计 116

为了有效评估组织管理多元化的有效性程度，组织可以采取的实际举措之一是开展多元化审计。采取对员工经历进行独立评估的方式，理想情况应该包括数值上的平等（这就是定量分析）和经历的平等（这就是定性分析）——见框4.6。

框4.6

**职业心理学实践**

多元化审计：六步法

| | |
|---|---|
| **第一步：准备** | **讨论：**（a）审计的重点；（b）审计过程潜在的障碍；（c）管理者、普通员工和资源的准备状态<br>**设计：**（a）使用混合方法设计；（b）确定参与者和抽样；（c）确定调查阶段的顺序和时间安排<br>**宣传：**（a）提前通知员工；（b）保证保密性 |
| **第二步：调研** | **混合方法数据收集可能包括：**<br>（a）访谈<br>（b）焦点小组<br>（c）问卷调查<br>（d）现有的人事资料<br>（e）先前收集的数据，例如：员工满意度调查<br>（f）公司文件，例如：手册、网站等 |
| **第三步：分析** | **分析方法：**这在一定程度上由数据收集方法所决定，不过一些统计分析和主题分析方法会被采用。记住，这些信息需要被广泛的人群所理解，因此要保持数据分析的直观；在定性数据中寻找关键主题，关注有趣的例子。 |

| | |
|---|---|
| **第四步：建议** | **相关性：** 回到审计的重点以保证建议与目的相关<br>**时间跨度：** 根据复杂和紧急程度设定短期、中期或长期建议<br>**资源：** 考虑到资源的影响，可能要将建议区分为“必要的”和“可取的” |
| **第五步：实施** | **沟通：** 提供变革计划的辅助性信息和说明，包括目标<br>**结构化方法：** 组织实施活动以及考虑试点项目以评估在巨大变化情况下的成本/利益<br>**反馈：** 在实施的任何阶段，给予员工反馈的机会——不要留到审查阶段 |
| **第六步：复审** | **计划：** 在审计准备阶段（阶段 1）就复审形成一致意见<br>**时间表：** 设定复审进度时间表，根据实施的时间跨度考虑短期、中期、长期复审<br>**相关性：** 重温审计最初的重点以确保复审与其目标相关<br>**方法：** 再次收集定性和定量数据并与原先的发现作比较，看是否有改善 |

117 着手一项多元化审计存在多种可能的原因：

- 外部催化剂，例如，立法变革和/或担心不符合法规，审计能够帮助发现问题；
- 内部催化剂，例如，识别组织内部的持续性不公平或特定的不公平，多元化审计能够帮助指出问题，并鉴别对发展影响最大的问题或障碍；
- 干预催化剂，例如，组织最近正在实施新政策或措施，审计能够帮助探索其影响。

118 由于各种原因，组织可能被阻止开展多元化审计。其中一些障碍包括：

- 自满——有关平等的议题在组织中不足以被优先处理；
- 忽视——管理者可能没有意识到问题或者处理问题的方法；
- 畏惧异化——管理者害怕开展多元化审计可能只是一个少数裔议案，并担心非少数裔员工因此感到受威胁；
- 害怕提高期望——审计可能表明自愿承受结果，并意味着将会在此基础上作出某些变革。如果相关员工不理解这些变革，则士气可能受损。

一个多元化审计可能被视为一种在其自主权中的多元干预，而不顾任何可能的评议。这样一种审计可能被看作组织发出的关于多元化和平等是管理层支持的议题的声明。这样可能有助于提高组织内管理多元化的形象以及留住直接受影响的“少数裔”员工。事实上，克罗博特－梅森（Chrobot-Mason，2003）发现对得到组织公平对待有着较高期望的少数裔员工比期望较低的员工有着更强烈的负性情绪体验。这样的反应包括醒悟、失望和愤世嫉俗。因此，开展多元化审计之前，确保取得来自组织中的权力者对预期结果进行处理的承诺是至关重要的。

## 冲突

正如前文所提到的，多元化组织包含具有冲突目标、兴趣和价值观的个体或团队。这可以为组织带来积极的结果，特别是当冲突得到有效管理时。然而，过多的冲突和破坏性的冲突会损害人际关系和抑制组织绩效。因此，员工关系是以合作和冲突为特征的。毫无疑问，那些参与组织员工关系战略管理的人将会深入到冲突管理的世界中。在这一部分，我们将会区分各种形式的冲突及其后果，进而探索不同类型的冲突管理策略和可能的结果。

> 冲突可以被定义为人们意识到来自至少一方的目标、价值观、观
> 点或行动对立。基于一次冲突经历的一方行动被定义为冲突处理。当 119
> 一方开始行动，冲突就变成一个冲突各方通过恶性循环的行动和反应
> 影响彼此的动态过程。（De Reuver & Van Woerkom，2010:480）

### 冲突的类型

首先，应该说，当前冲突研究的思想假定冲突是工作场所中人际动力学“不可避免和普遍存在”的一个方面（Dcsivilya et al., 2010:29）。研究者已经区分了“功能性”和“非功能性”冲突，前者可能产生确定的有利结果以及帮助组织运作，而后者对于个体或组织绩效和幸福感有消极的影响。冲突又进一步被区分为任务冲突和关系冲突。任务冲突与任务或行动的各方面的选择不同有关，包括想法、策略、过程及资源分配。这种形式的冲突等同于功能性冲突，都是通过促进交流和帮助明确周边概念和目标从而增强团队绩效（Jehn, 1997）。与此同时，关系冲突被认为是一种由于人际关系不融洽而导致对他人消极评价、

沟通困难和低团队绩效的非功能性冲突（Jehn, 1997）。

然而，研究者也表明，由于任务冲突与关系冲突的联系，任务冲突也可能比上述描述的问题更加严重。通过多元分析，德德鲁和温加特（De Dreu & Weingart，2003）发现报告任务冲突的团队也会体验到关系冲突。该研究也表明，或许并不意外，这两种形式的冲突相关性越高，任务冲突与团队绩效两者之间的关系就越可能是负相关的。

在此，思考因果关系的问题。你能否从你自己的人际关系中想到一些具有如下情况的例子：

1.行动的冲突导致人际关系的恶化；
2.关系的冲突导致对如何着手一项任务的争论。

每一种情况的结果是什么？它是否能够通过不同的策略被更有效地管理？

## 人际冲突管理策略

几种处理冲突的方法已经被确认，并且通常是放在“双关心模型”（dual concern model）的概念框架下，该模型最初是由布莱克和穆墩（Blake & Mouton，
120 1964）提出。模型的基本假设是在任何给定情境中，个体冲突管理的类型取决于两个潜在的动机：（1）关心自我的水平；（2）关心他人的水平。基于关心自我和他人的不同水平，德西维利亚等人（Desivilya et al., 2010）提出了五种不同的处理冲突的策略（见表4. 2）。

表4.2 人际冲突管理策略

| 冲突管理策略的类型 | 关心自我 | 关心他人 | 相关行为 |
|---|---|---|---|
| 竞争策略 | 高 | 低 | 强迫对方接受自己的观点 |
| 迁就策略 | 低 | 高 | 屈服于对方 |
| 回避策略 | 低 | 低 | 逃避双方对抗的局面 |
| 合作策略 | 高 | 高 | 寻找对双方均有利的结果 |
| 妥协策略 | 中等 | 中等 | 双方均作出让步 |

关于运用不同策略的结果的研究综述强调合作策略模型是最具效益的，因为研究结果表明，合作策略可以促进个体和团队效能，增强创新能力（Cornish et al., 2007; De Dreu, 2006）。然而，德西维利亚等人（2010）认为这些发现倾向于关注涉及任务的情况而非关系冲突。他们认为相比关系冲突，人们会认为任务冲突的个人威胁性更小，涉及的强烈情绪也更少，基于此，虽然合作可能成为解决任务冲突的有效途径，但对关系冲突则不然，因为几乎不可能找到对双方关系冲突均有利的局面。

一方试图对他人强加自己意志的竞争策略与冲突升级密切相关，这会给个体和团队带来负面结果（Van de Vliert & Euwema, 1994）。思考一下这一类型的冲突管理可能如何与本章强调的欺凌问题联系起来。

对于以上关于不同冲突管理类型有效性的研究结果，有一个有趣的告诫：应该注意，大多数冲突研究关注的是传统团队背景下个体之间的冲突。关于虚拟团队冲突及其管理的研究有限，然而随着工作场所越来越多地使用IT，这可 121
能会是一个需要进一步深入探究的领域。在该领域的少数研究中，蒙托亚-韦斯等人（Montoya-Weiss et al., 2001）发现一些冲突管理策略在虚拟团队和特定情况中有着截然不同的结果，产生了与传统设定的预期相对立的效果。

## 冲突管理干预

当冲突对团队运作产生消极影响，并且团队成员自身无法解决时，有时候需要第三方的参与。第三方可能是组织内部懂得问题利害攸关的一些人，例如管理者，也可能是具备冲突管理知识的人，例如人力资源专家。当涉及的个体是工会成员时，工会代表可能可以协助问题处理。围绕信任、保密、公正的问题可能会偏向于寻求外部资源来解决冲突，这就可能让一些独立的顾问或机构参与进来，例如仲裁和调解咨询服务机构（ACAS）。

有很多的程序可以帮助解决工作场所冲突，其中有一些就是特地设计来避免出现诉讼的。

- 调停：是解决工作场所争议的一种非正式的方法，从而有可能避免正式的或法律程序。一名独立的第三者、接受过训练的调停员，其工作是帮助双方达成一项满足双方最大化需求的协议。它通常是由调停方主导，双方面对面进行协商讨论。这是一个自愿的过程，达成的协议也不具有法律约束力。

- 调解：过程与调停相似，不过更常用于员工投诉雇主的情况。调解过程中双方不必面对面讨论问题，并且通常通过双方的让步来达成决议。
- 仲裁：是通过一名公正的仲裁员对争议进行裁决的过程，其仲裁协议具有最终的法律约束力。

更多有关这方面的信息可以在ACAS网站上找到，本章最后的资源列表给出了详细信息以供深入探索。再者，框4.7介绍了一个真实的冲突干预案例研究，有关一组织聘用专业的冲突管理顾问来解决争议。

122 框4.7

**职业心理学实践**

冲突管理干预

**背景**

一个多元文化的政府团队正经历着不寻常的高水平压力。部门已经宣布要进行一轮裁员，士气低落，一名团队成员近期发表了对他人的抱怨，病假逐渐攀升，主管由于没有及时处理棘手的问题而受到指责。作为内部资源，也有维持客户满意度的压力，尤其是在当前裁员和整合的威胁下。

管理部门意识到该团队需要外部的帮助以迅速扭转局面，因此邀请了特许心理学工作者（职业心理学）、普鲁顿合伙公司主管基萨内·普鲁顿来协助问题的解决。

**建议**

需要一个预算不大的、实用的、高性价比的、快速的方法。被采纳的建议是由问题“当创建一个统一整体时，如何创建一个满足差异化成员个体需要的健康文化”所驱动。

*干预的目的*

- 通过加强员工作为一名成功服务者的意识来提高员工士气。
- 创建一个更加健康的工作场所，从而减少未来人际冲突的风险。

*目标*

- 确认是否存在任何令人担忧的突出因素需要处理。
- 开展团队建设，使成员创建一个共享的、积极的身份认同。
- 形成资料并制作成一本定制的手册，包含：(a) 使命、愿景和价值观；(b) 一系列“专业标准”、一致的期望、与团队成员以及内部客户一起工作的方式；(c) 符合现有的人力资源程序的行为标准；(d) 与内部客户交流成功的方法。

**方法**

阶段1：团队所有成员被邀请去参加一个保密、一对一、半结构化的访谈。该阶段的目的是：(a) 告知只有匿名、征得同意的信息才会在第二阶段研讨会中被分享，使每一位成员都能够单独说出他们的担忧和需求；(b) 收集可以作为研讨会上交流和互动的催化剂的数据；(c) 确认会在研讨会当天引发冲突的潜在的具有煽动性的问题。 123

阶段2：所有的团队成员被邀请参加一个一天的团队开发研讨会。围绕“忧虑、需求和渴望”“团队身份认同”和“赞扬和交流成功”等主题的大大小小的团队活动。产生的资料委托给志愿者将研讨会发展成最终产品。

**结果**

在单独访谈中，人们通常是放松和坦诚的。研讨会是充满活力的；通过创造性过程，人们明显感到兴奋，交流有关共享身份认同的心得，形成大量高度相关的资料。通过管理部门的反馈进行事后评估、确认，表明人们感激有单独说出其担忧的机会，珍惜与团队成员一起解决团队内部问题的机会。随后三个月对工会的抱怨显著减少。

## 工作场所欺凌

工作场所冲突对个体和组织来说可能是破坏性的，放之不管可能会失控并演变成为工作场所欺凌。接下来这个小节将会讨论工作场所欺凌的一些关键研究和实际问题。

欺凌包括各种各样的行为，例如设定不合理的截止日期，持续、过分的工作批评，传播谣言和八卦，社会孤立以及口头或肢体上的辱虐。区分欺凌与其他冲突的关键特征（虽然不总是达成一致）包括：

- 长期重复的行为
- 必要条件是受害者感到受欺凌
- 针对个体的消极结果
- 双方权力不对等

各国工作场所欺凌的发生率从丹麦的8%（Mikkelsen & Einarsen, 2002）、英国的10.6%（Hoel et al., 2001）到美国的28%（Lutgen-Sandvik et al., 2007）。然而，有些研究者（Cowie et al., 2002）认为收集发生率数据的方法问题在进行各国间比较时会产生差异。其他人展示了自我报告和他人报告的结合（Coyne et al., 2003）与其他不同方法（Nielsen et al., 2009）之间有多大差异。

124

## 为什么工作场所欺凌值得关注

实证研究结果提供棱模两可的证据，表明欺凌是一种严重的工作场所压力源。欺凌受害者报告压力增加（Lutgen-Sandvik et al., 2007）、职业倦怠（Bowling & Beehr, 2006）、抑郁（Agervold & Mikkelsen, 2004）、心血管疾病（Kivimaki et al., 2003）、创伤后应激障碍（Tehrani, 2004）。

降低个体和团队绩效（Coynet et al., 2004）、低工作满意度和承诺（Bowling & Beehr, 2006）、高缺勤率（kivimaki et al., 2000）和高离职率（Rayner, 1997），表明欺凌对组织产生消极影响。此外，组织将会面对潜在的成本，例如诉讼、罢工、重置和培训成本，同时降低其他见证欺凌的员工的士气和激情（见框4.8）。结果，组织需要基于直接成本（例如，取代个体的成本）、间接成本（低的士气和生产率）和名誉损失（Rayner & McIvor, 2008），来提供一个商业计划以解决欺凌问题。

框4.8

欺凌的经济损失

以下的成本取材于英国地方当局的一个真实欺凌事件。该案例围绕一个管理20个人左右的原告以及一个被告，被告是原告的下属，在被指控欺凌之前曾经与原告竞争过相同的职位。逐渐升级的行为以被告的暴力威胁导致组织实施正式的调查告终。被告被停发全薪，而原告由于压力而休病假。被告最终辞去他/她的职位。

？=未知或难以估算的成本

| | |
|---|---|
| 缺勤 | £ 6,972 |
| 重置成本 | £ 7,500 |
| 生产率下降 | ? |
| 调查员为调查投诉付出的时间 | £ 2,110 |
| 当地管理部门直线管理者的时间 | £ 1,847 |
| 总部人事部门 | £ 2,600 |
| 执行官的时间（包括员工福利） | £ 2,100 |
| 纪律约束成本（听证员/律师） | £ 3,780 |
| 证人访谈成本 | £ 1,200 |
| 调任 | 0 |
| 诉讼 | ?（0） |
| 对间接参与其中的人的影响 | ? |
| 其他（对公共关系的影响等） | ? |
| 总成本（最小化） | £ 28,109 |

Hoel, Einarsen, & Cooper（2003）Organisational Effects of Bullying. In S. Einarsen et al., eds. Bullying and Emotional Abuse in the Workplace. *International Perspectives in Research and Practice*. London: Taylor and Fancies（p.156）. Adapted with permission. 125

问题1：为什么计算表格中标明为未知的成本很重要？

问题2：这些未知的成本应如何评估？

## 工作场所欺凌的前因变量

大多数研究主要关注工作场所欺凌组织层面的前因变量。表4.3 呈现出工作场所欺凌研究报告中主要的组织和个体层面前因变量（更详细的讨论见Coyne，2011）。

修订过的挫折感—攻击性假设（Berkowitz, 1989）和社会互动模型（Felson & Tedeschi, 1993）已经从理论上为组织层面前因变量提供了解释。前者，工作环境中的挫折感可能通过负性情绪的中介作用导致欺凌。后者，压力事件改变个体行为的方式，反过来也可能导致个体违反社会规范，这使得他们成为欺凌的焦点。

萨林（Salin，2003）构思了一个交互的组织前因变量模型：

- 激活过程（权力不对等和糟糕的管理类型），提供了促进欺凌的环境；
- 激励过程（政治化的工作环境和有利于欺凌的组织规范），向个体展示欺凌的合理性；
- 加速过程（组织变革、管理层变动），为欺凌的发展提供触发机制。

表4.3 工作欺凌的组织和个体层面前因变量

| 组织因素 | 个体因素 |
| --- | --- |
| 无趣和缺乏挑战性的工作<br>紧张和竞争的氛围<br>糟糕的领导<br>糟糕的工作环境<br>角色模糊和角色冲突<br>包容欺凌行为的组织文化<br>工作属性的改变 | 受害者人格（高尽责性、低外倾性、高神经质、低果断性）<br>施害者人格（攻击性、暴力、专横、低自尊） |

126 受害者人格已经通过顺从性受害者和挑衅性受害者两个概念来解释（Coyne et al., 2000）。顺从性受害者可能被视为一个容易欺凌的目标，因为他/她性格脆弱。这就意味着他/她没有能力防御、处理，或者缺乏一个互助的人际网，以致处于易受攻击的地位。挑衅性受害者会因为嫉妒而向其他个体发起攻击性行为，他们过于焦虑、在意，与预期的团队规范冲突。

受害者特征的概念是有争议的，因为评判者认为它把受欺凌怪到受害者头上。然而，如果欺凌仅仅是组织因素的一个产品，为什么在同一组织环境中一些人成为受欺凌的目标而其他人不会受欺凌？关注受害者特征的研究正尝试去处理这个重要的问题而不是归咎于受害者。该研究的主题是当欺凌持续发生时，人格可能解释为什么相比其他人，特定的个体更容易成为目标。

由于对受害者的关注，又因为很难获取施害者人格样本，所以关注施害者天生的人格的研究相对较少。施害者特征的解释机制包括以下：

- 膨胀的自尊或者不切实际的自我认识。冲突对自尊是一种威胁，为了保护自尊，欺凌直接指向威胁来源。
- 缺乏社会能力、低情绪控制和低同情心。结果，愤怒以一种不恰当的行为方式发泄，并且没有意识到这种行为对他人的影响。
- 竞争性的、占支配地位的和武断的行为以获得权力。（Zapf & Einarsen，2003）

结合受害者和施害者倾向，阿基诺和拉莫茨（Aquino & Lamertz，2004）提出假设，顺从性和挑衅性受害者与专横、被动施害者之间的交互作用会导致不同类型的欺凌行为。他们提出了四种结果：

- 顺从性受害者—专横施害者：因为施害者有控制受害者的渴望，而受害者又是一个“容易目标”，因此掠夺性欺凌出现了（例如，专横型领导）。
- 挑衅性受害者—专横施害者：施害者的控制欲受到受害者挑衅天性的抵抗，导致伤害相关纠纷（例如，团队规范冲突）。
- 挑衅性受害者—被动施害者：施害者回应受害者的挑衅（例如，通过威胁自 127
  尊），导致欺凌相关纠纷出现。
- 顺从性受害者—被动施害者：因为这里没有触发器，所以施害者没有控制欲，从而没有或很少出现欺凌事件。

虽然目前还没有实证研究检验，但是该模型让人们深入了解人格在工作场所欺凌中如何起作用以及受害者和施害者之间动态互动如何发展。

认识到单一的因果解释对于说明工作场所欺凌这一现象过于简单化，因此出现了大量的理论模型尝试找出个体和组织前因变量（Bowling & Beehr，2006；Einarsen et al.，2003）。联系之前的观点，帕兹法尔（Parzefall）和萨林（2010）引入了一种社会交换观点来理解工作场所欺凌，特别强调公平和心理契约。他们认为对一个行为的交互公平感可能决定个体是否将该行为视为欺凌，并可能在经历行为和结果变量之间的关系上起中介作用。这意味着，一个行为越被感知到不公平，就越会被认为是欺凌，对个体来说结果越坏。此外，欺凌会被感知为破坏公平和信任原则，从而导致心理契约违背。这不仅仅发生在受害者层面，见证者也可能感知行为的不公平，导致其违背与组织的心理契约。

## 组织如何处理工作场所欺凌

也许对于工作场所欺凌最普遍的回应是引入一套反欺凌政策（通常叫作反骚扰政策或工作尊重政策）。虽然早期研究表明只有55%的英国组织引入了反欺凌政策（Woodman & Cook，2005），但最近的观察发现采用这些政策的组织增加至74%。然而，我们必须注意不要把采用和有效性混淆。事实上，比尔和霍尔（Beale & Hoel，2011）指出了反欺凌政策的一些局限：

1. 它们关注的经常是避免诉讼，而不是创造一个尊重的文化。
2. 管理者通常就是欺凌的实施者，因此他们将不会期望巩固组织的反欺凌政策。
3. 它们更多地鼓励个体的解决方式，反对独立的集体行动。结果，受害者可能必须靠他们自己解决困难。

128 表 4.4 工作场所欺凌干预的框架

<table>
<tr><td colspan="4">社会层面<br>文化价值观、法律框架、工会/专业机构支持、政府指导、反欺凌协会</td></tr>
<tr><td></td><td>预防</td><td>支持/干预</td><td>弥补</td></tr>
<tr><td>组织</td><td>风险评估<br>改变工作设计<br>领导能力培训<br>文化变革<br>工作尊重</td><td>员工调查<br>监管缺勤率<br>高层的支持<br>建立非正式和正式的人际关系网</td><td>保证裁决的实施<br>监管文化变革<br>监管和评估培训</td></tr>
<tr><td>团队</td><td>团队意识培训<br>多元化培训<br>培养对群体规范的欣赏</td><td>检查组内和组外（团队人际关系）<br>促进小组会议和小组讨论</td><td>外部会议以改变规范<br>改变团队成员</td></tr>
<tr><td>个体</td><td>培训（情绪规则、社会技能、愤怒管理等）</td><td>联系人/好友系统<br>权威的支持和建议<br>非正式和正式的程序</td><td>劝告受害者和施害者<br>支持投诉案</td></tr>
</table>

来源：Coyne, I.（2011）‘Bullying in the Workplace’, in C.P. Monks and I. Coyne（eds）, *Bullying in Different Contexts*. Cambridge：Cambridge University Press. pp. 157-84.

显而易见，只有政策是不足以解决工作场所欺凌的。为了绘制出欺凌干预的框架，科因（Coyne，2011）提出了一个三层干预框架来反映组织中预防、支持或弥补的干预措施（表4.4）。其中，组织层面从最初考虑识别欺凌的风险因素，到最终培养出一个欺凌无法被容忍的自尊和尊重的文化。团队层面干预关注通过意识培训和反欺凌群体规范的培养来改变群体规范和价值观。个体层面干预包括提供培训，阻止潜在受害者和施害者，提供正式或非正式的支持机制，以及当谈及投诉案和重返工作场所时提供支持。

社会层面从社会价值观、法律（目前为止英国没有具体的欺凌法律）、政府指导/政策行动、工会/“专业机构”以及国家反欺凌协会的建言和支持去契合国家背景。这有效地为理解欺凌是否可被接受提供了一个宏观的视角，并将可能影响微观组织的视角。

## 小结 129

我们已经通过整体员工关系框架、工作激励、多元化管理、工作场所冲突和欺凌对员工关系进行了阐述。该领域一个明显的关键特征是任何研究者或从业者需要意识到员工关系的动态属性。一个组织可能会采用某一特定战略来管理人力资源，而内部和外部压力以及变化意味着任何战略需要具备弹性以回应需求。在所有领域我们都看到方法的变化——一些很基础的（例如，从集体到个体员工关系方法的转变以及从EO到MD的变化）——这是为了更好地契合当时的环境背景。这表明需要为员工关系管理建立一个商业诉讼以及把员工关系管理放在组织战略层面。恰当的诉讼能够吸引、激励员工以及帮助多元化管理和防止工作场所欺凌。

最后，回到本章开始的引文，员工关系的概念“公平管理和使员工产出最优化”如何与我们呈现的信息相契合？虽然过于简单化，但这一视角与有效的员工关系管理相去不远。纵观历史，我们已经看到公平在心理契约、激励、多元化以及（缺乏它）冲突和欺凌中扮演怎样的角色。更进一步，吸引员工、管理心理契约、内在激励、促进多元化工作场所、发展功能性冲突和处理欺凌都能够“使员工产出最优化”。隐含的这些概念，信任、自尊和尊重以及意义，贯穿整个章节，具有很强的代表性，并以将员工关系描述为雇主和雇员之间的社会交换为贯穿本章的脉络。显然，如同与雇主达成一个法律协议，员工体验基于交换、信任、公平、自尊和尊重以及从事有意义的活动的个体心理契约。为“使员工产出最优化”，员工关系管理不仅仅是管理法律协议，同时也要从心理上建立吸引人的氛围以促进丰富的社会交换。正如我们所呈现的，职业心理学在该领域可以做出很多贡献。

下一章继续关注员工需求，探索个体发展和咨询干预如何满足这些需求。

## 深入探究

扫描二维码，获取更多资源。

130 **讨论题**

1.哪种理论会包含在你的激励理论体系里面？

2.为了有效地管理员工关系，你会如何处理一个商业案例？

3.我们将来可能根除工作场所欺凌行为吗？

**样例论述题**

在员工关系管理中公平、信任、自尊和尊重有多重要？

131 **样例测试题**

参照理论和实践，列出工作场所多元化管理的挑战和好处。

## 职业心理学实践：工作中的一天

**罗博·布林纳，巴斯大学管理学院组织心理学教授**

| | | |
|---|---|---|
| 你在职业心理学的什么领域工作？ | 我是一名研究者、博士生导师和讲师，主要研究领域有两方面：工作和幸福感（特定主题比如“压力”、情绪、情感劳动力）以及心理契约（特定主题例如心理契约违背、公平、心理契约对情感和行为的影响）。我也对其他领域感兴趣，包括工作中的种族、工作与非工作两者间的关系、缺勤、应用于实践的基于证据的方法。 | |
| 你是如何对这个领域产生兴趣的？ | 我估计我最感兴趣的领域是心理契约——雇员和雇主之间的一种隐性“协议”。在我看来，雇佣关系的质量和属性强烈影响工作场所中的情感和行为。我想我对它一见钟情，而职业心理学似乎没有真正给予心理契约足够的关注。引人注目的是，当人们谈论他们喜欢或讨厌他们工作的什么以及他们为什么想要完成一些事情或经常放弃努力时，这涉及他们心理契约的质量。 | |
| 这个领域的主要学术进展是什么？ | 除了心理契约研究的发展，一些重要的发展已经更仔细地思考激励可能意味着什么。历来它被定义得很糟糕，没有被足够地细化也不被视为一系列复杂的过程。另一重要的发展是研究者详述其对于绩效可能意味着什么的理解的方法，通过思考诸如组织公民行为以及反生产工作行为等观点。 | |
| 在你的工作中，实际应用对研究的影响有多大？ | 我很少从事这一特定领域的实际应用。心理契约在一定程度上很奇怪，虽然它似乎为研究者和管理者提供深刻的启示，但是这种启示的实际应用是不明显的。 | |
| 道德在你的工作中扮演什么角色？ | 在我的研究中，道德扮演的主要角色是为有关人的研究应该如何开展提供道德规范。更为广泛地，我认为道德也与基于证据的实践密切相关。例如，如果职业心理学从业者对于体现干预可能带来的好处或伤害的证据主体没有一个非常明确、系统、批判和全面的认识，而在组织中建议或执行一项干预，这似乎是不道德的。 | 132 |
| 你能否举一个例子说明你工作的一天？ | 我工作的研究部分几乎可以在任何地点、任何时间完成：从会议室到咖啡店、火车或飞机。大量的研究工作包括阅读、思考和写作，所以基本上只要有手提电脑、网络就行了。典型的研究相关工作包括收集和分析数据、组织准入谈判、为出版社写文章和修订文章、担任同行评议的期刊评议人、准备会议发言、写申请书以及与从业者沟通等等。我工作的教学部分，相对就比较有规律且固定。讲课基本就在讲堂，虽然很多研究监管工作发生在其他地方，且经常借助网络电话或邮件。 | |
| 在过去的五年，你的工作有什么变化？ | 主要的变化是我参与的一系列围绕基于证据的方法的管理实践和职业心理学的活动急剧增加。我发现我正在围绕该主题做越来越多的介绍、写作和培训，同时尝试建立基础结构以支持基于证据的方法。 | |
| 你如何看待你的工作未来五年的变化？ | 我不认为它会有很大的变化，但我希望围绕基于证据的实践的一些想法开始更加吸引管理者和职业心理学工作者，还希望证据和实践之间一些有形的联系能够出现。 | |

续表

| 职业心理学实践：工作中的一天 | |
|---|---|
| 基萨内·普鲁顿（Prutton），普鲁顿合伙公司主管 | |
| 你在职业心理学的什么领域工作? | 我专注于工作场所冲突解决。工作场所冲突的出现是因为不幸的标准碰撞，就像大爆炸。误解、臆想、信息缺乏、个体或他人的目标受到威胁、价值观受到侵犯、感知到缺乏尊重和公平都是人际关系破裂和冲突的普遍特征。<br>对组织中人际冲突的关注自然而然地揭示了组织变革的可能性。如果组织准备检查允许冲突恶化的工作场所的情况，这是非常有帮助的。组织文化、沟通、管理培训和发展、人力资源系统都是干预的潜在目标。 |
| 133 你是如何对这个领域产生兴趣的? | 当我在一家专注于家族企业业务的注册会计师公司工作时，我接触了冲突解决。家族企业往往有较高的冲突风险，因为可能存在信仰，而且决议可能受到特定家族成员潜在利益的驱动。这可能被其他家族成员理解为不公平。 |
| 哪种组织对你的工作感兴趣？为什么? | 我们开始了解冲突解决的中介和外延概念，思考解决争议的最佳实践。这受到一些旨在鼓励替代性纠纷解决的政府的激发。替代性纠纷解决提供了一个除诉讼以外的可替代的方法，旨在减少上法院的案件数量。<br>我发现公共部门和SME市场都在努力寻找冲突解决办法，尽管出于不同的原因。据我所知，公共部门正在经历重大变革，并出现了严重的员工不满意的问题。它们似乎渴望培养更多敬业的员工。我帮助NHS的团队就他们正在经历的变化达成协议，还和他们一起巩固和发展了一个更加健康、更加团结一致的团队。<br>SME部门冲突解决的背后更多地关注“节约用钱”争议。他们痛苦地意识到在当前经济衰退中生存下来需要解决任何有关消耗资源、浪费管理时间、法律费用、减少员工生产效率等方面的问题。高病假和低士气能够造就或破坏一个小公司。 |
| 理论、文献和研究是如何影响你的工作的? | 我总是在寻找新的研究以发展我的想法和实践。在我作为从业者和教育者/培训师的工作中，我发现以下这些特别有帮助：<br>调解：约翰·温斯莱德和杰拉尔德·芒克（叙述调解）。<br>理查德·里安和爱德华·德西（自我决定理论）和马斯洛（需求层次理论）。<br>工作场所价值观和组织变革：库尔特·勒温，埃德加·施恩，约翰·科特和海尔特·霍夫斯泰德。<br>帮助和咨询：热拉尔·伊根和麦肯锡的出版社。 |
| 道德在你的日常实践中扮演什么角色? | 非常重要的角色！因为我工作中一个有意义的方面就是在雇佣法下进行，我必须对所有形式的沟通、我的文案工作以及我所说的我所做的一丝不苟。我高度警惕以防违背隐私、知情同意、自愿参与，我必须没有偏见地与其他法律特权一起工作（这关系到谈判过程中任何报价、入场费或作出的妥协；以及认为他们不可能被带进法庭，双方在调解中没有达成协议）。 |

续表

| | |
|---|---|
| 你能否举一个例子说明你工作的一天？ | 没有两天是一样的，我的工作要不就是盛宴要不就是饥荒。使用二八原则，我80%的时间是在“发展新业务”，那是一个非收费的、饥荒的工作状态，20%的时间是与客户应酬的享受状态。<br>在饥荒阶段，我倾向于结束像整理发票、更新我的网站和人际关系网等事务，做一些自己喜欢做的事，例如重写我的一个讲演、写一篇文章或一个新的训练计划，参加CPD活动或者指导一些我好奇的案头研究。<br>我有很多无偿服务角色让我常年保持忙碌。作为回报，我收获了这些领域的新发展。为了保持我的心理学知识，我支持英国心理学社会协会出版社以及坐班公共政策小组的职业心理学部门。在我的调解世界里，我帮助民事调解委员会的沟通委员会和工作场所委员会。<br>我是一个企业的培训师和另一个企业的合作伙伴。一个是纯粹的我、纯粹的职业心理学工作者，另一个是多学科咨询公司，包括我和前会计师变成的咨询师团队。我家里有一个豪华的办公室，同时和同事在诺丁汉也有一个办公室。<br>当我在应酬工作状态时，我在外面陪同客户。昨天我花了一个早上和一名常务董事及其总经理在董事会议室进行头脑风暴，以解决他们由于一名股东辞职带来的问题。明天我将会花一个早上为他们写一份建议书。顺便提一下，我在一个由一家法律公司主办的早餐会上遇到这位客户，当时我是主讲嘉宾。毫无意外，我当时正在讲冲突对个体和组织的影响。明天我会主持第二轮关于复杂调解的私人会议，参会人员包括人力资源专家团队。 | 134 |
| 在过去的五年，你的工作有什么变化？ | 由于欧洲替代性纠纷解决的发展，我积极追求调解事业，使我能够为冲突干预和解决相关领域提供服务，例如冲突指导和组织变革。 | |
| 你如何看待你的工作未来五年的变化？ | 商业方面，我想巩固我不同的工作流。个人方面，我想拓展我对神经科学的理解以及它为我们理解改变人们的信仰、态度和行为提供什么。 | |

## 参考文献 135


Adams, J.S. (1963) ‘Toward an understanding of inequity’, *Journal of Abnormal Psychology*, 67(5): 422–36.

Agervold, M. and Mikkelsen, E.G. (2004) ‘Relationships between bullying, psychosocial work environment and individual stress reactions’, *Work & Stress*, 18(4): 336–51.

Alderfer, C.P. (1972) *Existence, Relatedness and Growth*. New York: Free Press.

Alfes, K., Truss, C., Soane, E.C., Rees, C. and Gatenby, M., (2010) *Creating an engaged workforce. findings from the Kingston Employee Engagement Consortium Project*. London.

Ambrose, M.L., and Kulik, C.T. (1999) ‘Old friends, new faces: motivation research in the

1990s', *Journal of management*, 25(3): 231–92.

Aquino, K., and lamertz, K. (2004) 'A relational model of workplace victimisation: social roles and patterns of victimization in dyadic relationship', *Journal of Applied Psychology*, 89:1023–34.

Arnold, J. (1996) 'The psychological contract: a concept in need of closer scrutiny?', *European Journal of Work and Organisational Psychology*, 5(4): 511–20.

Arnold, J., Patterson, F., Robertson, I., cooper, C., and Burnes, B. (2005) *Work Psychology. Understanding Human Behaviour in the Workplace*, 4th edn. Harlow: Pearson Education.

Bartram, D. (2005) 'The great eight competencies: a criterion-centric approach to validation', *Journal of Applied Psychology*, 90(6): 1185–203.

Beale, D. and Hoel, H. (2011) 'Workplace bullying and the employment relationship: exploring questions of prevention, control and context', *Work, Employment & Society*, 25(1): 5–8.

Berkowitz, L. (1989) 'The frustration-aggression hypothesis: an examination and reformulation', *Psychological Bulletin*, 106: 59–73.

Blake, R.R. and Mouton, J.S. (1964) *The Managerial Grid.* Houston, TX: Gulf.

Blau, P. (1964) *Exchange and Power in Social Life*. New York: Wiley.

Blyton, P. and Turnbull, P. (1994) *The Dynamics of Employee Relations*. Basingstoke: Macmillan.

Bowling, N.A. and Beehr, T.A. (2006) 'Workplace harassment from the victim's perspective: a theoretical model and meta-analysis', *Journal of Applied Psychology*, 91(5): 998–1012.

Chrobot-Mason, D.L. (2003) 'Keeping the promise: psychological contract violations for minority employee', *Journal of Managerial Psychology*, 18:22–45.

CIPD (2005) *What Is Employee Relations*? London: CIPD.

CIPD (2011a) *Employee Outlook. Summer 2011*. London: CIPD.

CIPD (2011b) *Employment Relations*. London: CIPD.

CIPD (2011c) 'The psychological contract factsheet'. Available at: http://www.cipd:co.uk/ h-resources/facesheet/ psychological-contract.asp (accessed 19 August 2011).

Collins, C.J., Hanges, P.J. and Locke, E.A. (2004) 'The relationship of achievement motivation to entrepreneurial behavior: a meta-analysis', *Human Performance*, 17(1): 95–117.

Colquitt, J.A., Conlon, D.E., Wesson, M.J., Porter, C.O.L.H. and Ng, K.Y. (2001) 'Justice at the millennium: a meta-analytic review of 25 years of organisational justice research', *Journal of Applied Psychology*, 86(3), 425–45.

Cornish, F., Zittoun, T. and Gillespie, A. (2007) 'A cultural psychological reflection on collaborative research', *Forum: Qualitative Social Research*, 8(3): Article 21. 136

Cowie, H., Naylor, P., Rivers, I., Smith, P.K. and Pereira, B. (2002) 'Measuring workplace bullying', *Aggression and Violent Behavior*, 7: 33–51.

Coyne, I. (2001) 'Bullying in the workplace', in C.P. monks and I. Coyne(eds). *Bullying in Different Contexts.* Cambridge: Cambridge University Press. pp. 157–84.

Coyne, I., Craig, J. and Smith-Lee Chong, P. (2004) 'Workplace bullying in a group context', *British Journal of Guidance & Counselling*, 32(3):301–17.

Coyne, I., Seigne, E. and Randall, P. (2000) 'Predicting workplace victim status from personality', *European Journal of Work and Organisational Psychology*, 9(3): 335–49.

Coyne, I., Smith-Lee Chong, P., Seigne, E. and Randall, P. (2003) 'Self and peer nominations of bullying: an analysis of incident rates, individual differences, and perceptions of the working environment', *European Journal of Work and Organisational Psychology*, 12(3): 209–28.

Cross, C., Barry, G. and Garavan, T.N. (2008) 'The psychological contract in cell centres: an employee perspective', *Journal of Industrial Relations*, 50(2):229–42.

Cullinane, N. and Dundon, T. (2006) 'The psychological contract: a critical review', *International Journal of Management Reviews*, 8(2): 113–29.

De Dreu, C.K.W.(2006) 'When too little or too much hurts: evidence for a curvilinear relationship between task conflict and innovation in teams', *Journal of Management*, 32(1): 83–107.

De Dreu, C.K.W. and Weingart, L.R. (2003) 'Task versus relationship conflict, team performance, and team member satisfaction: a meta-analysis', *Journal of Applied Psychology*, 88: 741–9.

de Reuver, R. and van Woerkom, M. (2010) 'Can conflict management be an antidote to subordinate absenteeism?', *Journal of Managerial Psychology*, 25(5): 479–494.

De Vos A. and Meganck, A. (2009) 'What HR managers do versus what employees value: exploring both parties' views on retention management from a psychological contract perspective', *Personnel Review*, 38(1): 45–60.

Desivilya, H.S., Somech, A. and Lidgoster, H. (2010) 'Innovation and conflict management in work teams: The effects of team identification and task and relationship conflict', *Negotiation and Conflict Management Research*, 3(1): 28–34.

Doherty, L. (2004) 'Work-life balance initiatives: implications for women', *Employee Relations*, 26(4): 433–52.

Einarsen, S. (2000) 'Harassment and bullying at work: a review of the Scandinavian approach', *Aggression and Violent Behavior*, 5(4): 379–401.

Einarsen, S., Hoel, H., Zapf, D. and Cooper, C.L., (2003) 'The concept of bullying at work: the European tradition', in S. Einarsen. (eds), *Bullying and Emotional Abuse in the workplace. International Perspectives in Research and practice*. London: taylor & Francis. pp. 3–30.

Equality and Human Rights Commission. (2010) 'How fair is Britain? Equality, human right and good relations in 2010. The first triennial review'. Available at: http://www:equalityhumanrighs.com/key-projects/how fair-is-britain/fautreport and-evidence-downloads (accessed 24 June 2011).

European Foundation for the Improvement of Living and Working Conditions (2010) *Developments in Industrial Action 2005-2009*. Dublin: European Foundation for the Improvement of Living and Working Conditions.

137 Felson, R.B. and Tedeschi, J.T. (1993) *Aggression and Violence. Social Interactionist Perspectives*. Washington, DC: American Psychological Association.

Fleck, S. and Inceoglu, I. (2010) 'A comprehensive framework for understanding and predicting engagement', in S. Albrecht (ed.) *The Handbook of Employee Engagement: Models, Measures and Practice*. Cheltenham: Edward-Elgar Publishing House. pp 31–42.

Fried, Y. and Ferris, G.R. (1987) 'The validity of the job characteristics model: a review and meta-analysis', *Personnel Psychology*, 40: 287–323.

Gamble, J. (2006) 'Introducing western-style HRM practices to China: shopfloor perceptions in a British multinational', *Journal of World Business*, 41(4): 328–343.

Griffeth, R.W. and Gaertner, S. (2001) 'A role for equity theory in the turnover process: an empirical test', *Journal of Applied Social Psychology*, 31(5): 1017–37.

Guest, D.E. (1987) 'Human resource management and industrial relations', *Journal of Management Studies*, 24: 503–21.

Guest, D.E. (2004) 'The psychology of the employment relationship: an analysis based on the psychological contract', *Applied Psychology*, 53(4): 541–55.

Guest, D.E. and Conway, N. (2002) 'Communicating the psychological contract: an employer perspective', *Human Resource Management Journal*, 12(2): 22–38.

Hackman, J.R. and Oldham, G.R. (1980) *Work Design*. Reading, MA: Addison-Wesley.

Harrison, D. and Sin, H. (2006) 'What is diversity and how should it be measured?', in A. Konrad, P. Prasad and J. Pringle (eds), *Handbook of Workplace Diversity*. London: Sage.

Harzig, C., Juteau, D. and Schmitt (2010) *The Social Construction of Diversity*. New York: Berghahn Books.

Herdman, A. and McMillan-Capehart, A. (2010) 'Establishing a diversity program is not enough: exploring the determinants of diversity climate', *Journal of Business & Psychology*, 25(1): 39–53.

Herriot, P., Manning, W.E.G. and Kidd, J.M. (1997) 'The content of the psychological contract', *British Journal of Management*, 8(2): 151–62.

Hershcovis, M.S., Turner, N., Barling, J., Arnold, K.A., Dupré, K.E., Inness, M., LeBlanc, M.M. and Sivanathan, N. (2007) 'Predicting workplace aggression: a meta-analysis', *Journal of Applied Psychology*, 92(1): 228–38.

Herzberg, F.I. (1966) *Work and Nature of Man*. New York: Thomas Y. Crowell.

Hiltrop, J. (1995) 'The changing psychological contract: the human resource challenge of the 1990s', *European Management Journal*, 13(3): 286–94.

Hoel, H., Cooper, C. and Faragher, B. (2001) 'The experience of bullying in Great Britain: the impact of organisational status', *European Journal of Work and Organisational Psychology*, 10(4): 443–65.

Hui, C., Lee, C. and Rousseau, D.M. (2004) 'Psychological contract and organisational citizenship behavior in China: investigating generalizability and instrumentality', *Journal of Applied Psychology*, 89(2): 311–321.

Humphrey, S.E., Nahrgang, J.D. and Morgeson, F.P. (2007) 'Integrating motivational, social, and contextual work design features: a meta-analytic summary and theoretical extension of the work design literature', *Journal of Applied Psychology*, 92(5): 1332–56.

Inceoglu, I. and Fleck, S. (2010) 'Engagement as a motivational construct', in S Albrecht (ed.), *The Handbook of Employee Engagement: Models, Measures and Practice*. Cheltenham: Edward-Elgar. pp. 74–86.

Jehn, K.A. (1997) 'A qualitative analysis of conflict types and dimensions in organisational 138
groups', *Administrative Science Quarterly*, 42:530–57.

Kahn, W.A. (1990) 'Psychological conditions of personal engagement and disengagement at work', *The Academy of Management Journal*, 33(4): 692–724.

Kalev, A., Kelly, E. and Dobbin, F. (2006) 'Best practices or best guesses? Assessing the efficacy of corporate affirmative action and diversity policies', *American Sociological Review*, 71(4), 589–617.

Kersley, B., Alpin, C., Forth, J., Bryson, A., Bewley, H., Dix, G. and Oxenbridge, S. (2005) *Inside the Workplace: First Findings from the 2004 Workplace Employment Relations Survey (WERS 2004)*. London: Economic and Social Research Council/Advisory, Concilation and Arbitration Service/Policy Studies Institute/Department of Trade and Industry.

Kivimaki, M., Elovainio, M. and Vahtera, J. (2000) 'Workplace bullying and sickness absence in hospital staff', *Occupational and Environmental Medicine*, 57(10): 656–60.

Kivimaki, M., Virtanen, M., Vartia, M., Elovainio, M., Vahtera, J. and Keltikangas-Järvinen, L. (2003) 'Workplace bullying and the risk of cardiovascular disease and depression', *Occupational and Environmental Medicine*, 60(10): 779–83.

Larsen, H.H. and Brewster, C. (2003) 'Line management responsibility for HRM: what is happening in Europe?', *Employee Relations*, 25(3), 228–44.

Leat, M. (2007) *Exploring Employee Relations*, 2nd edn. Oxford: Butterworth-Heinemann.

Locke, E.A. and Latham, G.P. (1990) *A Theory of Goal-Setting and Task Performance*. Englewood Cliffs, NJ: Prentice Hall.

Locke, E.A. and Latham, G.P. (2002) 'Building a practically useful theory of goal setting and task motivation: a 35-year odyssey', *American Psychologist*, 57(9): 705–17.

Locke, E.A. and Latham, G.P. (2004) 'What should we do about motivation theory? Six recommendations for the twenty-first century', *The Academy of Management Review*, 29(3): 388–403.

Lutgen-Sandvik, P., Tracy, S.J. and Alberts, J.K. (2007) 'Burned by bullying in the American workplace: prevalence, perception, degree and impact', *Journal of Management Studies*, 44(6): 837–62.

Macey, W.H., Schneider, B., Barbera, K.M. and Young, S.A. (2009) *Employee Engagement: Tools for Analysis, Practice and Competitive Advantage*. Chichester: Willey-Blackwell.

Maslow, A.H. (1943) 'A theory of human motivation', *Psychological Review*, 50(4): 370–96.

McClelland, D.C. (1961) *The Achieving Society*. New York: Van Nostrand Reinhold.

McClelland, D.C. and Boyatzis, R.E. (1982) 'Leadership motive pattern and long-term success in management', *Journal of Applied Psychology*, 67(6): 737–43.

Mikkelsen, E.G. and Einarsen, S. (2002) 'Relationships between exposure to bullying at work and psychological and psychosomatic health complaints: the role of state negative affectivity and generalised self-efficacy', *Scandinavian Journal of Psychology*, 43(5): 397–405.

Millward, L.J. and Brewerton, P.M. (2001) 'Psychological contracts: employment relations for the twenty-first century', in I. Robertson and C. Cooper (eds), *Personnel Psychology and HRM. A Reader for Students and Practitioners*. Chichester: Wiley. pp. 377–437.

Montes, S.D. and Zweig, D. (2009) 'Do promises matter? An exploration of the role of promises in psychological contract breach', *Journal of Applied Psychology*, 94(5):1243–60.

Montoya-Weiss, M., Massey, A. and Song, M. (2001) 'Getting it together: temporal coordination and conflict management in global virtual teams', *Academy of*

*Management Journal*, 44(6): 1251–62.

Mor Barak, M.E. (2000) 'The inclusive workplace', *Social Work*, 45 (4): 339–54.

Muchinsky, P.M. (2006) *Psychology Applied to Work*. Belmont, CA: Thomson Wadsworth. 139

Newman, D.A. and Harrison, D.A. (2008) 'Been there, bottled that: are state and behavioral work engagement new and useful construct 'wines'?', *Industrial and Organisational Psychology*, 1(1): 31–5.

Nielsen, M. B., Skogstad, A., Matthiesen, S. B., Glasø, L., Aasland, M.S., Notelaers, G. and Einarsen, S. (2009) 'Prevalence of workplace bullying in Norway: comparisons across time and estimation methods', *European Journal of Work and Organisational Psychology*, 18(1): 81–101.

Parzefall, M.-R.and Salin, D.M. (2010) 'Perceptions of and reactions to workplace bullying: a social exchange perspective', *Human Relations*, 63(6): 761–80.

*Personnel Today* (2005) Diversity policies make billions for UK firms. 28 june 2005. Available at: http://www.personneltoday.com/articles/2005/06/28/30552/diversity-policies-make-billions-for-uk-firms.html (accessed 24 February 2009).

Priola, V. and Brannan, M. J. (2009) 'Between a rock and a hard place: exploring women's experience of participation and progress in managerial careers', *Equal Opportunities International*, 28(5): 378–97.

Pritchard, R.D. and Sanders, M.S. (1973) 'The influence of valence, instrumentality and expectancy on effort and performance', *Journal of Applied Psychology*, 57(1): 55–60.

Rayner, C. (1997) 'The incidence of workplace bullying', *Journal of Community & Applied Social Psychology*, 7: 199–208.

Rayner, C. and McIvor, K. (2008) 'Research report on the Dignity at Work Project', Portsmouth University.

Restubog, S.L.D., Bordia, P. and Tang, R.L. (2007) 'Behavioural outcomes of Psychological contract breach in a non-western culture: the moderating role of equity sensitivity', *British Journal of Management*, 18(4): 376–86.

Rich, B.L., Lepine, J.A. and Crawford, E.R. (2010) 'Job engagement: antecedents and effects on job performancc', *Academy of Management Journal*, 53(3): 617–635.

Robinson, S.L.and Rousseau, D.M. (1994) 'Violating the psychological contract: not the exception but the norm', *Journal of Organisational Behavior*, 15(3): 245–59.

Rousseau, D.M. (1995) *Psychological Contracts in Organisations: Understanding Written and Unwritten Agreements*. London: Sage.

Rousseau, D.M. (1997) 'Organisational behavior in the new organisational era', *Annual Review of Psychology*, 48: 515–46.

Rousseau, D.M. (2001) 'Schema, promise and mutuality: the building blocks of the psychological contract', *Journal of Occupational and Organisational Psychology*, 74(4):511–41.

Sachau, D.A. (2007) 'Resurrecting the motivation-hygiene theory: Herzberg and the positive psychology movement', *Human Resource Development Review*, 6(4): 377–93.

Saks, A.M. (2006) 'Antecedents and consequences of employee engagement', *Journal of Managerial Psychology*, 21(7): 600–19.

Salin, D. (2003) 'Ways of explaining workplace bullying: a review of enabling, motivating and precipitating structures and processes in the work environment', *Human Relations,* 56(10): 1213–32.

Smithson, J. and Stokoe, E. (2005) 'Discourses of work-life balance: negotiating "genderblind" terms in organisations', *Gender, Work and Organisation*, 12(2): 147–168.

Sparrow, P.R. (1996) 'Careers and the psychological contract: understanding the European context', *European Journal of Work and Organisational Psychology*, 5(4): 479–500.

140 Steers, R.M., Mowday, R.T. and Shapiro, D.L. (2004) 'The future of work motivation theory', *Academy of Management Review*, 29(3): 379–87.

Tehrani, N. (2004) 'Bullying: a source of chronic post traumatic stress?', *British Journal of Guidance and Counselling*, 32: 357–66.

Turnley, W.H. and Feldman, D.C. (1999) 'The impact of psychological contract violations on exit, voice, loyalty, and neglect', *Human Relations*, 52(7): 895–922.

Van de Vliert, E. and Euwema, M. (1994) 'Agreeableness and activeness as components of conflict behaviors', *Journal of Personality and Social Psychology*, 66: 674–87.

Van Eerde, W. and Thierry, H. (1996) 'Vroom's expectancy models and work-related criteria: a meta-analysis', *Journal of Applied Psychology*, 81(5): 575–86.

Vroom, V.H. (1964). *Work Motivation*. New York: Wiley.

Wilson, E.M. and Iles, P.A. (1999) 'Managing diversity—an employment and service delivery challenge', *The International Journal of Public Sector Management*, 12(1): 27–48.

Woodman, P. and Cook, P. (2005) *Bullying at Work*. The Experience of Managers London: CMI.

Woodman, P. and Kumar, V. (2008) *Bullying at Work 2008. The Experience of Managers*. London: CMI.

Wood, S.A. and West, M.A. (2010) *The Psychology of Work and Organisations*. Andover: Cengage learing EMEA.

Zapata-Phelan, C.P., Colquitt, J.A., Scott, B.A. and Livingston, B. (2009) 'Procedural justice, interactional justice, and task performance: the mediating role of intrinsic motivation', *Organisational Behavior and Human Decision Processes*, 108(1): 93–105.

Zapf, D. and Einarsen, S. (2003) 'Individual antecedents of buylling', In S. Einarsen (eds), *Bullying and Emotional Abuse in the Workplace International Perspectives in Research and Practice*. London: Taylor & Francis. pp. 165–84.

第5章

# 141 咨询与个人发展

安德鲁·金德，凯文·宁德，黛安娜·艾奇逊和尤金·法雷尔

**学习成果**

学习完本章后，你将理解：

√工作是怎样定义的，以及工作或者不工作的心理意义；

√“职业”这一术语的含义；

√在工作中人们追求公平和平等的待遇时遇到的挑战；

√职业发展和职业选择的关键模型；

√职业建议、职业引导和职业咨询之间的不同；

√能够帮助人们进行职业决策的主要心理测验工具；

√职场中，职业建议和员工帮助计划的角色。

## 引言

本章的基本原理是为了更清晰地了解个体在工作中的需求以及个人发展和指导干预措施如何满足这些需求。作为从业者，我们主要通过一系列的干预措施，聚焦于提高个人客户和员工的技能水平，实现他们的职业发展，最大化他
142 们对组织和社会的贡献，以及帮助他们应对困境。本章的目的是学习相关研究结果、概念，并且进行一些练习。在职场中，这些领域包括：

- 提高技能水平以满足业务需求；
- 进入或离开职场；

- 处理职业生涯转换，包括失业或退休；
- 获得平等对待；
- 应对苦恼。

## 工作心理学

> 如果持续的组织变革是当今时代的新流行，那么持续的个体改变就是其必然结果。（Herriot, 2001:1）

本章的此部分内容主要聚焦于个体具有的工作经验及其所缺乏的。不同个体之间具有截然不同的工作经验：他们的工作内容，工作对于他们的意义，他们怎样选择一份工作，以及他们选择的职业路径。我们在一个充满挑战的环境中作出反应和选择；正如第1章中探讨过的，近几十年来，随着科技、全球化、经济带来的机遇和压力，工作和职业的本质已经发生了极大的变化。

## 工作的定义与意义

> 框 5.1
>
> 练习1
>
> 在你阅读这部分之前，思考并回答以下问题：
>
> 1.描述一件你今天做过的，你认为它可以算作一件“工作”的事情。
>
> ——为什么称之为“工作”？
>
> 2.描述一件你今天做过的，但是你并不认为它是一件“工作”的事情。
>
> ——为什么它不算工作？
>
> 3.你怎么区分生活中“工作”和“非工作”的事务？

工作不是一个容易定义的概念；一个人认为这是一份工作，其他人也许并 143
不这样认为。罗斯（Rose）认为：“在追求利润的经济时代，工作被看作在市场上交易的商品。工资是劳动获得的回报总和（1988:8）。”然而，也有很多例外，比如，志愿者工作或不求回报的工作。难道他们所从事的就不是工作了吗？大学生在学校中从事的不应该被认为是工作吗？因此，我们对工作的定义应该包含那些不以经济回报为目的，同时却十分有意义的活动。

另一个被我们忽略的重要方面是我们对待工作的矛盾心理。基于众多原因，我们需要工作，但是我们不是必须享受工作。沃尔（Warr）将工作定义为：“一种不以享受活动本身为目的的活动，它可以是艰巨的、无聊的，需要付诸坚持和努力的，唯独不是令人享受的（2007:3）。”

这样，学者们帮助我们定义了工作的本质。作为从业者，帮助客户拓展对工作的认识和工作于他们的意义大有裨益。工作是有目的的活动，大多数伴有产品的产出，是否有报酬不一定，要视情况而定，并且是否可以称之为“工作”也因人而异。

## 失业与裁员

> 20世纪关于工作本质最有说服力的一课是工作本身可好可坏，但是在一段持续的时间内，工作岗位的欠缺对个人和社会幸福来说是一个严重的威胁（Overell, 2009:3–4）。

在英国以及横跨整个欧洲，政府削减赤字的战略（包括紧缩政策）都不可避免地导致工作机会的减少。因此，面对失业问题和它所带来的影响，各个国家具有共同的体会。保罗和莫泽（Paul & Moser，2009）的研究表明，从个人角度来看，失业会给个体的心理健康带来严重的负面影响。他们回顾了大量以往研究来探索失业对个体心理健康的影响。意料之中的，他们发现失业人员比有工作的个体承受了更大的心理压力。进一步来说，在失业人员中，男性和蓝领工人通常比女性和白领承受更大的压力。他们总结为：“失业和压力不仅是相关关系，还是因果关系（2009:264）。”

沃尔（2007）还总结出失业人员经历的消极情绪显著多于有工作的个体。他提出了一系列引起消极情绪的因素：过多的工作投入、较少的经济支撑、刚刚失业、有精神疾病的征兆、生活在一个低失业率的环境中、与社会接触不足。幸运的是，失业对个体心理上的幸福感带来的消极影响不一定是永久的。墨菲和阿塔纳苏（Murphy & Athanasou，1999）发现再就业对个体的心理健康有积极影响。

总体来说，失业可能会对个体的心理健康造成不利影响。作为从业者，我 144
们的角色是帮助客户度过充满压力、不确定和过渡的时期。再就业指导顾问或者教练通过撰写简历、确定潜在工作机会、准备面试和指导工作搜索活动等提供支持。在失业期间处理客户的心理需求，例如重建自信和自尊，也是从业者为客户提供支持的一个重要方面。

框 5.2

练习2

在以下的情境中人们的感受如何？从业者应该怎样帮助他们？

- 一个年轻的女性汽车装配工人发现一本杂志上有一张女性裸体躺在咖啡馆里的图片。
- 一位女士因为要从学校把她生病的孩子接回来而错过了工作晋升面试。
- 一位穆斯林上一次因为去参加周五祷告而拒绝加班，他的主管不再为他提供加班费。
- 一位听力有些许问题的人被排除参与重大项目，因为工作中会涉及电话会议。

## 退休

退休对人们造成的影响与失业相似，特别是在个体并不是那么愿意退休的情况下（Warr, 2007）。哈尼施（Hanisch，1994）发现持有积极理由退休的人比持有消极理由退休的人更享受退休并且为退休制订计划。差异化的法规允许员工在达到传统退休年龄后继续工作，员工选择不退休或自主选择退休时间的情况似乎变得越来越普遍。

## 实现待遇等同的挑战

第4章中探讨了差异化对待对个体的影响。个体在工作中的经历会受到性别、种族或者身体是否健全的影响。尽管三十多年来立法都在致力于实现工作中的平等，但事实上并没有实现。一个进步的标志是第4章中提到的平等法案。从业者要意识到女性、少数民族、残疾人面临的工作挑战，具体内容参见下文。

145

### 性别

女性在职场中的状况在近四十年中已经发生了改变，女性在职场中的比例从1971年的56%增长到了2008年的70%（ONS, 2010）。2010年，女性全职工作的工资仍然比男性低10.2%，虽然这个比例已经比2009年降低了2%，所以同工同酬的挑战仍然存在。阿诺德等（2010）认为，女性比男性更可能从事一些低薪工作，如健康护理、教师，这也可能造成了薪酬上的差异，但这不是全部原因。女性面临的另外一个问题是工作和家庭生活的平衡问题。虽然现在出现了越来越多的双职工夫妇，但女性仍然要承担大部分的家庭责任，所以总体需求并没有平均分配（Barnett & Shen, 1997）。

### 种族与民族

少数民族背景的个体在职场中会经历多重挑战。努恩和布莱顿（Noon & Blyton，2007）观察到，在英国，少数民族者面临更高的失业率，更难通过政府的员工培养方案，更难获得晋升，经历更多的骚扰，比如言语谩骂。他们总结道，不仅组织的政策和程序对少数民族者区别对待，而且“一个组织的文化可能长久地保持对某特定种族的排斥”（2007:291）。

### 残疾

虽然法律允许组织在招聘中有“合理的调整”，但残疾人在组织中仍然受到了不公对待。残疾人和正常人的雇用率差从2002年的36%左右降到了2010年的29%（ONS, 2002，2010）。然而，残疾人的总体雇用率仍然只有48%，正常人的总体雇用率达到了78%。除此之外，阿诺德等（2010）观察到1980年左右的大量研究表明，残疾人更多地从事低社会地位的工作或者低报酬工作。

总而言之，实现职场中的平等对待对某些群体来说仍然是一个挑战：女性、少数民族和残疾人。我们都需要站出来挑战组织中不平等的政策或程序，并且对由于个体背景造成的挑战保持敏感。我们可以通过与残疾人慈善机构，例如SCOPE、MIND的合作，通过适当的支持，结合残疾人的特殊需求，为他们创造更多的工作机会。

## 个体经营与组合式工作者 146

在英国，个体经营者的数量正在上升。2008年，个体经营者为380万，构成了劳动力总人口的12.9%（ONS，2008）。个体经营者中，有些人出于个人意愿选择这份职业，还有一些人是为了应对裁员和有限的工作机会。组合式工作者是服务于大量不同顾客的个体经营者。托特德尔等（Totterdell et al.）通过观察发现，个体经营者与组合式工作者比在组织中工作的职员拥有更多的自主权和自由，与此同时也因为“不稳定的工作流、有限的独立性、更大的不安全因素”而承担了更多的工作压力（2006:67）。

## 自我发展与就业能力

在我们的经验中，雇主通常希望雇员能够为他们自己的个人发展负责，“自我发展”目前已是组织学习与发展战略中关键的一环。甚至有些支持性的组织会通过评估的方式帮助员工找到需求，这是典型的期望员工能够推动自我发展的表现。员工的自我发展对雇主和其自身都有益处：雇主可以减少费用不菲的正式化发展；雇员可以明确掌握自己的技能发展水平以便于了解自身目前的就业能力。在第6章中我们将详细探讨。

随着个体经营在英国变得越来越受欢迎，除了职员的基本能力外，人们还需要再发展一些额外技能，大部分聚焦于自我激励、商业运作、互联网、销售和虚拟团队。在组织内也一样，自我发展也得到了越来越多的关注，这就意味着要求从业者更多地帮助个体进行非正式的发展、在线学习和远程训练。

## 职业生涯

### 什么是职业生涯

在牛津英语词典中，职业生涯被定义为一个人与其投入了很大一部分时间去做的事情的主观感受相符的人生过程或进程。通过几十年的研究，学术界已经得出了更多有资料根据的定义。例如，阿诺德将职业生涯定义为：人们遇到的与岗位、职责、活动和经历相关的就业次序。这个定义说明了职业生涯的两个重要部分：一部分是那些可以被客观地定义的部分，比如工作成绩；另一部分是与我们主观经历相关的部分，比如职业生涯中的起伏坎坷。这个定义同样也使我们通过一个更具有社会包容性的途径对一个人的工作经历的本质和顺序
147 作出更少猜想。如今在就业时追求传统的线性职业的人越来越少，所以我们需要一个具有更广泛的基础的定义。

我们同时也发现了亚当森等（Adamson et al.）在1998年作出的一个定义，这个定义对我们与客户的沟通十分有帮助。职业生涯不仅仅是我们为生存而做出的谋生行为，还是人过去的所为、现今的发展以及未来的追求。作为从业者，我们旨在与我们的客户做出有意义的互动，包括一个人职业生涯的客观方面的探索。

### 无边界职业生涯和易变性职业生涯

职场上的变化意味着我们的职业经历可能极大地不同于我们的父辈。更为宽广的社会语境影响了我们对于职业的解读，以及我们如何在发展和管理客户的职业上对他们提供支持。

在阿瑟和卢梭（Arthur & Rousseau，1996）的描述中，无边界职业生涯独

立于特定的职业、组织或特定职业技能。人们在他们的职业生涯中跨界移动；他们改变了自己的部门、职责和组织，工作时间变得具有弹性，他们成了个体户或转而自己经营一家小型公司。其中的一些人享受着无边界职业生涯的灵活自由，而另一些人发现他们自己抗拒甚至惧怕这种改变（Hirsch & Shanley，1996）。

霍尔（Hall，2002）的易变性或以人为中心的职业生涯将个人作为他们的职业选择的最主要因素。个人的内在价值，管理个人工作模式的能力以及在他们的工作期间的成就感是易变性职业生涯的关键组成部分。结果是一个被认为更大程度的自我职业选择的控制、自主权和自由。

在已发表的学术文献里可以发现大量的潜在有效的模型，因此这部分是一个与职业发展、职业选择和职业决策相关的突出模型的总览。在此之前，我们需要先定义何谓个人发展。

## 个人发展

本质上来说，个人发展使人们能够发挥出他们的最佳水平，改进他们的技能并根据普遍需求充分挖掘他们的潜力。这也是我们专业职责的主要组成部分。就我们自身的发展、他人的发展以及员工发展过程而言，专业能力通常将个人发展作为我们发展的核心职责。

个人发展包括了各式各样的旨在帮助人们在他们自己的领域中表现得更好的工具、技巧、过程以及途径。在工作场所，个人发展用于服务组织的任务与 148
目标；在员工发展上的投资被期待带来商业利润。除了直接就业的目的外，人们仍旧被激励提升自己，并且数量众多的书籍、调查问卷、网上资源、人生导师和自我激励大师也对自我发展给予了支持。

从商业角度来说，个人发展在如今工业产值总数达到640亿美元的全球经济中是一个具有重要意义的领域。在英国，像英国特许人事和发展协会（Chartered Institute for Personnel and Development，CIPD）、英国心理学会（BPS）和职业指导协会这样的专业协会有成千上万的具有专业资格的成员为就业者提供各种各样的个人发展指导。从业者来自各种各样的专业背景：人力资源，学习与发展，职业心理学工作者和职业指导顾问。

## 职业选择和职业发展理论

从业者可以凭借一系列的理论来帮助客户探究解决他们的职业问题、困境和挑战。一些理论可以被用来帮助个人在任何给定时间及时作出特定的职业选择，还有一些理论可以帮助个人随着时间的发展和联系他们的经历来理解他们职业生涯的不同阶段。

### 职业选择

职业指导和职业指导顾问扮演的最传统的角色就是帮助个人来选择对他们最好、最适合的职业。作为这方面的专业人才，我们可能会被要求帮助客户来作职业相关的决定。我们可以评判他们的能力、兴趣以及有哪些实际的选择可供考虑。霍兰德（Holland）提出了一个“人与环境相匹配”的方法来帮助客户选择职业。他最新的说法（1997）是建议人们寻找与自身兴趣相符的职业，并提出了六种与工作相适应并且人们也感兴趣的兴趣类型。它们是：

- 现实型：该类型的人倾向于实践的手工工作，掌握手工操作的技能；对社交没有太大兴趣；
- 研究型：该类型的人喜欢观察、分析概念，对科研工作感兴趣；
- 艺术型：该类型的人富有想象力，情感表达力强，有音乐或艺术方面的才能，可能做事较无条理；
- 社交型：该类型的人喜欢帮助他人，喜欢从事教学、社会工作咨询等工作；具备良好的社交技能但科研实践能力相对较欠缺；
149 - 企业型：该类型的人喜欢劝说他人而非帮助他人，具有雄心壮志，喜欢实现目标；
- 传统型：该类型的人喜欢秩序和结构，具备组织能力，对想象和艺术不感兴趣。

霍兰德将这些类型的人放入一个六边形的模型，相似的类型放在一起，并发现人们根据最像他们的三个类型来描述自己（图5.1）。

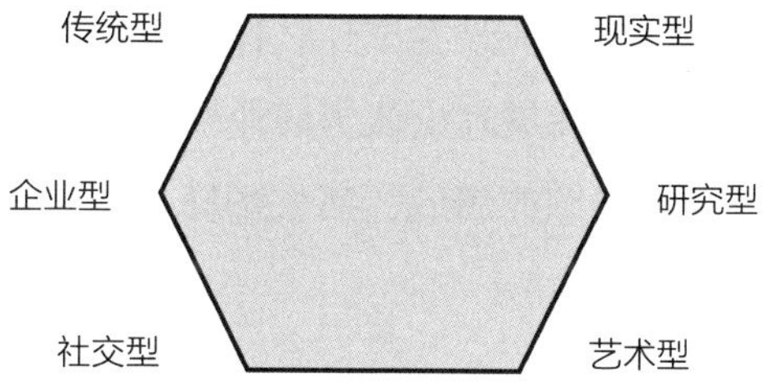

图5.1　霍兰德职业类型的六边形模型

咨询师可以借助这个模型、自我导向搜寻表、强烈兴趣调查问卷（见表5.1），为客户评估他的兴趣所在。霍兰德认为当个体的职业与其兴趣一致时，人们就作出了一个好的职业选择。匹配度比较低的情况下，人们就试图改变环境或者自身来提高匹配度。

基德（kidd，2006）指出尽管有研究支持霍兰德的一致性理论（Spokane, 1985），也有研究对一致性与满意度之间的因果关系表示怀疑（Tinsley, 2000）。她认为这是由于人们更多地考虑他们喜欢什么样的职业，而非什么职业适合他们（2006:16）。阿诺德（2004）提出了大量导致一致性与满意度之间弱关系的因素。他提出了“环境”的作用，一些人很满意自己的工作可能是由于适合这个组织，或者是与某些同事很合拍，甚至是适合某一个部门。

阿诺德等（2010）也提出了霍兰德模型的不适应性。他们认为自我意识（了解自己的长处和发展领域、价值和喜好）和职业知识帮助个体作出职业选择。 150
他们认为“良好的自我意识和职业知识往往是具有探索意愿的结果，也是一个好的职业选择的原因”（2010:625）。其他重要的影响因素包括个体作决定的风格、个性、高效和自信。

虽然类似霍兰德这样的职业选择理论能够帮助从业者聚焦客户的兴趣和技能，但是这种评价是静态的。基德（2006）认为动态的职业理论会更有用，并将这种摆脱静态的方式描述为“纪念碑式的”转移。她相信他们提供了一个“强调培养个体职业成熟度，特别是自我意识、寻求机会和提升决策能力的”职业支持概念（2006:21）。

## 职业发展支持

除了帮助客户作出职业选择，从业者还经常被要求帮助客户进行职业探索。这与职业选择的方法完全不同，不仅仅是简单地对客户进行一个测试，然后建议他们应该尝试什么样的职业。从业者在职业探索上有大量的理论可以借鉴。职业发展理论认为职业探索的过程应该先于职业选择。将发展心理学的观点应用于职业领域，那么选择一个职业应该是一个贯穿整个生命的持续的过程（Kidd, 2006）。

## 阶段论

一种理解职业发展的方式是把它看作一系列可预见的阶段。埃里克森（Erikson，1957，1980）描述了人的一生——从出生到老年的八个发展阶段。埃里克森将人生阶段置于社会情境中看待，每个阶段都需要个体处理不同的冲突。例如中年阶段会关心如何抚育下一代。

莱文森等（Levinson et al.，1978）在《生命的四季》中也认为人的一生由不同的阶段组成。他们以一个40人的小群体为研究对象，获得了与埃里克森相
151 似的研究结论，不同的阶段组成了我们的一生。他们将人生分为更为广阔的三个阶段（早年、中年、晚年），客户可能会采取寻求有经验的顾问或者回顾已取得的成就来帮助他们度过这些阶段。

## 发展理论

休伯（Super）是发展理论的代表人物。休伯（1957）最先按年龄将人们的职业生涯划分为四个阶段，每个阶段个体关注的问题都有所不同，这四个阶段具体是：

- 探索期（15～24岁）：个体在该时期探索这个世界，探索工作，探索个人的兴趣来确定职业偏好；
- 确定期（25～44岁）：个体在该时期确定职业路径，安定下来并在自己的职业领域前行；
- 保持期（45～64岁）：在职业领域稳步地发展自己；
- 分离期（65岁以上）：工作的卷入程度降低，计划退休。

虽然不同的职业阶段是按年龄划分的，但是早期的问题在后面的阶段中仍

然可能出现。例如，正在经历中年危机的人们和处于“保持期”的人们，如果对自己的职业生涯或者价值贡献产生疑问，也许同样会经历一些早期的问题。休伯也对“职业成熟”的概念作出了定义，即个体对当前所处的职业发展阶段中的问题和任务作出反应的意愿。

阿诺德等（2010）强调，也许并不好确定一个人目前正处于职业发展的哪个阶段，尤其是当个体进入职场早，或者是中途转换职业，又或者晚年开始一份新的职业。

休伯对发展理论最大的贡献在于阐述了自我概念是如何伴随着职业生涯发展的。自我概念是随着时间的推移在工作实践中提炼出来的，反过来又对我们的职业选择产生影响。基德（2006）指出通过这种自我概念，个体在职业选择的时候就伴随着更强的主观视角。此时从业者的角色是促进个体对自己的了解，以及他们的表现和技能。评价工具的作用是帮助个体了解自己，而非寻找个体与环境的完美匹配。

休伯的模型为该领域的发展奠定了基础，但是却因其不具备普适性而受到批判。正像基德（2006）强调的，后面的阶段没有被很好地定义，没有强调基 152
于组织的职业生涯，没有提及适应新工作需要面临的心理挑战。

后来，休伯（1980）意识到将年龄与职业发展阶段建立联结并不总是适合，所以发展出了更加灵活的“生活—职业彩虹”。这个彩虹反映了一个个体在同一时间可能扮演的角色，例如学生、工人和家长的角色。

## 施恩的职业锚

施恩（Schein，1993）的职业锚不局限于年龄和发展阶段，而是提出我们被某种类型的职业所吸引。他的职业锚是个体需要、价值观、动机和技能的混合，进而使得个体对某种类型的职业感兴趣。他定义了八种职业锚：管理型、技术/职能型、安全/稳定型、自主/独立型、创业型、挑战型、服务型、生活型。这种理念听起来好像类似霍兰德的职业类型模型，但它却不局限于此。职业锚对个体的探索更为深入。施恩提出一个人最强烈的锚是面对困难时，他也不会放弃的自我概念中的一个元素。这些锚，一次的确定并不一定能够预测个体适合什么类型的职业，例如小型企业的老板可能对生活型的需要和对企业型的需要一样强烈。然而，知道最强烈的锚对客户的职业选择来说影响重大。从业者可以借助这种方法帮助客户探索最强烈的锚以及能够实现这种锚的可能职业。表5.1提供了几种在线工具，从业者可以使用它们帮助客户确定他们的职业锚。

在企业中工作的从业者应该意识到员工们可能拥有的，以及企业能够满足的职业锚的范围。作者曾经与一个科研机构共事过，这个机构在为它的科研人员实现职业抱负上遇到了困难。除了管理路径，技术路径的出现，意味着很多不适合管理职位的管理者能够再次回到他们喜欢和享受的技术岗位上。

## 职业转变

尼科尔森和韦斯特（Nicholson & West，1988）从转变的角度来看职业这个
153 话题。他们探索个体如何应对进入或者退出一份职业、工作岗位之间亦或在同一工作中职责和任务的改变。每一次转变都有一个四阶段的循环：准备阶段、进入阶段、调整阶段和稳定阶段。虽然每个阶段都是不同的，但它们却是互相依赖的，上一阶段的效应会对下一阶段造成影响。转变循环可以再发生并且产生累积效应，循环令人满意还是令人失望取决于个体如何管理。这个循环模型的好处在于它使得从业者能够确定和强调伴随着职业转变而产生的情绪反应，尼科尔森（1990）将职业相关的任务描述为可以被从业者用来预知变化和处理新情境。

总而言之，从业者可以使用这些理论帮助客户洞悉自身的职业路径，在更加了解各方面情况的状态下作出职业选择和转变。从业者也可以帮助客户预测和应对未来挑战。根据理论，客户可以在从业者的帮助下，采取各种措施管理自己的职业生涯。对这一话题的深入了解请参考基德（2006）。

## 职业咨询

基德（2006）以伊根（Egan，2002）的帮助模型为基础，提出了一个职业

咨询的四阶段模型。图5.2总结了基德的四阶段模型以及一些从业者与客户共同完成的相关任务。

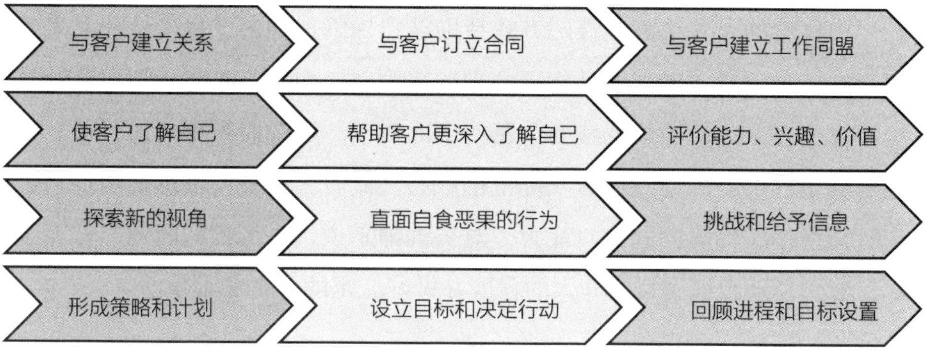


图5.2　基德描述的职业咨询过程总结（2006）

## 选择过程中的帮助：方法和途径 154

### 从业者的角色——建议、指导和咨询

在讨论咨询师的专业技巧之前，我们需要先分清楚与客户工作的方式——建议、指导和咨询。

建议和指导帮助客户探索相关的选项并运用工具和专业经验帮助其作出选择。当给建议的时候，从业者根据客户的实际需要提供信息；当进行指导的时候，从业者基于自己的经验，并运用多种结构化的工具提供知识，进而指导客户历经一个过程最终到达终点。这种方式增加了客户的洞察力，帮助他们用一种支持性的方式对未来作出选择。

咨询由于关注的问题而与前两者均不同。咨询是当客户遇到了自己不能解决的问题并造成了一定程度的痛苦情绪时的探索。咨询师能够帮助他们更好地管理他们的认知、行为和情绪。咨询师可以采用多种不同的临床治疗方法，关于咨询的具体内容，稍后的章节会具体阐述。

### 从业者的技巧

用一种支持性和系统性的方式帮助个体对工作和职业作出选择是一项技术

含量很高的工作，这些选择的潜在意义和历经这个过程的影响非常重要。从业者需要运用他们的专业经验诠释各种信息——有些是主观的，有些是客观的——用移情的方式或者理性的方式帮助客户探索他们的选择。从业者需要考虑客户的各种因素才能帮助其作出合理的决策，进而对未来作计划。这种介入可能会发生在个体职业转变或者动荡不安的时期，这个时期个体的自尊、情绪和经济稳定性都受到主观或者实际上的威胁。此时，需要咨询师运用技巧帮助客户管理情绪，提高问题应对能力。对咨询师来说，当客户的问题非常庞杂的时候，能清楚地意识到目前介入的程度并做好充足的准备非常重要。

## 心理测量在职业咨询中的作用

本质上，众多的职业咨询的工具使得从业者能够帮助客户了解自己，了解
155 他们的工作和选择，包括他们自己没有意识到的机会。从业者根据自己的经验对结果进行解释和给予反馈信息，从而促进客户的思考。没有专业和客观的诠释，可能会出现错误的结论，没有对众多信息进行系统的整合，客户不会拥有全局观。

目前有很多方法可以把个性测试（自我报告的行为和偏好风格）、兴趣测试（职业测试或喜欢的活动）和能力测试（在速度和力量方面具体测试的表现）的结果整合起来。最简单同时也是最有效的方法是运用“船的比喻”——客户的整体匹配性是以下几种的整合：

- “船体”或者个人风格（不同的角色需要不同的风格或者个人特质）；
- “引擎”或者相关能力（特定角色的特定水平所需的特定能力）；
- “船舵”或者职业兴趣（人是被兴趣引领的）；
- “船的使命”或者价值（人们为他们信仰的事物努力奋斗）。

框 5.3

案例研究：客户是一个有原则的艺术家

该客户是一个天才艺术家，她正在质疑自己是否该转换职

业，然而咨询师对她能力的探索结果却表明，她非常适合目前的职业——超越常人的空间和图形推理能力，出众的手眼协调和精细任务能力，再加上良好的社交技巧。她的个性与她目前的职业非常匹配：优秀的创造力，非常有想法，工作中有条不紊。对艺术的兴趣及创造力的追求也很强烈。目前为止，没出现什么问题。当对她的价值进行评估时问题来了，她认为应该让她的作品“找到自己的价值”，而不是被商业化。她意识到她需要一个经纪人帮助她为她的艺术事业谋生。

## 进行职业选择的工具

咨询师在个人职业生涯发展咨询中可选择的工具有很多。表5.1整理了几种主要的工具、使用它们的条件以及获取途径。BPS的心理测量中心从诸多测验的供应商那里获取了各种测量工具并提供了一个对测量工具的回顾。

表5.1　帮助客户探索自身能力和职业兴趣的工具 156

| 工具 | 使用情境 | 获取渠道 |
|---|---|---|
| 能力测验：例如言语测验、数字测验、机械推理测验、对照测验、领导力判断测验等等 | 测验客户在工作中所需关键能力的水平。 | 心理测验出版商：SHL，萨维尔咨询，Criterion Partnership，OPP，Pearson |
| 个性测验：例如OPQ，Wave，CAL，Identity，Hogan HDS，NEO-PIR | 用来探索客户在职场中倾向的行为方式，例如他们喜欢独自工作还是与他人合作？作决策时依据事实还是直觉？不同的问卷测量了客户在职场中个性的不同方面。 | 心理测验出版商：SHL，萨维尔咨询，Criterion Partnership，OPP，Pearson，PCL，Quest Partnership，Team Focus，Hogrefe |
| 兴趣测验：例如浓厚兴趣测验、自我导向搜索 | 测试客户感兴趣的工作类型或专业。 | OPP，自我导向搜索（PAR） |
| 优势调查问卷：例如strengthscope | 聚焦于探索和发展客户的突出优势。 | Blue Edge Consulting，Capp |

续表

| | | |
|---|---|---|
| 价值调查问卷：例如自我管理问卷或检查清单 | 帮助客户识别与他们的价值观匹配的工作，例如他们是否喜欢在利润导向的环境中工作？这不仅仅是探寻职业选择那样简单了。 | 从网络中获取自我管理检查清单 |
| 综合性问卷：例如施恩的职业锚、坎贝尔职业兴趣和技能量表（CISS）、职业锚在线调查 | 探索能够帮助客户了解目前所处位置的因素并且帮助他们探索可替代的职业。这些因素包括个体对某个职业领域的兴趣，通过有针对性的技能量表评估个体对从事职业相关活动的信心。 | Pearson Assessment，从职业锚或者RapidBI获取的在线自我管理问卷 |

当个体在进行职业选择时，以上所有工具都能够被用来识别个体可转换的技能、偏好的工作方式和价值观。BPS能力认证第二等级和个性测验也许需要
157 用到这些工具。个性测验对个体的发展是至关重要的，尤其是在寻找环境与个体的匹配时。咨询师有时并不倾向于选择个性调查问卷，而是选择各种侧重于临床症状的临床测量方法。具体内容接下来的章节中会具体阐述。

# 咨询

## 什么是咨询

咨询为个体提供了一个安全且私密的场所，用以讨论困扰他们或者造成痛苦、低落、困惑的问题。这些问题可能是工作上的、生活上的，或者两者都有。

咨询是由一位训练有素的治疗师提出来的。这位治疗师通过倾听、提问以及让个体表达的方式进行咨询。咨询通常需要持续很久，其数量和长度因人而异。

咨询并非对每个人都有效，重要的是咨询师和客户之间的关系，所以从客户的角度来看，选择一个相处得来的咨询师至关重要。

咨询的种类多种多样，比如认知、问题解决、以人为中心或人本主义、精神动力学。也有一些咨询方法是以上几种方法的结合。

咨询分为不同的层次，例如通过对话、行为评估或者上一节中提到的个人发展来进行的正式咨询。然而，这些方法的本质和操作大相径庭，并且很少有

咨询理论或者临床结构。在工作场所中，咨询通常由部门内具备资质的从业者进行，这些部门如职业保健部、福利部、内部咨询服务部。一个典型的例子是提供消防和救援服务或者治安管制的咨询。还有一些工作，由于其特殊的风险性，还需要额外的咨询，例如观看令人难过的图片或者法医摄影，此时常规的咨询同时扮演着监控和问题的早期诊断的角色。

组织一般会招聘一个或者更多的咨询师作为组织内部持续的人员支持，这些咨询师将对组织内的员工进行工作上或者生活中的帮助。组织及员工对现场咨询师具有一种特殊的信任，这些人员的招聘和存在能够同时对客户个人和组织提供专业的帮助。金德等（Kinder et al., 2008）举例如应对创伤性事件、自杀和猝死、欺凌和骚扰、大男子主义的文化环境。

咨询已经变得和工作压力管理类同了。压力这个术语“拥有太多不同含义 158
以至于让人困惑、难以捉摸，将听到曲解后的含义当成正确的（Arthur, 2005）”，这对内部的和外部的课程有利也有弊。工作中的压力和健康我们将在第7章中具体阐述。

基于创伤的咨询是职场咨询中重要的一部分。这存在于消防和救援服务或者治安管制行业很久了，人们对创伤后压力心理障碍症（PTSD）的关注愈加广泛，确实，“9·11”恐怖袭击后以及其他重大创伤性事件的发生，更加需要咨询师对员工和企业进行帮助和支持。2005年，NICE出版了创伤应对和PTSD预防的指导手册，有关职场中精神创伤的书也在近期出版了（Hughes et al., 2012）。

## 工作中的咨询

### 雇主与雇员的关系

1943年，马斯洛提出了人类的需求层次理论（详见第4章）。在现代社会中，基本需求是理所应当的，同时我们还有更高层次的需求。工作对个体来说非常重要，能够实现他们被尊重和自我实现的需求。工作能够提供给个体一种归属感和实现感，也是一个学习和成长的地方，自己的工作能够让他人更幸福是一件令人自豪的事情。从工作中，员工能够有所收获，雇主同样有所收获。

雇主的角色非常重要。雇主不仅仅是为雇员提供报酬那么简单，还有例如第4章提到的心理契约和员工敬业度调查。

框 5.4

案例研究：客户是一个国际石油公司的人才经理

詹姆斯在一家受尊敬的国际石油公司的一个分部做人才经理，已经在公司就员工测评和培训方面成功地为公司效力了十多年的时
159 间。詹姆斯希望自己的职业生涯在未来几年的时间里能够有所突破，能够晋升为高层管理者。在他的上一次评估中，公司认为他两年之内可以晋升，并且为他的晋升采取了相应的措施。然而，一个重要的业务回顾确定了公司需要重建HR系统，以至于所有的HR人员都要重新申请岗位，并且裁员25%。詹姆斯虽然成功地申请到了现有的工作，但是公司提供的岗位却是要他去欧洲的总公司任职。由于家庭的责任，詹姆斯婉拒了这份工作，继而被指派担任人才开发经理，其晋升之路暂时搁置了。虽然两年后詹姆斯在新岗位上工作顺利，但是他却决定接受另外一家公司的高级管理人员的职位。

- 这个案例体现了什么样的职业和个人发展模式？
- 影响詹姆斯的选择的因素有哪些？
- 为了挽留詹姆斯，公司还可以做哪些努力和尝试？

虽然雇主对员工的生理和心理健康负有责任，但与此同时我们可以看到，当下已有很多雇主为员工的健康和幸福感进行了超出法律责任的投资。很多企业在此方面历史悠久：

> 为我们全球员工推进健康、安全和幸福感的服务的企业中，在时间上我们拥有绝对优势。
>
> ——IBM

> 我们已经为员工提供了几十年的健康服务，当时健康服务还被认为是一项随意的福利。
>
> ——Tate & Lyle

员工的总体幸福感因其工作的投入和生产力而异。

——Nokia

雇主对雇员个人及其家庭的责任是一个有争议的话题。虽然雇主希望员工能够保有其幸福感，但是员工个人和工作没有办法分离得很彻底。有的人认为帮助员工解决个人问题有利于其工作。而有些人则认为，雇主可以帮助员工解决工作问题，但是尽量不要介入员工的个人问题，通过这种调节员工才能够更好地工作。

## 员工援助计划的定义及起源

员工援助计划（employee assistance programme，EAP）是一项战略性的干预。当员工出现工作问题时，比如高工作负荷和压力，组织需要为员工提供支持和信息。这个项目是由组织购买并免费提供给员工的。在英国，约有20到30家提 160
供此服务的供应商，它们拥有约5000万英镑的市场规模（EAPA UK, n.d.）。

EAP的起源有所争议，但大众普遍接受的说法是起源于美国。在1971年，劳工与管理者酗酒机构（ALMACA）成立，正是通过这个机构，EAP的概念才得以在世界范围内普及。1981年，美国联邦酗酒机构（NIAAA）被取消，从此员工援助计划转向了工作领域的问题。“员工援助计划”这个术语流行于一本由J.T.瑞驰写的同名书（Sonnenstuhl & Trice，1990），随后，1990年ALMACA更名为员工援助专业协会（Employee Assistance Professionals Association, EAPA），其在英国也有分支机构。

在英国，虽然有很多EAP的外包机构，一些组织还是采取EAP各种不同的模式，例如内部、外部、将员工职业健康外包，以及混合EAP（各种不同形式EAP的结合）。

## EAP的发展

20世纪90年代末，由于心理咨询服务的需要，外包EAP服务在英国形成并广泛传播。其内容也有所增加，比如法律服务、健康服务、孩童及老年人的健康。这种定位更多地来自于工作视角和心理健康咨询。

EAP真正的发展是起源于1996年约翰·沃克的一系列职业压力相关的诉讼案件。最重要的是2002年哈顿对萨瑟兰的那一起案件。在那一案件中，职场中的咨询被黑尔法官特别提到，强调“提供令人信任的咨询服务的雇主是不可能不负责任的”。这便是雇主为员工提供服务意味着对员工关心负责的背景。由于EAP可以提供比咨询更加广泛的帮助，很多企业当经营遭遇困境时，就将许多内部咨询服务外包给EAP供应商（见Buon, 2004,关于EAP的全球化以及外包趋势的增加），结果导致在过去的十年中，咨询的地盘已经被EAP主导。在《员工福利杂志》的一项调查中，73%的组织报告内部的员工帮助计划是它
161 们的一项核心健康福利，这也是增长最快的一个指标，在2002年时只有23%，2007年增长到48%，2010年达到了69%（*Employee Benefits Magazine,* Healthcare Research, June, 2011）。

## EAP的内容和结构

一项EAP囊括了大量内容，它通过电话咨询或者网络咨询为管理者和员工提供支持和信息。EAP提供机构可能招聘大量不同专业的人员去提供服务，也可能外包一些服务，比如心理咨询师、债务顾问和律师等服务。电话咨询可以由供应商雇用的咨询人员提供及时咨询，面对面的咨询则经常由咨询师国家网络代表供应商提供服务。

典型EAP服务包含以下的内容：

- 电话咨询；
- 面对面咨询；
- 管理咨询；
- 债务咨询；
- 法律资讯；
- 健康资讯；
- 政府福利；

- 孩童/老人当地服务；
- 孩童紧急寻找；
- 组织管理资讯；
- 专业会计管理。

## EAP的市场前景

除了电话咨询，越来越多的员工帮助计划开始提供网络服务，这样员工就能自主地去寻找对他们有帮助的信息，比如法律和健康方面。随之在线服务也出现了两种形式：即时咨询和延时咨询。即时咨询类似于即时聊天，而延时咨询类似于邮件往来。不管是何种形式，重要的一点是，网络的环境是安全保密的。

员工需要支持的时候，能够呼叫EAP，因此进入EAP多数是自我推荐。在线管理在确定和管理员工行为和心理健康方面的作用越来越重要，并且EAP提 162
供了一种有效的工具使得管理者能够为那些需要的员工提供额外的帮助。休斯和金德（Hughes & Kinder）强调“咨询师或者说服务提供商扮演着客户与组织之间桥梁的角色，所以咨询师能够解决客户工作相关的难题”（2007:5）。EAP的费用近十年来已经显著下降，虽然没有官方数据，但据估计费用已经下降了一半。这部分是由于非专业的服务项目进入市场，比如健康保险；还有部分原因是由于竞争的加剧，各机构都开始采用成本控制策略。

企业对EAP服务的采用是有些争议的，特别是EAP服务费用的问题。目前市场上至少存在六种收费方式（http://www.eapassn.org/files/public/utilisation06.pdf），这令人对EAP的实际使用水平感到困惑。一些服务提供商将网络的点击也算入费用中，一些却对网络服务实行免费；一些服务商为某组织提供了许多不同类别的服务，另外一些则对每一类问题中的每一例咨询都进行计费。很明显，聪明的购买者和使用者在比较不同商家之间的服务时，需要绝对明白这些服务提供方式及计费方式。

# 专业问题

## 行为准则

不管是EAP提供商提供的咨询服务，还是企业内部咨询师提供的服务，“咨询”都是一项专业的活动，要求从业者遵循严格的从业规范来保证客户的安全和确保公众受到保护。虽然每一个专业都有一系列不同的行为规范，但它们的共同之处就是从业者良好的道德实践。例如，在英国有三家主要的专业机构：

- 英国心理学会；
- 英国心理咨询和治疗协会（BACP）；
- 英国心理咨询和治疗（UKCP）。

还有一个组织机构涵盖了认知行为疗法（cognitive behavioural therapy，CBT），叫作英国行为和认知治疗协会（British Association for Behavioural and Lognitive Psychotherapies，BABCP）。现在，心理学工作者在其各自的领域，比如咨询、职业或临床心理学领域，由HPC加以规范。

163 由BPS和HPC设定的从业者的道德准则在第3章中已经介绍过。目前最大的咨询机构是BACP，拥有4万名咨询师。该机构出版了《优秀咨询和心理治疗者的道德框架（2010）》，设定了从业者需要遵从的专业标准，具体内容在该机构的网站可以查询到（www.bacp.co.uk）。

## 公众的投诉和保护

专业机构需要证明好的临床标准在实践中被遵守，并且给客户造成负面影响的违规者会受到相应的惩罚。最近，BACP在其杂志上公布了一些违反道德框架的咨询师，并且这些咨询师都受到了相应的惩罚，BACP将其作为一种让公众安心的方式，同时告诫从业者要遵从良好的道德操守。

任何机构，包括提供咨询服务的机构，都需要有一个清晰的投诉政策，这样关注点/问题才能得到及时的调查，如果需要的话，对它们加以纠正。如果客户觉得自己的问题没有被咨询机构合理地解决，可以继续反馈到相关的专业机构。

这就是为什么提供咨询的机构需要确保招聘来的咨询师全部来自专业的机构，像BACP, BPS, UKCP 或者BABCP，来确保客户更放心他们服务的专业性。除此之外，从业者需要确保他们接受培训/临床监管，以便于确定他们明白怎样去诠释和遵守工作指南，并且咨询机构最好是与那些有声望的咨询师签约。

使用投诉机制来解决问题只是所有质量提高过程的一个方面，然而并不是所有人都只愿意采用正式的提供给注册会员的投诉渠道。非正式的客户反馈对服务提供者同样重要，EAPA已经在其为注册会员设定的标准中意识到了这一点，正在考虑投诉应被如何定义——也许被认为不同于“负反馈”（EAPA UK, 2011）。

## 保密性

BACP强调保密性是咨询的核心：

> 尊重客户的隐私，为客户保密是维持信任和尊重客户权益的基本
> 要求。对保密性的专业管理包括对可识别客户的信息以及非正式机构 164
> 泄露的敏感信息的保护。或许公开信息经过了客户或者法律的准许，但是任何客户信息的公开都应该保证用客户最信任的、最尊重客户权益的方式。（2012:7）

然而，由于所提供的咨询服务的本身特点及所处的情境所致，经常存在例外的情况，客户资料的保密性并不能被100%地保证。例如，下列情形中，资料被泄露就有可能发生：

- 存在伤害到客户自身或者他人的风险；
- 严重涉嫌犯罪；
- 法律要求提供；
- 在一个组织中，对他人的健康和安全形成明显威胁。

每一位接受咨询服务的客户都应该被告知保密性的限制条例，可以通过宣传单或者网络的方式或者在服务进行时与客户交流中告知。如若信息的公开是必须的，咨询师需要确保这些限制条例在服务之前都告知了客户。

## 工作场所中咨询师的角色

BACP Workplace（BACP的一个特殊分支机构）发布了在组织内做一名咨询师的指导手册（Hughes & Kinder, 2007）。每一名在工作场所从业的咨询师不仅需要在专业领域有过硬的技术，还需要在组织中工作的时候能够兼顾不同的角色。这是作为组织内咨询师与私人从业者的不同之处或EAP所需的胜任力。施文克（Schwenk，2006）将这些角色总结为：

- 在指导问题员工上，给予业务主管建议；
- 员工咨询——通过面对面、电话、网络等方式进行；
- 培训和健康教育——主动介入；
- 就组织的福利和心理/情绪健康政策给组织提供建议；
- 管理责任——对组织的咨询服务承担设定和操作上的责任；
- 165 帮助组织变革；
- 重大事故的关怀支持和其他创伤的管理；
- 对公平机会和其他相关的雇用政策和程序提供建议；
- 对员工和管理者所提供的服务进行宣传；
- 对服务的有效性进行监控和评估；
- 对上报给管理者的记录和报告进行管理；
- 协调组织与客户之间的关系。

## 教练/指导

教练/指导是另一个可以加入上述清单的领域，是员工援助计划或者内部咨询服务的重要组成部分，并且正在发展为一个不同的领域[例如教练心理学工作者特别小组（Special Group of Coaching Psychologists，SPCP）]。教练或者导师不必像咨询师那样具备资质，或者像接受过专业训练的HR从业者。当然也有些很专业，并且越来越多的心理学工作者加入这个队伍。关于咨询与教练/指导之间的不同存在很多争议，一种理解这种不同的方法是想象一个范围：“-10”代表个体完全没有能力处理工作上的问题；“0”代表个体能够处理工作上的问题，但是表现平平；“+10”代表个体能够将工作中的问题处理得很好，效率很高。咨询的关注点是将个体从“-10”的状态提高到“0”的状态，而教练/指导的关注点是将个体从“0”的状态拔高到“+10”的状态。换句话说，咨询是帮助客户处理一定程度的心理压力以及进行介入性的治疗，教练是针对没有临床表现的个体进行的个人成长帮助，是一种帮助他们提高的实际的方法（Clutterbuck, 1998）。

教练有很多形式，例如生活指导、商业、职业生涯、健康和运动，教练员都是本行业的专家，指导从分享个人经验和该领域的知识入手。教练有不同于咨询的方法和语言。教练员的角色是与学员一起工作，帮助他们增加自我意识，
实现个人目标，提高表现和动机。教练不是治疗，虽然也用到了咨询和心理治 166
疗上的方法和技巧（Kemp, 2008）。

教练员就像一面镜子，映照出学员的想法，使其能够更清楚地了解自己，以便于明确下一步应该往哪里走，怎样使自己进步。教练员相信学员已经具备了所需的知识和技能，教练员的作用是帮助他们开发出来。

就像咨询师一样，教练员与学员结盟的力量（临床项目中的治疗联盟）对学员的成长来说非常重要（Horvath, 2000, 2001, 2006; Horvath & Symonds, 1991）。因此，教练员与学员之间会发展成伙伴关系，教练员帮助学员实现他们的目标，并且每一个学员都将收获为他们量身定制的途径。

## 处理矛盾

组织往往需要备选的争议处理办法，例如非正式方法，因此在职场中，用调解和简易化的方式处理人际关系中的矛盾问题，对职场咨询师来说愈发重要，特别是对那些受过调解训练的EAP和内部咨询师而言，这是一个工作日益增加的领域。这些方法对解决人际问题比法律冲突更有效。具体内容参见第4章。

## 在组织中从事咨询的挑战与三方契约

本章强调了组织咨询与传统咨询的不同之处，通过“三方契约”的概念可

以清楚地理解这一点。这一概念最早由英格力士（English, 1975）提出。在组织咨询的情境中，不管咨询师何时为员工进行咨询，总有一个“第三者”在场——组织，也就是说，房间中总是有三个人。

正在经历欺凌和骚扰的员工能够感觉到组织的这种存在，进而会担心咨询师会将什么样的信息反馈给自己的直线经理，或者组织可能会期望在报告中提到该员工何时能返回工作岗位。

组织咨询中还会存在道德难题，例如这位咨询师接待了两位来访者——一位受到了领导的骚扰，而另一位为她团队的无能感到羞愧。咨询师非常不明智地把两位来访者放在了一起进行咨询，然后发现他们谈论的是对方。接下来将
167 会发生什么？还有一个道德难题是咨询师在对员工进行电话咨询的时候，这位员工告诉他，为了舒缓压力，他用公司的电脑看了色情片。显然这是违反公司规定的，咨询师是否该保密呢？

皮卡德（Pickard，1997）提出，企业中的咨询师需要接受关于组织理论或实践的培训，才能对组织中复杂的情境，以及它们是如何影响咨询过程的有更深层次的了解。基于组织行为学，金德提出咨询师应该将视野放得更加开阔，除了与客户订立明晰的契约之外，更需要关注与组织的契约。系统和综合的方法对解决多维度的问题大有裨益（2005:23）。因此，咨询师和EAP提供商需要关注保密条例，并且在管理和个体之间设立清晰的界限：什么样的内容应该上报给组织，而什么样的内容又需要为客户保密。

从个人训练的角度来看，职场咨询师需要克服自身对组织的情绪和看法，否则将会影响咨询过程。例如，如果咨询师认为组织是一头很坏的狼，那么他可能把这种情绪传递给来访者，对组织造成负面影响。形似一个等边三角形的三方契约变得不等边了，组织被踢出了来访者与咨询师之间的关系（图5.3）。

很多作者都开发过这个模型（见Copeland,

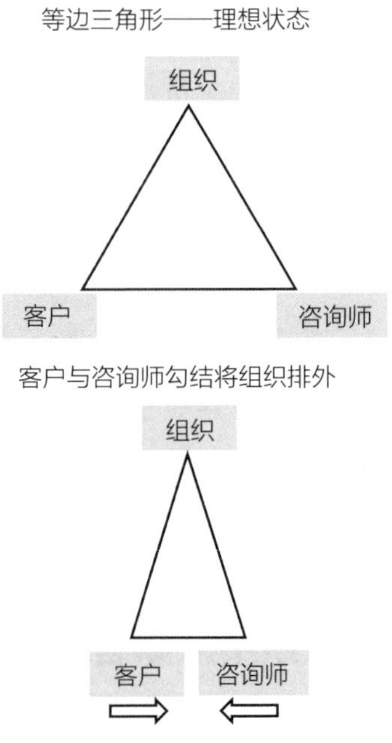

图5.3 三方契约

2005)，这些作者均证明了高质量的临床监控有助于达到三方的平衡。随后，这些模型被运用到教练环境中，开发出了教练监控模型（Hawkins, 2011）。

## 职场咨询和EAP的未来发展

英国EAP市场估值每年五千万英镑（EAPA, 2011）。市场形势在五年之内发生了翻天覆地的变化，不仅仅是因为供应商，还有员工幸福感和在线服务的转变。

在欧洲，EAP正慢慢被人们接受。2002年，员工援助欧洲论坛成立，代表欧洲区域的员工援助计划事务，现在已经在23个国家中拥有超过60名的会员。然而，由于概念的不同，发展速度有所限制。在有些国家，心理健康的管理工作是由社会工作者承担，而在有些国家是由精神病专家承担，还有的国家是由精神疗法的医生承担。我们所提到的“咨询师”的概念在许多国家是不存在的，168
因此EAP的发展在欧洲不同的国家是有所差异的，并且无法直接复制英国或者美国的模式。

由于中国是一个拥有几亿劳动人口的大国，并且人们对员工援助计划的接受度越来越高，EAP的中国市场一直很乐观。据报告，EAP在中国的市场增长率达到了每年300%（Cheung, 2011）。

英国的市场发展是基于科技、健康和幸福感的，尤其是两者的结合。越来越多的EAP供应商和企业内部咨询师突破了传统的咨询模式，拓展至员工健康和幸福感，致力于提升员工的心理健康。员工幸福感的中心主题是基于网络的幸福主题门户网站，可为员工提供一些健康资讯和身体实际状况的清单。员工可以依据自己的喜好选择接受包含何种内容的邮件，或者根据他们的健康风险评估选择目标邮件。员工完成健康风险评估后可以收到一份个人的健康风险报告，帮助他们改善健康状况。参与者的健康数据同时会提交给雇主，使他们了解员工的健康状况，开展相关活动进行改进。

随着科技的发展，客户与咨询师的沟通方式不再是传统的邮件形式，邮件 169
的弊端是时间上的延迟。未来会有越来越多的在线沟通方式出现在咨询师与客户的沟通中，如Skype, MMS等。此外，咨询是发生在虚拟中的，客户和咨询师在一个虚拟的房间中见面。这种发展却会带来安全性和可靠性的挑战。

职场咨询师不仅需要适应咨询方式上的变化，更重要的是，随着组织面临日益增长的压力和困境，咨询师需要调整他们的专业实践，向组织证明他们的存在是有价值的。

## 结果的评估

EAP的受众对其服务的满意度持续上升，这可以在满意度调查中体现出来："研究报告显示，客户对EAP服务的满意度很高，很多客户的临床症状都有显著的缓解，工作产出有显著提升，怠工数量显著下降（Attridge et al., 2009）。"内部咨询在实践中被证明很有效，一项在邮局进行的结果评估显示，在六个月的时间内，净储蓄达到了10.2万英镑（Cooper et al., 1990）。还有一些其他的证据能够说明工作效率的提升和怠工现象的减少，甚至达到了25%（McLeod, 2001, 2008）。麦克劳德（Mcleod）总结道："在目前已发表的研究中，我们可以看到EAP带给企业的价值超过，至少是等同于对它的经济投入（Mcleod, 2001:5）。"然而，麦克劳德和亨德森（Mcleod & Henderson，2003）对此类研究的方法论问题进行了讨论并提出了质疑。

目前有很多关于EAP投入与回报的声明，EAP的投资回报率（Return On Investinent，ROI）在3：1和10：1之间（Dainas et al., 引自Jacobson 和 Attridge, 2010）。现阶段的大多数研究都是美国背景，因此对健康费用的衡量有不同的设定，如果将这个模型直接套用在英国情境中，需要引起极大的警惕。然而，当考虑这种全球性的ROI时，由于混淆变量和对结果的重复计算，基本不会出现很高的ROI值。因此，HR工作者在计算EAP的效用时，需要警惕全球ROI数值的使用。

当采用逐项计算的方式以及通过考查早期用于支持个体主观幸福感和结果缺失的效果，来评估EAP和工作场所咨询的效果的时候，这些因素都有可能与这种评估有关系。计算EAP效用的方法有很多，CORE IMS就是这样一个系统。
170 虽然计算中涵盖了例如"服务等待时间、按计划/未按计划结束的案例数量"等，但是最重要的是咨询的过程，客户通过咨询获得的提升。这个可以通过自我报告问卷来获得，在治疗前和治疗后分别实测一次。分数的差距可以作为心理恢复程度的一个衡量指标。每次咨询后都可以收集一次，通过数据的变化我们可以看到客户在咨询中的成长变化。

2012年，梅勒–克拉克等（Mellor-Clarke et al.）观察了超过1.7万个EAP咨询案例的结果数据，并与英国国家医疗服务系统（NHS）信任咨询的数据进行比较。结果表明，EAP的客户在接受咨询前的临床痛苦程度与NHS病人相当，治疗后，EAP能够达到等价的结果，并且恢复时间快六个星期。因此，在职场中提供员工援助计划，让员工尽早接受咨询，才能帮助员工更快地回到工作岗位。

除了EAP服务能够带给组织的经济上的回报，还有一些其他理由促使组织提供EAP服务，例如帮助员工适应变化、提供法律咨询、为遭受创伤的员工提供支持、减轻员工压力等，这些也是促使组织投资EAP的重要原因。通过EAP服务帮助一位中层管理者尽快回到工作岗位，他所创造的价值就能支付EAP的全部费用。还有一些组织将EAP视为至关重要的，就像保险政策，特别是当组织中发生自杀或者猝死的事件时。HR专业人员由于负有对员工提供咨询服务的情绪负担和义务，减轻他们自己的压力也很重要，这样的话他们就没必要为此事而承担更多的其他角色。

## 职业健康的展望及战略环节

随着企业越来越重视EAP在组织中的作用和表现，EAP不仅被看成是早期介入工具，还对员工心理疾病导致的缺勤具有管理者的作用。在英国，员工的心理疾病问题造成的企业损失每年达到260亿英镑（Centre for Mental Health, 2007），缺勤率达到40%，因此，通过治疗去解决这些问题非常重要。一些英国EAP的供应商也提供职业健康、幸福感、健康保险方面的服务。这就导致EAP定位为一个更加全面的健康管理者，EAP的供应商将EAP服务嵌入其他健康产品中，这在雇主看来是零成本的。此外，员工的收入保障保险也被作为一种预防和早期介入战略嵌入EAP服务中。很多人认为现阶段EAP的发展有悖其战略定位和三方关系。美国研究者证明这种嵌入式的EAP服务并非零成本，但你所投入的都是值得的。

在职场怠工和心理健康管理上，职业健康（occupational health，OH）和EAP服务可以很好地互帮互助。通过OH的初始评估，可以及时将有问题的员工转诊至EAP进行咨询。EAP心理健康专业人员可以对员工心理健康进行专业的评估和进一步的心理治疗，此外，不管是直接原因还是间接原因导致的员工怠工，EAP对其也有积极作用。通过EAP提供早期的治疗，可以找到造成怠工的心理因素及其他一些共存的原因，例如肌肉骨骼条件。需要注意的是，OH和EAP在怠工管理的治疗侧重点上有所差异，OH强调这对他们更好，而EAP则注重咨询和心理支持，以及对管理者来说他们应该怎样帮助员工回到工作岗位。更多讨论请参考金德和休斯的相关书籍。

## 小结

本章概述了职场中的个人发展和咨询。文中重点阐述了职业生涯发展的诸多理论，解释了从业者如何使用这些方法和工具帮助客户为他们的未来作出选择。接下来，本章就职场咨询实务和EAP的发展以及评估与其他咨询不同的地方，介绍了职业咨询领域的相关内容。我们由衷地相信这些内容对HR从业者和相关领域从业者来说十分重要，不仅仅是领悟技巧和要求，还包括在日益变化的环境中怎样为员工提供支持。

本书的下一章将转而为大家介绍怎样提升员工的晋升感和工作绩效，重点聚焦于职业生涯发展和绩效评估。

172 **深入探究**

扫描二维码，获取更多资源。

## 讨论题

1. 概述职场建议、指导和咨询的不同。
2. 你如何向一位持有怀疑态度的财务总监证明对员工帮助计划的投入是有意义的？

## 样例论述题 173

1. 从业者如何有效地对客户的职业选择和个人发展作出咨询和建议？
2. EAP对组织来说被描述为一种“战略性介入”，对此概念进行评论并概述你将怎样实现这个目标。

## 样例测试题

1. 简述三种关键的职业发展理论。
2. 简述和讨论员工帮助计划的价值。

| 职业心理学实践：工作中的一天 | |
|---|---|
| 弗兰克·邦德教授，职业心理学教授，伦敦大学金史密斯学院系主任 | |
| 在你的工作中，有关职业心理学的内容有哪些？ | 我的工作主要有三个内容：组织发展与变革（包括领导力发展）；工作设计；咨询和个人发展。 |
| 你是如何对这方面产生兴趣的？ | 我对如何获得和增加心理弹性尤其感兴趣，心理弹性基于精神病理学的接纳承诺疗法（Acceptance and Commitment Therapy，ACT），是心理健康和行为有效性的重要决定因素。它涉及人们意识目前状态的能力，采取合适的行动实现自己的目标，即使在挑战面前。超过30项研究表明，心理过程对工作表现有预测作用，从心理健康和工作表现到缺席率。<br>我对接纳承诺疗法和心理弹性的兴趣来自于临床心理学。在接受职业心理学训练之前，我接受过临床心理学训练，我几乎可以立即明白如何将情绪健康和行为有效性的临床心理学理论应用在工作领域，这些正是我感兴趣的地方。在我 174<br>的职业心理学训练中，我发现很多目前职业心理学讨论的理论是已经被临床心理学抛弃的（甚至很多是几十年前就不用的）。因此，我认为职业心理学领域有很多工作需要做，我致力于建设该领域。 |

续表

| | |
|---|---|
| 该领域有什么主要的学术进展？ | 我认为该领域目前的学术进展是方法论上的。在过去的十年中，随机对照实验（randomised controlled trial，RCT）变得越来越普遍，我们的顶尖杂志也要求这种方法的使用。此外，很多杂志已经不再发表横向研究。RCT的运用和纵向追踪研究使我们对理论和实践都有更深刻的理解。 |
| 在你的工作中，实际应用对研究的影响有多大？ | 我非常赞同柯特·勒温所说，没有一个好的理论，任何实践都没有意义。因此，我认为理论和实践是紧密相连的。确实，我的科学哲学以功能性语境论为中心，在预测和影响行为之前都有科学的目标。 |
| 道德在你的工作中扮演什么样的角色？ | 于我个人而言，我将道德视为我拥有的一个更大的价值系统的一部分，我试图将这些价值全部运用起来。我将APA和BPS的道德要求作为我自己最为重要和最有力量的价值（例如，不要对你的客户撒谎）；我还有一些其他的价值观要求我尊重我的客户，这些价值观也算道德行为的一种。 |
| 能否给我们举一个工作中的例子？ | 我是一名学者，也是心理学院的领导，因此我在大学工作，大部分时间都在与大学生打交道，做一些行政的工作。我很享受其中，并且我可以把我的职业心理学知识运用到实践中去。<br>与此同时，我还要进行大量的科研工作，花大量的时间待在组织中。在这个角色中，我很像一名咨询师，当然了，我也是一名研究者：设计实验方法、收集和分析数据。总之，我的工作具有多样性，我非常享受其中。 |
| 你的工作在过去五年中有什么变化？ | 领导力发展方法有了显著变化。与研究一致，最初的冗长的组织训练方法转变成了以训练为重心的方式，我与学员一起帮助他们实现领导力相关目标。对企业而言，这种方法更加昂贵，不过这种投入是值得的。 |
| 175 你认为你的工作在未来五年会发生什么变化？ | 我认为劳动力的老龄化会给职业心理学工作者带来许多机会和挑战。许多人希望可以一直以良好的表现工作到60多岁，另一些人却是被迫的，因为领取退休金年龄的上升——整个西方世界普遍的情况。然而在英国，不再有强制的退休年龄。所有这些变化都会对职业心理学产生影响。例如，培训和发展、咨询、个人发展以及绩效管理。此外，我们尚且不知道现阶段的中年工作者进入60岁以后的工作状态是怎样的。 |

## 职业心理学实践：工作中的一天

**朱丽安·迈尔斯，独立从业者，职业心理学主管**

| | |
|---|---|
| 你从事职业心理学的哪个领域？ | 我主要从事职业咨询/训练。我还经营着一家职业工作坊，咨询职业相关的问题，有时我也是一名讲师和职业咨询师。<br>我主要的工作客户是20到50岁的员工或者管理者，大部分是女性和MBA。我主要的工作领域是评估潜在的职业变化、改善工作和生活平衡、在职业中断后帮助客户更好地回归。我还帮助客户增加目前工作的成就感，发展目前的工作角色以适应他们的长处和兴趣。 |

续表

| | |
|---|---|
| 你是如何对这方面发生兴趣的？ | 我的第一份职业是在公司战略和市场领域，我发现很多人的工作生活充满了压力与不开心，在紧张的工作生活和家庭生活中挣扎。还有，自从我有了家庭，我发现很多女性很难再找到一份满意的工作。<br>帮助这些群体找到满意的工作和适合他们生活的角色是我职业转变的最大动力。能帮助他们改善生活对我来说是最大的奖励。 |
| 对你来说，什么样的企业是吸引人的？为什么？ | 我面对的主要群体是个人而非企业。我为英国的商学院服务过，为其MBA的学生提供一对一的职业指导、工作坊和相关讲座。 |
| 你的工作与理论、文献和研究的关系是怎样的？ | 我的职业咨询工作是以科学研究为支撑的，我从职业理论和咨询模型出发构建 176 我的咨询框架：例如萨伯、霍兰德和艾根的经典成果，对近年来职业特征发生的变化的关注（如约翰·阿诺德），以及像叙事理论等职业生涯的当代视角。然而我不仅仅局限于职业研究，我对心理学有着更为广阔的理解，例如个性、动机、认知等使我能够帮助客户了解他们工作行为背后的认知和情绪，有些不良的认知和情绪正是妨碍他们自我实现的深层原因。积极心理学的研究、认知—行为理论、领导力研究和职业转变研究都对我的方法论产生了重要影响。 |
| 道德在你每天的工作中扮演什么角色？ | 我日常工作中最大的挑战是维持能力的专业界限。在进行一对一的咨询时，个人问题层出不穷。我发现在检查和协议阶段将我的职业咨询师角色与心理咨询师或者其他类型的咨询师角色区分开来十分重要。客户的问题可能是私人关系问题或者轻度的心理焦虑。如果初诊阶段我认为个人或者关系咨询更适合，我会推荐客户进行其他种类的咨询。<br>另一种界限是咨询师和建议者之间的界限。作为一个心理学工作者，客户把我放在专家的角色上，期待我告诉他们该怎么做。我对自己的定位是作为一个引导者，给予客户力量去自主地作出选择而非代替他们作选择。 |
| 能否给我们举一个工作中的例子？ | 我工作的主要领域是为中年个体提供咨询。人们带着一些让他们纠结的问题来找我：也许他们纠结自己是否在一个“正确”的岗位上，也许对工作—生活的平衡不满意，不确定该怎么成长进步，或者是单纯地对现在的工作状态不满意、不开心。<br>我在家里进行我的咨询工作。大多数咨询是面对面的，也有少数电话咨询或者通过Skype咨询。在正式咨询之前，我们先进行一个免费的探索性讨论。对典型的寻求整体职业生涯的客户，我会通过4到5次的咨询引导他们认识自己、作出选择并进行评估，最后形成清晰的行动计划。<br>一周中有3到4天的时间我会进行职业咨询，其他的时间会进行一些其他的活动。典型的咨询日包含三个一对一的客户，每个客户1~2个小时的时间，半个小时的时间用来发掘潜在客户。在每次的咨询中，我们聚焦于1~2个达成一致看法的目标，例如结合一些深度讨论和练习让客户列出自己的长处，来促进对自己的了解。<br>除了与客户的咨询时间，其余的时间是我的准备或者反馈时间。例如回复客户的邮件，或者是一些类似开发票的行政问题。然后我还要对一些其他项目投入时间，比如为MBA的学生准备讲座，为工作坊准备素材，为工作研讨班准备演讲。 |
| 你的工作在过去五年中有什么变化？ | 我从一个范围很广的职业心理学领域转换到了一个非常专业的领域——职业咨询，最初是作为英国商学院的职业导师，后来发展了自己的职业咨询事业。 |

续表

| | |
|---|---|
| 你认为你的工作在未来五年会发生什么变化? | 我会继续在该领域发展下去，此外我对工作—生活平衡问题很感兴趣，以后会在个人或企业咨询中开辟该领域的服务。 |

## 参考文献


ACAS (2011) 'The Equality Act—what's new for employers?'. Available at: http: // acas.ecgroup.net/Publications? Adviceleaflets.aspx.

Adamson, S.J., Doherty, N. and Viney, C. (1988) 'The meaning of career revisited: implications for theory and practice', *British Journal of Management*, 9: 251–59.

Arnold, J. (1997) *Managing Careers into the 21st Century*. London: Chapman.

Arnold, J. (2004) 'The congruence problem in John Holland's theory of vocational decisions', *Journal of Occupational and Organisational Psychology*, 77: 95–113.

Arnold, J., Randal, R., Silvester, J., Patterson, F., Robertson, I. and Cooper, C. (2010) *Work Psychology, Understanding Human Behaviour in the Workplace*, 5th end. Harlow: Pearson Education.

Arthur, A. (2005) 'When stress is mental illness: a study of anxiety and depression in employees who use occupational stress counselling schemes', *Stress and Health*, 21: 273–80.

Arthur, M.B. and Rousseau D.M. (1996) 'The boundaryless career as a new employment principle', in M.B. Arthur and D.M. Rousseau (eds), *The Boundaryless Career: A New Employment Principle for a New isation Organisational Era*. Oxford: Oxford University Press.

178 Attridge, M., Amaral, T. and Bjornson, T., Goplerud, E., Herlihy, P., McPherson, T., Paul, R., Routledge, S., Sharaar, D., Stepehenson D. and Teems, L. (2009) 'EAP Effectiveness and ROI'. *EASNA Research Notes*, 1 (3), October 2009.

BACP (2010) *Ethical Framework for Good Practice in Counselling and Psychotherapy*. Lutterworth: BACP.

Barnett, R.C. and Shen, Y.C. (1997) 'Gender, high and low schedule control housework tasks and psychological distress: a study of dual earner couples', *Journal of Family Issues*, 18: 403–28.

BACP (2012) http://www.bacp.co:uk/admin/structure/files/pdf/9479_ethical%20framework%20word%20june%202012.pdf.

Buon, T. (2004) 'Predicting the future', *Counselling at Work*.

Carroll, M. (1996) *Workplace Counselling*. London: Sage.

Centre for Mental Health (2007) Mental Health at Work: Developing the Business Case.

Cheung, G. (2011) www.chinaeapforum.com.cn/en/address.asp

Clutterbuck, D. (1998) *Learning Alliances: Tapping into Talent*. London: Institute of Personnel & Development.

Cole, A. (2003) *Counselling in the Workplace*. London: Sage.

Cooper C.L., Sadri G., Allison T. and Reynolds, P. (1990) 'Stress counselling in the post office', *Counselling Psychology Review*, 3 (1): 3–11.

Copeland, S. (2005) *Counselling Supervision in Organisations: Profession and Ethical Dilemmas Explored.* London: Routledge.

EAPA UK (2011) *Employee Assistance Programmes: A Buyer's Guide*. EAPA.

EAPA UK (n.d.) www.eapa.org.uk/page-research.html.

Egan, G. (2002) *The Skilled Helper: A Problem—Management and Opportunity—Development Approach to Helping*, 7th edn. Brooks/Cole.

Employee Benefits Magazine, *Healthcare Research 2011 Standards Self-verification Process* (2011). Employee Assistance Programme.

English, F. (1975) 'The three-cornered contract', *Transactional Analysis Journal*, 5(4): 383–4.

Erikson, E. H. (1957) 'Identity and the life-cycle', *Psychological Issues*, 1: 1–171.

Erikson, E. H. (1980) *Identity and the Life Cycle*. New York: W.W. Norton.

Hall, D.T. (2002) *Career in and out of Organisations*. Glenview, IL: Scott, Foresman.

Hanisch, K.A. (1994) 'Job loss and unemployment research from 1994 to 1998; a review and recommendations for research and intervention', *Journal of Vocational Behaviour*, 55: 188–220.

Hawkings, P. (2011) 'Systemic coaching supervision', in: T. Bachkirova, P. Jackson and D. Clutterbuck (eds), *Supervision in Mentoring and Coaching: Theory and Practice*. Maidenhead: Open University Press.

Herriot, P. (2001) *The Employment Relationship: A Psychological Perspective*. London: Routledge.

Hisch, P.M. and Shanley, M. (1996) 'The rhetoric of boundaryless—or how the newly empowered managerial class bough into its own marginalisation', in M.B. Arthur and D.M. Rousseau (eds), *The Boundary less Career: A New Employment Principle for a New Organisational Era*. Oxford: Oxford University Press.

Holland, J.L. (1997) *Making Vocational Choices*, 3rd edn. Odessa: Psychological Assessment Resources.

Horvath, A.O. (2000) 'The therapeutic relationship. From transference to alliance',

*Journal of Clinical Psychology*, 56 (2): 163–73.

Horvath, A.O. (2001) 'The alliance', *Psychotherapy*, 38 (4): 365–72.

Horvath, A.O. (2006) 'The alliance in context: accomplishments, challenges and future directions', *Psychotherapy: Theory, Research, Practice, Training*, 43 (3): 258–63.

Horvath, A.O. and Symonds, D. (1991) 'Relation between working alliance and outcome in psychotherapy: a meta-analysis', *Journal of Counselling Psychology*, 38 (2): 139–49.

179 Hughes, R. and Kinder, A. (2007) *Guidelines for Counselling in the Workplace*. BACP: Lutterworth. Available free at www.bacpworkplace.org.uk.

Hughes, R., Kinder, A. and Cooper, C.L. (2012) *International Handbook of Workplace Trauma Support*. Chicester: Wiley-Blackwell.

Jacobson, J.M. and Attridge, M. (2010) 'Employee assistance programmes: an allied profession for work-life', in Sweet and J. Casey (eds), *Work and Family Encyclopaedia*. Chestnut Hill, MA: Sloan Work and Family Research Network.

Kemp, T.J. (2008) 'Coach self-management: the foundation of coaching effectiveness', in D.B. Drake, D. Brennan and K. Gortz (eds), *The Philosophy and Practice of Coaching: Insights and Issues for a New Era*. Chichester: Wiley-Blackwell.

Kidd, J.M. (2006) *Understanding Career Counselling, Theory, Research and Practice.* London: Sage.

Kinder (2005) 'Workplace counselling, a poor relation', *Counselling at Work*, Spring: 22–4.

Kinder, A. and Hughes, R. (eds) (in press) EAP Guidelines. UK Employee Assistance Professionals Association.

Kinder, A., Hughes, R. and Cooper, C.L. (2008) *Employee Well-being Support: A Workplace Resource*. Chichester: Wiley-Blackwell.

Levinson, D.J. Darrow, D.C., Klein, E.B., Levinson, M.H. and Mckee, B. (1978) *The Seasons of a Man's Life*. New York: Knopf.

McLeod, J., (2001) Counselling in the Workplace: The Facts. A Systematic Study of the Research Evidence. Rugby: British Association of Counselling and Psychotherapy.

McLeod, J. (2008) *Counselling in the Workplace: A Comprehensive Review of the Research Evidence*, 2nd edn. Lutterworth: BACP.

McLeod, J. and Henderson, M. (2003) 'Does workplace counselling work?', *British Journal of Psychiatry*, 182:103–4.

Mellor-Clarke, J., Twigg, E., Farrell, E. and Kinder, A. (in press) Benchmarking key service quality indicators in UK Employee Assistance Programme Counselling: A CORE System data profile. *Counselling Psychology Review*.

Murphy, G.C. and Athanasou, J.A. (1999) 'The effect of unemployment on mental health',

*Journal of Occupational and Organisational Psychology*, 72: 83–99.

Nicholson, N. (1990) 'The transition cycle: causes, outcomes, processes and forms', in S. Fischer and C.L. Cooper (eds), On the Move; the Psychology of Change and Transition. Chichester: Wiley.

Nicholson, N. and West, M. (1988) *Managerial Job Change: Men and Women in Transition*. Cambridge: Cambridge University Press.

Noon, M. and Blyton, P. (2007) *The Realities of Work: Experiencing Work and Employment in Contemporary Society*, 3rd edn. Basingstoke: Palgrave MacMillan.

Office for National Statistics (ONS) (2001, 2010) *Labour Force Surveys*.

ONS (2008) *Labour Force Survey Employment Status*.

Overell, S. (2009) *Provocation Paper 3: The Meaning of Work*. Commissioned by the Work Foundation on behalf of The Good Work Commission.

Paul, K.I. and Moser, K. (2009) 'Unemployment impairs mental health: meta-analysis', *Journal of Vocational Behaviour*, 74: 264–82.

Pickard, E. (1997) 'Developing training for organisational counselling', in M. Carroll and M. Walton (eds), *Handbook of Counselling in Organisations*. London: Sage.

Rose, M. (1988) *Industrial Behaviour: Research and Control*, 2nd edn. Harmondsworth: Penguin.

Schein, E.H. (1993) *Career Anchors: Discovering Your Real Values*. San Diego, CA: Pfeiffer.

Schwenk, E. (2006) 'The workplace counsellor's toolbox', *Counselling at Work*, 51:20–3.

Sonnenstuhl, W.J. and Trice, H.M. (1990) *Strategies for Employee Assistance Programs:* 180
*The Crucial Balance*, Ithaca, NY: Cornell University Press.

Spokane, A.R. (1985) 'A review of research on person-environment congruence in Holland's theory of careers', *Journal of Vocational Behaviour*, 31:37–44.

Super, D. (1957) *The Psychology of Careers*. New York: Harper & Row.

Super, D. (1980) 'A lifespan, life-space, an approach to career development', *Journal of Vocational Behaviour*, 16: 281–98.

Tinsley, H.E.A. (2000) 'The congruence myth: an analysis of the efficacy of the person-environment fit model', *Journal of Vocational Behaviour*, 56, 147–79.

Totterdell, P., Wood, S. and Wall, T. (2006) 'An intraindividual test of the demands-control model: a weekly diary study of job strain in portfolio workers', *Journal of Occupational and Organisational Psychology*, 79: 63–84.

Warr, P. (2007) *Work, Happiness and Unhappiness.* Mahwah, NJ: Lawrence Erlbaum Associates.

# 第6章

# 职业生涯发展与评估



朱丽特·阿尔班-梅特卡夫

**学习成果**

学习完本章后，你将理解：

√职业生涯发展和评估是如何在组织结果中发挥其重要作用的；

√组织职业生涯发展体系的基本构成；

√正式和非正式的职业生涯发展机会；

√组织有效的评估系统的构成；

√根据员工职级的不同，职业生涯发展与评估的区别；

√偏见是如何在职业生涯发展和评估中施加影响的；

√关于在新时代职业生涯发展的几点关键思考。

## 引言

如果职业生涯发展和评估得到有效的设计和执行，那么它们发挥的作用就毋庸置疑了。这是由于它们对关键成果和绩效的提高起着非常重要的作用，包括员工激励、需求满足、低人员流失率、员工优势的合理使用和分配以及员工敬业度提升。相反地，无效、带有偏见性的职业生涯发展与评估会有负面的影响，有时甚至会打破员工的底线。职业心理学工作者在帮助组织有效地设计这些过程中扮演着非常重要的角色。

## 职业生涯发展的内涵 182

职业生涯发展可以定义为心理的、社会的、教育的、物理的、经济的和偶然因素的结合体，它们影响特定个体整个人生进程的工作的特性和意义（NCDA, 2003：2）。平均下来，工作会占据我们人生三分之一的时间，涉及赋予我们人生以意义的各项活动，而不管我们能否从这些活动中得到满足。换句话说，我们通过你能否达到工作相关的目标来判断在自己眼中和在别人眼中是否成功。成功，或者看起来成功了，对我们的自我实现和我们的整体的幸福感异常重要。仅仅是因为这个原因，任何个体和组织都应该去弄清楚这个领域。

## 职业生涯发展的组织视角

### 背景

职业生涯发展的个体视角（在第5章讨论）和组织视角紧密相连。举例而言，职业生涯锚的相对重要性随着时代而发生变化（Schein, 1996）。理解这些变化的含义对组织采取适宜的措施以有效应对特定群体的员工的偏好非常重要（Brousseau et al., 1996），就像新生代（X、Y和Z）倾向于主动操控工作场景一样。

在目前的经济形势下，即使在我们的记忆范围内，雇主与雇员的关系以及工作的性质经历了深刻的变化，很多员工不再喜欢工作的安全性，这在之前是一种常态。更为普遍的起因是：经济衰退和其他的经济拮据（培训的预算）；关键领域的技能的缺乏，例如IT；多样性增加（具有聘请拥有不同的技能体系的员工的潜力）；更多地利用信息技术（更为快速和迫切的交流，对于传统的办公室办公需求的降低）；组织架构重新调整，协作开展工作，包括资源的共享（具有裁员以降低成本的可能性，或者再培训）；经济全球化以及劳动力流动性增强（更好的人岗匹配，越来越多的职业生涯发展机遇）。

已有研究显示，组织产出成果可以通过对雇员的才干和能力、动机和需要、态度和价值观的细致的分析来实现其最大化。

正如第4章所讨论的，组织绩效的最优影响力的指标之一就是员工敬业度 183

（Alimo-Metcalfe & Alban-Metcalfe，2008；MacLeod & Clarke，2008）。职业心理学工作者这个角色的主要职责就是提高员工敬业度，相关的建议和指导如下：

- 如何将个人的价值观、动机、才能、需求和态度与组织的需求和价值观匹配；
- 如何借助帮助、引导和自我发展赢得这场比赛；
- 组织和个体如何面对将来的挑战和机遇；
- 如何针对员工所做的事情，为他们创造更为积极的“意义”，它又是如何促进整个组织的成功的。

实现上述过程的方式是多种多样的。例如：一些员工有自己的高潜力开发计划，那些被认为富有才能和非常想留在组织内发展的一些个体，会被提供和他们的目标及组织的目标相匹配的架构化的坚实的机会。也就是说，组织中大部分员工都是一线的。相对于那些一线的初级员工和中层管理人员，公司更愿意投资那些对公司发展非常重要的更为高级和专业的员工。因此，员工的职业生涯发展机遇可以通过一系列其他的途径确定下来。

## 组织职业生涯发展机遇

不管是在小公司还是大公司，不管是在营利性机构还是非营利性机构，都可以将职业生涯发展机遇分为三类：组织管理的、自我管理的和两者综合的。来自格拉顿和海莉（Gratton & Hailey, 1999）、赫希（Hirsch, 2000, 2011）、基德等人（Kidd et al., 2004）、亚纳尔（Yarnall, 2008）及其他研究者的证据表明：组织管理的职业生涯发展机遇与个人管理的职业生涯发展机遇既有联系又有区别。主要的特征总结在表6.1中。

自我管理和组织管理相结合的方式显示出了上述特点的综合性。差别比较大的是组织管理和自我管理的职业生涯发展的开放程度。请参考表6.2和框6.1。

184 表6.1 组织管理的职业生涯和自我管理的职业生涯的主要特征

| 组织管理的职业生涯 | 自我管理的职业生涯 |
|---|---|
| 组织提前规划部分员工的职业生涯发展。 | 组织根据其目前或短期的需求来雇用（解雇）员工。 |

续表

| | |
|---|---|
| 组织积极主动地为促进员工职业生涯发展及非正式的技能的提升提供便利。 | 个人发展只能靠自己的努力。 |
| 被选中的员工往往是高级经理和被认为是具有发展潜力的员工。 | 员工被指派、被要求。 |
| 组织在员工的职业生涯发展方面投入大量的金钱和资源。 | 所有投入的成本，包括金钱和时间都是由员工自己来承担。 |
| 员工的职业生涯发展被视为“继任计划”的一部分，一旦有高层员工辞职或职位变动，会有其他人接替他们的职位。 | 不适用。<br>公司有可能具有提前知晓雇用特定技能的员工的战略计划，但是这种雇用具有临时安排的偏见。 |
| 被选中的个体通常来自于人才库，他们被认为有合适的技能并且有足够的潜力去开发。 | 不适用。<br>公司仅有的人才来源是在外界。 |
| 组织规模足够大，这样继任计划才能实现。 | 职业生涯自我管理的员工有益于任何企业，而与它的规模和组织架构没有关系。 |
| 很大程度上，一个给定的员工的职业生涯发展会沿着组织规划的路径展开。 | 不适用。<br>企业不认为自己在这方面应当承担任何责任。 |
| 此类职业生涯管理赋予了企业以战略规划的能力，这种能力使企业有足够的信心相信它所需要的员工就在身边。 | 采用更为灵活、可以变动的方式对待员工对公司会有潜在的好处。<br>公司相信，如果员工具有它所需要的特定技能，就一定会被发现。 |
| 潜在的劣势：<br>1.对那些没有被选中的员工有负激励效应；<br>2.那些被选中的员工可能需要进行地域上的迁徙，以便参加到这样的项目中来，或者当有家庭成员需要抚养以及在一个家庭中常有两个职业生涯需要管理的时候，就得考虑进行借调；<br>3.项目结束之后，需要将这些个体纳入或者重新纳入主流群体。 | 潜在的优势：<br>1.雇用此类员工不会对现有员工产生负向的激励；<br>2.任何与职业生涯相关的变动都被认为是员工自己的决定所产生的后果；<br>3.任何整合运用这些员工技能的行动与雇用一名新的员工无异。<br>潜在的劣势：<br>1.满足要求的员工有可能是企业负担不起的；<br>2.满足要求的员工有可能甚至不存在。 |
| 或多或少，员工在该类型的组织的时间会比较长，甚至有可能是贯穿他们整个职业生涯。 | 员工只会在有限的时间内为组织工作。 |
| 建立起相互之间的“心理契约”，使得双方都对对方有一定的责任感。 | 仅存的“心理契约”就是对对方权利的尊重，只要满足双方的需求，就会继续这一段雇佣关系。 |

续表

| | |
|---|---|
| 职业心理学工作者将会：<br>• 针对每一项举措，对组织提出建议；<br>• 当首次被组织任命，或当考虑到需要加速发展时，帮助组织甄选特定员工；<br>• 帮助组织进行职业生涯发展系统和流程的开发；<br>• 为员工提供指导、培训以及情感支持。 | 要想获得专家的帮助，员工不得不自己承担相关费用。 |
| 职业心理学工作者以其在这些方面的高质、高效和严谨的服务，取得了良好的声誉。 | |

表6.2 组织管理职业生涯和自我管理职业生涯的发展机遇

| **组织管理的职业生涯** | **自我管理的职业生涯** |
|---|---|
| 组织提供的反馈：<br>• 特定岗位所需技能；<br>• 绩效的整体水平；<br>• 组织的领导行为。<br>以这种方式获取的信息被用在提供特定的职业生涯发展举措上。<br>反馈系统将会在战略水平上被展开。 | 组织有可能就可达成一致任务的绩效提供反馈，但是有可能是：<br>• 狭窄的聚焦；<br>• 与短期的目标相关；<br>• 只是在雇用合约期限内提供。<br>或者是没有反馈，或者是有了反馈也只是基于需要的一个临时的反馈。员工有可能需要从那些愿意配合的同事中获得反馈。 |
| 企业在以下几个方面提供培训：<br>• 项目管理；<br>• 绩效管理；<br>• 特定岗位所需技能。<br>职业生涯发展在战略层面上展开，并且由组织来担负相关费用。 | 企业可能在以下几个方面提供培训：<br>• 项目管理；<br>• 绩效管理；<br>• 特定岗位所需技能。<br>但是只是在雇用合约的期限内。 |
| 以借调和轮岗的形式促进员工职业生涯发展可能是：<br>• 在组织内部，或者在其他组织；<br>• 在同一个国家或地区，或者是国外。<br>组织在战略层面规划员工的职业生涯发展，并且由组织来担负相关费用。 | 除非能将其贯穿个体在不同组织的不同工作阶段，否则这种类型的支持是不可用的。<br>要想获得技能和经验的提升，需由员工自己承担相关费用。 |
| 促进员工职业生涯发展的形式：<br>• 培训和指导；<br>• 外聘讲师演讲和大师级课程；<br>• 行为训练课程；<br>• 团队建设；<br>• 领导力课程。<br>组织在战略层面规划员工的职业生涯发展，并且由组织来担负相关费用。 | 除非能将其贯穿个体在不同组织的不同工作阶段，否则这种类型的支持是不可用的。<br>要想获得这些支持，必须从外部寻找并且需要由员工自己承担相关费用。 |

续表

| | |
|---|---|
| 所有的这些举措都需要基于组织的可用资金以及角色的需要。<br>因此组织需要借助专家的指导以保证员工职业生涯发展满足个人、公司的要求。<br>这些就是职业心理学工作者的价值所在。 | 只有员工在职期间才可以使用。 |
| 在资源有限的情况下，弄清楚投资回报比对组织而言非常重要。因此，一种更为明智的方式就是寻求外部支持。<br>职业心理学工作者以在这些方面提供高质、高效和严谨的服务见长。 | 不适用。 |
| 即使职业生涯发展的机遇不完全是由自己主导的，他们仍有可能得到组织非正式的支持。<br>直接上司可以通过让员工参加某些项目或者承担更多的责任来提供新颖的、多样化的任务和更加可见的发展机遇。<br>作为一个组织内员工的职业生涯发展的导师，职业心理学工作者在将其变得更加有效方面承担重要的角色。 | 不适用。 |
| 在活动的范围方面个体的选择是有限的。 | 在经济、社会限制范围内，员工可以采用多种多样的方式。 |
| 职业心理学工作者将会：<br>• 建议企业将这些活动联系起来；<br>• 促进适宜的职业生涯发展系统和流程的开发；<br>• 提供特定的培训，开展其他的开发性活动；<br>• 通过指导和帮扶来促进员工发展。 | 要想获得专家的帮助，员工不得不自己承担相关费用。 |
| 职业心理学工作者以其在这些方面的高质、高效和严谨的服务，取得了良好的声誉。 | |

187

框 6.1

案例分析：有效的职业生涯发展也会影响基层员工

大型的全球化组织不仅会提供包括人力资源管理在内的专业服务，而且会提供一系列的职业生涯发展机遇。这些举措的哲学基础是：

- 员工的职业生涯发展与组织的品牌联系紧密；
- 员工的职业生涯技能以及业务理解能力的发展与提升组织的核心竞争力有关，这一点可以通过组织对待员工的方式来知晓；

- 员工和组织作为一个整体，都将从系统化的职业生涯发展规划中获益；
- 组织中的任何一个个体都有某种特殊的才干。

进入这些组织主要有两种渠道：优秀的应届毕业生和来自于其他公司的具有丰富经验的专家。这个过程的竞争非常激烈，当然回报也是很可观的，这其中包括晋升到合伙人的层级。职业生涯发展的规划往往被每个业务单元的大部分经验丰富的员工所共享。这些人只将其局限于自己的圈子，并且和具有相关特长的人力资源管理专家在一起工作。共同的目标应该是组织内所有级别的员工的职业生涯都能得到发展。可以提供的范围非常广泛，包括：

- 职业生涯发展咨询；
- 每个级别的员工都能得到辅导；
- 职业生涯发展项目；
- 参与公司的志愿工作；
- 与客户工作的经验；
- 借调，部分是跨国的。



对这个过程加以有效的管理，以确保投资回报。

职业生涯发展的过程被认为既是迭代循环的，又是渐进的。迭代性体现在，在每一个新的角色中，个体的学习循环是：学习新的知识技能→在实践中运用→评估他们的经验→获取新的信息，等等。

职业生涯发展的渐进性体现在员工在新的情境下运用和巩固他们目前的经验，并且在新的岗位中运用他们现存的经验继续提升自己的经验和理解，发展新的技能。

只有有限的员工可以参与“高潜力增长计划”，并且其竞争也非常激烈。这些计划设计出来是为了那些拥有额外的职业生涯发展机遇的，以及职业生涯技能需要得到加速提升的员工。

# 有效的绩效评估

绩效评估就是对个体在工作中的表现的评估（通常是正式的），也包括对后续工作的期望。然而，有效区分两种普遍存在的评估情景非常重要。它们是“绩效管理”和“发展评估”，这两者的形式和目的各不相同。

## 绩效管理

绩效管理（performance management，PM）被定义为通过个体和组织的有效管理来促进组织绩效的提升（Armstrong & Baron，2012:1）。PM可以被运用在整个组织当中，同样也可以被应用在一个部门、一个团队甚至一个人身上。而绩效管理最为根本的目的是促使组织中每个个体的目的与组织的整体目的协调一致，以提高组织的生产力和利润（Zaffron，2009）。

这一术语同样适用于某一个个体。对不同的PM过程加以区分是有益的。这些过程包括：绩效记录（个体绩效被正式记录并予以反馈，通常会是一张报告）；绩效计划（通过这个过程确立绩效目的和目标）；绩效辅导（管理人员通过面谈给予绩效反馈并寻求调整绩效指标）；上面的每一个过程既可以在组织的 189
支持下完成，又可以不在组织的支持下完成，认识到这一点是重要的（见下面的发展评估）。

个体水平的绩效管理体系的设计和运用，首先需要进行“工作分析”，其次需要作“职位描述”，当个体被任命到新的岗位的时候，还需要作“个人的详细说明”。第9章对这些过程作了详细的描述。在团队、部门和组织的水平上，待执行任务的性质和目的需要被明确，每个个体的角色以及所需承担的责任还有绩效评估的标准也都必须是清晰的。

作为一个非常“机械化”的评估方式，绩效管理体系只需清晰地展现出为达成个人和组织目标所需要做的一系列工作和任务，而无须告诉我们如何提升绩效的水平。

## 发展评估

发展评估（developmental review，DR）的执行目的是个体不仅仅能够关注现有的优势和发展领域，而且关注他们的需求和抱负。

一个成功的发展评估是这样的：

1. 发展的目标是明确的；
2. 经理和下属之间的沟通实质意义上是双向的；
3. 关于所需讨论的主题期初应该取决于其同侪或者直接下属（虽然这些并不包括被讨论的其他主题）；
4. 双方就预先同意的日程做准备，包括需求和抱负；
5. 直接上司更像是一位教练，而非导师；
6. 评估的重要意义是帮助员工制订出一份个人发展计划（personal development plan，PDP），并促使管理人员采取相应的支撑措施。

很多情况下，企业的发展中心就是一种复杂而且占据大量资源的发展评估机构。这包括一系列的举措，通常是在一两天内，部分员工通过角色相关的训练、测试和模拟。绩效管理和发展评估这两种绩效评估方式的异同可参照表6.3。

## 绩效评估方式的回顾

一个重要的区分因素是员工的职位等级不同，绩效评估的方式也会有所区别。对初级或者中层管理人员的特定技能的要求，会区别于高级管理人员；而对高级管理人员的要求又会区别于执行官。绩效管理和发展评估的关键特征的
190 简要总结如下：

表6.3　个人绩效评估

| | 绩效管理 | 发展评估 |
|---|---|---|
| 关键焦点 | 绩效的监控 | 个人发展、专业技能提升 |
| 会议的目标很明确 | 是 | 是 |
| 会谈的正式程度 | 比较正式 | 更类似于焦点谈话 |

续表

| | | |
|---|---|---|
| **讨论主题的确定** | 直接上司 | 直接上司和员工本人 |
| **直接上司的角色** | 导师——专业指导的角色 | 领导者和辅导者——激励者的角色 |
| **反馈** | 原则上有益于组织 | 原则上对员工个体更为有益 |
| **产出** | 实现组织目标的个人发展计划 | 实现个人目标的个人发展计划 |
| **结论的记录形式** | 书面的、正式的 | 书面的、正式的 |
| **信度** | 是，但是有可能和相关高级员工共享 | 是，但是在商定的范围之内 |
| **产出的使用** | 奖励和/或晋升 | 个人发展、专业技能提升 |
| **与薪酬和其他奖励的相关性** | 可能的 | 不相关 |
| **主要的受益方** | 公司 | 员工 |

- 基层员工——非管理层员工的评估通常一年或者更长时间才举行一次。对他们的评估往往聚焦于对特定工作相关（团队相关或消费者相关的）的任务的胜任水平方面。有些时候也会涉及他们未来的抱负。
- 初级管理人员——需要评估的因素更加多，更加复杂：信息沟通能力，基于以有限的标准为参考的决策能力，信息搜集能力，项目规划能力，人才和资源的管理能力。更加深入的交谈中还有可能涉及未来的抱负。不仅需要评估这些，而且还需要了解其领导风格。也就是说，他们是如何与其他人交流的（Alimo-Metcalfe & Alban-Metcalfe, 2008）。
- 中高层管理人员——评估过程更为复杂。比如，正式场合的讲演及包含复杂 191
观点的文章的写作都需要交流的技巧；复杂冲突情境下作出决策和判断的能力；所收集信息的价值评估所需要的分析能力；还需要评估的有一些额外的其他技能，例如：商业战略技能、更加复杂的客户的接触技能以及宏观思维能力。基于这些通用技能，最高层领导需要更多额外的特定技能，例如：概念化思考以及政治技巧。对于这些层级的员工而言，他们如何与其他员工互动是非常重要的。

职业心理学工作者能在绩效工具和会谈的标准的制定方面发挥关键的作用。这些工作大部分与选拔密切相关，作为一个有效角色绩效建立的关键因素，与选拔标准的制定的方法类似。这些方法包括关键事件分析以及工作参与法。不仅工作任务本身及专业技能需要得到有效的评估，工作中的行为在正式的评估中也应当涉及。比如：部分经理有可能在人员和资源的组织方面非常见长，根据他们的计划决定哪些人该做些什么，并且告诉他们。然而，那些总是泛泛地关注人员的领导和管理的经理也有可能伤害到员工作自由决定的努力、动机和投入程度。而这些对一个组织而言非常的重要。

## 设计并选择合适的评估标准

进行绩效评估的标准有：完成角色内任务的能力、参与组织期待的行为的意愿以及负责管理工作所需的，为了实现组织目标，他们与下属和同事参与的工作范围。可以用来明确评价标准的包括：胜任力、组织期待的行为（包括组织公民行为、角色外行为以及积极组织行为）。下面是简要的描述：

### 胜任力

胜任力保证个体完成有效承担工作岗位所要求的行为。举例如下：

192
- 资料收集；
- 计划；
- 组织；
- 将个人工作结构化。

胜任力要素中很多是具有普遍意义的，比如“有效的沟通能力”。此类技能是所有的员工都必须具备的。现实中，沟通的种类多种多样，包括：正式和非正式的书面表达、面向大量受众的演讲以及两个人之间双向的沟通。企业内不同岗位、不同职级的员工所需要的具体的沟通的水平和熟练程度是不一样的。另外，特定的胜任力要素，比如“财务管理能力”及“战略规划能力”是某些特定岗位或者特定职级的员工所必备的。绝大多数的大型公司和很多中型企业都开发出了它们的胜任力框架。

胜任力框架岗位描述和绩效评估的基础，对于组织内人员的选拔和职业生涯发展同样不可或缺。有批评意见认为：胜任力框架不能有效区分“胜任力”的本身与个人潜在的“能力和价值”。员工的某项素质，比如“情商高”或者

“思维敏捷”，有可能是胜任某个岗位的必要因素，但是单纯依靠这类素质是根本不够的。

员工的胜任力与工作行为本身密切相关，认识到这一点非常重要。然而，对大部分工作岗位而言，对个体在特定社会情境下的行为的分析和评估也非常重要（Alimo-Metcalfe & Alban-Metcalfe, 2008）。后者经常被忽略。

## 组织期待的行为

近年来，研究人员越来越关注组织期待行为，比如组织公民行为（organisational citizenship behaviour，OCB）、角色外行为（extra role behaviour，ERB）以及积极组织行为（positive organisational behaviour，POB）。组织公民行为被定义为：

> 个体自发做出的行为，而这些行为不被正式的激励系统所直接、明确地激励，并且能够有效促进组织的发展。（Organ, 1988:4）

组织公民行为的意义就是员工基于他们的选择自发做出对整个组织绩效有积极影响的超出工作岗位职责的行为。例如：完全超过工作标准的最低要求，工作期间不处理个人事务（Law et al., 2005; Organ et al., 2006）。组织公民行为和良好的人际关系密切相关，也和工作幸福感的三个维度（自主性、人生目标和环境熟悉程度）密切相关（Alimo-Metcafle & Alban-Metcafle, 2012）。 193

角色外行为被定义为：做出超出目前角色期待的有益于组织的行为（Organ et al., 2006:33）。比如说“揭发行为”，即公开某些人的一个或多个从某种程度上讲与组织的原则和价值观不一致的行为，或者是那些不道德的行为，基于坚定信念的组织异议，这点也类似于揭发行为，除了那些在会议或者组织中的其他情景中说出来的。

积极组织行为是指积极取向的人力资源的优势和心理能力的学习和应用，这些都是在如今的工作场合的绩效提升方面可以测量、发展和有效管理的（Luthans，2002:59）。举例而言，帮助同事解决个人问题。

# 360度反馈使用：职业生涯发展的一个争议性话题

作为评估的期初和传统的方式，企业对员工职业生涯发展的决策基于直接上司的看法。很容易发现，由于仅仅基于一个人的视角，且很容易受到评估者个人偏见的影响，这一种类型的评价被认为是片面的。360度反馈，作为多评价者反馈方式（multi-rater feedback，MRF）或多源反馈（multi-source feedback，MSF），能有效解决上述两个问题，并且已经在一些组织中被应用了二十多年。它包括员工依据一系列评价标准进行自我评价，然后邀请他们的直接上司、一
194 部分的同事（包括同一个团队或部门的同事以及自己的下属）和其他人依据相同的标准回答相同的问题来完成评价。很多的360度反馈体系，同时邀请内部和外部的他人来评价。这一点非常重要，因为领导力行为的影响超越了所在团队、部门和组织的界限。外部的评价可能是来自顾客、合作伙伴以及供应商等的（图6.1）。

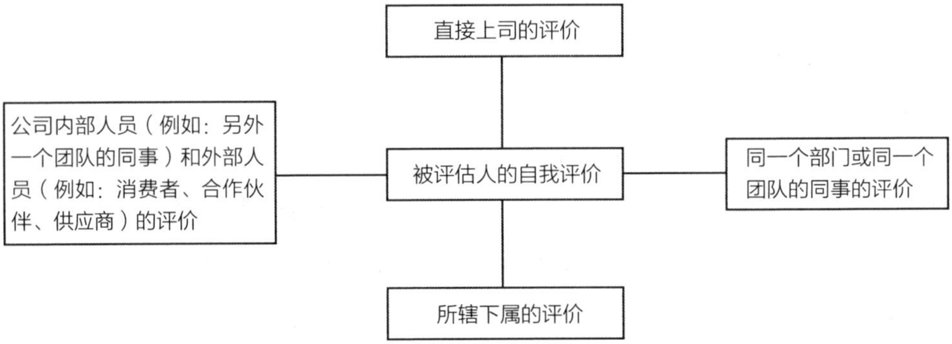


图6.1 360度过程

## 360度反馈的价值何在

360度反馈往往评价的是管理和领导能力。相对于绩效反馈资料的其他收集方式，例如定性评价——邀请关键的个体进行的评价，对行为的观察或者在过道里的比较随意的谈话，这种评价方式被认为是一种更加有效的收集反馈资料的方式。

对比传统的评价方式的过程中，一个更为重要的相关因素是不同类型的评

价者作出的评价具有的效度。已有证据显示，至少在短期和中期内，下属对上司的评价比评价中心依据目标绩效指标作出的绩效评估更加准确（下面介绍不同评价者的评价效度问题）。

## 自我评价与他人评价

360度反馈之所以有效是因为它是一种理解个人自我意识水平的最佳途径。我们可以通过他人评价和自我评价的一致性程度来评价自我意识的水平。自我意识被认为与更高水平的领导绩效密切相关（Fleenor, 2010）。然而，同一位作者指出这种关系并不是普遍适用的，情境因素，包括“他人”评价的运用、360度反馈评价工具的选择，也会产生影响。

研究者还总结道，“自我—他人评价一致性”（self-other agreement，SOA）与领导力绩效之间的关系比想象的要复杂。也就是说，在组织层面上，管理人员的高水平的自我—他人评价一致性在提高工作满意度以及组织忠诚度方面具有累积效应（Halverson et al., 2005）。自我评价、SOA的一致性和AC的绩效反馈资料之间的关系比较复杂，呈现出非线性关系。其中发现：自我评价最高的，AC的绩效反馈资料最差；同事倾向于高估那些低绩效员工的绩效情况（Atkins & Wood，2002）。

有一致的证据表明，自我评价对测定一个个体做得如何，大多是不准确的 195
（Fleenor et al., 2010; Tsui & Ohlott, 1988）。确实如此，有评价认为，通常情况下，由于受到仁慈偏差的影响，单独的自我评价并不被认为是领导力绩效的一个准确的预测指标。研究者记录过，与他人的评价和客观的指标相比，自我评价是不可信的、没有效度的和不准确的（Fleenor et al., 2010:1006）。

正是因为这个原因，组织才采用了360度反馈，来促使它的员工，特别是管理者和领导者，通过这种方式知晓向他们报告的下属、与他们一起工作的同事对他们的行为的感受，以及他们所直觉到的管理的效果如何。

## 设计并运用360度反馈体系

360度反馈体系的设计和现实中的应用概括在图6.2中。

每一阶段，最基本的条件和保障需要被满足。

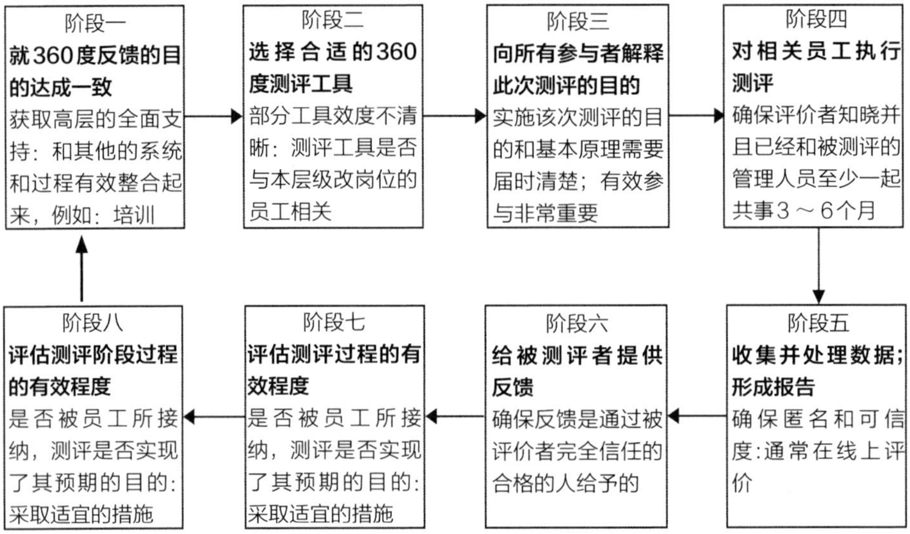


图6.2 360度测评过程的设计和应用

196 
## 评价量表

在360度反馈评价表中呈现的问题，通常是正向表述的语句以及李克特式量表的多个选项。这样评价者可以依据被评价者在多大程度上符合该表述作出选择，例如：“具有高超的沟通技巧”，选项是从“强烈赞成”到“强烈反对”的六点量表。

另外一种表述方式，“能够有效地运用沟通技巧”，评价者需要对被评价者做出这种行为的频率作出判断。这个例子中，评价量表包括“从来没有做过”到“经常做”多个选项。选项的措辞也是基于问卷条目的表述方式。

关于评价选项应该包括多少，这方面是存在争议的。部分人支持强迫选量表（没有中间选项，包括四个或六个选项）。这种量表强迫评价者作出选择，而不是让其“保持中立”或者有机会选择三点、五点、七点（语义上的区别），甚至是九点量表的中间选项。后者具有更多的自由空间。然而在任何一个量表中都需要包括“不知晓”或者“不相关”这些选项。

运用量表评价的方式有一个非常重要的意义，它可以基于不同群体或子群体的代表样本，计算平均数和标准差。通过这种方式，与行业/职业生涯或者其他相关的一些规范指标就可以计算出来，并可以进一步推断其他群体的情况。这些反馈资料也可以用来建立评价个人绩效的指标。

有一种完全不同的收集反馈资料的方式是收集“自比”反馈资料。这种反馈资料的收集需要评价者基于他们自身或者他人的性格特点和行为特征作出比较性的判断。表述方式是“与特点A相比，我（或者其他被评价者）更符合特点B”。

通过加入定性评价，360度反馈的效度可以得到提升。提供一些关于报告中通常用的表格和条形图的解释，在骨头上添加肉非常有意义。潜在的危险是：被评价的管理人员有可能过度关注定性评价，反而会忽略提供更多信息的大量量化反馈资料；或者是因为内容/写作的风格或其他原因，这些评价有可能对某个特定的评价者有作用，因此取消了匿名。

## 关于360度反馈资料的效度的证据

在一个人大部分的职业生涯中，他的工作相关的反馈信息只来自于他的上司。包括正式和非正式的反馈——在正式的反馈报告中，或者是在一次非正式的谈话中。很多组织甚至不会给员工提供周期性的绩效反馈，以致员工在他们生涯中的大部分时间，除了通过自己或所在团队的产出所搜集到的信息外，没有对自己所做工作形成真正的观点。 197

就像上面讨论过的，通常，绩效反馈仅仅是通过他们的直接上司来获得的。然而，越来越多的研究表明直接上司的评价是不准确的，原因如下：

- 只是他们个人的观点；
- 他们所看到的并不是你在自然状态下表现出来的样子；
- 他们只了解你在一系列有限的情境下的表现；
- 他们并不全方面管理你的工作——大部分情况下，只管理那些符合他们目标的工作；

- 他们倾向于出现“印象管理”的效应。

研究人员认为，与被测评者共事的他人能提供一个不同的视角，并能在这个视角给出更加准确的评价。下文介绍的是最常见的评价者。

## 直接报告（有时指的是“下属”）

他们是你们团队或部门的一员，你有责任去指导和帮助他们，他们的绩效由你负责。直接下属的评价被认为是所有的评价中最准确的，特别是关于领导力方面（Hogan & Hogan，2001）。原因是他们在广泛的情境下看到你，因此，要想蒙蔽他们是非常困难的。由于下属是领导力的焦点，并且一个“没有追随者”的领导就像一个“闲逛”的人，因此，如果你真的想去了解你的领导效果怎么样，你的直接下属能够提供该方面最有价值的信息。一项非常著名的纵向研究（McEvoy & Beatty，1989）探索了相比于评价中心给出的反馈，直接下属的评价预测上司未来领导绩效的有效性。通过用客观的测量方式测得3到5年后的绩效，他们发现直接下属的评价比评价中心的评价更加准确。直到10年之后，评价中心的反馈资料才具有更好的可靠性。

我们有理由用直接报告来判定绩效，然而，它们的运用，特别是与绩效管理相关的时候，其现实意义是值得怀疑的。原因如下：收集多渠道的反馈资料的过程有可能是不可控的；（由于某种原因）那些受欢迎的有可能获得更高的评价；想达成一致并且运用一致的标准非常困难。但是，相比较而言，他们是以发展为目的的绩效评估中最有价值的潜在的信息来源之一。

198 
## 同伴

同伴就是在同一个团队或同一个部门工作的同事。其他部门或团队的评价反馈资料的收集通常由“内部的他人”的主管主持。与下属类似，同伴的评价往往比老板的评价更准确，因为他们能在更为广泛的背景和情境下观察你。当你和老板在一起的时候，表现出来的往往不是自然流露的。因此，通常情况下，同伴能更为准确地评价绩效。他们更有可能意识到有可能影响工作绩效的工作情景的限制（Flecher & Baldry, 1999）。

同伴的评价在实际的应用中面临的问题与下属评价一样。但是，这种评价来源对以发展为目的的评价是有价值的。

### 直接上司

大部分的员工只有一个直接上司，少数情况下会有两到三个。举例而言，一位医院的医生向门诊的主任汇报他的医疗情况。对于其他人而言，只是组织类型的不同而已。单独来讲，直接上司的评价只提供了关于个人行为的一种带有偏见的评价，并且和当时情景相关联（Alimo-Metcafle，1998）。直接上司的评价受到“印象管理测量”影响，将会导致一种更好的评价（Wayne & Ferris, 1990）。

在现实的应用中，直接上司的评价非常关键，并且在大部分情况下，决定绩效的唯一基础就是它。然而，金钱奖励及晋升也在其中，因此需要建立组织层面和部门层面的统一标准，并且公平合理地去执行。

### 其他的内部和外部评价者

内部评价者与被评价者在不同的团队和部门，但是同时也在相同的组织中。外部他人在不同的组织中工作，例如客户、供应商或管理者。两种来源的反馈评价都具有价值。他们在一个非常不同的背景中和被评价者互动。在这种情境下，团队、部门和组织向外界展示自己。由于相同的原因，判定的标准差异很大。这样问题就来了，将客户和供应商的评价相加的意义到底有多大。这里，就与其他的评价群体一样，了解他们对你的评价的最好方式就是以谋求员工发展为目的，问他们擅长的特定范围的问题。

分别从不同的群体收集反馈资料是因为他们都能提供一个非常独特的视角。然而，近期的研究数据分析对这些不同来源的反馈的真实差异程度提出了质疑（Fleenor et al., 2010）。

## 人格测评与职业生涯发展 199

候选人的性格特征与偏好的自我评价，是职业生涯发展过程的一部分，这种认识的广泛普及非常重要。潜在的原因是，拥有某些特定的性格特征，对满足承担某种角色所需的预备要求非常关键和必要，或者是使得某个员工更有效地承担岗位职责所必需的。除此之外，性格测评工具还可以被用于了解员工在某种情境下处理某项任务时的行为偏好，以及他们之间偏好的区别。

最为普遍的性格诊断工具是“Firo B”“迈尔斯-布日格斯类型指标”（Myers-Briggs type indicator，MBTI）以及一系列评价大五人格因素的量表。五个因素分别为：宜人性、尽责性、外倾性、神经质、开放性。在某些情况下，测评工具还有可能包括“社会称许量表”和“说谎量表”以便鉴别出哪些被测评者尝试通过故意歪曲事实以使自己看起来更加适合某个岗位。这些工具会在第9章详细介绍。

## 最佳实践指导

下面是几个运用360度反馈的指导，将会“符合或者破坏”效度：

- 评价者的可信度——为了确保得到开放、诚实和有效的反馈，保持匿名性非常重要。如此做的最有效的方式就是只提供群体反馈，在每一个评价团队中，至少将三个人的反馈数据整合起来。
- 让被评价者自己选择他的评价者——最好的方式是让被评价者自己选择评价者。选择的标准就是，尽量选择那些他相信最了解他，并且在评价中能做到诚实、公平的人。这些人要在过去的几个月里与他有足够的接触，并且能够提供有用的反馈。强行给被评价者选择评价者，会使被评价者怀疑评价的有效性（例如：他真的并不了解我；她厌恶我）。
- 为受过培训的人提供一对一的反馈阶段——360度反馈提供的信息有可能和他们目前所相信的观点存在潜在的冲突。因此，有可能会挑战他们的自我概念，并且，有可能是被评价者在没有外部支持的情况下自己所不能够应对
200 的。因此，360度反馈应当谨慎实施，最关键的建议之一是对被评价者至少提供90分钟的一对一反馈会谈。会谈需要能够帮助他们理解报告，及帮助他们对应评价中提供的积极或者消极的反馈。
- 后续跟进对话和发展支持——360度反馈在过去不能促进绩效的主要原因是，

提供反馈报告之后没有跟进措施。没有基于报告形成个人发展计划。这个个人发展计划可能包括：辅导和指引、目标工作坊、行为学习装备和其他的发展活动。

- 不以评价为目的——当评价者被告知这次评价是以绩效管理为目的，而不是单纯地为了促进员工发展，他们有可能会改变他们的评价方式。360度反馈可以以评价为目的，但是有一点必须清楚，从一开始就要做对的事情。然而，360度反馈在支持员工的自我激励的发展活动方面，更为合适并且更加有效。

框6.2

**职业心理学实践**

设计有效的360度干预体系：清单

阶段1

- 确定是得到了高层管理人员的支持吗？
- 360度测评过程和现有的职业生涯发展和评估系统匹配吗？
- 你是否会支持和帮助那些完成测评的人？
- 是否已经对那些将要收到测评反馈的人进行培训？
- 项目的成本是否有效控制了？
- 用什么标准来计算投资回报率（return on investment，ROI）？

阶段2

- 对于你选择的360度测评工具有足够的信效度的证据吗？
- 是否有效反映了对不同等级和岗位的员工的能力要求？
- 关于能力要求的语言表述是否适合不同的职级和岗位的员工？
- 如果是用来测评领导力，那么是否能够有效评估被评价者的领导行为以及如何扮演岗位角色，特别是在与同侪和下属的互动过程中？
- 准备采用哪种评价体系？为什么采用这种评价体系？
- 为了确保匿名性和可信度，你是否能够在互联网上收集数据？
- 存储数据的系统是否足够的安全可靠？

201 阶段3

- 所涉及的所有员工是否都知道360度测评的目的？
- 是否能确保被评价者在该岗位的时间至少有3个月，最好有六个月以上？
- 是否能够确保他们现在没有处在过度的个人或工作相关的压力中？
- 是否能够确保他们目前处在被纪律约束的过程中？
- 他们是否相信你能够确保评价者反馈的匿名性以及纸质报告及其相关反馈的可信度？
- 如果需要给出定性的评价，评价者是否会意识到匿名性可能很难保证？
- 被评价者是否知晓反馈资料如何被使用（例如：为了绩效管理，或个人及专业的发展）？
- 被评价者是否已经意识到他本人的报告被共享的程度（绩效评估），或者是完全保密的（发展评估）？
- 被评价者是否知道，为了满足他们的需求和雄心，他们可以期待多少支持？
- 直接上司以及人力资源部门是否知晓他们会被要求提供哪种帮助？
- 你是否制作了一个常见问题文档，以回答那些最普遍的问题？
- 360度反馈过程各方面的信息是否在内联网（如果有的话）上都可以获得？
- 是否为那些将要完成这个过程而进行正式或非正式的相互拜访以讨论相关问题的人，做好了相关准备？
- 是否能够确保测评过程的所有方面至少满足了英国心理学会的最低纲要，或你所在专业协会的要求？

阶段4

- 是否告诉被评价者他们需要获取广泛的相关他人的反馈和评价？
- 是否给予了他们关于如何选择评价者的指导（例如：在不同岗位上都和他们一起工作过，并且能够及时可靠地完成评价）？

阶段5

- 是否建议被评价者，每一类评价者至少需要两位？
- 设置的计算机系统是否能够使得每一个评价者知道应该选择哪个选项？
- 设置的计算机系统是否可以自动发送提醒给回应较晚的评价者？

阶段6

- 是否能够确保那些给出反馈的人知道他们给出反馈的目的？
- 是否能够确保他们具有胜任该任务的适宜的资格（例如反馈方面 202
的培训，包括对他人需求的敏感性，和/或在支持和辅导他人方面较为专业）？
- 如果，不管是因为什么原因，被选定的教练/导师确实不合适，是否有给予反馈的替代人员？

阶段7

- 是否给被评价者提供关于如何写个人发展规划方面的培训？
- 是否给评价者提供关于如何写个人发展规划方面的指导？
- 是否有相应的跟进活动，比如特定技能的培训或行为学习范式？

阶段8

- 是否腾出时间或资金来评价干预的有效性？
- 你系统地了解参与者或其他人的观点的能力到了什么水平？或者将要到什么水平？
- 判断ROI的标准是否达到了？
- 得到了哪些教训？
- 将来应该以何种方式对360度测评进行优化？

## 职业生涯发展和评估过程中偏见的影响

数十年来，尽管我们的人口和劳动力越来越具有多样性，职业心理学工作者研究了为什么多样性的特点没有反映到组织层面，特别是高层那里。很多理论被提出来以解释这种情形。一些观点认为超越组织体验的多样性的缺乏，其原因是诸如一些职业招募的男性比女性多（Fouard, 2007）。然而，越来越多的证据表明很多职业偏见的形式，包括提供职业生涯发展的机会和绩效管理实施的方式，是使得那些没有利益代言人的群体的职业生涯发展前景暗淡的主要原因（Elsesser & Lever, 2011）。

## 不同群体职业生涯发展偏见存在的证据

一个组织若是更加多样化，更具包容性，便会减少不必要的开支（例如员
203 工仲裁和流失），获得更高的利润。因此，任何组织都希望自己的员工群体更加多样化。当然，要想产生积极的影响，组织需要为多样化的员工群体提供职业生涯发展的机遇，而不仅仅是将他们招募过来。然而，越来越多的证据表明，很多组织无意中在它们的员工的职业生涯发展道路上设置了障碍，特别是那些没有利益代言人的群体（Alban-Metcalfe, 2004; Avery, 2011）。

这些障碍以多种形式存在：

- 选拔和晋升标准——大部分评价标准的设计是基于对目前在职人员的观察和提问。如果这些员工在人口学上具有同质性——换句话说，例如他们全部都是白人或者全部都是男性——角色成功的感知就会基于一个白人或男性主导的视角。需要意识到这一点非常重要的原因是，研究发现，不同人口学群体（例如妇女和少数民族）对于某个角色成功与否的视角是不一样的。因此，当男性感知被用来决定评价标准的时候，那些白人男性更有可能成功被晋升或提拔到新的岗位中。而非白人男性的群体提供的替代性的视角与评估和选拔的关系就不那么大了。详细的讨论见第9章。
- 缺乏正式的职业生涯发展机会——研究发现，那些和主要的人口学群体不一样的员工在组织中获得职业生涯发展和培训的机会更少（Jonsen et al., 2011; Stahl et al., 2010）。研究者们提出了很多的理论对此作出解释，包括：和他们的直接上司关系不够好，看起来不像是一个有可能成功的员工，因此组织很少花钱为他们提供培训的机会。另外一个原因和上面提到的要点相关——被用一个依据与自己不同的人口学群体更相关的标准来评估。
- 个体之间缺乏区分度（与和直接上司的关系有关）——社会和组织心理学工

作者研究发现，当人们评价一个和他们互动的个体的时候，容易出现“晕轮效应”。我们更加倾向于认为那些在外表、人口学特征方面与我们类似的个体具有更加积极的特征，而对于那些与我们不同的个体却没有那么正面的评价（Fleenor et al., 2010）。就和直接上司的关系而言，如果他们之间的关系没那么好，他可能不太会让一个和他不同的下属承担更加简单易行的任务。这一点有可能是因为在潜意识层面上，相比那些人口统计学特征与自己相似的个体，那些不相似的人和自己没有那么多的共同信念。 204

- 缺乏可以得到的非正式的职业生涯发展机遇（和企业文化有关）——研究发现，那些和主流群体具有不同人口学特征的群体，在职业生涯发展过程中经常会遇到障碍。他们不太像是“内部人”，因此他们会错过关于那些将要到来的有趣的项目的非正式讨论，或者错过组织更广泛层面上的政策支持（Alban-Metcalfe, 2004）。
- 缺乏有吸引力的职业生涯发展通道，或者不能促进员工平衡工作和生活——谁都不想把全部的时间都花费在工作上，因此这一点对男性员工和女性员工都会有负面的影响，进而会导致其不在该行业继续发展，或者跳槽到其他公司，抑或是自己去创业（Alban-Metcalfe, 2004）。

## 在不同群体中绩效管理和评估的偏见存在的证据

也许，在非主流群体的职业生涯发展中，最难被人意识到的障碍就是绩效管理和评估的偏见。即使一个人本身非常优秀并且在工作中表现得非常突出，这类人也可能由于他们的贡献没有被正式（或非正式）认可，而没有晋升的机会。

- 缺乏绩效反馈——一大部分人都没有意识到的一个关键因素，就是和自己上司在人口学上不一样的个体得到规律性的、充分的绩效反馈的可能性比较小。换句话说，研究发现，这类个体从上司那里不但不能得到足够的反馈，而且已经收到的反馈从深度和质量上来说远远不够，不能够帮助他们明确自己改进的方向（Alban-Metcalfe, 2004）。
- 有偏见且不准确的绩效反馈——“光环”和“犄角”效应在前面已经讨论过，经理更有可能鼓励与自己具有相似性的下属，并且将他们的成功归因于能力这种稳定的因素，而不是运气和机会等不稳定的因素。有证据显示，当下属和自己的上司在人口学上不同时，为了克服领导头脑中的“认知失调”，他们不得不比其他人付出更多的努力。这样就出现了以下情景：上司不得不潜意识地忽略，他们并不期待所有的员工都表现得一样，因为他们本是有所“不同”的，由此转向关注他们成功与否。这就是人们为什么总是讨论，代表人数不够多的群体需要比那些主流群体做得更好才能成功。

- 偏见的其他来源包括：对某一个人的个人好恶；首因和近因效应；负性偏见，例如厌恶同性恋及种族歧视；个体能够运用的整个评价量表的程度的差
205 异（趋中和极端化）；目前所作判断的影响（对比效应）；时间延迟，导致相关的行为可能会被忘记；评估者作判断时的心情。

职业心理学工作者就组织可以如何克服员工职业生涯发展中，与绩效评估和选拔体系相关的偏见，在框6.3中提出了具体的建议。

职业心理学工作者应当意识到，并且应当努力克服，其他来源的变量的影响。比如：获得正式和非正式职业生涯发展机会的可能性；和上司的关系；残缺和有偏见的反馈。避免上述情况出现的主要途径是尽量保证组织中的任何个体，特别是那些在正式领导岗位的个体，意识到这种潜在的偏见。这样就可以减少偏见的出现和影响，让代表人数不够多的群体“站在同一起跑线上”。

框 6.3

**职业心理学实践**

设计一个没有偏见的选拔和晋升体系

1.确保目的是清晰和明确的。

2.设定一系列行为指标。

3.根据不同的指标的重要性确定其相应的权重。

4.确保评价标准是没有偏见的——让员工代表及其他相关专家在原有基础上进行进一步的修订。

5.谨慎地进行心理测试——偏见有可能在一个基于不具备代表性的样本且只能反映主要群体情况的心理测试的过程中产生。检查测验使用的公开数据，以确保它的公正性。

6.删掉任何不必要的评价维度——遵循选拔和评估过程的最佳实践，确保只有必要的评价标准被运用到测评的过程中。问卷条目描述方式的原则是层面理论（Facet Theory）。这样才能确保每个标准以相同的方式呈现。例如，在同一个时间只涉及一种行为，行为必须是可以观察的、可以推测的，所有条目都采用正向的表述方式。

7.对所有的评价者进行培训以减少他们的偏见——由富有经验的专家进行正规的培训。

8.建立一个评估代表小组——确保在任何一个观察小组中的评价者都具有多样性。

9.确保评价者和其他参与人员的权责界限是非常清晰的。

10.特别要注意对“Wash Up”阶段的谈话进行督查——在这个阶段，评价者往往会稍有放松，逐渐开始将主观的以及一些不相关的因素作为作出选拔决策的依据。因此，代表小组需要有一位主席，来细致地监督影响决策的因素以及决策的过程。

## 新时代的职业生涯发展与评估 206

这一部分将集中介绍职业心理学工作者在进行职业生涯发展评估指导的过程中需要意识到的一些关键因素。采用有效的职业生涯发展和评估措施应当匹配和支持企业目前和将来发展所追求的目标。

### 更加仔细地检查各水平上的多样性和全面性

组织内员工的多样性和全面性的提升有助于组织赢取和维持更多的客户。这种多样性需要面向客户，并且尽可能地运用到国际公共部门。越来越多的证据表明，员工的多样性更有助于他们与客户进行有效的沟通并理解客户的需求。职业心理学工作者的价值之一就是确保人才被发现并得到奖励，而不管他们的人口学背景是如何的。

## 更加仔细地检查顶层管理人员的绩效和行为

近期几个大型企业遇到的财务问题，促使它们加强了对董事会成员行为的监督。因此，越来越多的组织开始执行董事会层面的绩效评估，在这个过程中，职业心理学工作者扮演着重要的角色（Alimo-Metcalfe, 2012）。

## 将渴求人才的发展视为“常规的工作”

在组织中，需要保证有才能的员工持续发展的人才发展通道，特别是当高层退休或离职之后，需要有人接替他们的岗位。如果没有这些，一个组织很难获得持续性的发展。有些组织只是在一段时间内提出一个人才发展项目来发现那些高增长潜力的员工。但是，更为重要的是，各个层级的管理人员需要为所有的员工提供发展和晋升机会，目的是促进员工释放他们的潜力，提高他们的绩效。

## 207 新生代群体（Y代人和Z代人）

组织中现在有大量的Y代人，紧随其后的就是Z代人。Y代人指的是1980年到1995年出生的人。Z代人，又称i代人，指的是出生在互联网时代的人。在这个年代，新的社交媒体技术将每一个地方的每一个人通过他们的指尖连接起来。

研究发现，Y代人有着一系列不同的需求。他们强调自我发展和提升，期待财务成功，更加聚焦于结果，追求工作的更加深刻的意义（感觉到工作既有意义又有趣味），专注于团队，期待公平（ILM/Ashrige, 2011）。然而，关于Z代人的研究则非常少。一些社会评论家认为，全球经济的震荡和高水平的失业率，使得他们长期和短期的就业前景都让人担忧（e.g. Tulgan, 2012）。但是，网络全球化和他们的自我推销无疑使他们显得特别老练。在衰退前期，他们将会是高度精通数据，并且相互连接在一起的，他们在衰退时期的需求，会给企业吸引和保留人才带来很大的挑战。

这些对组织而言十分重要。从职业生涯发展的视角来看，影响主要有：工作方式应当更加灵活，包括工作分享、允许职业生涯中断；提供更多的家庭办公、户外办公的机会；鼓励团队合作；更加强调组织的公平性。在上述各个方面，职业心理学工作者和人力资源专家可以帮助组织通过以下途径应对挑战：评判性地审查公司的招聘、评估和奖励体系；有效实施职业生涯发展和评估及明确晋升标准；更大程度上满足员工需求，保留对公司有价值的员工。

## 小结

职业心理学工作者在通过塑造和实施职业生涯发展和评估助力组织发展方面扮演了非常关键的角色。本章主要阐述了职业心理学工作者采用的措施。已有证据表明，为了在满足组织及其员工需求的过程中采取既有效又公平的措施，需要考虑很多复杂的因素。同时，很多企业仍需意识到，不合理的职业生涯发展和评估方式可能对它们的基层员工产生非常消极的影响。因此，职业心理学工作者仍然有必要讲述在这些方面采取更加广泛的措施的商业案例（Boop et al., 2009; Jackson and Sirianni, 2009）。

组织需要考虑员工的健康和幸福感，这种观点在本章有所涉及。第10章将
要探索组织内影响员工健康的因素，以及如何运用这些因素去设计工作和工作 208
环境，以同时保证员工健康和促进绩效提升。

### 深入探究

扫描二维码，获取更多资源。

209 **讨论题**

1.在你尝试消除和减少绩效评估中的偏见的过程中，你应当考虑哪些因素？

2.如何给那些几乎没有预算，但是又想为它们的员工提供有意义的职业生涯发展机遇的公司提出有效的建议？

3.作为一个职业生涯发展和评估专家，你将基于什么为公司的绩效提升做出贡献？

**样例论述题**

1.假设你是一位职业生涯专家，你将给一位刚刚开启他的管理岗位职业生涯的18～22岁的青年人以什么建议？

2.查尔斯·库利认为，我们会逐渐从别人对待我们的方式中认识自己(通过镜子看自己)。如果这是正确的，为什么我们还是需要360度反馈以及多评价者反馈？

210 **样例测试题**

1.假设一个人刚刚进入劳动力市场，帮他评估一下组织管理的和自我管理的职业生涯的潜在优势和不足。

2.提出一个大约有25,000名员工的企业的360度测评/MRF方案。

| 职业心理学实践：工作中的一天 | |
|---|---|
| 比弗利·艾力默-梅特卡夫教授，布拉德福德大学管理学院领导力学科教授，利兹大学荣誉教授，真实世界集团创始人 | |
| 你在职业心理学的什么领域工作？ | • 领导力和文化转型<br>• 员工参与度和幸福感<br>• 个人职业生涯发展（和组织内的性别及种族偏见关系密切）<br>• 公平性和多样性（特别是在领导力理论方面的潜在偏见）<br>• 团队合作<br>• 管理（董事会的角色及其作用；董事会的领导力；董事会的影响力和公司其他部门的关系） |

续表

| | |
|---|---|
| | • 不同水平（个人、团队和组织）的绩效评估和360度反馈<br>我对组织如何创造一个保障员工高参与度且快速成长的工作环境特别感兴趣。组织的领导力水平对创造一个这样的文化特别重要。我认为员工的职业生涯发展应当被植入到员工和上司的关系、谈话的质量以及举办的互动性活动中。 |
| 你是如何对这个领域发生兴趣的？ | 在读博士期间，我发展了自己关于绩效评估方面的兴趣。很明显，即使在管理比较先进的英国的几个公司中，其绩效评估过程都是很基础的。当时，我为所在学校（利兹大学）和专业人士设计并指导了一个评估技能的提升项目。<br>我的关于职业生涯发展方面的兴趣是起源于一段在附属学校教书的经历。很明显，那些孩子基本没有职业生涯期待。于是，我想通过加强他们的自我概念，提高他们的自尊水平，提升他们的职业生涯和人生抱负水平，来帮助他们提高这方面的能力。<br>通过关于一个私人部门的男性和女性管理人员的职业生涯发展的一次研究， 211<br>我对这方面的兴趣又加强了。在这一阶段我完成了心理学的四个学位（Bed，MSc，MBA，PhD），并且从来没有想到心理学研究的性别色彩如此之强烈。这暗示了我们好多信息。在我读博士期间，一次领导力行为的评估访谈，从头到尾几乎都是“他”，使我非常惊奇地认识到性别社会化影响力是如此之大。<br>当我强调我们的样本中没有女性的时候，我的另外两位同事觉得非常惊奇。他们和组织这次研究的专业管理协会（英国管理协会）都误认为这个因素是不相关的。这一点最终促使我决定去寻找增加女性样本的方式。最终的样本中包括1400名男性和993名女性——这是历史上包括女性样本最多的研究之一。<br>这些实验结束之后，结合我工作的环境，我开始围绕职业生涯发展的性别观点来写作和研究，专门聚焦于妇女在晋升和绩效评估的过程中面对的大量的障碍。<br>我继续专注于领导力行为方面的研究，并且越来越对美国那种完全基于男性视角的领导力的研究感到不满。因此我进行了一次为期三年的关于领导力方面的调查。调查样本非常大，有四千名以上的管理人员和技术人员，关键的是，这也许是第一次有意识地将性别和种族背景因素囊括进来。这次研究的成果——全新的360度反馈工具以及权变领导力问卷（TLQ），被越来越多的领导力项目所采用。最终我们建立了利兹大学的spin-out公司，现在叫作真实世界集团。在评估特别是360度反馈以及评价中心发展方法论和应用方面，我的兴趣得到了提升。 |
| 你认为在哪种类型的组织中工作有趣？原因是什么？ | 我们在真实世界集团的活动包括三个方面：做研究；开发测评工具；提供咨询。我们的主要客户是英国的公立部门，当然我们的客户中私立部门也在不断增加。我们亦和国外的大型机构和独立的顾问建立了密切的联系，特别是在澳大利亚、新加坡、中国和美国。 |
| 在这个领域影响力较大的论文有哪些？ | Atwater, L.E., and Yammarino, E.（1992）‘Does self-other agreement 212<br>of leadership perceptions moderate the validity of leadership and performance predictions?’, *Personnel Psychology*, 45（1）: 141-64.<br>Fleenor, J.W., Smither, J.W., Atwater, L.E., Braddy, P.W., and Sturm, R. E.（2010）‘Self-other rating agreement in leadership: a review’, *The Leadership Quarterly*, 21: 1005-34. |

续表

| | |
|---|---|
| | Gilligan, C. (1982) *In a Different Voice*. Harvard, MA: Harvard University Press.<br>Greenhaus, J.H., Parasuraman, S. and Wormley, W.M. (1990) 'Effects of race on organisational experiences, job performance evaluations, and career outcomes', *Academy of Management Journal*, 33 (1) : 64-86.<br>Greenhaus, J.H., and Parasuraman, S. (1993) 'Job performance attributions and career advancement prospects: an examination of gender and race effects', *Organisational Behavior and Human Decision Processes*, 55: 273-97.<br>Marshall, J. (1984) *Women Managers: Travellers in a Male World*. Chichester: Wiley.<br>McEvoy, G.M. and Beatty, R.W. (1989) 'Assessment centers and subordinate appraisals of managers: a seven-year examination of predictive validity', *Personnel Psychology*, 42 (1) : 37-52.<br>Nieva, V.F. and Gutek, B.A. (1980) 'Sex effects on evaluation', *Academy of Management Review*, 5: 267-76.<br>Savickas, M.L. (2009) 'Life designing: a paradigm for career construction in the 21st century', *Journal of Vocational Behavior*, 75: 239-50.<br>Schein, E. (1993) *Career Anchors: Discovering your Real Values*. San Diego, CA: Pfeiffer.<br>Schein, E.H. (1996) 'Career anchors revisited: implications for career development in the 21st century', *The Academy of Management Executive*, 10 (4): 80-8.<br>Sturges, J., Conway, N., Guest, D., & Liefhooghe, A. (2005) 'Managing the career deal: the psychological contract as a framework for understanding career management, organisational commitment and work behavior', *Journal of Organisational Behavior*, 26: 821-38. |
| 在这个领域主要的学术进展有哪些? | • 认识到在实施一种促进个人职业生涯发展的“人生规划”的方式的过程中个体和组织所面临的挑战。<br>• 更加深入地理解生活—工作平衡的特点和含义。<br>• 人才管理——这一点对组织“人才战争”而言非常关键。<br>• 新的领导力模型认为领导是一个社会性过程。 |
| 你工作的实际应用多大程度贯穿于你的研究? | 大量的。我们所做的研究通常和我们提供咨询和设计测评的过程密切相关。虽然我目前参与两个外部资助的研究项目，但是我和我的团队大部分的研究项目是为了开发具有现实应用价值的测评工具和技术。 |
| 道德在你的工作中扮演什么角色? | 道德是我们在真实世界团体所做的每一项工作的基础，并且在我们工作（研究、咨询和诊断）的方方面面严格贯彻。作为布拉德福德管理学院领导力专业的教授，这些也是我所坚守的。 |
| 你能举一个例子说明你工作的一天吗? | 没有典型有代表性的一天。有可能是参加一次会议、一个工作坊，或进行一次组织文化转型的干预，或就360度测评的反馈意见和董事会密切协作，或写一篇论文，或参加一次全国性的咨询团队会议。 |

213

续表

| | |
|---|---|
| 在过去的五年中，你的工作有什么变化? | 我发现董事会在领导和管理方面扮演的角色越来越重要；将领导力的本质看作是社会影响的过程，对这一点的理解越来越深刻；在团队和组织中，员工对领导力的兴趣有所增加；关于领导力和团队合作、员工幸福感、态度关系的研究越来越多。<br>对员工参与度的兴趣也大大增加；关于组织内公平和多样性的咨询和研究越来越多；组织转型过程中更加频繁地运用合适的问卷；产生更多的可供个人层面、组织层面使用的360度测评工具。 |
| 你如何看待你的工作未来五年的变化? | 更多的跨社区合作，以及公立部门—私立部门的合作；强调营造创新和学习的文化氛围；协作性的跨文化研究和咨询有效加深我们对领导力的理解；与采用我们的模型和工具的战略伙伴之间的跨国性合作越来越多。<br>我们需要更加巧妙地发展和使用360度测评工具，特别是考虑到情景因素的时候；在澳大利亚、中国、印度、美国以及其他环太平洋国家的经验研究，建立起了360度测评及其他测评工具的效度。 |

## 参考文献 214


Alban-Metcalfe, J. (2004) *Prospects: Diversity and the Career Progression of Managers in Local Government*. London: LRDL/IDeA.

Alimo-Metcalfe, B. (1998) '360 degree feedback and leadership development', *International Journal of Selection & Assessment*, 6: 35–44.

Alimo-Metcalfe, B. (2012) Engaging Boards. www.kingsfund.org,uk/publications.

Alimo-Metcalfe, B. and Alban-Metcalfe, J. (2008) *Engaging leadership: Creating Organisations that Maximise the Potential of Their People*. London: Chartered Institute of Personnel & Development.

Alimo-Metcalfe, B. and Alban-Metcalfe, J. (2012) *Leadership During Tough Times: Understanding into Action*. Leeds: Laedan Press.

Atkins, P.W. and Wood, R.E. (2002) 'Self-versus others' ratings as predictors of assessment center ratings: validation evidence from 360-degree feedback programs', *Personnel Psychology*, 55: 871–904.

Armstrong, M. and Baron, A. (2012) *Performance Management*. London: Chartered Institute of Personnel & Development.

Avery, D.R. (2011) 'Support for diversity in organisations: a theoretical exploration of its origins and offshoots', *Organisational Psychology Review*, 1: 239–56.

Bolles, R.N. (2009) *What Color is your Parachute*? Berkeley, CA: Ten Speed Press; Updated Annually.

Boop, M.A., Bing, D.A. and Forte-Trammell, S. (2009) *Agile Career Development: Lessons and Approaches from IBM*. IBM Press.

Brousseau, R., Driver, M., Eneroth, K. and Larson, R. (1996) 'Career pandemonium: realigning organisations and individuals', *Academy of Management Executive*, 10: 52–66.

Elsesser, K.M. and Lever, J. (2011) 'Does gender bias against female leaders persist? Quantitative and qualitative data from a large-scale survey', *Human Relations*, 64:1–4.

Fleenor, J.W., Smither, J.W., Atwater, L.E., Braddy, P.W. and Sturm, R.E. (2010) 'Self-other rating agreement in leadership: a review', *Leadership Quarterly*, 21: 1005–34.

Fletcher, C. and Baldry, C. (1999) 'Multi-source feedback systems: a research perspective', in C.L. Cooper and I. Roberston(eds), *International Review of Industrial and Organisational Psychology*,14:149–93.

Fouad, N.A. (2007) 'Work and vocational psychology: theory, research, and applications', *Annual Review of Psychology*, 58: 543–64.

Gratton, L. and Hailey, V.H. (1999) 'The rhetoric and reality of 'new careers', in L. Geantton, V.H. Hailey, P. Stiles(eds), *Strategic Human Resource Management*. Oxford: Oxford University Press.

Halverson, S.K., Tonidandel, S., Barlow, C.B. and Dipboye, R.L. (2005) 'Self-other agreement on 360-degree leadership evaluation', in S. Reddy(ed.), *Multi-Source Performance Assessment: Perspectives and Insights*. Hyderabad: ICFAI University Press. pp. 125–44.

Hawkins, P. (1999) *The Art of Building Windmills: Career Tactics for the 21st Century*. Liverpool: Graduates into Employment Unit: University of Liverpool.

Hirsh, W. (2000) *Succession planning Demystified*. IES Report No. 372. Brighton: Institute for Employment Studies.

215 Hirsh, W. (2011) 'Positive career development for leaders', in J. Storey(ed.), *Leadership in Organisations: Current Issues and Key Trends*. London: Routledge. pp. 129–49.

Hogan, R. and Hogan, J. (2001) 'Assessing leadership: a view from the dark side', *International Journal of Selection & Assessment*, 9: 40–51.

Hopson, B. and Scally, M. (1993) *Build Your Own Rainbow*. Lees: Lifekskills Associates.

Institute of Leadership & Management/Ashridge Business School (2011) *Great Expectations: Managing henevections*. London: Institute of Leadership & Management.

Jackson, D.W. and Sirianni, N.J. (2009) *Building the Bottom Line by Developing the Front Line: Career Development for Service Employees*. Harvard, MA: Business Horizon.

Jonsen, K., Maznevski, M.L. and Schneider, S.C. (2011) 'Diversity and its not so diverse literature: an international perspective', *International Journal of Cross Cultural Management*, 11: 35–62.

Kidd, J.M. (2006) *Understanding Career Counselling*. London: Sage.

Kidd, J.M., Hirsh, W. and Jackson, C. (2004) 'Straight talking: the nature of effective career discussion at work', *Journal of Career Development*, 30: 231–45.

Law, S.K., Wong, C. and Chen, X.Z. (2005) 'The construct of organisational citizenship behavior: should we analyze after we have conceptualized?', in D.L. Turnipseed(ed.), *Handbook of Organisational Citizen Citizenship Behavior*. New York: Nova Science Publications.

Littrell, R.F. and Nkomo, S.M. (2005) 'Gender and race differences in leader behaviour in South Africa', *Women in Management Review*, 20: 562–80.

Luthans, F. (2002) 'The need for and meaning of positive organisational behavior', *Journal of Organisational Behavior*, 23: 695–706.

MacLeod, D. and Clarke, N. (2008) *Engagement for Success: Enhancing Performance through Employee Engagement*. Available at: www.bis.gov.uk.

McEvoy, G.M. and Beatty, R.W. (1989) 'Assessment centers and subordinate appraisals of managers: a seven-year examination of predictive validity', *Personnel Psychology*, 42: 37–52.

NCDA(National Career Development Association)(2003) 'Career development: a policy statement of the National Career Development Association Board of Directors (adopted 16 March 1993; reversed 2003). Available at: http://www.ncda.org/pdf/Policy.pdf(accessed 24 September 2012).

Organ, D.W. (1988) *Organisational Citizen Citizenship Behaviour: The Good Soldier Syndrome*. Lexington, VA: Lexington Books.

Organ, D.W., Podsakoff, P.M. and MacKenzie, S.P. (2006) *Organisational Citizen Citizenship Behaviour: It's Nature, Antecedents and Consequences*. London: Sage.

Rosener, J. (1990) 'Ways women lead', *Harvard Business Review*, 68: 119–225.

Schein, E.H. (1978) *Career Dynamics: Matching Individual and isation Organisational Needs*. Reading, MA: Addison-Wesley.

Schein, E.H. (1993) *Career Anchors: Discovering Your Real Values.* San Diego, CA: Pfeiffer.

Schein, E.H. (1996) 'Career anchors revisited: implications for career development in the 21st century', *Academy of Management Executive*, 10: 80–8.

Stahl, G.K., Maznevski, M.L., Voigt, A. and Jonsen, K. (2010) 'Unraveling the effects of cultural diversity in teams: a meta-analysis of research on multicultural work groups', *Journal of International Business Studies*, 41: 690–709.

Tsui, A.S. and Ohlott, P. (1988) 'Multiple assessment of managerial effectiveness: interrater agreement and consensus in effectiveness models', *Personnel Psychology*, 41: 779–803.

216 Tulgan, B. (2012) 'High-maintenance Generation Z heads to work', *USA Today,* 26 June. Available at: http://usatoday30.usatoday.com/news/opinion/forum/story/2012-06-27/generation-z-work-millenials-social-medie-graduates/55845098/1 (accessed19 November 2012).

Wayne, S.J. and Ferris, G.R. (1990) 'Influence tactics, affect, and exchange quality in supervisor-subordinate interactions: a laboratory experiment and field study', *Journal of Applied Psychology*, 75: 487–99.

Yarnall, J. (2008) *Strategic Career Management—Developing your Talent*. Oxford: Butterworth-Heinemann.

Zaffron, L. (2009) *Performance Management: The Three Laws of Performance: Rewriting the Future of Your Organisation and Your Life*. Boston, MA: Harvard University Press.

# 第7章
# 工作环境设计：健康、安全与幸福感



费米达·穆尼尔和希拉里·麦克德莫特

**学习成果**

学习完本章后，你将能够：

√了解目前与健康、安全相关的工作环境设计的理论与实践；

√了解心理学知识在工作与组织中的应用；

√认识风险与风险管理的概念；

√认识人为因素，了解为什么人为因素是工作场所中健康安全管理的关键因素；

√了解人的行为是如何影响工作场所中的健康、安全与幸福感的；

√了解实施干预与评价干预在工作与组织中的作用。

## 引言

这一章介绍了工作环境设计，以及如何运用职业心理学的原则来指导工作设计与工作环境设计，以实现工作与人的能力相匹配。围绕职业健康、职业安全与职业幸福感，本章简要概括了相关法律，以及影响员工健康的重要事项。此外，本章介绍了一些重要概念，如风险、事故、人为因素，而且通过实例说明了这些因素如何引发工作中的潜在危险。为了保证职业健康与职业幸福感，本章从工程控制与员工心理两个截然不同的视角进行了阐述。

## 218 职业健康安全管理：法律背景

在英国，职业健康与职业安全受欧洲立法与国家立法管控，所依据的法律是1974年颁布的《劳动安全与健康法》以及一些补充规定。四十多年来，英国越来越重视运用法律法规来控制并提高职业健康与职业安全，这种做法最早可追溯至第一次工业革命时期。第一次工业革命时期，机械与制造业蓬勃发展，不仅改变了工人的工作方式，也极大地提高了对劳动力的需求。因此，工厂开始雇用妇女与儿童来工作，而工厂的工作条件恶劣，如工作时间长、工作环境糟糕（粉尘与高温）、机械危险，这造成工人的高死亡率与高患病率。

19世纪，公众普遍开始关注恶劣的工作条件，这推动了工厂安全法的颁布，目的在于管控工厂，以保护工人的权利，特别是妇女与儿童。然而，早期的法律条例存在一些限制，如每一条法律针对一个具体的安全问题。直至20世纪中期，人们普遍认为英国的工厂安全法无法有效地保护工人免于工伤与职业疾病。于是，1970年，在主席洛德·罗本斯（Lord Robens）的主持下，劳动安全与健康委员会成立，这意味着英国的劳动安全与健康法将会迎来彻底的改革。在1974年，《劳动安全与健康法》规定，只要合理可行，雇主有责任保证工作中的所有员工的健康、安全与福利；此外，雇主也有责任确保公众的安全。

自从《劳动安全与健康法》颁布以来，英国诸多的健康与安全法依据欧洲指令而制定。1992年，《劳动安全与健康法》下的六大法定文件开始生效，这六大条例包括：

- 工作健康安全管理条例（1999进行修订）；
- 工作场所条例（1992）；
- 工作设备的提供与使用条例（1998进行修订）；
- 手工处理操作条例（1992）；
- 219 显示屏幕设备条例（1992）；
- 工作中个人防护设备条例（1992）。

其中，工作健康安全管理条例为管理与工作相关的健康安全问题提供了一个总体框架，而其他五条是关于会引起危险的设备的操作条例。然而，这六大条例提出了共同的要求：评估员工的风险；采取措施降低风险；提供识别健康与安全风险的相关信息与培训。在考虑工作设计与工作环境设计的同时，2010年颁布的《平等法》也至关重要，这一点在第4章有涉及。

残疾员工或者存在健康问题的员工同时受1974年的《劳动安全与健康法》与2010年的《平等法》的保护。这些法律要求雇主对工作以及工作环境做合适的调整，以确保员工能安全工作。

## 健康与安全：重要概念

为了全面地理解与学习本章内容，有必要先了解一下与职业健康和职业安全相关的一些关键概念，主要包括以下几个：

> 安全：指受保护免于危险、危害、受伤的状态，或指不会造成危险、危害、受伤的状态。（牛津英语词典，1989）
>
> 健康：指一种在身体上、精神上的完满状态，以及良好的适应力，而不仅仅是没有疾病和衰弱的状态。（世界卫生组织，1946）
>
> 事故：指意外发生的不幸事件，一般会造成损失与受伤。（牛津英语词典，1989）
>
> 危害：指任何能带来伤害的情况。（卫生安全局，2006）
>
> 风险：指遭遇伤害的可能性大小，也指造成伤害的严重程度。（卫生安全局，2006）

## 工作设计、职业健康安全

工人在工作的过程中会遭遇一些意外伤害和一些威胁健康的因素，在这种情况下，工作包括了工作任务以及执行任务的工作环境。早期的人—环境互动 220
模型是由史密斯和森福特（Smith & Sainfort）于1989年提出的（见图7.1），该模型解决了人为因素的一些问题。人为因素是指环境因素、组织因素、任务因素、个人特质等因素，这些因素能影响工作行为，进而影响健康与安全（卫生安全局，2009）。换句话说，这些因素涉及三个相互关联的方面：工作、个人与组织。

相关研究表明，关注这三个方面有助于减少工作事故、受伤事件以及职业疾病。史密斯和森福特的模型介绍了人—环境互动的五个成分：个人，任务，环境，技术、工具与机械，工作组织与监管。其中，任务因素，技术、工具与机械因素可以归为人为因素中的任务因素；个人因素对应的是人为因素中的个人特质因素；工作组织与监管因素可以归为人为因素中的组织因素。这些因素在图7.1中有更深入的讨论。

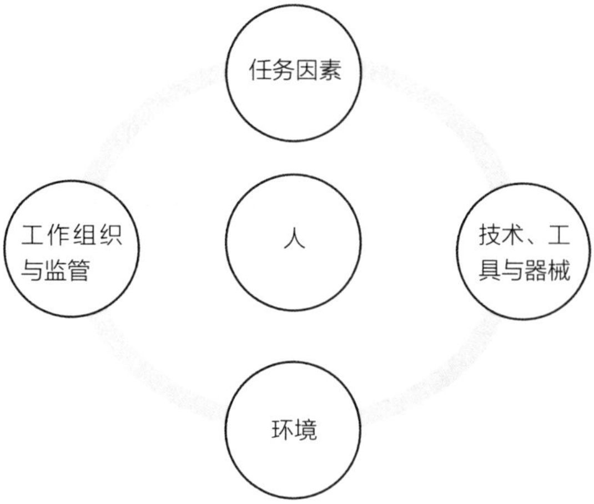


图7.1 职业安全健康绩效模型
来源：史密斯和森福特（1989）

- 221 个人因素。个人特质（如身体素质与心理素质）会影响个人的工作方式，以及个人与环境的互动方式。身体素质包括身高、体重、体力和身体灵活性，而心理素质包括认知、动机。此外，能力与技巧也是重要的因素。如果任务要求超出个人所能承受的范围，如超出身体极限、心理极限，抑或是技能水平，就有可能发生事故。
- 任务因素。任务因素是指个人所承担的任务的特点，如工作节奏、体能要求。如果一项工作所要求的体能太大，人就会出现错误。同样地，如果工作节奏太快，会提高事故发生的可能性。
- 技术、工具与器械。它是指完成工作所需要借助的东西，既包括很简单的，如计算器、笔记本等，也包括极其复杂的，如技术先进的或计算机化的机器，使用这些东西时需要操作者动用知觉、认知和运动技能。而人与机器的不匹配会增加人出错的可能性，进而会引发事故。
- 环境因素。环境是指工人的工作环境，环境中可能存在一系列的有害物质，如化学和有毒物质，或存在过度噪声、超高温、光线不足。恶劣的工作条件会影响工人的视听觉与注意力，进而增加工作的风险。例如，过大的噪声会阻碍有效的沟通，如阻碍关于危险状况的指令的传达；超高温会使工人产生疲劳感；光线不足会损害工人的视觉；所有的这些因素都会增加事故发生的可能性。

- 工作组织与监管因素。工作组织与监管因素是指诸如安全文化、监督政策等因素，它们能影响员工的工作行为以及工作危险。安全文化是指影响健康安全管理的个人或组织的价值观、态度、认知、行为模式的集合（Nieva & Sorra, 2003, p18）。如果企业的管理政策不重视健康安全，那么整个企业都可能不会重视这一点。相反，如果企业营造出重视安全管理的氛围，这会使工 222
人自觉重视自己以及他人的安全。

框7.1

**职业心理学实践**

注意你的背：医护人员的安全系统

*问题性质*

医疗行业的员工普遍有患骨骼肌肉疾病的风险，尤其是背部疼痛。医护人员在护理病人时，最容易患骨骼肌肉疾病。相关研究表明，高负荷的护理工作是导致医护人员患骨骼肌肉疾病的主要因素，而糟糕的起重设备是引起这一事件发生的主要原因。琼斯（Jones）和希内特（Hignett）决定调查并评价救护车的三种装载设备（如轻载重担架、绞盘式提升机构担架、尾板举升机构担架），以找出最好用的一个。

*方法*

采取三种数据收集的方法：实地调查、问卷和体态分析。

通过几个月的实地调查，收集了378小时的现场观察数据，其中，观察不同的加载设备的时间点不同。此外，通过对医护人员的访谈，收集医护人员使用担架系统的意见。在数据处理时，首先对观察数据进行层次分析和相关分析；然后，对数据进行三角测量，并对装载系统存在的主要设计问题进行归类。

通过电子问卷调查了全国医护人员与制造商对加载设备的设计意见。问卷要求被调查者根据问题的严重程度对加载设备存在的设计问题进行排序。

通过实验室研究收集体态数据。

*结果与应用*

操作安全性：本研究发现操作安全性是最重要的问题。而在操作安全性因素上，尾板举升机构担架是最好用的，绞盘式提升机构担架让病人感觉不舒服，轻载重担架对病人与操作者而言存在严重的安全问题。

人工操作：对所有操作系统的风险性进行了辨别与区分。

223 时间因素：轻载重担架用起来最快捷，绞盘式提升机构担架最慢。所以在运用设备时，要考虑病人的运送时间。

*小结*

实地调查与实验室研究均表明，从整体来看，尾板举升机构担架是最好的救护负载设备，该设备降低了人工操作的风险，具备功能多样性、高效的特点。此外，未来需要进一步简化该设备的操作设计。

Jones, A., and Hignett, S. ( 2007 ) 'Safe access/egress systems for emergency ambulance', *Emergency Medicine*, 24:200–205.

## 社会心理环境的工作设计

组织管理的一个重要职责就是进行工作设计，确保工人能安全高效地完成工作。组织也会通过工作设计去激发员工的工作动机，提升员工的工作满意感，增强员工的工作承诺感。总而言之，工作设计并非易事，不合理的工作设计会给员工带来工作压力，损害员工的健康。因此，什么是工作设计呢？史莱克等人（Slack et al.）在2004年依据5个绩效指标从不同的角度来描述工作设计：

- 质量。员工能够生产出高质量的产品，或提供高质量的服务，错误降至最小。
- 速度。能以多快的速度完成紧急任务主要取决于紧急服务的组织方式。
- 可靠性。如果工作需要可靠的服务传输，工作设计时就需要从工作安排到工作制服各个方面进行全方位的考虑。

- 灵活性。确保生产的灵活性，在特定的时期，如节日期间，能确保提供大量的产品与服务。
- 成本。每小时服务顾客的数量。

此外，史莱克等人进一步提出了其他两个影响工作设计的指标：

- 健康安全事件。通过工作设计，确保员工工作时不会遇到危险，以保证员工的健康与安全。
- 工作生活质量。当在设计工作时，要考虑员工所承受的压力水平、态度、工作多样化与工作保障等因素。

本章的后续部分将会对以上这些影响员工压力与幸福感的因素进行深入探讨。

## 组织行为的概念 224

组织是由互动的员工组成，他们为共同的目标而工作，为了完成任务，员工会被划分到不同的部门。然而，员工具备不同的技能和责任感，其行为表现也存在差异，从而对组织产生的影响不同，在共同目标的实现过程中发挥的作用也不同。关于组织行为的定义存在多个角度，有的从个体与团队的角度出发，有的从管理实践的角度出发，甚至有的从职业压力与员工幸福感的角度出发。基于此，组织行为可以从以下三个水平来界定：

- 个体水平。该水平认为个体的行为有助于理解组织行为，主要涉及个体的人格特质、动机、态度、价值观以及学习能力。
- 团体水平。该水平关注团体内部个体之间的互动方式，主要涉及决策、领导力、权力、冲突以及政策。
- 组织水平。该水平认为组织设计与组织结构影响组织行为，主要涉及组织文化、组织变革与组织发展。

现今，组织为了保持竞争力，提升效率，需要了解工作环境是如何同时影响员工的工作效率与健康。例如，高绩效的组织意味着能有效地满足客户的需要，但对员工来说，恶劣的工作环境意味着高压力水平。

# 组织行为与压力

## 压力是什么

当环境要求超越了个人的承受能力时，会带来身体与心理的变化，这时压力就产生了（McCoy & Evans, 2005）。而谢耶（Selye，1936）认为压力是指个体在应对各种可以想象的挑战、困难时所表现出的总体状态。生理应激反应是指当个体在应对压力源时，表现出的一系列身体变化。应激反应在日常生活中很常见，能使我们更好地生活（Levi, 2005）。例如，当你在运动时，正常的应激反应能使你保持警惕性，当你在为考试复习时，正常的应激反应能使你注意力集中。然而，当一个人对压力的生理反应很频繁且持久时，就会造成生理或心理紧张、疾病（如心脏病），最终会使人过早死亡。

表7.1 列举了一些常见的压力症状，一个人表现的压力症状越多，表明其承受的压力越大（虽然压力症状也有可能是由其他心理或健康问题引起的）。

225 表7.1 压力症状

| 身体症状 | 情感症状 | 认知状态 | 行为症状 |
|---|---|---|---|
| • 全身疼痛，周身不适<br>• 偏头疼<br>• 睡眠问题<br>• 高血压<br>• 高胆固醇<br>• 腹泻或便秘<br>• 恶心、作呕、头晕<br>• 过敏<br>• 经常感冒 | • 喜怒无常<br>• 抑郁、情绪低落<br>• 不满意<br>• 焦虑<br>• 沮丧<br>• 挫败感、失意<br>• 烦躁易怒、脾气暴躁<br>• 感觉不知所措<br>• 孤独感 | • 遗忘<br>• 注意力不集中<br>• 长久的担忧 | • 企图借助酒精、烟或毒品来放松<br>• 人际关系问题<br>• 攻击性<br>• 暴饮暴食或节食<br>• 睡眠过多或不足<br>• 紧张的表现，如咬指甲 |

过劳与压力的区别是什么？

过劳是指：

对个体身心造成影响的过度的压力或要求。

压力是指：

个体面对过度的压力、挑战时的生理与心理反应。

关于压力体验，已有的研究提出了一些压力模型。最早的压力模型是由坎农（Cannon）于1932年提出的，他认为压力反应可以由各种各样的社会心理刺激所引发，这些社会心理刺激会威胁、破坏人的体内平衡。这些外部威胁会导致个体产生“战斗或逃跑”的反应，促进了个体的新陈代谢，使个体更容易被
唤醒。这些社会心理变化会使个体逃离压力源。谢耶（1985）也认识到，压力 226
反应可由各种各样的应激源引起，然而，他关注压力的内在因素，定义压力反应为有机体对环境刺激的一种具有非特异性的生物学反应现象。谢耶在1936年提出“一般适应综合征”（general adaptation syndrome，GAS）模型，认为个体在应对压力的过程中会经历三个阶段，具体如下：

- 警觉阶段。该阶段的个体在压力情境中，会更加活跃，可能会产生“战斗或逃跑”的反应，也会产生各种各样的情感与社会心理反应。
- 抵抗阶段。该阶段个体一直处于唤醒状态，尝试应对警觉阶段时所面临的压力问题。这一阶段，如果压力情境持续很长，高激素水平会破坏个体的体内平衡，从而损害身体健康。
- 衰竭阶段。该阶段出现在长时间的抵抗阶段之后，此时，个体经历了长久的压力刺激，体力开始衰竭。

坎农（Cannon）和谢耶提出的早期的压力模型均体现了个体对外部应激源的自动反应。最近提出的压力模型也提及了个体与应激源的相互作用。拉扎鲁斯和福克曼（Lazarus & Folkman，1984）提出压力的认知交互理论模型，阐述了个体与应激源的交互作用。拉扎鲁斯（1985）提出，压力可以视为个体与所处环境的一种关系，而非生理反应。尽管拉扎鲁斯也承认生理应激源，但是他认为只有当个体对需要（例如工作需要）与资源（例如处理能力）作出评价，认为需要超出了资源之后才会产生压力，而且他提出压力的产生存在着两个阶段的认知评价过程：

- 初评价：个体要评价外界事件对自己是否具有挑战性或威胁。如果事件被评价为是有压力的，个体就会认为该事件可能给自己带来伤害、威胁或挑战。伤害是指个体感觉上的受伤与损害；威胁是指会造成伤害或损失的事情；挑战是指有可能使自己获取成长与提升。
- 次评价：发生在初评价之后，评估个体是否有能力应对压力情境。

依据压力的认知交互理论，个体评估事件的方式对个体的决策、压力反应

227 以及应对压力的策略均具有重要的影响（Lazarus & Folkman, 1984）。下面将就个体面对压力时采取的应对策略进行详细的阐述。

## 压力的调节因素

拉扎鲁斯（1999）提出，当个体认为自己具备足够的应对资源去应对某一情境时，个体就不会体会到压力。由于不同学者对应对的定义不同，应对策略的分类也存在差异。拉扎鲁斯和福克曼认为应对是指个体处理特殊的内部或外部的需要时付出的变化性的认知与行为努力。拉扎鲁斯和福克曼（1980）将应对策略划分为问题中心型的应对策略与情感中心型的应对策略。问题中心型的应对策略包含一系列问题取向的策略，如问题定义、提出可选择的解决方案、权衡不同解决方案的利弊并进行行动。情感中心型的应对策略最有可能出现在个体认为事件是有压力的，而且无力改变伤害、威胁与挑战的环境。其他学者也对应对策略进行了划分，例如，卡弗等人（Carver et al., 1989）提出的卷入应对与脱离应对；阿斯平沃尔和泰勒（Aspinwall & Taylor, 1997）提出的前摄性应对。

其他一些因素，如人格也会影响个体的应对策略。沃勒斯（Vollrath, 2001）提出人格会影响个体经受压力源的频率、类型以及个体对压力源作出的评价。卡弗和康纳—史密斯（Carver & Connor-Smith, 2010）提出高神经质的个体会面临更多的人际关系压力，倾向于认为事件是高威胁性的，并认为自己缺乏足够的应对资源。相比之下，外向型和高尽责型的个体会认为事件是具备挑战性的，而非威胁性的，并对自己的应对资源作出积极的评估（Penley & Tomaka, 2002; Vollrath, 2001）。

压力、应对策略与人格特征均与个体的健康紧密相关。积极的应对策略与高的情绪幸福感、功能状态、适应性相关（Lazarus, 1999）。此外，人格因素是影响个体压力应对的一个关键因素。高神经质的个体面对压力时，会适应不良，从而导致焦虑、抑郁等心理问题，而高尽责型的个体产生问题内化与外化的可能性较小（Malouff et al., 2005）。此外，高尽责型的个体会有更高的主观幸福感（Steel et al., 2008）外向型的个体具备更高的幸福感与更健康的身体（Carver & Connor-Smith, 2010）。相比之下，高神经质的个体在压力情境下容易生病，且心血管疾病的复原能力较弱（Chida & Hamer, 2008）。

228

框7.2

案例研究：理解压力

邓恩是一个居住在小巷里的59岁的男士，依靠自己挣钱养活自己。他在一个工厂里上夜班。邓恩喜欢秩序，擅长日复一日的基础性管理。然而，日常工作与生活中的一些意外变故却使他很沮丧。三个月前，一户新人家搬进了隔壁的一个空房里。这户人家不注意自家花园的整洁，经常将车停在邓恩的房子前面，这一切使他很心烦。这户人家偶尔会很吵闹，而邓恩想要睡觉。邓恩没有直接向该邻居说明这些情况，但是他给这户人家写了一封信，倾诉他的不满与抱怨。这户人家没有给邓恩回复，但是，它们两家之间的关系出现了破裂。自从新的邻居住进来以后，邓恩出现了睡眠困难的问题，并且比以前更爱喝酒。

- 为什么邓恩以这种方式来应对他的邻居？
- 可以做些什么来解决这一问题？
- 什么样的解决方案可以有效改善邓恩的健康？
- 这些事情对邓恩的工作能力会产生何种影响？

总之，对压力的适应不良，会损害个体的健康，并产生一系列复杂的心理问题（Shirom et al., 2009）。然而，面对压力，不同的人会有不同的表现。这不仅与个体的应对资源与应对有效性有关，而且与个体的人口学特征（例如性别、年龄、教育水平）、人格特质、社会支持以及个体对环境的控制水平有关。

## 工作压力

简单地说，工作压力可以理解为个体面对工作中的过度压力与各种各样的要求时的一种不良反应（HSE, 2011b）。工作条件对员工的影响主要源自以下两个方面：工作设计，如工作要求、工作控制水平；工作环境设计。

## 工作设计、心理问题与压力

不合理的工作条件会带来一系列问题，如工作量太大或太少、严格的截止
229 日期、工作的高度重复性、必要的工作速度、工作不安全感、人员冗余、缺乏决策权、工作角色混淆、不和谐的工作人际关系、缺乏管理支持（Cooper & Marashall, 1976; Cox, 1993）。此外，糟糕的工作条件也会打破工作—生活平衡，如长时间的工作，或将工作中的消极情绪带到家庭生活中（Cooper & Marshall, 1976）。充满压力的工作情境会损害员工的身体健康和情绪幸福。然而，更重要的是，工作中的压力源并不是单独起作用的，它们之间的交互作用对员工的身体健康与幸福感的影响作用更大（O' Driscoll & Brough, 2010）。下面，将对一些重要因素进行详细的阐述：

- 工作要求——主要有三种工作要求会影响员工的身体健康和幸福感：身体要求（如，将重型货物装载到卡车上）、认知要求（如，打很多电话）、情感要求（如，照顾晚期病人）。工作要求是指员工在工作时，缺乏完成工作的足够的工作时间或必要的工作技能、资源（Kahn, 1980; French & Caplan, 1973）。工作要求会引发一系列的压力症状，如，不健康行为或消极的应对策略（饮酒与吸烟）（Kjeerheim et al., 1997），心理问题（抑郁、焦虑、耗竭）（Hakanen et al., 2008），糟糕的工作表现（工作绩效低、对工作不满意、缺勤）（Jex & Crossley, 2005; Oeji et al., 2006），身体健康问题（高血压、心血管疾病）（Karasek & Theorell, 1990）。为了减轻工作要求对员工的消极影响，学者们已经作了大量的研究，如卡拉塞克（karasek，1979）提出的工作要求—控制模型，之后的研究者将其扩充为工作要求—控制—支持模型（Johnson & Hall, 1988）（见下文）。
- 工作角色——工作角色的问题主要包括三种，分别是角色超载、角色模糊、角色冲突。角色超载类似于工作要求，指员工在同一工作时间需要承担不同角色的工作（O' Driscoll & Brough, 2010）。角色模糊是指对员工承担的角色缺乏清晰的认识，不清楚该角色的工作职责（Beehr, 1976）。角色冲突是指员工承担的不同角色不相容或存在冲突，从而导致员工对工作职责产生困惑，例如，当员工被要求去从事工作职责之外的工作。角色模糊与角色冲突会引发

员工的工作压力、心理压力（O' Driscoll & Beehr，1994）；此外，角色冲突也会导致员工产生工作不满意感、高焦虑（Arnold, 2005）。工作角色与家庭角色之间的冲突已经受到了大量的关注，已有的证据表明工作对家庭的冲突和家庭对工作的冲突均会引发员工的心理困扰和身体不适（Frone, 2003）。下面 230
我们将进一步讨论工作角色的影响作用，如哈克曼和奥尔德姆（1976, 1980）的工作特征模型。

- 工作时间——工作日程是工作设计的一个重要部分，包括员工开始工作的时间、每天或每周的工作时长、工作时间模式（如轮班、灵活的工作时间、加班）。研究表明，轮班和长时间的工作均会对员工的身体健康和幸福感有负面影响（Martens et al., 1999; Sparks et al., 2001）。此外，它们与心血管疾病和癌症也紧密相关（White & Beswick, 2003; Hansen, 2001）。
- 工作控制——工作控制是指员工能够决定如何开展工作的自由程度（Karasek & Theorell, 1990）。工作控制可以指员工对工作方面的控制，如控制何时开始与结束工作，也可以指员工对工作场所的把控。据报道，员工在工作中拥有较少的控制权或者没有控制权，会体验到较强的心理压力（Specyor, 2009）。这是因为，缺乏控制权会让员工觉得自己没有能力，从而会降低员工的情绪幸福。研究表明，工作控制能最小化员工由角色模糊等工作压力而造成的心理压力（Beehr, 1976）。因此，工作控制在员工处理工作压力的过程中发挥着重要作用，而且哈克曼和奥尔德姆的工作特征模型与卡拉塞克的工作要求—控制模型均强调了工作控制的重要意义。
- 社会支持——工作中的社会支持是指来自同事及上司的帮助与照顾等。不同来源的支持（如同事的支持、家人的支持）和不同类型的支持（如情感支持、信息支持）均有助于减轻工作压力对员工的负面影响；然而，在一些情况下，也可能增强压力源与压力感的联系，而非起到减弱作用。社会支持的作用将在下面的工作要求—控制模型中进行详细讨论。

一些工作设计理论或工作压力理论能帮助我们更好地理解工作是如何影响员工的心理，以及如何直接或间接地影响员工的身体健康的。下面，我们将对这些模型进行简要的介绍。

231 框7.3

**职业心理学实践**

### 成为好的组织公民会使员工产生压力吗？

*问题性质*

个人主动性是组织公民行为的一种表现，是指员工自愿做超出自己工作要求之外的工作行为，如早到、加班、自愿承担其他工作任务。然而，研究表明，个人主动性可能带来角色超载、工作压力、工作—家庭冲突。基于此，学者想要探究个人主动性是否会对女性的工作—家庭冲突造成更大的负面影响。

*研究方法*

通过邮寄问卷的方式对美国一所大学的622名毕业生进行调查。调查时，要求被调查者完成问卷，同时，还可以邀请自己的朋友等帮忙填写问卷。最终得到170份填写完全的有效问卷。此问卷调查了个人主动性、角色超载、工作压力和工作—家庭冲突，并对数据进行层次回归分析。

*结果与应用*

研究结果证明了预期，即个人主动性与角色超载、工作—家庭冲突相关，并且对男性、女性都是这样的，然而，对女性而言，这种相关更强。

结果表明，加倍付出与压力、角色超载、工作—家庭冲突密切相关。这意味着投入组织公民行为对员工有负面的影响，可能影响员工的正常工作。

Bolino, M.C. and Turnley, W.H. (2005) ‘The personal costs of citizenship behaviour: the relationship between individual initiative and role overlaod, job stress, and work-family conflict’, *Journal of Applied Psychology*, 90:740–8.

## 工作特征模型

哈克曼和奥尔德姆的工作特征模型（JCM）解释了不同的工作特征对员工工作行为的不同影响。根据该模型可推论，工作任务与员工的个人特质相匹配有助于激发员工的工作动机，提升员工工作满意感与工作绩效。哈克曼和奥尔德姆（1975）提出了工作设计时应该考虑的五个关键工作特征：技能多样性、任务一致性、工作重要性、工作自主性与工作反馈。例如，哈克曼等人认为无聊与重复性的工作会抑制员工的工作动机，而挑战性的工作能提升员工的工作动机。技能多样性、工作自主性与决策权均增加了工作的挑战性。工作丰富化 232
（如，改善工作过程与环境）和工作轮换是增加多样性与挑战性的两种方式。哈克曼等人区分了不同工作特征下的三种心理状态，分别是工作意义感、个人责任感、知识。工作特征模型对研究工作再设计有重要意义，而且关于工作特征模型的研究也证明了工作特征模型的有效性。然而，现有研究仅仅关注工作特征的直接作用，鲜有研究考察心理状态对员工的间接影响作用。关于工作特征模型，第4章也会涉及。

## 工作要求—控制理论

解释工作要求与员工情感、健康关系的一个最为重要的理论是卡拉塞克（Karasek, 1979）提出的工作要求—控制模型理论。该理论依据工作要求与工作控制两个维度，划分了四种工作类型，工作类型不同，员工的健康与幸福感也不同（Karasek & Theorell, 1990）。图7.2列举了这四种工作类型，具体如下：

- 高要求、低控制——在这种情况下，员工会体会到心理压力与生理压力，属于高压力型工作；
- 高要求、高控制——在这种情况下，员工会体会到幸福感、自我提升，属于主动型工作；
- 低要求、高控制——在这种情况下，员工会体会到较低的工作压力；
- 低要求、低控制——在这种情况下，员工可能体会到较高的工作压力，属于 233
被动型工作。

| 工作控制 \ 工作要求 | 低 | 高 |
| --- | --- | --- |
| 低 | 被动型工作 | 高压力型工作 |
| 高 | 低压力型工作 | 主动型工作 |

图7.2 工作要求—控制模型
来源：卡拉塞克（1979）

已有研究揭示了这四种工作类型与员工健康、幸福感的关系。为了进一步探究工作要求—控制模型理论能否有效预测工作压力，德朗等人（De Lange et al., 2003）进行了研究。约翰逊和霍尔（Johnson & Hall，1988）通过研究，提出了第三个维度，即社会支持，并将社会支持加入该模型，提出了工作要求—控制—支持模型。他们的研究表明，工作控制与社会支持可能会削弱高工作要求对员工健康与幸福感的负面影响（如高要求、低控制与高支持的工作）。因此，社会支持是减轻员工工作压力的一个有效因素。工作控制与社会支持属于社会心理性的工作特征，既可以给员工带来工作压力（如低控制与低支持），也会影响员工的幸福感。因此，这些特征可以作为调节因素，调节压力源与员工压力之间的关系。此外，个人特质，如人格、自我效能感或应对方式，也可以作为调节因素，调节压力源与员工压力之间的关系。关于这些个人特质如何影响压力，本章的前面已经概述过。

## 付出—回馈失衡模型

除了工作要求—控制模型之外，西格里斯特（Siegrist, 1996）提出的付出—回馈失衡模型（effort-reward imbalance，ERI）也能有效地解释工作压力的产生，该模型包含两个维度：付出与回馈。该模型认为，当员工感知到工作回馈与自己的付出不相符时，就会产生工作压力，而且这种失衡会导致糟糕的情绪和健康问题。相比工作要求—控制模型，该模型的一个优势在于，它对相同的构念有更广泛的评估。付出可以分为外部付出（如，工作量超载）与内部付出，其中，内部付出被视为一个稳定的人格特质。应对行为的六个维度可以归纳为两个因素，即个体固有特质与控制欲，据此可以对内部付出进行评估。维切尔等人（Vegchel et al., 2005）提出，付出—回馈失衡模型的外部付出的作用已经获得了大量实证研究的支持，而内部付出的作用（如特定的人格特质、过度承诺）则需要进一步的研究，从而更全面理解付出—回馈失衡模型，以实现更全面地评估该模型的预测力度。

## 个体—环境匹配理论

个体—环境匹配理论也能有效地解释工作压力的产生，该理论认为，当个人能力与工作环境不匹配时，就会产生工作压力。关于该理论，在框7.4里会进行详细的阐述。

框7.4 234

案例研究：活动

杰米拉是一家医院的护士，主要负责年老病人的术后康复工作。杰米拉是一个全职护士，她的工作实行轮休制，每12个小时一换班。最近，杰米拉感觉工作很吃力。由于组织重构，她的工作任务增加了。此外，经常性的员工短缺与财政不足使得每个员工必须承担额外的工作任务。例如，之前，杰米拉只需要负责4~6个病人，而现在她需要照顾8个病人，并且在夜班的时候，她还有额外的工作任务，即需要检查护理计划，审查是否存在用药失误。然而，做这些额外的工作之前，杰米拉没有受到任何相关的培训，她感觉到这些额外的工作严重损害了她的护理能力，而且，她感觉同时承担这些角色很困难。另外，管理病人的预期、与病人家属聊天也让杰米拉感到力不从心。尽管杰米拉与病房经理说明了这一情况，但是，事实上并未有改变，她依然要承担那些额外的工作任务，也没有受到任何额外的支持与培训。

- 能否依据工作特征模型、工作要求—控制模型、付出—回馈失衡模型对杰米拉目前的工作情境加以描述？

## 物理工作环境的设计

设计物理工作环境时要考虑一些基本要素，这些基本要素能确保组织正常运转，同时也能确保工人舒适、安全地工作，具体包括周围条件（如，照明、音量、通风、温度）和空间组织（如，空间封闭性、办公室人员密度）。环境设计对员工的健康与绩效的影响既可以是积极的，也可以是消极的，如果支持并满足员工的需要，如有助于激发员工思考、促进群体沟通，就会产生积极的影响（McCoy & Evans, 2005）。相反地，如果设计的物理环境不利于员工工作的进行，如密集的工作空间、昏暗的照明，这不仅会降低组织绩效，阻碍组织成功（Becker & steele，1995），也会给员工带来工作压力，影响员工幸福感。

工作压力的理论模型将物理工作环境视为一个重要因素。例如，个体—环境匹配理论，该理论提出存在多种人—环境匹配类型，如个体—组织匹配、个体—工作匹配。然而，为了更好地理解物理工作环境对员工压力的影响作用，可以将个体—环境匹配理解为环境要求与个体技能的匹配（Edwards &
235 Harrison，1993）。从环境心理学与人体工程学的视角出发，如果工作环境或要求依据人体工程学进行设计，则有助于弥补员工体力、心理以及能力上的不足（Miles & Perrewé, 2011）；相反，如果个体与环境不匹配，则会给员工带来心理压力与生理压力（Caplan, 1987），降低员工动机与工作绩效，阻碍员工的社会互动（McCoy & Evans, 2005）。已有研究表明，工作环境中的噪声会降低员工进行复杂工作的工作绩效，导致员工出现生理压力症状，降低员工的工作动机与工作满意感（Broadbent, 1971; Lercher et al., 1993; Evans & Stecker, 2004; Sundrom et al., 1994）。

环境舒适理论模型认为舒适的工作环境能提升员工的工作绩效，而不舒服的工作环境则会降低员工的工作绩效，引发工作压力（Vischer, 2007:181）。根据该模型，维舍（Vischer, 2005）提出了三个等级的舒适：

- 生理舒适——包括满足员工基本的需要，如安全、卫生，这可以通过规定来实现；
- 官能舒适——从人体工程学的角度出发，考虑如何促进员工的工作绩效（Vischer, 2007:179），如为员工提供符合人体工程学的设备，为员工提供足够的照明等。

- 心理舒适——让员工感到自己能控制工作环境、有归属感与所有权，能保护个人隐私（Kupritz, 2000; Steele, 1986; Vischer, 2007）。

麦克科和埃文斯（2005）的研究表明，对物理工作环境缺乏控制感会引发一系列的消极结果，如降低员工的工作动机与幸福感，进而导致员工产生工作压力与抑郁；此外，他们还提出环境压力源并不是单独发挥作用，而是会联合社会心理环境（如，工作任务性质、自主权限、工作载荷）共同发挥作用，并且这种作用会受到物理工作环境的调节作用（Evans et al., 1994）。关于个体—环境匹配理论与相关调节变量能否有效地预测工作压力，克里斯朵夫-布朗（Kristoff-Brown，2005）对此进行了详细的梳理。

## 工作场地设计：提高员工的身体健康与幸福感

### 风险管理

身体风险与心理风险会影响员工的健康、安全与幸福感，因此需要进行风险管理，降低风险。在过去的四十多年，英国法律的一个重大改变是不再局限 236
于依靠规范条例这些规范的方式来确保员工工作时的安全健康，转而采用更具预防性的方式进行安全与健康管理，以控制安全、健康事故的发生。工作中的风险管理提供了一个系统的预防性的针对实际问题的问题解决方案，能有效地降低工作环境中的危险发生率。目前，已经不再局限于关注技术故障，而转向关注管理责任，试图通过辨识危险源、降低风险、管理风险等方式来维护员工的安全健康，这是一个重大的转变。

1999年的《工作健康安全管理条例》明确规定了有效管理工作健康安全的预防措施。规定要求，英国的每一个工厂均实施风险评估，目的在于辨识、评价和管理工作中的所有重大风险。风险评估全面地考虑了员工工作进程中可能引发的一些重大风险。员工没必要消除工作环境中所有的风险，而且这也不可能做到，因此，我们要在合理可行的范围内，尽可能地保护员工的安全健康。

这意味着需要辨别工作场所中潜在的危险，并采取措施控制由危险引发的事故。卫生安全局已经颁布了风险管理指南，包括五个实际操作步骤，具体见框7.5。

框7.5

如何做：风险管理五步骤

1.辨别危险

如，检查显而易见的危险，查看事故与患病记录，从而辨别其他危险。

2.确定谁将会受伤

如，确认执行某一工作的团队成员。

3.评估风险，并决定预防方案

如，审查目前的危险或风险控制，从而决定采取何种预防措施并确定如何实施。

4.记录发现，并贯彻实施

如，记录风险管理与行动计划的结果。

5.回顾风险评估，并提出改进意见

如，回顾行动计划，确保执行完毕；预估新兴风险。

（HSE，2011a）

237 框7.6

活动

想象一个你熟悉的工作场所，这可以是你兼职时工作的场所，也可以是你的家人目前所处的工作场所。尝试想出该工作场所中存在的至少三个危险（该危险可以是能造成伤害的任何事情）。思考这些危险可能会使谁受伤或患病，考虑可以采取哪些控制措施来保护个体免受伤害。是否存在其他你认为必要的控制措施？

这五个步骤简单明了，是由法律规定的进行风险管理所必须采取的步骤。然而，这并不是进行风险评估的唯一方式，在某些情况下，需要采取一些更复杂的步骤，尤其是某一工作情境中的危险很严重时，如核工厂。然而，在英国的大多数工厂中，这五个步骤为其风险评估与风险管理提供了一个简单可行的指导。

附录中提供了一个风险评估的实例，这不是一个完整的案例，只是从实际案例中摘录的一部分，该案例来自意昂公司（E-on，UK），并获得其授权。

## 管理并降低工作中的心理风险

相关调查表明，工作压力很普遍，这不仅影响员工的健康与幸福感，也会降低工作产出，导致病假增多、员工离职。针对这一问题，组织已经采取了相应的策略来帮助员工应对压力，减轻员工的压力水平。通过这些策略对员工的压力进行预防与干预，具体可划分为三个干预水平，分别是初级干预、二级干预、三级干预。初级干预主要是通过工作再设计实现的，如给予员工更多的工作自主权，让员工参与组织决策；此外，初级干预还包括对组织过程与组织政策进行改革。总之，初级干预是组织层面的干预，能使所有员工从中受益，这也是最有效、最具预防性的措施（Cartwright & Cooper, 2005）。而二级干预和三级干预均是针对个人进行的干预。二级干预的策略包括通过压力管理计划拓展员工的个人资源，以使其能更有效地应对压力，这些策略通常是针对高风险人群。三级干预策略是针对那些由于压力已经出现健康问题的员工，包括咨询、 238
员工救助计划、康复治疗。下面，将对这三个水平的干预进行详细的阐述。

## 实施初级干预

初级干预旨在改革工作实践。初级干预可以通过员工调查的数据与组织数据（如产出、病假）来发现影响员工与组织的问题，并在团队或组织水平上进行改革，以确保所有员工受到帮助。初级干预具体可以分为两大类型：针对社交一技术变革的干预；针对社会心理变革的干预（Parkes & Sparkes, 1998）。社会一技术变革是指在工作中实施的实实在在的变革，如减少工作任务、改善工作设备。而社会心理变革则旨在改变员工的工作感知，如员工的工作控制感、角色模糊和社会支持。尽管对工作设计、组织、管理进行变革需要耗费很长时间，但却非常值得，而且经理和员工均会参与干预设计。在实施初级干预时，如果管理得当，初级干预的成本就不会很高，也不会使组织出现混乱（Randall & Nielsen, 2010）。初级干预需要过一段时间才能发挥作用，因为员工需要一段时间去调整并适应新的工作实践。塞默（Semmer, 2003）的研究表明，从中期/长期看来，初级干预是有效的，因为初级干预解决了影响员工健康的危险因素。而且，很多实例也证明了初级干预的重要意义，如，考克斯（Cox）等人提出社会心理风险管理的方式（Cox, 1993; Cox, Griffiths & Rial-González, 2000; Cox, Griffiths, Barlow et al., 2000）。考克斯等人将风险管理的5步骤扩充成社会心理管理的7个步骤（Cox, Griffiths & Rial-González, 2000）:

1. 辨别危险；
2. 评估相关的风险；
3. 设计可行、实用的干预措施；
4. 执行工作控制策略；
5. 监督并估测控制策略的有效性；

239 6. 反馈并评估风险；

7. 审查所需的信息，给员工提供必要的培训。

关于社会心理风险管理的跨国案例很多，这是因为对很多国家而言，社会心理风险管理是法律提出的要求。

## 实施二级干预

二级干预主要是培训员工如何应对棘手的工作情境（Randall & Nielsen, 2010）。最受欢迎的二级干预是压力管理训练（stress management training, SMT），压力管理训练提供各种不同的活动，能帮助员工有效地管理工作压力，具体如下：

- 认知行为治疗训练。根据贝克（Beck, 1995）的认知疗法，该技术的主要目的是让员工意识到他们由于压力而产生的情绪、负性思维（如生气、愧疚、无助），并通过改变员工对压力来源的认知方式而减轻员工的压力。

- 放松与调节技术。该技术是压力管理训练中很流行的一个方法，是通过深度的肌肉放松来帮助员工更好地应对压力造成的负面影响。生物反馈法经常与放松法结合使用，在使用该方法时，需要测量一系列生理指标，如心率、血压 、皮肤电，这些指标能让他们清楚地看到压力减轻的效果（Giga et al., 2003）。
- 运动。研究表明运动在提升身体健康与应激复原中发挥着重要作用。运动能促进内啡肽的释放，而内啡肽能有效地缓解抑郁、生气与攻击性（Brill & Cooper, 1993）。此外，运动有助于释放能量，增强身体的抗压能力。
- 工作技巧训练。工作技巧训练包括自信、时间管理的课程，训练员工工作所需的核心能力（Randall & Nielsen, 2010）。理查德森和罗斯坦（Richardson & Rothstein, 2008）认为工作技巧训练是相对有效的一个方法。
- 综合方案。在应对压力时，采取多种方法，而非只采取一种方法。

### 实施三级干预 240

三级干预主要依据员工救助计划为员工提供咨询、专家支持服务与治疗。员工救助计划针对员工的个人、情感、心理问题，为员工提供各种不同的服务，如保密评估、咨询、治疗。一些员工救助计划还会为员工提供工作之外的服务，如帮助解决员工的家庭纠纷、法律事务与财政方面的问题。其他的三级干预还包括提升员工健康。想要进一步了解员工救助计划，请参阅第5章。

## 干预的有效性

一些系统综述与元分析研究评估了以上三种干预方式的有效性。通过对初级干预与二级干预的元分析，理查德森和罗斯坦（2008）检验了各种干预方式的有效性，如认知—行为法、放松法、组织水平的干预、综合方案以及其他方法；结果表明，放松法最为常用，组织水平的干预很罕见；当论及干预效果时，发现认知—行为法比其他任何一种干预方法的效果都要大，然而，如果增加其他治疗方式，认知—行为法的效果就会减小。西摩尔与格鲁夫（Seymour &

Grove，2005）的系统综述也支持上述观点。

西摩尔与格鲁夫（2005）的研究证明了运动能有效地预防与治疗员工由工作压力而引起的心理健康问题。然而，一则关于工作场所中的体育活动干预的元分析表明，体育活动干预和工作压力之间的关系平平（Conn et al., 2009）。不过，由于不同的研究存在差异(如体育运动的类型)，调节作用的大小也不相同。库帕拉等人（Kuoppala et al., 2008）的系统综述表明，工作场所中健康提升计划（如运动、健康的生活方式）是有效的，它能降低员工的病假率，提高员工的心理健康指度。

241 框7.7

**职业心理学实践**

工作压力的干预

*案例概述*

一家国有制造企业注意到治疗肌肉骨骼疼痛的员工数量日渐增加，并且，在过去的6个月里，请1~2天病假的员工数量几乎翻倍了。最近，该公司在健康与安全委员会的指导下，完成了该年度社会心理风险评估。而且，公司自己也进行了调查，进一步辨别深层次的风险。结果归纳如下。

*根据风险评估的结果识别出四种危险：*

- 高工作负荷
- 严格的时间控制（如规定生产线中员工的工作速度）
- 任务缺乏多样性
- 缺乏直接上司的支持

*调查结果*：

调查由职业健康安全部门执行，对600名员工进行问卷调查，回收了554份填写完整的问卷。

样本平均年龄：52岁，年龄范围：16~62岁。

性别：35%是女性。

被调查者的报告结果如下：

- 高水平的心理压力
- 高水平的工作焦虑
- 低水平的工作满意感
- 高水平的健康问题（如背痛、高血压等）

正如前面所述，该公司中有较高的病假率，并且大量的员工有治疗肌肉骨骼疼痛的经历。

- 根据以上调查结果，哪种类型的干预适合解决该公司存在的管理危险、压力与健康问题？
- 如何实施？
- 如何设计一个研究测量干预是否有效？

纵观现有研究，几乎没有系统综述与元分析探究过组织层面的干预。这是因为组织层面的干预很复杂，而且在特定情境下，很难设置控制组进行对照。伊根（Egan，2008）的系统综述探究了四种组织层面的干涉，分别是员工参与、变化的工作任务、轮班制的变革、压缩工作周。在这众多研究中，很少有研究会报告干预是如何实施的，这使得我们很难评估干预的有效性。未来需要开发更好的技术以便更好地报告这些干预的实施情况，只有这样，才能得出这些干预的有效性。 242

## 小结

本章介绍了工作环境设计中涉及的一些关键概念，以及工作环境设计对员工健康、安全与幸福感的影响。显而易见，工作环境设计与工作设计对员工的健康、安全、幸福感的影响很复杂，并且会受到其他因素的影响，如所使用的工具、技术和设备，工作任务，个体—工作环境互动，群体行为与群体动力，此外，人为误差、个体差异（如人格、压力感知与压力倾向性）等因素也是使其变得更加复杂的原因。通过尽量减少工作中影响员工健康与幸福感的危险来确保工作场所的安全，这不仅是法律的要求，也是组织实施初级干预、二级干预、三级干预的有益实践。在经济不景气的时期，组织会面临裁员与重组，在这个时候，组织要特别注意不确定风险对员工的安全、健康与幸福感的影响。本章为学生理解工作安全、健康与幸福感的相关概念与复杂性提供了一个开端。

本书会继续关注干预，从健康与幸福感的视角，转向变革与组织发展所引起的心理概念的探索。

## 深入探究

扫描二维码，获取更多资源。

243 **讨论题**

1. 是否有特定的情景或事件会使你产生压力？这些压力事件对你产生了哪些影响？你采取了哪些行动来应对这些压力事件？
2. 如果某一压力情境没有得到改善，会对你产生什么样的长期影响？根据实际情况，尽可能列举所有可能出现的后果。

**样例论述题**

1. 批判性地评论会导致工作压力的工作设计。
2. 批判性地讨论那些能缓解由工作原因造成的健康问题的二级干预。

**样例测试题**

1. 罗列工作设计和工作环境设计时需要考虑的主要法律规定。
2. 通过个案研究的方法，详细地阐述一个组织是如何执行由健康与安全委员会提出的风险管理五步骤的。

## 职业心理学实践：工作中的一天 244

伊凡·罗伯逊教授，罗伯逊·库珀有限公司董事，利兹大学商学院组织心理学教授

| | |
|---|---|
| 你在职业心理学的哪些领域工作？ | 我自己的工作关注心理幸福感、领导和组织绩效。事实上，员工的高心理幸福感与高绩效相关，组织—心理幸福感对每个人的整体健康和幸福感也非常重要，这是我参与的大部分工作的出发点。 |
| 你是怎么对这个领域产生兴趣的？ | 在我职业生涯的前25年里，我对人格和个体差异特别感兴趣，同时这也是我博士研究的主题。我对这些领域的兴趣引导我去研究人员选择和评估。我想理解在特定工作、职业领域与成功相关的个体差异因素。<br>我所有的研究重点都在寻找个体与工作相匹配的有效方法——并且因此确保更高层次的绩效。我开始对候选人的选拔和评估感兴趣。在做这项工作时，我开始观察到选拔和评估过程不仅对个体的职业发展有非常重大的影响，而且影响到个体的健康和幸福感。我越来越有兴趣去理解个体如何能够在工作中同时拥有成功和心理健康。相对于只关注绩效，我开始关注高绩效和高幸福感的结合。<br>在1999年，卡里·库珀和我共同成立了一家公司（罗伯逊·库珀有限公司），专门帮助组织在获得最好绩效的同时保持健康。 |
| 这一领域的开创性论文主要有哪些？ | 工作压力的要求—控制—支持模型（Karasek, 1979； Karasek & Theorell, 1990）为近期所有试图理解工作场所因素对积极心理幸福感重要作用的研究奠定了基础。积极心理学的研究（例如，弗雷德里克森的扩大和构建理论；Fredrickson, 2001）帮助改变了现状和巩固了积极心理幸福感发展中的重点，为个体和组织的繁荣研究提供了平台——而不仅仅是没有压力。实证研究证实了心理幸福感在个体健康和幸福感（例如，Kuper & Marmot, 2003; Lyubomirsky, King & Diener, 2005）以及组织成功（例如，Harter, Schmidt & Keyes, 2003）中的重要作用。我和卡里·库珀（Robertson & Cooper, 2011）最新的书中提供了这一领域研究和实践的总结。 |
| 这一领域的主要学术发展是什么？ | 这一领域最重要的研究结果与工作场所关键因素的确立有关，这些因素会影响个体工作中的心理幸福感。这些发现已经被正式化了，例如在《健康与安全实行管理标准》中。这些研究作为该领域发展的基础，为大量提出建议和指导的报告提供了平台（例如，英国政府的展望报告），它也为ASSET模型提供了基础（Johnson, 2009），我和我的同事们在处理顾客的工作中广泛地使用这一模型。 |
| 你的工作实际应用在多大程度上为你的研究提供了信息？ | 我的工作实际应用经常为研究提供数据和想法。例如，我和我的同事们最近发表了一篇研究文章，关于心理幸福感多大程度上能加强员工投入在生产率上的作用。研究所有的数据来自符合顾客需求的直接调查。我非常相信这对职业是有益的，能够最小化研究、实践和职业心理学教育之间的障碍。 245 |
| 道德规范在你的工作中有什么作用？ | 道德问题是职业心理学研究的中心工作，它们存在于我们每天工作中的方方面面。维护个体数据的机密性，努力确保组织用道德和专业的方法处理个体行为问题，认识到个体专业能力的界限和局限，还有很多其他道德上的问题都是从事职业心理学日常工作的一部分。 |

续表

| | |
|---|---|
| 你能举例说明你工作生活中的一天吗? | 典型的一天通常是活动和任务的混合，体现了我是研究员、老师和从业者的混合身份。尽管我通常指定一周中至少一天用于研究或教学活动，但任何单独的一天都完全用在一个身份上是非常罕见的。例外情况是当我需要分配一天时间来写作或准备介绍。这可能需要花一整天的时间为客户写报告，写一部分杂志研究文章，为书的一个章节工作，为大学准备演讲，或为一些会议准备材料。 |
| 在过去的五年里，你的工作有什么变化? | 我认为主要的改变是增加了对经济中所有与工作幸福感相关部分的兴趣。它似乎是一个开始吸引每个对工作场所感兴趣的人注意力的领域。 |
| 你认为你的工作在未来五年内会发生怎样的变化? | 就我个人而言，我希望工作少一点，休闲多一点。但是我认为这不是真正的问题！我期待能够看到更多证明提高工作中心理幸福感益处的研究出现——我也希望看到有更多的工具、方法和干预用于研究，以及帮助个体和组织更加成功，心理更加健康。 |

## 职业心理学实践：工作中的一天

| 艾玛·唐纳德森-菲尔德，独立从业者，职业亲缘健康中心主任 | |
|---|---|
| 你在职业心理学的哪些领域工作? | 健康、幸福感和工作场所的参与，相应地也研究管理和领导、工作设计、组织发展、团队合作、指导和个人发展、学习和发展、员工关系和动机。 |
| 你是怎么对这个领域产生兴趣的? | 在成为职业心理学工作者之前，我在一系列组织中工作了12年。我看到了工作对员工（包括我）的影响。我目睹了这些因素对个人健康、幸福感和参与的影响，以及对他们工作绩效的影响。当我改变职业生涯成为职业心理学工作者时，我清楚地知道我想关注健康、幸福感等相关主题，并且从那时起我就遵循这条道路进行研究。 |
| 哪些组织对你的工作感兴趣? 为什么? | 我们在职业亲缘健康中心的工作与各种组织相关联。也就是说，可能主要是有资源在健康和幸福感方面主动开展工作的大型组织。 |
| 你的工作如何通过理论、文献和研究获得信息? | 我的目标是：我做的所有工作都应得到理论、文献、研究，以及我通过自己的经验收集的证据的支持。我常说我做研究是为了确保我的实践证明是真正基于证据的，但作为一名从业者，我的目的是确保我所做的研究在实践中是非常具有实用性和相关性的。 |
| 道德规范在你的日常实践中扮演什么角色? | 道德规范对我的实践是至关重要。我觉得高度诚信是我们的关键区别之一。这将包括以下问题：保密，透明度，做自己说过要做的事情，在适当情况下获得知情同意，就个人有关问题进行咨询和参与，以及在与客户、个人、组织、同事……所有人的交往中保持诚信。这也意味着要进行反思实践。 |

246

续表

| | |
|---|---|
| 你能举例说明你工作生活中的一天吗？ | 我在家里的办公室工作，但我也常在客户办公室或其他地方工作。<br>如果在家，我会：<br>- 撰写报告——例如，为客户组织做的调查<br>- 开发实用的工具包和指南——例如，基于我们在职业亲缘健康中心进行的研究<br>- 进行电话面试——例如，了解组织在健康和幸福感方面的现状，并跟踪进展，以便撰写报告或实用指南<br>- 审核和编辑他人撰写的报告<br>- 撰写论文、文章、书籍章节<br>- 参加与客户或我所属各工作组和委员会的电话会议<br>- 计划和调度<br>- 处理数百封电子邮件和其他管理性事务（包括运营有限责任公司的财务，包括增值税、退税、年终账目等等）<br>如果我外出，我会： 244<br>- 参加与客户和潜在客户的会议<br>- 进行督导课程<br>- 进行监督——特别是指导其他职业心理学工作者<br>- 实施访谈和焦点小组<br>- 促进团队建设或其他小组会议<br>- 演讲和展示<br>- 与同事开会讨论新的或现有的工作——研究、咨询、写作等等<br>- 参与持续专业发展 |
| 在过去的五年里，你的工作有什么变化？ | 我最初的工作涉及大量的学习和发展干预。我已经离开这个领域，开始从事研究和提供咨询服务，同时还从事一定数量的介绍、演讲和写作。 |
| 你认为你的工作在未来五年内会发生怎样的变化？ | 我希望增加教练和教练监督的数量。进一步地，我还想提供有关政府政策建议，主要包括工作场所健康、幸福感和参与。 |

## 参考文献 247


Arnold, J. (2005) *Work psychology: Understanding Human Behaviour in the Workplace*, 4th edn. Harlow: Pearson Education.

Aspinwall, L.G. and Taylor, S.E. (1997) ‘A stitch in time: self-regulation and proactive coping’, *Psychological Bulletin*, 121: 417–36.

Beck, J.S. (1995) *Cognitive Therapies*: *Basics and Beyond*. New York: Guilford.

Becker, F. and Steele, F. (1995) *Workplace by Design*. San Francisco, CA: Jossey-Bass.

Beehr, T.A. (1976) ‘Perceived situational moderators of the relationship between subjective role ambiguity and role strain’, *Journal of Applied Psychology*, 61:35–40.

Beehr, T.A. and Glazer, S. (2005) 'Organisational role stress', in J. Barling, E.K. Kelloway and M.R. Frone(eds), *Handbook of Work Stress*. Lonfon: Sage. pp. 7–33.

Brill, P.A. and Cooper, K.H. (1993) 'Physical exercise and mental health', *National Forum*, 73(1): 39–49.

Broadbent, D.E. (1971) *Decision and Stress*. London: Academic Press.

Cannon, W.B. (1932) *The Wisdom of the Body*. New York: W.W. Norton & Co.

Caplan, R.D. (1987) 'Person-environment fit theory and organisations: commensurate dimensions, time perspectives, and mechanisms', *Journal of Vocational Behavior*, 31: 248–67.

Cartwright, S. and Cooper. C. (2005) 'Individually targeted interventions', in J. Barling, E. K. Kelloway and M.R. Frone (eds), *Handbook of Work Stress*. London: Sage. pp. 607–22.

Carver, C.S. and Connor-Smith, J. (2010) 'Personality and coping', *Annual Review of Psychology*, 61: 679–704.

248 Carver, C.S., Scheier, M.F. and Weintraub, J.K. (1989) 'Assessing coping strategies: a theoretically based approach', *Journal Personality and Social Psychology*, 56: 267–83.

Chida, Y. and Hamer, M. (2008) 'Chronic psychosocial factors and acute physiological responses to laboratory induced stress in healthy populations: a quantitative review of 30 years of investigations', *Psychological Bulletin*, 134: 829–85.

Conn, V.S., Hafdahl, A.R., Cooper, P.S., Brown, L.M. and Lusk, S.L. (2009) 'Meta-analysis of workplace physical activity interventions', *American Journal of Preventive Medicine*, 37: 330–9.

Cooper, C.L. and Marshall, J. (1976) 'Occupational sources of stress: a review of the literature relating to coronary heart disease and mental ill-health', *Journal of Occupational Psychology*, 49: 11–28.

Cox, T. (1993) *Stress Research and Stress Management: Putting Theory to Work*. Sudbury: Health and Safety Executive.

Cox, T., Griffiths, A., Barlowe, C., Randall, R., Thomson, L. and Rial-González, E. (2000) *Organisational Interventions for Work Stress: A Risk Management Approach*. Sudbury: HSE Books.

Cox, T., Griffichs. A. and Rial-González, E. (2000) *Research on Work-Related Stress*. European Agency for Safety and Health at Work. Luxembourg: Office for Official Publications of European Communities.

De Lange, A.H., Taris, T.W., Kompier, M.A.J., Houtman, I.L.D.and Bongers, P.M. (2003) '"The very best of the millennium": longitudinal research and the demand-control-(support) model', *Journal of Occupational Health Psychology*, 8(4): 282–305.

Edwards, J.R. and Harrison, R.V. (1993) 'Job demands and worker health: three-dimensional re-examination of the relationship between person-environment fit and strain', *Journal of Applied Psychology*, 78: 628–48.

Egan, M., Bambra, C., Petticrew, M. and Whitehead, M. (2008) 'Reviewing evidence on complex social interventions: appraising implementation in systematic reviews of the health effects of organisational-level workplace interventions', *Journal of Epidemiology and Community Health*, 63: 4–11.

Evans, G.W. and Stecker, R. (2004) 'Motivational consequences of environmental stress', *Journal of Environmental Psychology*, 24: 143–65.

Evans, G.W., Johansson, G. and Carrere, S. (1994) 'Psychosocial factors and the physical environment: inter-relations in the workplace', in C. Cooper and I. Roberston (eds), *International Review of Industrial and Organisational Psychology*, vol. 9. New York: Wiley.

French, J.R.P. and Caplan, R.D. (1973) 'Organisational stress and individual strain', in A.J. Marrow (ed.), *The Faliure of Success*. New York : AMACOM.

Folkman, S. and Lazarus, R.S. (1980) 'An analysis of coping in a middle-aged community sample', *Journal of Health and Social Behavior*, 21: 219–39.

Frone, M.R. (2003) 'Work-family balance', in J.C. Quick and L.E. Tretrick(eds), *Handbook of Occupational Health Psychology*.Washington, DC: American Psychological Association. pp. 143–162.

Giga, S.L., Faragher, B. and Cooper, C.L. (2003) 'Identification of good practice in stress prevention/management', in J. Jordan, E. Gurr, S.I. Giga, B. Faragher and C.L. Cooper (eds), *Beacons of Excellence in Stress Prevention. Health and Safety Contract Research Report No.133*. Sudbury: HSE Books.

Great Britain Committee on Safety and Health at Work (1972) *Report of the Committee* 248
*1970-1972. Selected Written Evidence*. Chaired by Lord Robens. No.5034. London: HMSO.

Hackman, J.R. and Oldham, G.R. (1976). Motivation through the design of work: test of a theory', *Organisational Behavior and Human Performance*, 16: 250–79.

Hackman, J.R. and Oldham, G.R. (1980) *Work Redesign*. Reading, MA: Addison-Wesley.

Hackman, J.R., Oldham, G.R., Janson, R. and Purdy, K. (1975) 'A new strategy for job enrichment', *California Management Review*, 17: 57–71.

Halford, V. and Cohen, H.H. (2003) 'Technology use and psychosocial factors in the self-reporting of musculoskeletal disorder symptoms in call center workers', *Journal of Safety Research*, 34: 167–73.

Hakanen, J.J., Schaufeli, W.B. and Ahola, K. (2008) 'The job demands-resources model: a three-year cross-lagged study of burnout, depression, commitment, and work engagement', *Work & Stress*, 22: 224–41.

Hansen, J. (2001) 'Increased breast cancer risk among women who work predominantly at night', *Epidemiology*, 36:101–10.

Health and Safety Executive (HSE)(2006) *Essentials of Health and Safety at Work*, 4th edn. Sudbury: HSE Books.

Health and Safety Executive (2009) *Reducing Error and Influencing Behaviour*. Sudbury: HSE Books.

Health and Safety Executive (2011a) 'Five steps to risk assessment', leaflet INDG1163 (rev1). Sudbury: HSE Books.

Health and Safety Executive (2011b) 'What is Stress?'. Available at http://www.hse.gov.uk/stress/furtheradvice/whatisstress.html (accessed 15 October 2011)

Jex, S.M. and Crossley, C.D. (2005) 'Organisational consequences', in J. Barling, E.K. Kelloway and M.R. Frone (eds), *Handbook of Work Stress*. London: Sage. pp. 575–601.

Johnson, J.V. and Hall, E.M. (1988) 'Job strain, workplace social support, and cardiovascular disease: a cross-sectional study of a random sample of the Swedish working population', *American Journal of Public Health*, 78: 1336–42.

Kahn, R. (1980) 'Conflict, ambiguity, and overload: three elements in job stress', in D. Katz, R. Kahn and J. Adams (eds), *The Study of Organisations*. San Fransisco, CA: Jossey-Bass. pp. 418–28.

Karasek, R. (1979) 'Job demands, job decision latitude, and mental strain: implications for job redesign', *Administrative Science Quarterly*, 24:285–306.

Karasek, R. and Theorell, T. (1990) *Healthy Work: Stress, Productivity and the Reconstruction of Working Life*. New York: Basic Books.

Kjeerheim, K., Haldorsen, T., Andersen, A., Mykletun, R. and Aasland, O.G. (1997) 'Work-related stress, coping resources and heavy drinking in the restaurant business', *Work Stress*, 11: 6–16.

Kristoff-Brown, A.L., Zimmerman, R.D. and Johnson, E.C. (2005) 'Consequences of individuals' fit at work: a meta-analysis of person-job, person-organisation, person-group, and person-supervisor fit', *Personnel Psychology*, 58: 281–342.

Kuoppala, J., Lamminpää, A. and Husman, P. (2008) 'Work health promotion, job well-being, and sickness absences—a systematic review and meta-analysis', *Journal of Occupational & Environmental Medicine*, 11: 1216–27.

Kupritz, V.W. (2000) 'Privacy management at work: a conceptual model', *Journal of Architectural Planning Research*, 17(1): 47–63.

250 Lazarus, R.S. (1995) 'Psychological stress in the workplace', in R. Crandall and P. L.

Perrewé (eds), *Occupational Stress: A Handbook*. New York: Taylor & Francis. pp. 3–14.

Lazarus, R.S. (1999) *Stress and Emotion*. New York: Springer.

Lazarus, R.S., and Folkman, S. (1984)'The coping process: an alternative to traditional formulations', in R. S. Lazarus and S. Folkman (eds), *Stress, Appraisal, and Coping*. New York: Springer. pp. 141–78.

Lercher, P., Hörtnagl, J. and Kofler, W.W. (1993). Work noise annoyance and blood pressure: combined effects with stressful working conditions. *International Archives of Environmental and Occupational Health*, 65: 22–8.

Levi, L. ( 2005) 'Spice of life or kiss of death?', in C.L. Cooper (ed.), *Handbook of Stress Medicine and Health*, 2nd edn. London: CRC Press.

Mackay, A. (2007) 'Approaches to motivation', in A. Mackay (ed.), *Motivation, Ability, and Confidence Buliding in People*. Oxford: Butterworth-Heineman. pp. 36–68.

Malouff, J.M., Thorsteinsson, E.B. Schutte, N.S. (2005) 'The relationship between the five-factor model of personality and symptoms of clinical disorders: a meta-analysis', *Journal of Psychopathology and Behavioural Assessment*, 27: 101–14.

Martens, M.F.J., Nijhuis, F.G.N., Van Boxtel, M.P.J. and Knottnerus, J.A. (1999) 'Flexible work schedules and mental and physical health. A study of a working population with non-traditional working hours', *Journal of Organisational Behavior*, 20: 35–46.

McCoy, M. and Evans, G.W. (2005) 'Physical work environment', in J. Barling, E.K. Kelloway and M.R. Frone (eds), *Handbook of Work Stress*. Thousand Oaks, CA: Sage. pp. 219.

Miles, A.K. and Perrewé, P.L. (2011) 'The relationship between person-environment fit, control, and strain: the role of ergonomic work design and training', *Journal of Applied Social Psychology*, 41(4): 729–72.

Nieva, V.F. and Sorra, J. (2003) 'Safety culture assessment: a tool for improving patient safety in healthcare organisations', *Quality and Safety in Health Care*, 12(2): 17–13.

O'Driscoll, M.P. and Beehr, T.A. (1994) 'Supervisor behaviors, role stressors and uncertainty as predictors of personal outcomes for subordinates', *Journal of Organisational Behavior*, 15(2): 141–55.

O'Driscoll, M.P. and Brough, P. (2010) 'Work organisation and health', in S. Leka and H. Houdmont (eds), *Occupational Health Psychology*. Chichester: Wiley-Blackwell. pp. 57–87.

Oeji, P., Dhondt, S. and Wiezer N. (2006) 'Conditions for low stress-risk jobs: Europe's case', *European Journal of Social Quality*, 6: 81–108.

*Oxford English Dictionary* (OED)(1989) Oxford: Clarendon Press.

Parkes, K.R. and Sparkes, T.J. (1998). *Organisational Interventions to Reduce Work Stress: Are They Effective? A Review of the Literature*. Sudbury: HSE Books.

Penley, J.A. and Tomaka, J. (2002) 'Associations among the big five, emotional responses, and coping with acute stress', *Personality and Individual Differences*, 32: 1215–28.

Randall, R. and Nielsen, K. (2010) 'Interventions to promote well-being at work', in S. Leka and J. Houdmont (eds), *Occupational Health Psychology*. Chichester: Wiley-Blackwell. pp. 88–123.

Richardson, K.M. and Rothstein, H.R. (2008) 'Effects of occupational stress management programs. A meta-analysis', *Journal of Occupational Health Psychology*, 13: 69–93.

251 Selye, H. (1936) A Syndrome Produced by Diverse Nocuous Agents. *Nature*, 138: 32–32.

Selye, H. (1985). The nature of stress. *Basal Facts*, 7: 3–11.

Semmer, N. (2003) 'Job stress interventions and organisation of work', in L. Tetrick and J.C. Quick (eds), *Handbook of Occupational Health Psychology*. Washington, DC: American Psychological Association. pp. 325–53.

Seymour, L. and Grove, B. (2005) 'Workplace interventions for people with common mental health problems: evidence review and recommendations', a report for the British Occupational Health Research Foundation (BOHRF). Available at: http://www.bohrf.org.uk/downloads/cmh_rev.pd (accessed 1 November 2011).

Shirom, A., Armon, G., Berliner, S., Shapira, I. and Melamed, S. (2009) 'The effects of job strain on risk factors for cardiovascular disease', in C.L. Cooper, J. Campbell and M.J. Schabracq (eds), *International Handbook of Work and Health Psychology*, 3rd edn. Chichester: Wiley-Blackwell. pp. 49–75.

Siegrist, J. (1996) 'Adverse health effects of high effort-low reward conditions at work', *Journal of Occupational Health Psychology*, 1: 27–43.

Slack, N., Chambers, S. and Johnston, R. (2004) 'Job design and work organisation', in N. Slack, S. Chambers, and R. Johnston (eds), *Operations Management*, 4th edn. Harlow: Financial Times/Prentice Hall. pp. 233–59.

Smith, M.J. and Sainfort, P.C. (1989) 'A balance theory of job design and for stress reduction', *International Journal of Industrial Ergonomics*, 4: 67–79.

Sparks, K., Cooper, C.L., Fried, Y. and Shirom, A. ( 2001) 'The effects of work hours on health: a meta-analytic review', *Journal of Occupational and Organisational Psychology*, 70:391–408.

Spector, P.E. (2009) 'The role of job control in employee health and well-being', in C. Copper and I. Roberston (eds), *International Review of Industrial and Organisational Psychology*, vol. 9. New York: wiley. pp.173–196.

Steel, P., Schmidt, J. and Shultzm, J. (2008) 'Refining the relationship between personality and subjective well-being', *Psychological Bulletin*, 134: 138–61.

Steele, F. (1986) *Making and Managing High Quality Workplace: An isation Organisational Ecology*. New York: Teachers College Press.

Sundrom, E., Town, J., Rice, R., Osborn, D. and Brill, M. (1994) 'Office noise, satisfaction, and performance', *Environment and Behavior*, 14: 543–59.

Van Vegchel, N., De Jonge, J., Bosma, H. and Schaufeli, W. (2005) 'Reviewing the effort-reward imbalance model: drawing up the balance of 45 empirical studies', *Social Science & Medicine*, 60: 1117–31.

Vischer, J.C. (2005) *Space Meets Status : Designing Workplace Performance*. Oxford: Taylor & Francis/Routledge.

Vischer, J.C. (2007) 'The effects of the physical environment on job performance: towards a theoretical model of workspace stress', *Stress and Health*, 23: 175–84.

Vollrath M. (2001) 'Personality and stress', *Scandinavian Journal of Psychology*, 42: 335–47.

White, J. and Beswick, J. (2003) *Working Long Hours (WPS/02/10)*. Sheffield: Health and Safety Laboratory.

WHO (World Health Organisation) (1946) 'Preamble to the Constitution of the World Health Organisation as adopted by the Internation Health Conference, New York, 19 June–22 July 1946; signed on 22 July 1946 by the representatives of 61States (Official Records of the World Health Organisation, no. 2, p.100) and entered into force on 7 April 1948.

# 252 附录

表 7.A1 风险管理案例

| 风险管理 | | 出庭 | | | | | 引用数量 |
|---|---|---|---|---|---|---|---|
| | | | 风险评级 | | | | |
| 危险 | 谁会受伤？<br>如何受伤的？ | 现有控制 | P | E | C | R | 未来需要控制 |
| 数据存贮设备 | 代理人和FTL会患上骨骼肌肉疾病，容易眼疲劳和头疼。<br>所有的法院包裹需要邮寄并打印。 | 网上数据存储设备的评估与培训是由代理人和FTL承担的，所有的控制措施要全部实施。<br>当他们在进行数据存储工作时，代理人需要定期的休息。 | R | R | Se | L | 无 |
| 交通工具 | 代理人、FTL和普通大众会呼吸道感染。<br>糟糕的维护或损坏的汽车。 | 所有车队车辆均需要维护，旧车性能检测要依照制造品规定进行。<br>基本的车辆（如液体水位、车灯、轮胎）检测需要每日执行。<br>工作考核时，所有的FTL会完整地检测代理人的汽车。<br>FDR手册会提供指南与建议。<br>GSA/PSA会为代理人或FTL提供培训。 | R | R | V | M | 代理人周一的工作时间记录需要进行调整，包括确认每周均执行了车辆检测。<br>GSA/PSA会给所有交警展示培训内容。 |
| 驾驶行为 | 代理人、FTL和普通大众会呼吸道感染。 | 网上司机风险管理流程是由受公司业务驱动的人完成的。<br>驾照委托书允许FTL去检查代理牌照的合法性。<br>在工作考核时，FTL会观察驾驶行为。<br>FDR手册提供通用指南。 | R | R | V | M | 每周的检测追踪器会报告司机的驾驶里程与驾驶时间，以确保司机得到应有的休息。<br>定期更新导航以确保更好的行程规划。 |

253

续表

| | | | | | | | |
|---|---|---|---|---|---|---|---|
| 不安全/不熟悉的区域 | 代理人与FTL | 代理人大多会在他们熟悉的区域工作；法庭通常会保护安全性强的建筑。<br>GSA/PSA会为代理人和FTL提供相关的培训，教他们在进入不安全区域时的注意事项。<br>停车的时候通常要停在容易找到且容易逃生的位置。<br>代理人熟悉每一个区域的布局。<br>在不能进入的地方，提供清楚的指示；或者认为代理人会考虑到不安全因素，并遵照现场风险管理行事。 | U | I | S | L/M | 如果代理人需要在不熟悉的区域工作，他们必须与警察保持联系。<br>管理者或者当地的警察要对所在区域可能出现的危险有简明的了解。<br>信息数据要及时公布。<br>对于需要保存的文件，需要提供有锁且有轮子的储物箱。 |

表7.A2　风险评级案例 254

**步骤1：**评估个体暴露在危险之中出现不良后果的可能性，从下表列举的可能性中选择最合适的，进行评估。

| | |
|---|---|
| 几乎确定 | 如果危险事件发生，不良结果最有可能出现。 |
| 很有可能 | 可能性大于50%。 |
| 罕见但是有可能 | 罕见或随机。 |
| 可能性很小 | 有可能碰巧发生。 |
| 微乎其微的可能性 | 很多年没有发生，但是有可能。 |
| 几乎不可能 | 几乎不可能，之前从未发生过。 |

**步骤2：**评估个体遇到危险的频率，从下表列举的选项中选择最合适的，进行评估。

| | |
|---|---|
| 极少 | 不知道是否发生过。 |
| 少 | 很少发生，但是知道发生过。 |
| 不经常 | 发生频率在一月一次至一年一次之间。 |
| 经常 | 大概每天发生一次。 |
| 连续不断 | 每天的很多时刻都会发生。 |

**步骤3：** 区分潜在事故导致的可能后果，包括受伤、财产损失、环境破坏等，从下表列举的选项中选择最合适的，进行评估。

| **后果** | **人** | **财产** |
|---|---|---|
| 大灾难 | 多人遇难 | 全部损失 |
| 灾害 | 有人遇难 | 大量的财产损失（大于500万英镑） |
| 很严重 | 严重受伤或永久残疾 | 严重的财产损失（100万～500万英镑） |
| 严重 | 重伤，如骨折 | 重要的财产损失（50万～100万英镑） |
| 大的 | 浪费时间或医学治疗 | 财产损失（5000～50万） |
| 较小的 | 极小或急救处理 | 可忽略不计的财产损失（5000以下） |

255

**步骤4：** 在下面的风险评估列线图中，画线连接可能性和暴露频率，交于“结点线”。

**步骤5：** 从结点线的结点出发画一条线连接后果，交于风险水平线。这样你就得出了风险水平，在风险评估表中记录风险水平。这一方法适用于所有危险。

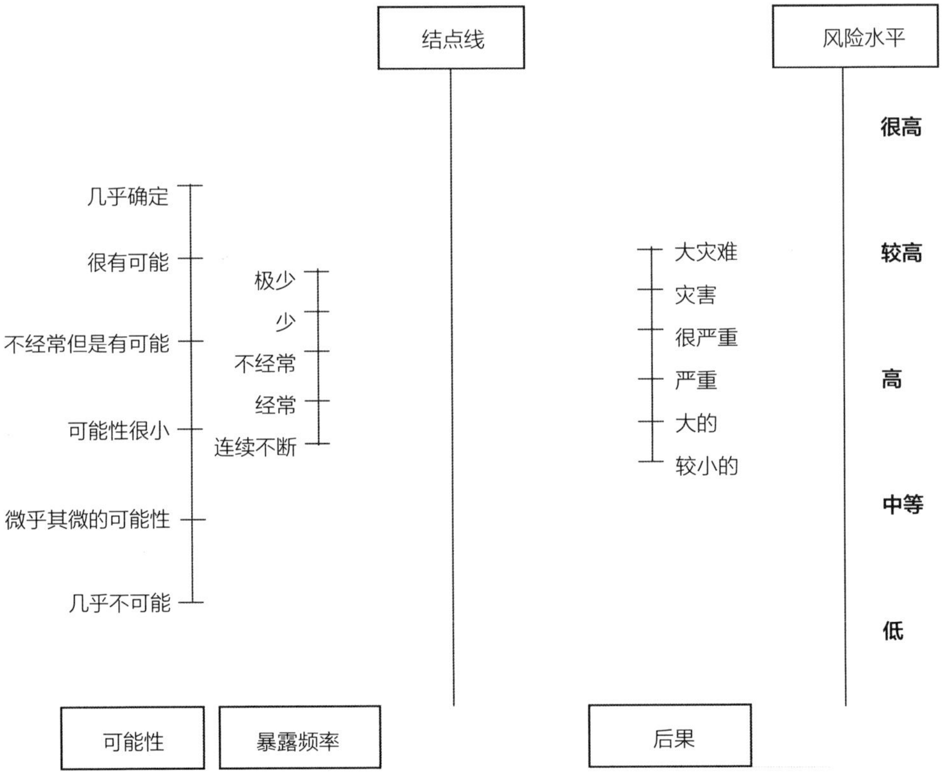

**步骤6：**根据风险评估表，下面的表格适用于决定风险处理的优先级。

| **风险水平** | **应对措施** |
|---|---|
| 较高或很高 | 立即采取相关措施应对风险。 |
| 高或中等 | 尽快采取相关措施应对风险。 |
| 低 | 这些风险不需要立即处理，但是需要考虑。 |

注：风险评估表是辨别风险水平的指南，对风险评估分数的解释要慎重。本表应仅被用作支持理性判断一致性的基础。

# 第8章 组织发展与变革

奈杰尔·古诺 和 大卫·比格斯

**学习成果**

学习完本章后，你将理解以下概念：

√是什么使组织变得更有效率；

√关于组织的系统性观点；

√组织架构类型；

√组织系统一致性趋势；

√组织发展和变革的基本问题；

√在组织架构内事情如何得到完成；

√组织变革模式；

√招聘与培训对开放性系统的支持作用；

√职业心理学工作者在组织发展中的作用。

## 引言

虽然在许多学术文献和实践当中已对组织发展和变革下过定义，但在本章中我们采用马丁斯（Martins）对组织发展和变革的定义："组织发展和变革是关于随着时间的推移，对于个体、团体、组织、集体层面的差异进行创造或回应的研究和实践。"这个定义中隐含的是组织变革需要考虑差异性，变革的目标是从一种状态或条件变化到另外一种状态或条件。例如：个体从一个角色转变为另一个角色，或者一个团体从一个决定过程转向另一个决定过程，或者一个组织从一种组织架构转变为另一种组织架构（2011：692）。要了解组织发展和变革的需要，有必要了解一个有效率的组织是什么样的，试图保持组织有效性的 258
人要面临哪些挑战，这些人如何应对这些挑战。在本章我们将详细介绍组织发展与变革的这些方面。

## 组织发展与变革中的基本问题

马丁斯（2011）提出，在组织发展与实践中渗透着两个基本问题。第一个问题是，组织内的改变应该被定性为离散的（例如，计划从一种组织架构转变为另一种组织架构）还是连续的（例如，持续的人员变动）；第二个问题是，组织内的管理者是否有主动改变及影响其进程的能力。正如我们所见，学者及从业者对这些问题的答案，对于职业心理学工作者向组织中的管理者提供建议有着重要的影响。对于这两个基本问题，虽然没有任何组织发展的理论能够囊括所有来自不同理论界和实践者的立场，但是从进化论延伸出来的间断平衡模型（Punctuated equilbrium model）（Gersick，1988，1989，1991）在学术和实践中间寻找到了一个平衡点。

一般来讲，从间断平衡的视角看变化，其特征在于变化是缓慢的、离散的，例如，一个新的绩效考核体系的实施。然而，随着时间流逝，在应对某种极端环境时，组织往往会发生某种巨变（Senior & Swailes，2010）。例如，新的立法影响了整个行业部门，对企业的操作程序进行了制约。随着构造的变化，管理者有可能有能力主动影响事情的发生。随着环境的快速变化，管理者一般都限于对事件作出反应而不是塑造它们的进程。从间断平衡的视角来看，会有一个清晰的时机让职业心理学工作者和组织内部的管理者有能力主动影响组织变革的进程。为了做得更有效率，管理者需要知道变革进程本身和贯彻变革的策略。

## 组织的系统观

将组织看作系统的想法是，组织是一组相互作用的元素，将来自环境的输

259 入转换成外部消费的输出。组织是一个系统的概念在莱维特（Leavitt，1965）的组织有效性框架中得到了论证（如图8.1）。在这个系统中，来自环境的输入被组织转化，这个组织由组织中的人、架构、技术、任务及文化组成。所有这些组织的子系统相互影响，它们生产的商品和服务被更广泛的环境所消耗。重要的是，这代表组织是一个开放的系统，因为系统与环境相互作用。大多数组织有一个外部环境，无论是客户、股东还是金融市场等。与我们的宗旨最相关的两个系统理论的变化是社会技术系统理论和开放系统规划理论。

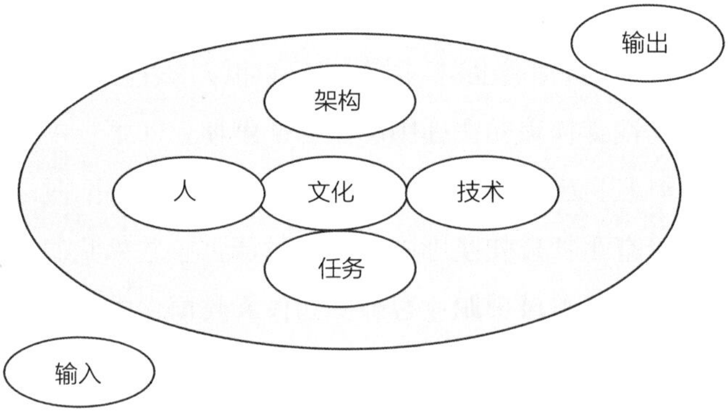


图8.1 莱维特（1965）的组织有效性框架

## 社会技术系统理论

社会技术系统（socio-technical systems，STS）理论认为，每个组织都是由一个技术系统和一个社会系统组成。如果组织能够高效运行，每一部分都必须进行优化。社会技术系统出自塔维斯托克（Tavistock）对英国煤矿业所做的研究。特里斯特（Trist 1981）写道，行业并没有如想象的那样随着技术发展而变得更加有效。对高效矿井的研究揭示了其与低效矿井的落后工作环境的鲜明对比。高效的矿井展示了“一系列相对自主的群体间角色的变革，最低限度地监督调整自己的事务。工作组之间的合作无处不在；个人承诺明显，缺勤率低，事故罕见，生产率高”（Trist，1981:8）。特里斯特认为这种早期的工作导致STS理论，这与当时组织流行的官僚主义趋势正好相反，员工在这种自身可控的环境下工作更有意义，例如创建在工作系统中发挥功能的自主工作团队，而不是
260 强调密切监管员工从事特定的工作。

## 开放系统计划 260

弗伦奇和贝尔（French & Bell，1995）跟踪由克拉克（Clark）提出的开放系统规划理论（open systems planning theory，OST）；20世纪50年代，克龙和杰亚拉姆（Crone & Jayaram）试图优化组织与环境的连接。弗伦奇和贝尔认为，OST的中心原理是，一个组织如果想有效率，它需要仔细研究其利益相关者的期望，发展可能和理想的未来方案，最后，决定行动计划，以实现理想状态。他们也注意到了用于确定组织与它的环境之间边界的一个很好的规则是，在公认的边界以内发生更多的互动交流。

## 什么使组织高效

罗宾斯和贾奇（Robbins & Judge，2012）认为，组织有效性指标包括高生产力、低旷工率、令人满意的营业额、低水平的反生产行为（如，不忙装忙）、高水平的组织公民行为（如，帮助比较忙的同事）和高投入。最近，职业健康心理学工作者，如奎克和蒂特里克（Quick & Tetrick，2002），在与生产力相关的绩效中又增加了幸福感的绩效，如良好的安全记录、低的不满意度和无暴力等。特别需要指出的是，邦德（Bond）和他的同事（Bond & Bunce，2001；Bond et al.，2008）广泛关注组织发展和变革的干预措施，解决组织有效性下的组织健康性问题。

然而，对组织有效性的测量是很困难的，通常是依赖于谁被咨询，没有普遍的关于如何测量组织绩效的准则（De Vinney et al.，2010），甚至不清楚什么维度的绩效应该测量（例如，在个人层面、团队层面、组织层面）。这被称为标准问题，或绩效悖论。

然而，过去学者认为有效的指标，可以运用元分析，通过查看绩效的分类系统来确认。元分析可认为是独立研究的定量性总结（如第3章所示）。典型的 261
组织发展与变革干预的结果变量的类别，列明在表8.1中，它们来自罗伯茨和罗伯逊（Roberts & Robertson, 1992）所作的元分析。

框8.1

案例研究：大型医药公司

2012年1月，据卫报报道，制药公司一直在努力使更多的发展中国家的人获得药物[莎拉波士利的全球健康博客：葛兰素史克（GSK）的安伟杰认为未来制药公司可以通过相互合作以帮助贫困国家的人们]。引用葛兰素史克制药公司的首席执行官安伟杰的话：

“我们可以为公众利益，为社会发展而一起工作。我们仍然可以像其他领域一样疯狂地竞争，但也有一些地方是我们可以合作的，试想一下，这将会改变以前看来十分困难的商业模式，从而使我们一起走向成功。比如，你可能会有开放的知识产权；对于疑难病领域，我们可以向研究者开放更多的复合型图书馆。我们可以比以前有更灵活的商业模式。这并不意味着这个行业不能竞争，但我们可以进行一点改变。”

练习：利用媒体、互联网以及搜索引擎提供的信息，对当前医药行业的状态进行一次简短的30分钟的调查。与同事讨论在医药行业这种新方法将增强还是抑制组织有效性。

从开放系统理论的角度看，对大型医药公司保持高效运作，这些发展是必要的吗？

262 也许对职业心理学工作者解决组织有效性难题的最好的建议就是认识到绩效可以是多维的，可以是多水平（即个人、团队或组织水平）。最重要的是，绩效的维度的价值很大程度取决于你所访谈的对象，所以理解你的客户的观点是至关重要的。

同样重要的是，要注意所有组织发展的干预措施都试图提高组织在这些变量上的重要性。尽管当今对生产力投入了巨大的关注，但这与组织发展与变革的价值观相一致，弗伦奇和贝尔（1999）指出这种价值观肇始于人本主义、民主和乐观主义。不管最终采用的标准是什么以及测量的有效性处于何种水平，时间和变革的力量将不可避免地使现有的组织策略、架构和过程失效。因此有计划的变革措施需要进行恢复、维护和提升组织效能。

表8.1　根据组织发展的介入对结果变量进行分类

| |
|---|
| 组织安排质量 |
| 社会因素质量 |
| 技术质量 |
| 工作的物理环境质量 |
| 个体行为质量 |
| 组织绩效（如盈利能力、离职和缺勤） |
| 个人发展（如健康、个人发展） |

## 组织架构的不同形式

组织架构通常因为群体中的个人需要共同完成工作而产生（Senior & Swailes，2010）。在很长一段时间里，组织架构被认为与组织绩效有关（Capon et al.，1990；Dalton et al.，1980）。为了理解如何从众多类型的组织架构中选取适合特定组织的类型，了解组织的不同维度非常重要，因为这些会影响组织发展和变革。罗宾斯和贾奇（2012）指出，大多数组织架构可以从以下六个维度来审视，这些都是组织建立及重组时需要解决的问题。这里我们对这六个维度进行定义。

### 专业化

企业中的每个人的工作应该是专业化还是全面化？狭隘的工作是高度专业化的（如数据录入员），而涉及范围广泛的工作不是很专业（如秘书）。这是一个重要的考虑因素，当工作专业化程度太高的时候，工作会对员工的健康和生产力起到反作用（Hackman & Oldham，1976）。

### 部门化

组织架构设计的下一个维度是部门化，指的是员工将如何分组。类似工作的员工可以安排在同一部门，如市场营销或采购。这就是所谓的功能分区，因为做类似工作的员工和同事一起工作会带来一定的优势。另外，组织可能会考虑将其业务划分为基于产品的部门（例如，在汽车制造厂，这可能是基于汽车模型的划分）、地理（英国或国际）和过程。再次，信息如何在集体和团队成员中更好地传递是一个重要的考虑因素。

### 控制跨度

组织架构设计考虑的下一个维度是决定一个管理人员能够管理的员工比例。一种架构是向每个经理报告的员工数量很少，这被认为是一种狭窄的控制范围，而许多员工向一个经理报告的结构反映了一种更广泛的范围控制。这一决定十分重要，因为控制跨度可以影响组织对不断变化的环境作出反应的速度。有时员工可以绕过管理层，不过，这可能在政治上是不正确的。

### 规范化

如果工作人员在组织中执行的任务都是严格记录的，这是众所周知的高规范化。在一个有特定的或最好的方式完成特定工作的组织中，高规划化更有利于在组织中找到适当的角色，例如，在英国税务海关总署工作或在呼叫中心工作。然而，如果一个组织需要它的工作人员是创新型的或讨论型的，以及完成部门分配以外的工作，则高度的规范化很可能不太适当。

### 指挥链

这个维度指的是从组织中的最高领导到资历最浅的员工的权力链条。如果一个组织的命令链是长链条，则暗示这个组织的架构层级分明，例如在军队或警察部队中看到的。

每个工人只对一个经理负责可能在当今不太适用，因为矩阵结构中的员工往往向不止一个经理汇报。事实上，在咨询公司，角色有时甚至颠倒，项目上的个人可能成为其经理的命令链上的经理（Biggs，2010）。

## 集权化 264

如果对重要问题的决定主要是由组织内的一个核心集团的高级利益相关者决定，则这种决策被认为是高度集权化的。否则，如果不同层级的员工都参与到决策中来，则组织集中化水平较低。因此，高度集权化的组织其权力集中在上面的人手中，其决策是自上而下的。与组织设计的其他维度一样，集权化对于组织应对不断变化的经营环境的能力有着重要的影响。

有趣的是，组织架构和设计是不同的（Senior & Swailes，2010）。架构通常是完成工作时无意表现出来的。而组织设计是有意地尝试以理性的方式来组织结构。通常这是由高级管理团队和它所描述的方式来完成的，这种方式通常是一个有层级的组织结构图。顶部的雇员由此来对下级员工进行控制。（Senior & Swailes，2010）。

组织设计维度上的不同配置，以及由不同配置所创建的原型结构，可以被认为是更加机械化或有机化的（Burns & Stalker，1961）。高水平的规模化和集权化表征机械式组织架构，而低水平的规模化和集权化表征有机的组织架构。（Rahim et al.，2012）。

框8.2

小组练习

理解组织架构1

从组织结构的六个维度出发，就下列组织在小组中展开讨论。答案见网站。

- 你当地的路边小店
- 英国军队
- 监狱
- 谷歌

- 麦当劳
- 李维斯公司

这些组织的组织架构对组织的行为有什么影响？组织能够实现什么么？

265 组织设计这六个维度的不同配置可以导致不同的原型组织架构，如简单架构和矩阵架构：

- 简单架构也被称为平面架构，其特征在于没有部门化、高集中、大跨度的控制和低形式化。对于小企业来说，这些特点由于响应迅速和对出现的问题及时问责而相当理想。然而，作为一个增长型组织，这一架构是非常不切实际的。
- 矩阵架构存在于上下级链较多并以此涵括部门化的两种形式的组织。例如，员工可能既要向具体职能部门经理汇报，例如市场部；也要向负责特定产品的经理汇报。这使矩阵架构能够利用不同类型的部门化的优点。然而：一定要小心并确保矩阵架构中角色的去模糊化，以实现有效的管理，角色模糊对绩效和健康会产生负面的影响。组织采用将个人融入团队结构，形成相互依存的社会系统的方法，来执行他们所共同承担的任务和责任。

自20世纪80年代以来，组织架构的新形式也出现了：

- 当组织形式的工作组对组织运作充满责任的时候，团队架构就出现了。团队架构经常被纳入官僚机构以应对太多架构所造成的负面影响。
- 小型组织将许多主要的业务功能外包，以增加灵活性和响应能力。
- 无边界组织是让信息在组织的内外部之间自由流动的架构。

框 8.3

练习

理解组织架构2

当涉及组织设计时，军事组织面临着独特的挑战。首先，命令链是维护问责的重要机制；其次，军事人员可能经常在不容易碰到高级官员的环境中工作。

讨论一下一个军事组织在保证有效性的同时又允许灵活地处理不断变化的环境的方法，因为在有些情况下程序化是无效和不确定的。

框8.4 266

练习

理解组织架构3

再次思考框8.2的六个组织，你认为下列组织会被描述为机械的还是有机的？答案见网站。

- 你当地的路边小店
- 英国军队
- 监狱
- 谷歌
- 麦当劳
- 李维斯公司

## 决定组织架构

组织架构的采用通常是随意的，但其实应该是由如经营环境的可预测性，操作策略、技术和规模等因素所决定的（Visscher & Visscher-Voerman，2010）。通常在组织设计阶段，职业心理学工作者可以与高级管理团队一起将组织当作一张白纸来从头设计。然而，实施新的架构可能是困难的，除非赋予一定的政治力和权力（Biggs，2010）。鉴于不同的经营环境、战略、技术和规模，对组织架构很难有模式化的建议。

## 环境

经营环境将决定一个组织如何竞争。根据迪斯和比尔德（Dess & Beard，1984）所说，环境的变化沿着三个维度发生:复杂性、动态性、包容性。复杂性指的是需要考虑竞争者的数量；动态性指的是组织运作环境中的变化率；包容性指的是利于持续增长的组织运作环境的支持。维斯切和维斯切-沃尔曼（Visscher & Visscher-Voerman，2010）认为，组织架构应取决于它们应对不确定性时的易用程度。当其他条件相同时，工作环境越动态，越复杂，越不优厚，组织架构就应该越有机。

## 267 战略

战略在这里的定义是使组织保持持续竞争优势的政策和流程。其中最常见的两种分类方法是波特（Porter）在1980年提出的竞争优势理论和迈尔斯和斯诺（Miles & Snow）在1978年提出的原型理论。波特认为企业可以通过差异化战略，提供高价值或全新的产品或服务；实施成本领先战略，成为成本最低的生产商；或者追求专注化的战略，服务利基市场。米勒（Miller）在1986年详细阐述了这些战略，并认为差异化战略可以反映真正的创新或市场引导的分工。迈尔斯和斯诺在1978年将原型应用于他们对组织的分类中，把企业分为探索型、分析型、防御型、反应型。德萨博等（DeSarbo et al.）对迈尔斯和斯诺的框架进行了如下总结：“探索型企业追求技术创新，开拓新市场；分析型企业倾向于维持第二的行业地位；防御型企业是生产导向的，专注于维持一个相对安全稳定的利基市场区隔；反应型企业缺乏一个稳定的战略，对市场的短期需求缺口具有高度敏感（2005:47）。”

框 8.5

练习

识别不同的企业战略

你能想起至少一个采取波特或迈尔斯和斯诺所提出的战略的企业吗？运用波特的模型或迈尔斯和斯诺的类型理论对企业进行分类容易吗？

## 规模

布劳（Blau，1970）的结构差异理论是对组织规模和组织架构的关系研究最充分的模型。布劳将大型组织定义为有较多雇员的组织。他指出差异化指的是那些描述组织结构复杂程度的因素（比如层级数、部门数量），而行政化指组织运营所需要的支撑性服务。布劳的理论认为，越是大公司，越倾向于差异化，但是由于可能的行政规模经济，组织规模、结构差异化同行政化成反比。如果把小企业所采用的简单架构同跨国公司的官僚化矩阵式的组织架构相比较，这一点很容易看出来。但是卡伦等（Cullen et al.，1986）指出，根据实证纵向追踪研究结果，这一理论在解释组织的当前状态上表现更好，而对随着时间变化由于规模的扩大和缩小所导致的组织架构变化过程的解释稍差。 268

## 技术

大卫等（David et al.，1989）写道，技术在组织中的定义是难以捉摸的，但通常，它指工作任务的惯例化程度，这里惯例化由以下几个维度组成：任务的可预测性或员工对日常任务的熟悉程度、问题的可分析性或从典型的工作经验中得出客观解决办法的程度，以及独立性或员工完成任务时的相互依赖程度。大卫等进一步指出，目前普遍接受的观点是：当技术是惯例化的，程序化的组织架构会产生更高的绩效；而当技术是非惯例化的，有机的组织架构拥有更高的绩效。并且，在团队层面，他们证明技术和架构的结合程度比单独的技术或架构能更好地预测绩效。

环境、战略、技术和规模是组织设计时需要考虑的方面。维斯切和维斯切–沃尔曼（2010）重点关注了这一实施过程。他们将这一实施过程归纳为一个相位模型。这一ADIE（分析，设计，实施，评估）模型包含四个步骤：

1. 分析设计中存在的问题；

2. 设计解决方案；

3. 解决方案的施行；

4. 评价解决方案对于原问题的有效程度。

维斯切和维斯切–沃尔曼（2010）进一步说明在这一过程中所采取的途径可以是不同的。这是由组织者咨询顾问决定的。他们断言在组织设计的管理过程中有三种方式（理智型、对话型和实用型）。

在理智型设计方式中，设计过程被看作是组织的结构特点的打造。这涉及分析当前设计中关于分工体系、任务分配，以及管理这些部分的机制。设计过程就是遵循AIDE模型来理智地解决问题。分析阶段是理智型设计方式中最关键的部分。大量的精力花在确诊当前组织情况，从而制定出有效的解决方案，进
269 而推动组织的发展上。最好的方案就是能尽可能多地解决原有问题。接下来是实施阶段，与分析阶段和设计阶段不同，这一阶段一般是由高级经理团队来进行，而非咨询顾问。最后的评价阶段就是确认所实施的解决方案在多大程度上达成了既定目标（Vissher & Visscher-Voerman，2010）。

在对话型方式中，设计过程与理智型方式相似，不同的是，公司政治优先于理性设计。而在这一类公司中，组织设计和方案的实施必须得到关键人物的首肯。因此，关键人物的认同比设计本身的效率性更为重要。这一特点有助于设计方案的实施，因为其考虑到了公司政治的影响。

实用型方式与理智型方式和对话型方式的观点都不同。理智型方式和对话型方式都是简化主义的，目标是简化组织的复杂性。而在实用型设计观中，组织的复杂性是被欢迎和吸收的，而不是简化掉。这一方法倾向于始终采用ADIE模型。分析以访谈的方式进行，并由此设计解决方案，接着实施，然后评价设计是否在组织中起作用。设计和分析被看成是交织在一起的两个活动。这一途径的目标是改进组织，而不是一开始就设计好一个蓝图来改变组织。

# 影响组织架构变化的因素

在设计好的组织架构或现有的组织架构中，存在将输入变成输出的过程。与这些组织过程相关的话题已经得到了相当多的关注，也确实有理由形成单独的学科领域，包括：领导力；决策和授权；合作；权力和政治；组织文化。在接下来的部分中，这些主题会被详细阐述。

## 领导力和管理

领导力和管理是两个互为补充的不同概念，并且都是组织运转所必需的。自班尼斯（Bennis，1996）之后，领导力方面的专家都认为管理和领导力都对组织的成功很重要。科特（Kotter，1990）指出，领导力是提出对变化的预期和对未来的愿景；而管理则是计划和控制。扎里斯尼克（Zalesnik，1977）对此表示同意，并认为管理者是方案的执行者，忙于调度人力和资源，协调解决差异，取得一致，以实现组织目标。而领导者是富有远见的，他们关注于他们认为这 270
个世界将会怎样，而非遵从他人认为这个世界应该怎样的观念，同时准备承担将愿景变成现实所存在的风险。这一定义与卡茨和卡恩（Katz & Khan，1966）的观点是一致的，领导力是指不断增加的影响力，而非简单地遵从公司的规章和流程。

20世纪的一些研究者相信，领导力是人们所具备的一种品质，这类人常因不为他们所控制的情景因素而取得成功。他们代表一种将领导者的成功归功于他们的趋势，即他们所说的“领导气质”（Meindll et al.，1985）。而且，领导力对组织的成功尤为关键，这一点得到了现有的大量证据的支持。数十年间对大量不同行业的上百个公司CEO的领导成效的研究表明，高领导力对组织绩效有积极影响。当前的研究结果总的来说，除了对组织发展有重要作用，领导力主要是从个人成长经历中习得的（De Vries et al.，2010）。

随着大量早期关于领导力的理论在工作场所的重新兴起（比如行为主义理论在测评中心的应用，模仿增加实际行为，并据此来测量），领导力的研究带有起源时期的烙印这一点值得重视。在对领导力作总结之前，我们很有必要先回顾一下学者们所确定的关于领导力的主要研究领域。这些可以归纳为特质或特征理论、行为理论、权变理论和变革型领导。

## 特质或特征理论

有关领导力的比较早期的理论研究领导者本身和领导者所具有的特质。伟大的维多利亚时期历史学家托马斯·卡莱尔（Thomas Carlyle）评论说，历史是伟大人物的传记。在这一“伟人”假想的基础上产生了领导特质理论（Judge et al.，2002）。特曼（Terman，1904）认为所有社会成员都是领导者和跟随者，或是执行或是模仿。这一时期的研究者探查一系列领导特征，比如身高、性格和智商。另外一些受到关注的特质包括年龄、身高、体重、体形、外貌、言语流畅性、智商、学历等等（Stogdill，1948）。斯托格迪尔（Stogdill）回顾了这一类文献，认为这些研究并没有很好地确定可以区分开领导者和非领导者的特质。

随着人格特质测量技术的发展，之后的研究发现了领导者和非领导者的区别。贾奇等（Judge et al., 2002）采用元分析技术对量化研究结果进行质化研究发现，五大特质中有四个与领导力有关：外倾性、神经质、责任心和对经验的开放性。只有宜人性与领导力没有显著的相关。在所有因素中，外倾性在他们
271 的元分析中与领导力的相关是最一致的。或许这一点并不让人意外，因为这一特质包含敢为性和愿意冒可以预计的风险等特点。贾奇等的研究支持了领导特质观，但是，这些特质是否关系着领导者的绩效成功，这一点在现有的文献中还没有得到充分的研究。可以确定的是，抛开行为主义视角，我们也就无法对领导者有全面的认识（Derue et al.，2011）。

## 行为理论

伟人猜想的不佳表现使领导力的研究者们开始关注领导者的实际行为，亦即，领导行为（Derue et al.，2011）。这一观点认为领导者不一定是天生的（像特质观所认为的），而可以通过典型的行为模式进行培养。

弗莱施曼（Fleishman）、斯托格迪尔（Stogdill）和他们的同事20世纪50年代在俄亥俄州进行的研究测量了领导行为的维度（Fleishman & Harris，1998）。他们发现主要有两类领导行为，即定规和关怀。定规关注于给出明确的方向，

而关怀型的领导行为是基于人际关系。有趣的是，越来越多的近期研究证实了这一领导行为分类。比格斯（Biggs，2010）对两个企业进行了工作分析，对咨询师这一职业建立了胜任力结构模型，以供想进入咨询师行业的学生自评。胜任力其中一点是领导力，给出的定义如下：给团队成员指出关注点和培养团队成员这一责任的履行程度（Biggs，2010：321）。提供方向和培养下属是作为一个领导者的两个重要方面。

这一领域的其他研究是来自麦格雷戈（McGregor，1960）的两型人性X-Y理论。X理论认为人本性懒惰，不愿工作；而Y理论则相反，认为人想要工作，并且是以一种建设性的方式工作。库尔特·勒温（Kurt Lewin），在1960年用处于三种不同领导类型领导的孩子对此进行了研究：专制型（靠强制）；民主型（靠协商）；放任自流型（允许自己拿主意）。如果X理论是正确的，那么人需要独裁型领导者告诉他们该做什么。如果Y理论是正确的，那么人只需要方向和共识就能有好的绩效。根据这一分类，研究一直表明，民主型管理者能取得最佳的团队绩效（Luthar，1996）。

后续的研究在这些理论的基础上作了一些扩展。李克特（Likert，1967）扩充了独裁型和民主型领导的概念，增加了领导风格的四个维度，包括：专制权威式，靠恐惧和威胁来指挥；仁慈权威式，通过奖赏来引导下属；协商型，奖赏被合理地利用，员工有适当的影响力；参与式，团队共同参与目标和奖赏的制定。德鲁等（Derue et al., 2011）比较了基于行为观和基于特质观的领导力理论，认为，尽管行为理论在领导效果、团队绩效、下属工作满意度和对领导的满意度方面比特质（性别、智商和性格）影响更大，但是在领导力培养中，行 272
为和特质都需要考虑。

## 权变理论

到了20世纪60年代初，行为风格理论渐渐不能完全解释实际中新出现的结果。这促使研究者探究领导者面临的情景因素（Derue et al.，2011）。研究者提出了情景领导的精确模型来解释这些出人意料的结果的多变性，这些模型关注于不同情景下所要求的领导行为。其中重要理论包括：领导行为连续体理论、费德勒模型、规范性模型和领导—成员交换理论。

领导行为连续体理论可能是由坦嫩鲍姆和施密特（Tannenbaum & Schmidt, 1973）最早提出来的权变理论。他们基于专制型领导者与民主型领导者的比较，加入了情景因素的作用，提出了新的模型。基本上来说，三方面共同作用：领导、下属、情景。因此，在亲睐专制型领导风格的组织中，即使管理者本性上更倾向于民主风格，也极有可能情景因素使得领导行为更偏向专制。

费德勒（Fiedler，1967）也提出了一个有影响力的权变理论模型，认为三个因素影响了领导行为，分别是：任务架构，即工作流程和规章；职务权力，即领导奖惩下属的能力；领导成员关系，受欢迎和尊重的领导具有优势。

费德勒模型三因素中的最后一个因素，丹塞罗等（Dansereau et al.，1975）将之扩充为领导—成员交换理论。这一理论认为领导是领导同下属个体之间发展良好关系的过程。而在测量方面，自这一理论问世以来，取得了相当的发展，既有从领导视角也有从下属视角（O'Donnell et al.，2012）。但是，它也有其局限，只研究了领导与下属的交互关系，没有关注工作场所中存在的其他关系（Biggs et al.，在印）。

当然，还存在其他的领导力权变理论，以上详述的是这一领域内较为基本的理论。然而，它们在预测领导行为上效果有限，而且实证结果的支持也不强（Derue et al.，2011：42）。它们最大的问题是领导者和管理者的混淆。这一点在行为理论中是有明显区别的，但在权变理论中变得很模糊。

## 变革型领导

德鲁等人（2011）认为变革型领导是当前领导力研究领域的一个重要趋势。这一模型有时也被认为是全方位的理论，它包括三种不同风格：交易型领导、
273 变革型领导和放任型领导。在其他方法之外，交易型领导通过陈述该做什么的强制性愿景和理解团队成员的个人需求的方式来形成连接（Bass，1990）。需要弄清的是，变革型领导包括并扩充了之前行为理论中的定规。交易型领导使用传统的交换关系来使工作得到完成，比如薪水和奖金。全方位领导理论的最后一种风格是放任型，或者说是放弃领导的责任。这是目前提到的所有风格中最没有效果的领导风格。

框 8.6

练习

变革型领导

在阅读了变革型领导这一部分内容之后，运用你关于各行业著名领导者的知识，各举出两个交易型、变革型、放任型领导风格的例子，并说明你作出这一分类的依据是什么。

## 最新的领导力理论

几个重要的领导力“新浪潮”理论已经兴起，并引起了关注。其中之一是真实型领导。真实型领导被认为是所有积极领导的根基，并且是从研究者观察到真正的变革型领导和假装的变革型领导之间的显著差别中产生的。假装的变革型领导被认为拥有好的领导者所应有的特点，但是缺少真正变革型领导也就是真实型领导的道德方向感、透明性、平衡的处置、决策能力（Avolio et al., 2009）。真实型领导的研究者所面临的最大问题是开发出合适的心理测量量表，揭示其与变革型领导的真正不同。随着2007年金融危机的到来，伦理型领导开始成为热门研究话题。显然这是当前研究的一个前沿领域。其他领域包括研究领导者的情绪智力和灵性智力。

## 决策和心理授权

当心理学工作者试图找到克服工作过度细分带来的负面健康影响时，职业心理学理解到工作中授权的重要性是从工作丰富化这一领域开始的。授权研究 274
中一个重要区别是，授权是架构性的还是心理上的。架构上的授权指组织设计（架构，流程，规章）规定员工可以在一定程度上影响自己的工作乃至整个公司的发展方向。尽管架构授权有大量不同的定义，与授权相类似的概念是许多工作设计理论的核心部分。在第7章将会详细介绍的一个工作设计模型——需求特征模型认为个体感受到的压力是角色要求和工作控制感（即感觉自己能多大程度上决定如何去做自己的工作）的方程。卡拉塞克（1979）认为，只要员工有高工作控制感，高角色要求的工作不一定会让员工产生很大压力。卡拉塞克模型中的高控制感可以联系到架构授权的概念。进一步地，团队层面的授权思想隐含于社会技术系统理论（见之前组织系统部分）。

根据施普赖策（Spreitzer, 1996）的观点，心理授权有四个维度：员工对工作的控制程度；自我效能感，即员工对自己能做好工作的自信程度；工作价值感，即角色和价值的匹配；影响力，即员工认为自己工作的重要性。实证研究表明心理授权和员工动机、随后的绩效有密切联系（Chen & Klimoski，2003），最新元分析结果（Seibert et al., 2011）也强调心理授权对整体组织效能的重要性。

如果一个职业心理学工作者能帮助提高员工心理授权，即意味着让员工实际上拥有更多的自由决定做什么，什么时候做以及如何做。除了积极影响外，授权不可避免的后果是，被授权的员工对风险的态度更为开放，因为众所周知在处于不确定性带来的压力中的决策者倾向于走捷径或用启发方式来决策，而这样的决策往往会带来不良的后果。授权的概念和它潜在的影响在研究组织的发展和变化中十分重要。

## 团队协作

库尔特·勒温认为团队协作是在社会情境下的个体管理，与之相对的是个体本身的管理（Zander，1997）。这一定义听起来似乎很容易应用于团队。然而一些研究者对小组和团队作了区分，比如，小组倾向于聚在一起来交换信息以提高各自随后的绩效，而团队对绩效有共同的责任。在这里我们认为两词是可
275 以互换的（Johnson & Johnson，2009）。团队是组织的基础，是组织发展变化中的重要现象。不同的研究者认为团队有不同的功能。根据视角的不同，团队可以看成是社会行为的起因，也可以看作是社会行为的结果，还可以看作是社会行为发生的背景。它们受其所赖以存在的物理环境影响，比如：在其他条件相同的情况下，拥挤增加压力水平；团队环境的社会特点，比如，是合作的还是竞争的；已经组织发展而来的路径和所处的阶段。

框 8.7

小组练习

团队协作是个好主意吗？

尽管团队协作看起来始终是个好主意，但也有些时候它不是最好的选择。比如，当某项工作所需要的知识掌握在一个人手里，那么最好是让那个人独自去做。还有什么情况下，团队协作不是好选择？两人一组，进行头脑风暴。

霍桑实验——20世纪进行的长达十多年的关于工作小组的实际研究——对小组和团队的研究产生了重大影响。这些实验是在1927—1932年进行的，最初是为了测试减弱照明对工人继电器装配和排线的影响（Gillespie，1991）。然而，霍桑留下的遗产是工人的产量都增加了这一令研究者感兴趣的现象，即被试效应。森德斯特伦等人（Sundstrom et al.，2000）指出这些工人是在西部电器霍桑工厂的排线室进行实验的，表明规范可以对工人产生重大影响，这刺激研究者更多地采取相似的研究方法对小组和团队进行研究。森德斯特伦等人（2000）还指出，几个与小组和团队相关的点值得在此重新回顾。首先，存在多种不同的团队：比如管理团队、服务团队和生产团队等。其次，评价团队效能的标准是十分多样的。一些是宽泛的全球通用的、有管理者打分的量表，而另一些则是具体的方面，比如创造性。反映团队心理健康状况的结果也大受欢迎（比如内聚力和整合度）。最后，最近心理学工作者一致认为奖赏架构是团队整体环境的指示器。框8.8中的案例研究演示了实际中的情形，基于团队的奖金在英国伯明翰量规制造厂中实行。

框 8.8 276

案例研究：改进一个伯明翰量规制造厂中的行为

之前，该伯明翰量规制造厂专注于量规制造的低端市场，价格比质量重要。由于日益增加的外国竞争，公司决定进入利润更高的市场，即重质而非重价。公司过去是用计件付酬的方式来刺激产量，但是这种方式不可避免地造成更重数量而非质量的影响。现在计件付酬被团队薪酬和质量激励所取代。

作为一个团队，团队聚焦是极为关键的，产品从开始生产到完成都涉及其中，所以奖赏系统也就强调团队协作和任务完整性。质量比产量更受到重视，以确保产品一生产出来就是达标的。这一项目取得了成功，通过开发更高质量和更高价值的市场而保住了企业的生存。

摘选自Biggs, D.M.（2004）'Modifying behaviour in a Birmingham gauge manufacturer', *People and Organisations at Work*, Summer Edition, British Psychological Society. Leicester. ISSN 1746-4188.

## 权力和政治

权力可以定义为所掌握的影响他人的能力。管理者因此可以让下属完成与工作相关的任务。政治与权力不同，它经常涉及复杂的机制来增加个人相对于他人的权力（French & Raven，1959）。

早期组织政治的定义集中于自利且没有取得组织正式同意的行为（比如，员工通过私人关系而非正式渠道得到他们想要的），而且通常是指消极方面（Ferris et al.，1989）。今天人们意识到一个组织不存在一些形式的政治行为是非常困难的（Ferris & Kacmar, 1992）。现在的观点认为组织政治也可以产生积极结果。比如，工作场所政治对工作小组保住关键资源作用重大；组织内的谣言可以帮助决策者更快地了解到组织内重大问题的信息。

费里斯等人（Ferris et al.，1989）提出一个组织政治模型，认为员工观察到的之前提到的自利行为及行为后果在解释组织产出时极为重要。也就是说，是对办公室政治的认知起关键作用。模型见图8.2。

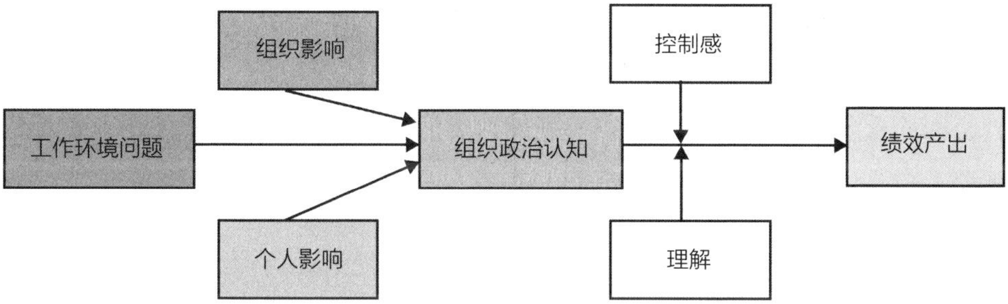

277

图8.2　办公室政治的认知（Ferris & kacmar，1992）

在费里斯等人的办公室政治认知模型中，直接工作环境的质量与办公室政治成负相关（即，更好的工作环境被认为是没有组织政治）。组织设计特征（通过他们所创造的组织模糊性水平）和个人人口学特征也直接影响个体认知组织环境的政治化。认知到的办公室政治程度影响产出，比如工作投入、工作压力和工作环境回避。觉知到的政治与这些自变量的联系强度随着员工对控制政治过程的信心和对过程的了解的变化而变化。近几年个人的政治技巧也引起了更多研究者的兴趣。

## 组织文化

组织测量组织氛围（比如传统）和文化（如授权）的维度，因其和个人绩效和团队水平的绩效之间预期的关系。弗伦奇和贝尔（1995）认为组织氛围是指员工对待规章和流程的反应；同时，相较于组织文化而言，组织氛围是相当容易改变的。他们认为组织文化是指共享的价值观念、信念、看待是非对错的态度，是很难改变的。早期的研究者只关注工作环境方面，比如员工对工作有多大的自主性，现在研究集中于员工对规章的情绪反应。相比早期的研究集中于将员工问卷得来的个体水平关于组织氛围和文化维度的评分同个人水平的绩效联系起来，最近的研究则采用复杂的统计方法来研究问卷问题个人水平的认
知和情感反应同业务单位和组织水平的产出间的关系。需要注意的是，测量氛 278
围和文化的员工问卷是评价组织变化的结果及发展倡议的重要手段。初次调查

以供诊断，在此之后，施行本章所列的组织发展干预手段。干预手段是否达成计划的目标通过跟踪调查来评价，通常按年度进行。事实上，氛围和文化的调查是如此重要，在今天的大公司，完成这类问卷是员工组织生活中不可避免的现象。

## 组织发展干预的需要

开放系统规划理论和社会技术系统理论有一个共有的重要原则——单就系统或组织本身而言，存在着衰落的趋势。这一趋势常被描述为熵变的过程（Dover & Lawrence，2010）。尽管存在数不清的导致组织熵变的原因，最常见的导致组织随着时间而变坏的原因是其运营环境的变化。确实如此，如果你仔细关注随着2008年雷曼兄弟倒闭而开始的金融危机，你就会明白。无论是因为环境变化还是内部变化，由于存在这个自然熵变趋势，对组织的管理负责的人必须有计划地改进组织，以维持或增进组织效能（Dover & Lawrence，2010）。这就是组织发展与改进的目的。

尽管组织发展和改进的必要性是很清楚的，如何更好地了解组织变化过程还很模糊（Senior & Swailes，2010）。这里产生了分歧，学者们开发出来的理论模型，从业者们难以实际应用；而从业者开发的实施方案，学者们又认为缺乏严谨性。在本章，我们会尝试弥合这一沟壑，通过补充理论知识和从业者们是如何试图通过PRINCE2和MSP等过程来解决这一问题的（Biggs，2010）。

不同的变化过程理论研究者主张的组织发展和改进的原因和阶段不同。根据范德文和普尔（Vande Ven & Poole，1995）的研究，关于组织的发展变化存在四类理论。每一种理论都包含生成机制和一系列变化阶段。

1. 第一个是生命周期模型，认为每一个组织都会经历一系列线性不可逆的变化；引起这些变化的力量是自然因素。在这一模型下的变化被认为是有机的。
279 2. 第二个是演化模型，认为变化是一系列重复性的、可累计的、概率性的变化阶段。这一模型认为，变化是在竞争和资源稀缺的条件下生存所必需的。
3. 第三种是辩证变化模型，认为变化是相冲突的价值观念不断经历矛盾并解决的过程。变化是由相对立的利益竞争所主导的。

4.第四类模型是目的论的，组织变化不断经历设定目标、实施、调整阶段以实现最终目标。这一模型的生成机制是共识和合作，以达到理想的状态。

主张变化过程复杂理论的波拉斯和罗伯逊（Porras & Robertson, 1992）建议，咨询顾问应掌握丰富的理论模型，以将可行的步骤应用到组织发展与改进中去。

## 组织变化理论模型及其重要性

如果职业心理学工作者了解人类系统变化发生的方式，那么就更有可能有办法影响其过程。也许最广为人知和影响力最大的组织变化模型大概是由库尔特·勒温（1951）提出的。勒温认为组织各方面的现状是对立的各方力量平衡的结果，并指出可以通过他称之为“力场分析”的过程来确认维持组织平衡的力量。因此，行为的改变可以看成是两个平衡之间的变动，如图8.3。 280

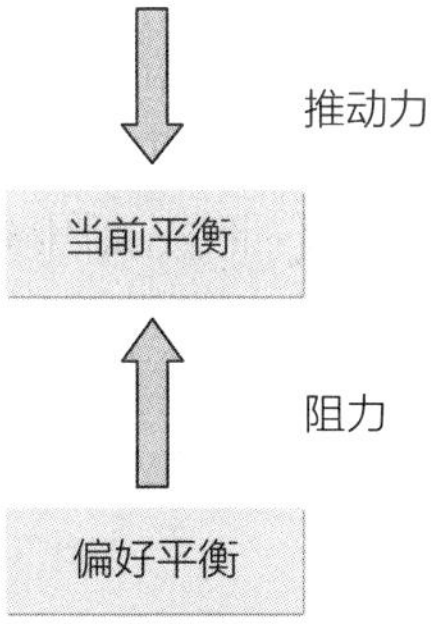

图8.3 勒温的力场模型

勒温（1951）认为人类组织中的任何变化都是由三个概念性阶段组成。后来，对于这三个阶段，施恩（1987）通过描述每一阶段的心理过程来详细解读。

勒温认为这一过程的第一阶段是现有行为的解冻。施恩对此进行了扩充，指出这一阶段人们对现状感到不适，这种不适促使行为发生改变。第二阶段勒温称之为行动阶段。施恩将之描述为人们根据社会比较信息对现有行为产生不同看法的阶段。在第三阶段，勒温称之为冻结阶段，施恩认为人们在这个阶段将新得的信息整合进自我概念中。也有一些对此模型的补充被提出，比如，韦克和奎恩（Weick & Quinn, 1999）认为改变是个连续的过程，与其说是解冻，不如说是修正正在发生的变化的方向。然而，勒温的变化阶段模型比其他模型更有影响力。

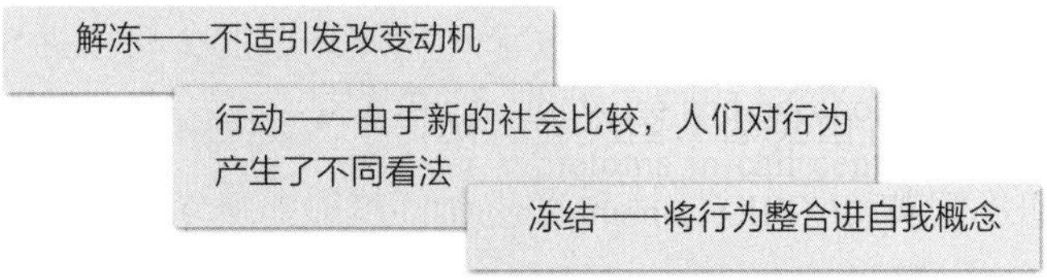

图8.4 勒温的变化阶段模型

# 变革的实施模型

勒温（1951）的变革过程模型对于理解范德文和普尔（1995）根据生成机制和顺序对于理论的分类，增进我们对变革的理论理解十分有用。整体来说，过程理论，或者说是研究组织发展和变革是如何和为什么发生的，一直是学者们的领域。但是，他们的工作一直不时受到从业者的批评，被认为缺乏关联性。在此部分，我们会详细阐述（1）变革过程是如何增进组织效率的；（2）职业心理
281 学工作者可以通过改变什么以增进组织效率。

# 变革过程是如何增进组织效率的

波拉斯（Porras，1987）和波拉斯、罗伯逊（Porras & Robertson，1992）提出了一个描述组织干预是如何影响组织的模型，并且这一模型得到了罗伯逊等人（1993）元分析结果的支持。这一模型，如图8.5所示，揭示了组织发展和变革干预影响了四个相互依存的组织亚系统中的一个或多个。这些相互依存的模型包括社会因素、组织设置、技术和物理环境。由于这些亚系统是相互依存的，任何对其中一个或多个的直接干预都会影响其他系统。这些由变革组织而引起的社会因素、组织设置、技术和物理环境的变化，进而影响个体行
282 为；而个体行为的变化导致结果的变化，比如个人发展和组织绩效。这一模型除了得到了元分析结果的支持，还与干预如果想取得成功，它必须能影响人们的工作行为这一观点一致（Robertson et al.，1993）。

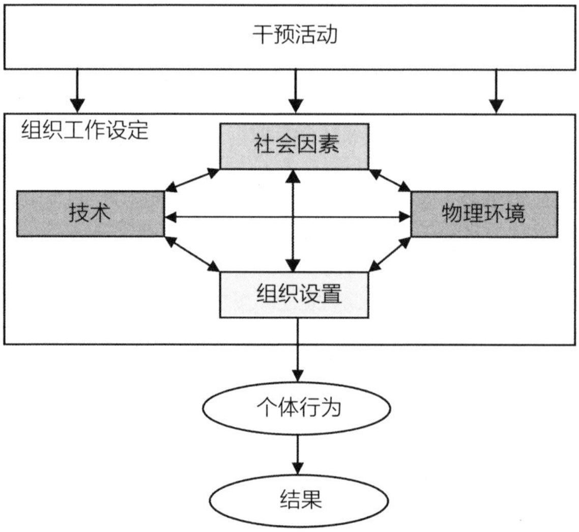


图8.5 干预如何影响效率
来源：波拉斯与罗伯森（1992）

## 硬系统变革模型和软系统变革模型

另一个检测组织变革可行性的方法是由辛尼尔和斯韦尔斯（Senior & Swailes，2010）提出的，关注于变革的复杂性。使用佩顿和麦卡尔曼（Paton & McCalman，2000）的TROPICS（时间跨度、资源、目标、问题、对问题的兴趣、控制、问题根源）测试，组织变革可以被分为硬的和软的（见图8.6）。勒温的组织发展理论（organisational development，OD）已经考虑了软系统变革模型。这些变革都带有时间跨度不明确、资源不确定等特点（如图8.6所列）。硬系统 283
变革模型更明确，因为时间跨度清楚，资源确定，目标明确。

**TROPICS 因素**

| 硬 | 软 |
|---|---|
| 时间跨度清楚 | 时间跨度不清楚 |
| 资源确定 | 资源不确定 |
| 目标明确 | 目标不明确 |
| 共享对问题的认知 | 问题不明确 |
| 对问题的兴趣有限 | 对问题的兴趣广泛 |
| 由管理团队控制 | 由管理团队外的人共同控制 |
| 问题根源在组织内 | 问题根源在组织外 |

图8.6 TROPICS 测验
来源：佩顿和麦卡尔曼（2000）

辛尼尔和斯韦尔斯（2010）演示了硬系统变革模型是如何实施的。举例来说，硬系统变革模型非常类似于项目管理系统，如英国商务部2009年重新设计的PRINCE2（Biggs，2010）。大量的精力花在了项目的启动上，进而打包成了项目启动文件，成了实施阶段项目运营的标准。PRINCE2广泛用于公共和私人领域以增加项目运营效果，那么软系统或OD该怎么办呢？

辛尼尔和斯韦尔斯（2010）展示了OD在实践中可以怎么运营，展示了软系统的方法。在商业和公共领域企业中，项目管理多用于管理目标、时间跨度和控制均不明确的变革。工程在和项目类似的基础上运营，没有一个清晰的项目启动文件来说明操作步骤，工程是在商业案例的基础上运营，架构上也就趋于动态和多变。和PRINCE2相类似，商务部创造了一个系统以管理这一过程，叫作“成功工程管理”或MSP（Biggs，2010）。这一系统2007年进行了一次修订，但是基本上没变，管理大量变革工程。当组织中存在大量共同的问题，或者结果不明确但是可以通过不同的项目来解决的时候，我们就可以用工程管理
284 （Lycett et al.，2004）。

框8.9

案例研究：服装零售商利用MSP和PRINCE2进行软硬系统同时改革

一家著名的高街服装零售企业遭受到越来越多诸如杂货店、互联网和新兴的高街零售商的外部威胁。这家企业的商品也逐渐被认为是落伍的，只能吸引特定的一小部分顾客了。

为了赶时尚，越来越多的顾客关注跟上潮流的商品，因此企业必须要赶上潮流的浪尖，但这家企业却对此无能为力。只有一件事是确定的，就是企业必须要进行变革。这家企业也曾经规划了变革的三个阶段，可是在开始阶段也只是比较简单的规划。

第一个阶段是明确目标，强调时效性和资源获取(硬系统变革)，这里面包括提升人力资源对于员工选拔与培训的质量；另外还有发展杂货生意的支撑。一旦这个阶段开始实施，继而就可以改善人力资源流程（作为阶段效果），也能在下一阶段完善杂货支撑计划。

这个案例研究表明软硬系统如何同时和完全地执行。

## 职业心理学工作者可以通过改变什么以增进组织效率

有好几位作者提出了关于职业心理学工作者可能采取的干预措施类型的分类系统。比如，弗里德兰德和布朗（Friedlander & Brown，1974）认为存在两大类组织发展和变革干预措施：人本过程干预和技术结构干预。人本过程干预包括：参与性决策；目标设置/目标管理；实际工作预览；团队组建；调查反馈。技术结构干预包括：工作再设计；职务丰富化；职务扩大化；灵活工作安排。

纽曼等人（Neuman et al.，1989）在评价不同干预措施对工作态度的影响中

采用这一分类框架，认为技术结构干预主要关注哈克曼和奥尔德罕姆（Hackman & Oldham，1967）工作特征模型（job characteristics model，JCM）。JCM模型是职业心理学中最重要的工作设计模型，认为如果职务存在特定特征，那么它们就会影响员工动机，进而导致随后的绩效增加。这一模型在第7章有详细介绍。

弗伦奇和贝尔（1995）认为OD干预通常瞄准战略、组织架构、流程以及文化。本质上讲，组织改进发生在行动研究的实践中。确实，职业心理学的独特卖点就在于研究方法的运用。在组织发展过程中，系统的数据收集方法得以应用，包括从访谈到问卷和组织分析等。基于这些数据形成了随后执行方案中的部分措施。

肯定式探询是组织所采用的又一引导变革过程的管理咨询工具。从本质上来讲，肯定式探询关注于组织做得好的方面，通过探询肯定积极方面，而非简单 285
罗列出组织存在的问题和需要改进的方面。在这一技术手段中，会问到哪些方面做得很好和组织成功的地方在哪等问题（Cooperrider et al.，2003）。通过关注成就方面，即使是基于个人层面，引起成功的因素也可以被梳理出来，确认，进而复制。

尽管有许多不同的关于组织变革干预的分类，奥斯汀和巴图耐克（Austin & Bartunek，2003）指出存在一个共通之处，即大团体范围的努力是组织发展与变革干预的焦点。基于这样的认知，让一大群人采用新的方式的最好办法是让他们参与决策过程，这与参与精神是一致的。然而，他们也注意到，现在的组织发展与变革专家认为人们并不都想参与变革过程。

## 小结

在本章，我们概述了关于变革的理论，也介绍实际中变革是如何发生的。当最终产出、特定的人群和商业利润无法被理解的时候，变革通常就会发生。马丁斯（2011）将变革定义为从一种状态变成另外一种状态，但这一点如何证明，还难以决定。邦德和其同事（Bond & Bunce，2001；Bond et al.，2008）的工作关注于组织发展与变革干预如何提高组织效率。改进组织以提高商业利润，这的确是变革的终极目标。

当组织被看成一个系统的时候，这一组相互作用的元素是如何将来自环境中的输入转化为产出以供外部消耗的，分析这个问题要简单清楚得多。应用于组织发展的系统有助于这一研究领域问题的建模和解决。

组织设计是通过理智地安排组织架构以使组织更有效率的精细审慎的行为（Senior & Swailes，2010）。罗宾斯和贾奇（2012）指出组织架构的特征存在6个维度：专业化；部门化；控制跨度；规范化；指挥链；集权化。规范化和集权化在僵化的组织架构中比较明显，而不存在这些特点的组织在架构上更系统。组织设计的实施过程被总结为分析、设计、实施、评价（ADIE）模型（Visscher & Visscher-Voerman，2010）。对组织设计而言，实用主义的方式比还原论风格
286 更好，因为这样，组织架构政治和其他所有复杂的因素都能得以考虑。

与组织过程相关的主题包括：领导力，决策和授权，团队，权力和政治，以及组织文化。有几位作者认为领导力是组织变革的核心，他们提到了变革代理人，即对组织变革最终负责的人（Derue et al.，2011）。管理者和领导者是有区别的。绝大多数理论承认这一点，并倾向于要么研究天生领导者（伟人论），要么认为每个人都可以学习合适的行为而成为领导（行为理论）。权变理论中，管理者和领导者的角色在一定程度上混合了，但相较于之前的理论增加了环境因素，但也有人质疑这二者是否相关。最新的理论包括变革型领导和其他与真实性、道德、精神性相联系的领导理论。

授权同样重要，尤其是结构授权，即将授权渗透在组织结构中。这有助于激励员工的生产积极性和改善员工处境，这一点得到了卡拉塞克（1979）的证明。组织中的团队协作也是极为重要的。但是如何衡量团队协作充满了困难。有研究表明，基于团队的奖金和奖赏激励团队效率一起提高。权力和政治在本章之前组织设计部分有提及，但仍值得特别关注。在有些文献中经常将这两个概念混用，但这是不对的。权力指让别人按照你的意志来行事的力量。而政治则是可以用来增加权力的隐含机制。在组织变革过程中，很有必要确认权力和政治，而且，如果有必要的话，应该调整最终解决方案以适应所有涉及的因素。此外，所处组织的组织文化也需要在变革方案中加以考虑。

在实施变革干预上，学院派和从业者们存在分歧，这在本章已经有了详细的说明。根据范德文和普尔（1995）的理论，变革存在四种类型理论：生命周

期模型，演化模型，辩证变化模型，目的论模型。这些都是需要重点关注的理论，但其他一些作者补充了更多的关于变革的实用解决方案。勒温（1991）主张力场分析——支持变革的力量同抗拒变革的力量斗争。这一方法有助于确定需要变革的方面。另外一些作者通过描述如何产生更高的组织效率来说明变革的复杂性（Robertson et al.，1993）。

芭芭拉·辛尼尔（Barbara Senior）和其同事的工作被认为是将变革表述为硬或软的系统。这可以联系到变革的系统论方法，但是从本质上看，其是基于 287
佩顿和麦卡尔曼（2000）的时间跨度、资源、目标、问题、对问题的兴趣、控制、问题根源因素来描述变革的确定（硬系统）或者不确定（软系统）。这一方法是融合学院派和从业派对变革的观点的尝试。比格斯（2010）对此作了进一步的说明，在工业中，硬系统变革由如PRINCE2的项目指导，软系统变革由如MSP的项目指导。这些系统的详细复杂的细节超出了本书的范围，但关于如何应用的一些观点在书中也有给出。

在本章的最后，职业心理学工作者和咨询顾问对一些使用到的干预技术进行了总结。哈克曼和奥尔德姆（1976）的工作特征模型非常具有影响力，目前主要运用在检查工作情景变量的研究中。虽然这一模型没有将个体的因素考虑进去而受到批评，但是它仍具有深远影响，目前仍然被用来解释组织变革的干预措施。行为研究也备受推崇，即将科学方法应用到实际问题中。事实上，几年前，人们认为职业心理学工作者和管理顾问的根本区别在于，职业心理学工作者具备去进行研究设计和统计（虽然很多学生不喜欢这个科目）的强烈意识。调查的广泛使用，使得组织积极性以及工作都可以进行量化以及相关研究。

## 深入探究

扫描二维码，获取更多资源。

288

## 讨论题

1.讨论一个官方组织提高员工心理授权的方式有哪些。

2.开放性体系的组织发展理论如何帮助一家大型英国银行在当前的经济形势下有效运作?

3.哪一个组织架构的决定性因素(环境,战略,规模,技术)最容易对领导者产生影响?

## 样例论述题

组织发展理论关于变革本质的观点,对组织领导者的期望有什么影响?

## 样例测试题

请说明硬系统变革模型和软系统变革模型之间的区别,并评估这一区别的实用性。

289

## 职业心理学实践:工作中的一天

萨拉·刘易斯,拥抱变化公司总经理

| | |
|---|---|
| 你的研究方向主要是职业心理学的哪个领域? | 我对组织变革与发展很感兴趣。 |
| 你为什么对这一领域感兴趣? | 我在大学毕业后成了一名社会工作者,主要从事儿童保障。这些年来,我在保障体系中工作,逐渐明白儿童作为保障体系的一部分,你必须了解他们在特定条件下的行为。近年来我主要是在家庭住宅中心工作,并试图通过改善孩子们的家庭体系而使他们感觉更加安全。与此同时,我参与了高层管理,并将整个组织看作一个相互联系的系统,这使得我对组织发展与变革开始产生兴趣。 |
| 你在研究过程中对哪种组织最感兴趣?为什么? | 所有组织都面临着应对不断变化的世界的潜在挑战。在实践中,一个组织可以像正常人那样评估自身,了解组织的社会资本价值,尽管它们无法定义这一价值。 |
| 你通过理论文献和研究的工作情况如何? | 一般来说,作为一个与人们一起“改善事情”的人,我所做的是一种道德努力,因而我必须能够正确判断每一次的干预。我主要侧重于社会心理学、团体心理学以及积极心理学。此外,我在大学里学习了哲学和社会学,并借鉴了社会建构主义对世界的理解。我对我们谈论世界的想法影响我们如何融入世界十分感兴趣,因此我也对意义本身以及人们所理解的意义很感兴趣。除了我对专业领域的兴趣之外,我更多的是通过“中心”心理学理论和人格理论研究、心理控制源、公平理论等支撑我的言论或者我在某一特定情况中的干预。 |

续表

| | | |
|---|---|---|
| 道德在你的日常实践中扮演了一个什么样的角色？ | 对于我从事的工作而言，一个清晰明确的道德立场和道德理解是非常重要的。我所从事的不是一种无价值运动，它不是中立的，毫无影响力的。我希望我所从事的工作能够具有一定的影响力，并且是往好的方向影响人们的。这就意味着我必须学会评估自己的行为。例如，工作中我必须明确道德界限。我想要说的是，作为心理学工作者，我们掌握着强大的知识和工具，我们的言行举止会影响人们的情绪状态、自我意识和动机水平。在组织层面，人们在相互影响中不断开展工作，这时就需要一个明确的道德框架来约束他们。 | 290 |
| 你能描述你日常工作中的一天吗？ | 今天，我和一些人开会讨论为组织发展史上一个非常特殊的时期策划一次活动。在这个大环境下，我们必须小心谨慎地适应“整体体系”，这其中不仅仅包括人，还包括很多“是什么”的多样故事。明天我会和来自全国各地800个组织中的30人进行一个满意度调查研究，通过建立不同功能的桥梁来提升组织学习能力和分享能力。这是在最近的“员工调查结果”背景下开展的一系列事件，这一系列事件的问题集中在几个彼此不同的关键点上。上周我给一个组织作了一个内部报告，这个活动是作为该组织给其员工所设置的年度“学习周”的一个部分，下周我要与一个商业顾问见面，让我的服务市场开发有更多的想法。这是我这几天的典型活动：就组织变革的干预活动进行谈判、实施干预、讲座讲话以及为自己的生意而奔波。 | |
| 最近五年你的工作有什么变化吗？ | 我在工作中很少作为别人的助理，因此我可以按照自己的心理学和组织发展的原则分配任务。例如，我总是将组织作为一个社会关系的整体，并从积极欣赏的角度来看待它。<br>慢慢地，我有更多机会与一些大型的组织进行合作，并接触到了更多的高层领导人，这使我十分兴奋。但与此同时，我也面临着一个问题，随着我对组织系统的理解更加具体，我在组织中所能做并能对其产生影响的事情越来越少。 | |
| 你认为你的工作在未来的五年会有什么样的变化？ | 我希望自己能够从事更多更具挑战性的任务。例如，我对利用技术和社会媒介对大型的跨区域分散群体或组织进行各种事件的满意度调查很感兴趣。 | |

# 参考文献 291


Austin, J. and Bartunek, J. (2003) Theories and Practices of Organisation Development. In W. Borman, D. Ilgen and R. Klimoski (eds.), Handbook of Psychology, vol. 12, Industrial and Organisational Psychology. New York: John Wiley & Sons: 309–32.

Avolio, B., Walumba, F. and Weber, T. (2009) ‘Leadership: current theories, research, and future directions’, *Annual Review of Psychology*, 60: 421–49.

Bass, B.M. (1990) ‘From transactional to transformational leadership: learning to share the vision’, *Organisational Dynamics*, 18(3): 19–31.

Bennis, W. (1966) *Changing Organisations*. New York: McGraw-Hill.

Biggs, D.M. (2010) *Management Consulting: A Guide for Students*. London: Cengage Learning.

Biggs, D., Swailes, S. and Baker, S. (in press) The worker relations scale: a 3-component model for measuring relations at work.

Blau, P.M. (1970) 'A formal theory of differentiation in organisations', *American Sociological Review*, 35:201–18.

Bond, F.W. and Bunce, D. (2001) 'Job control mediates change in a work reorganisation intervention for stress reduction', *Journal of Occupational Health Psychology*, 6:290–302.

Bond, F.W., Flaxman, P. and Bunce, D. (2008) 'The influence of psychological flexibility on work redesign: mediated moderation of a work reorganisation intervention', *Journal of Applied Psychology*, 93: 645–54.

Burns, T. and Stalker, G.M. (1961) *The Management of Innovation*. Tavistock: London.

Capon, N., Farley, J.U. and Hoenig, S. (1990) 'Determinants of financial performance: a meta-analysis', *Management Science*, 36:1143–59. (Special issue on strategy.)

Chen G. and Klimoski, R.J. (2003) 'The impact of expectations on newcomer performance in teams as mediated by work characteristics, social exchanges, and empowerment', *Academy of Management Journal*, 46(5): 591–607.

Cooperrider, D.L., Whitney, D. and Stavros, J.M. (2003) *Appreciative Inquiry Handbook*. Bedford Heights, OH: Lakeshore Publishers.

Cullen, J.B., Anderson, K.S. and Baker, D.D. (1986) 'Blau's theory of structural differentiation revisited: a theory of structural change or scale?', *The Academy of Management Journal*, 29: 203–29.

Dalton, D.R., Todor, W.D., Spendolini, M.J., Fielding, G.J. and Porter, M. (1980) 'Organisational structure and performance: a critical review', *Academy of Management Review*, 5:49–64.

Dansereau, F., Graen, G. and Haga, W.J. (1975) 'A vertical dyad linkage approach to leadership within formal organisations: a longitudinal investigation of the role making process', *Organisational Behavior & Human Performance*, 13(1): 46–78.

David, F.R., Pearce, Ⅱ, J.A. and Randolph, W.A. (1989) 'Linking technology and structure to enhance group performance', *Journal of Applied Psychology*, 74(2): 233–41.

Day, D.V. and Lord, R.G. (1988) 'Executive leadership and organisational performance: Suggestions for a new theory and methodology', *Journal of Management*, 14(3): 453–64.

Derue, D.S., Nahrgang, J.D., Wellman, N. and Humphrey, S.E. (2011) 'Trait and behavioral theories of leadership: an integration and meta-analytic test of their relative validity', *Personnel Psychology*, 64(1): 7–52.

DeSarbo, W.S., Di Benedetto, C.A., Song, M. and Sinha, I. (2005) 'Revisiting the miles and snow strategic framework: uncovering interrelationships between strategic types, capabilities, and firm performance', *Strategic Management Journal*, 26: 47–74.

Dess, G. and Beard, D. (1984) 'Dimensions of organisational task environments', 292
*Administrative Science Quarterly*, 29: 52–73.

Devinney, T., Yip, G. and Johnson, G. (2010) 'Using frontier analysis to evaluate company performance', *British Journal of Management*, 21(4): 921–38.

De Vries, R.E., Bakker-Pieper, A. and Oostenveld, W. (2010) 'Leadership= communication? The relations of leaders' communication styles with leadership styles, knowledge sharing and leadership outcomes', *Journal of Business & Psychology*, 25(3): 367–80.

Dover, G. and Lawrence, T.B. (2010) 'Technology, institutions, and entropy: understanding the critical and creative role of maintenance work', *Research in the Sociology of Organisatinos*. 29: 259–64.

Ferris, G.R. and Kacmar, K.M. (1992) 'Perceptions of organisational politics', *Journal of Management*, 18: 93–116.

Ferris, G.R. Russ G.S. and Fandt P.M. (1989) *Politics in Organisations*. In Impression Management in the Organisation, Giacolone, R.A., Rosenfeld, P. (eds). Lawrence Erlbaum: Hillsdale, NJ:143–70.

Fleishman, E.A. and Harris, F.E. (1998) 'Patterns of leadership behavior related to employee grievances and turnover: some post hoc reflections', *Personnel Psychology*, 51(4): 825–34.

Fiedler, F. (1967) *Theory of Leadership Effectiveness*. New York: McGraw-Hill.

French, W.L. and Bell, C.H. (1995) *Organisation Development: Behavioral Science Interventions for Organisation Improvement*. Upper Saddle Rover, NJ: Prentice Hall.

French, J.R.P., Raven, B. (1995) *The Bases of Social Power*. In D. Cartwright and A. Zander. Group dynamics. New York: Harper & Row.

Friedlander, F. and Brown, L.D. (1974) 'Organisation development', *Annual Review of Psychology*, 25: 313–41.

Gersick, C.J.G. (1988) 'Time and transition in work teams: toward a new model of group development', *The Academy of Management Journal*, 31(1): 9–41.

Gersick, C.J.G. (1989) 'Marking time: predictable transitions in task groups', *The Academy of Management Journal*, 32(2): 274–309.

Gersick, C.J.G. (1991) 'Revolutionary change theories: a multilevel exploration of the punctuated equilibrium paradigm', *The Academy of Management Review*, 16(1): 10–36.

Gillespie, R. (1991) *Manufacturing Knowledge: A History of the Hawthorne Experiments*.

New York: Cambridge University Press.

Hackman, J.R. and Oldham, G.R. (1976) 'Motivation through the design of work: test of a theory', *Organisational Behavior and Human Performance*, 16(2): 250–79.

Johnson, D.W. and Johnson, F.P. (2009) *Joining Together Group Theory and Group Skills*. Upper Saddle River, NJ: Pearson.

Judge, T.A., Bono, J.E., Ilies, R. and Gerhardt, M. (2002) 'Personality and leadership: a qualitative and quantitative review', *Journal of Applied Psychology*, 87: 765–80.

Kahneman, D. (2011) *Thinking, Fast and Slow*. New York: Farrar, Straus and Giroux.

Karasek, R. (1979) 'Job demands, job decision latitude and mental strain: implications for job redesign', *Administrative Science Quarterly*, 24: 285–307.

Katz, D. and Kahn, R.L. (1966) *The Social Psychology of Organisations*. Chichester: Wiley.

Kotter, J.P. (1990) 'What Leaders Really Do', *Harvard Business Review*, May-June, pp. 37–60.

Leavitt, H.J. (1965) 'Applied Organisational Change in Industry: Structural, Technological and Humanistic Approaches', Chapter 25, in J. March (ed.), Handbook of Organisations, Rand McNally, Chicago, 1965, 1144–70.

Lewin, K. (1951) *Field Theory in Social Science*. New York: Harper.

293 Likert, R. (1967) *The Human Organisation: Its Management and Value*. New York: McGraw-Hill.

Luthar, H.K. (1996) 'Gender differences in evaluation of performance and leadership ability: autocratic vs. democratic managers', *Sex Roles*, 35(5–6): 337–61.

Lycett, M., Rassau, A. and Danson, J. (2004) 'Programme management: a critical review', *International Journal of Project Management*, 22(4): 289–99.

Martins, L.L. (2011) 'Organisational change and development', in S. Zedeck (ed.), *APA Handbook of Industrial and Organisational Psychology*, vol. 3, Washington, DC: American Psychological Association, pp. 691–728.

McGregor, D. (1960) The Human Side of Enterprise. Howard Baumgartel. Administrative Science Quarterly, 5, 3, 464–67.

Meindl, J.R., Ehrlich, S.B. and Dukerich, J.M. (1985) 'The romance of leadership', *Administrative Science Quarterly*, 30: 78–102.

Miles, R.E. and Snow, C.C. (1978) *Organisational Strategy, Structure, and Process*. New York: McGraw-Hill.

Miller, D. (1986) 'Configurations of strategy and structure: towards a synthesis', *Strategic Management Journal*, 7: 233–49.

O'Donnell, M., Yukl, G. and Taber, T. (2012) 'Leader behavior and LMX: a constructive replication', *Journal of Managerial Psychology*, 27(2): 143–54.

Paton, R.A. and McCalman, J. (2000) *Change Management. A Guide to Effective Implementation*. London, Sage.

Porras, I. (1987) *Stream Analysis: A Powerful Way to Diagnose and Manage Organisational Change*. Reading. MA: Addison-Wesley.

Porras, I. and Robertson, P., (1992) 'Organisation development: theory, practice, and research', in M.D. Dunnette and L.M. Hough (eds), *Handbook of Industrial and Organisational Psychology*, 2nd edn, vol. 3. Palo Alto, CA: Gonsulting Psychologists Press. pp. 719–822.

Porter, M. (1980) *Competitive Strategy*. New York: Free Press.

Rahim, A., Biggs, D. and Schley D.G. (2012) 'Organisational design', Chapter in A. Rahim (ed.), *Management: Theory, Research, and Practice*. San Diego, CA: Cognello Academic Publishing.

Robbins, S. and Judge, T. (2012) *Organisational Behavior*. Prentice Hall.

Roberts, D.R. and Robertson, P.J. (1992) 'Positive-findings bias, and measuring methodological rigor, in evaluations of organisation development', *Journal of Applied Psychology*, 77: 918–25.

Robertson, P.J., Roberts, D.R. and Porras, J.I. (1993) 'Dynamics of planned organisational change: assessing empirical support for a theoretical model', *Academy of Management Journal*, 36(3): 619–34.

Quick, J.C. and Tetrick, L.E. (2002) *Handbook of Occupational Health Psychology*. Washington, DC: APA.

Schein, E.H. (1987) *Process Consultation: Volume Ⅱ Lessons for Managers and Consultants*. Reading, MA: Addison-Wesley.

Seibert, S.E., Wang, G., Courtright, S. (2011) 'Antecedents and Consequences of Psychological and Team Empowerment in Organisations: A Meta-analytic Review', *Journal of Applied Psychology*, vol. 96, 2011.

Senior, B. and Swailes, S. (2010) *Organisational Change*. Harlow: Pearson Education.

Spreitzer, G.M. (1996) 'Social structural characteristics of psychological empowerment', *Academy of Management Journal*, 39(2): 483–504. 294

Stogdill, R.M. (1948)'Personal factors associated with leadership: a survey of the literature', *Journal of Psychology*, 25: 35–71.

Stouten, J., van Dijke, M. and De Cremer, D. (2012) 'Ethical leadership: an overview and future perspectives', *Journal of Personnel Psychology*, 11(1): 1–6.

Sundstrom, E., McIntyre, M., Halfhill, T. and Richards, H. (2000) 'Work groups: from the

Hawthorne studies to work teams of the 1990s and beyond', *Group Dynamics*, 4(1): 44–67.

Tannenbaum, R. and Schmidt, W.H. (1973) 'How to choose a leadership pattern', *Harvard Business Review*, 51(3): 162–80.

Terman, L.M. (1904) 'A preliminary study in the psychology and pedagogy of leadership', *Pedagogical Seminary*, 11: 413–51.

Trist, E. (1981) 'The evolution of socio-technical systems: a conceptual framework and an action research program', occasional paper no. 2. Ontario Quality of Working Life Center.

Van de Ven, A.H. and Poole, M.S. (1995) 'Explaining development andchange in organisations', *Academy of Management Review*, 20: 510–40.

Visscher, K. and Visscher-Voerman, J.I. (2010) 'Organisational design approaches in management consulting', *Management Decision*, 48: 713–31.

Weick, K.E. and Quinn, R.E. (1999) 'Organisational change and development', *Annual Review of Psychology*, 50: 361–86.

Zaleznik, A. (1977) 'Managers and leaders: are they different?', *Harvard Business Review*, 67–74.

Zander, A. (1979) 'The psychology of group processes', *Annual Review of Psychology*, 30(1): 417–42.

# 第9章

# 选拔与评估 295

安娜·科茨瓦拉和维基·阿什沃斯

**学习成果**

学习完本章后，你将能够：

√ 整体回顾选拔和评估的过程及其对个体与组织的影响；

√ 描述组织内的选拔体系如何存在；

√ 解释工作分析的作用以及在选拔评估体系中工作分析的实施方法；

√ 理解信度与效度在选拔评估方法中的作用；

√ 描述这些评估方法的共同性，以及各自的优势和不足；

√ 说明组织选拔体系设计的各阶段；

√ 辨别存在于选拔和评估中多样性及公平性问题；

√ 从候选人的视角审视选拔与评估；

√ 讨论选拔中的规则如何转化到其他情境中的评估；

√ 探索在选拔与评估中的新兴话题及其未来发展。

## 引言

选拔与评估属于职业心理学的重要领域，它的关注点在于组织如何将具有
高绩效所需特质或学习发展能力的人置于组织所需的职位，这个过程存在于员 296
工进入岗位角色或评估员工通过学习、培训或发展所带来的特点的变化当中。
事实上，选拔与评估也是20世纪职业心理学在理论和实践上影响最为深刻的领

域之一。我们将运用来自研究或专家视角的证据来说明选拔与评估规则在工作场所的应用，也将呈现案例研究的方法。

从业者和研究者通过发展、实施和评价评估方法来确保组织运用该方法的信度与效度，为此对选拔与评估作出很大贡献（Zibarras & Woods, 2010）。这些不断优化选拔与评估程序的成果也反映出一个深潜其中的信念，即每一个个体的能力、知识、技能、动机、行为和个性特征等都不相同。正是因为没有两个个体完全相同，且某种特定的特征将会提高个体在某职位上成功的可能性，所以评估的目标就是辨别出某职位最合适的或是具备可培养或发展的潜力的候选人。

本书第1章曾探索了职业心理学相关概念，包括人才选拔与评估的历史。今天，大量评估方法被应用于组织，尤其在选拔领域，事实上，组织一般在选拔领域的花费多于人力资源管理的其他方面（Schmitt & Chan, 1998）。

在实践中，选拔与评估方法的有效性就是职业心理学工作者必须考虑的关键问题，这一部分依赖于候选人面对的组织环境，但是也依赖于施测者的技术、能力和素质。然而，这些评估的有效性不仅仅取决于所选取的测评方法及其质量，也取决于测量方法的组合运用。

被广泛认可的是：运用具有高预测效度的评估方法将全面提高员工绩效，这转而将会提高组织在效益和生产力方面的产出（Hunter et al.，1990）。一个好的选拔过程对于候选人来讲也将大有裨益，因为候选人将被选入某种适合他们的岗位。正因为如此，选拔研究逐渐将关注点看作是一个双重过程——并不仅仅关注选拔者选择候选人，也关注候选人对该过程的反应及对候选人是否适合留任工作的决定。

## 组织的选拔系统

实践中最佳的选拔系统是个不断重复的过程，即在此过程中选拔系统随着
297 时间的进程将会不断优化。具体而言，来自于候选人反应的评估数据、效度研究和有效性评价（这些议题在本章后面均会被探讨）等资料的收集有助于推动进步，例如更新选拔标准，评估所使用方法的有效性，并改进方法运用过程

（Patterson & Lane，2007）。组织选拔体系的设计绝不是一种“一次性”的活动，而是不断循环的过程，其中，对外界环境的评估和响应均可用于该体系的再设计，以此来增强其有效性及高效率。

图9.1总结了选拔体系的关键阶段，该体系的基础即是全面的工作分析，而工作分析又指引着合适的评估方法的运用。实践验证研究也被用于监控该体系随时间而变化的信度与效度。以上结合候选人对该过程的反应及有用性评估均可被用于辨别未来回顾和再设计的领域。关于每一阶段的更多信息将随着本章的展开作出介绍。

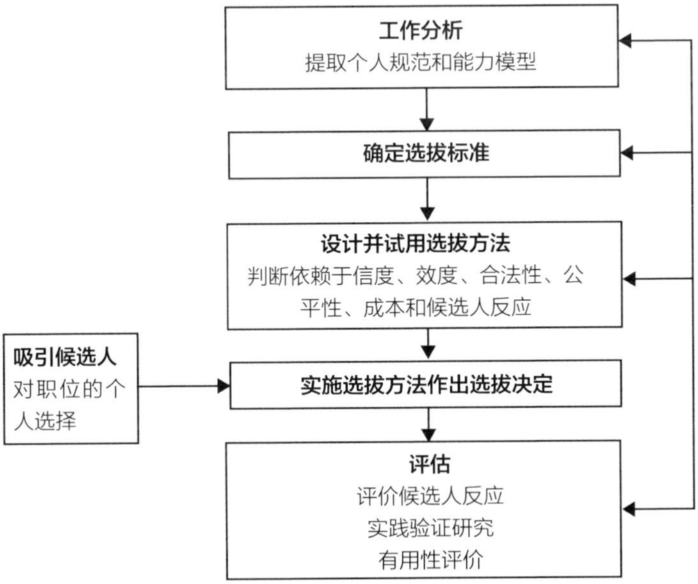


图9.1　选拔过程的关键阶段
来源：帕特森和莱恩（2007）

需要指明的是，对于不同组织而言，选拔、评估和效度技术并不相同。例 298
如，小型组织并没有足够的资源去跟进上表所提到的每个关键环节。当然，有效的选拔对于小型组织非常重要，毕竟在小企业中，每位员工所构成的比重要远大于大型组织，因此犯错的成本变得更高（Atkinson & Meager, 1994）。特别是，效度对于小企业而言更加具有不确定性，因为它难以检验评估方法对于绩效的预测作用，这源于小企业通常在一年只会聘用少量人。因此，小企业会依照该行业的标杆企业的选拔体系（Robertson & Smith, 2001），在这过程中，几乎不可能检验绩效的预测性，以确保评估内容的合适性（Wyatt et al.，2010）。

## 选拔作为工作绩效的预测器

选拔体系所选用评估方法的目标是预测候选人对某岗位的合适性及未来可能的工作绩效。这就是广为人知的“预测者范式”，该范式认为候选人行为的“真变异”能够通过评估方法识别出来（Anderson, 2001）。然而，预测工作绩效却是一个比想象更为复杂的工作。这决定于绩效本身的多元属性及准确测量它的艰巨性。

绩效被定义为典型表现，或个体“将会做的”，或持续性绩效，即个体“能做”的“潜力”。在实践中，持续性绩效的评估在辨别合适的候选人需要自我发展的早期职业发展领域是最有用的。对于更加高级的职位而言，他们具有更少的职业发展需要和潜在机会，在这种情形下，典型绩效将会更加适用。

研究表明，不同类型的评估方法在预测典型绩效或持续性绩效时各有优势。具体而言，认知能力更适合预测持续性绩效，而人格更适合预测典型绩效（Marcus et al.，2007）。所以，根据目标而选择更佳的评估方法；例如，在对高级的职位进行实际评估时，职业心理学通常采用人格测试，接着采用面试的方式探索是否具备应有的人格特质。这种方式能更好地理解高级职位典型的工作方式，并辨别其成为更适合的角色的可能性。

## 299 选拔作为一个双重路径的社会过程

一般来说，选拔过程的唯一目的就是将个体和工作进行最佳匹配（Deroaus & DeWitte，2001）。然而，将选拔过程定义发展为一个双重路径的社会过程开始于20世纪80年代。瓦努斯（Wanous，1980）的早期研究描述了一个介于候选人和组织间的两阶段匹配过程。第一种匹配是组织工作需求与个人资质的匹配，第二种匹配则涉及个体需求与角色要求和组织文化与价值观的匹配。赫里欧（Herriot，2004）的研究将选拔过程描述为一系列的社会互动，在此社会互动中候选人将匹配他们自己的社会身份（如，关于自身的信念及价值观）和其目前对组织的感知，以此来作出留下或离开该组织的决定。

研究表明，在一个双重路径的社会过程中，候选人对选拔过程的感知非常重要。申请者感知包括评估方法公平性的感知，及在此过程中他们是否得到恰当的对待。研究也显示，对选拔过程具有负性经历的申请者具备更小的重新申请该职位的可能性（Gilliland，1993），也更有可能公开地向他人批评这个过程，潜在地限制了未来申请的可能性（Truxillo et al.，2002）。除此之外，对该过程有不公平或偏见感觉的申请人将更可能对组织提出合法性诉讼（Macan et al.，1994）。以上加之“人才之战”（组织在吸引高技术申请者方面的竞争），都表明加入候选人吸引和知觉才构成了高质量选拔过程的完整性。

一个重要的候选人吸引工具就是真实工作预演（realistic job previews，RJPs），以使申请者了解如果他们成功应聘则会获得什么，并鼓励申请者相信该职位就是他们所想要的。RJPs招聘单位在应聘者正式拿到录用通知书之前，为其预演未来的真实工作信息，包括积极方面的，也包括消极方面的。RJPs的最终目的是成功聘用或留住候选人，增强工作满意感和理解度，降低新员工的离职率（Phillips，1998）。案例研究3（框9.6）描述了RJPs的引入如何帮助一家金融机构降低离职率。RJPs也能够使员工与组织之间的心理契约清晰化（详见第4章），转而减少存在于工作描述与申请者实际经历之间的不一致（Phillips，1998）。

组织运用真实工作预演的一个实例是毕马威（KPMG）公司的毕业生招聘过程。斯诺登（Snowdon，2011）近期的一个研究描述他们的一小时仿真电脑接收测验如何评估候选人的同理心、好奇心、判断力、创造性和决策，即通过提供一种模拟现实公司场景的规定时间工作刺激。KPMG公司引入该评估方法的 300
驱动力量之一就是许多入司者对于他们的工作所需并无清晰认识，致使在其来到公司后很快变得幻想破灭。因此，这种方法的目标就在于为申请者提供一个了解真实工作角色的机会，并帮助其塑造对未来工作的准确期望。

## 工作分析在选拔与评估中的作用

无论出于何种目的或是采用何种方法，工作分析都是收集和分析与工作相关信息的系统过程（Ash，1988）。它是所有组织顺利运行人力资源活动所必需的基础工作（Morgeson & Campion, 1997; Oswald, 2003）。典型的工作分析信息由工作职责、任务、工作环境、职位和与该职位相关的知识、技能和能力构成（Robertson & Smith, 2001）。工作分析是组织选拔过程中最常用的基础工作，而选拔过程对于合法性的挑战也在不断增加（Gutman，2000）。

一般而言，过去工作分析通常以工位为导向，关注的是工作本身。例如，工作角色本身所需的职责和技术与设备。这种导向认为工作本身是固定的，也将一直存在下去，工作任务也能够通过第三方观察或自我报告的形式测量出来。然而，由于现代组织正经历的快速变化，如自我管理团队新技术的萌芽和团队的多样化等，这些假设和今天的议题并不完全相关（Burk & Cooper，2006）。组织面对的压力使其增加了其对灵活、跨功能工作团队的需求，并促使与更灵活的趋势相匹配的工作角色的工作分析的出现。正因如此，个人导向的工作分析更加常见，它关注的是某工作成功所需要的知识、技能、能力和行为（Sandberg，2000）。

## 工作分析的方法

虽然目前的工作分析并无标准，但是一般而言该过程包括了如下六个阶段（见框9.1）。

就像“数据收集阶段”描述的那样，存在多种方法来收集和分析工作信息。因此，最好的实践就是多方法多来源地收集信息。这种多方法的导向通过多方法确认工作相关信息而增加了结果的信度与效度。这也能够防止潜在偏见（Gatewood & Field，2001）的产生，也有助于辨认不同结果的相似与重合之处（Brumback et al.，1974）。最突出的工作分析的方法将在下面进行讨论。

框9.1 301

如何进行工作分析

| 阶段 | 描述 |
| --- | --- |
| 1.确定工作分析信息如何使用 | 这个阶段将决定所需工作信息的类型及最适合的数据收集方法。 |
| 2.回顾相关背景信息 | 回顾相关文件，例如组织流程、工作描述和现存的评估标准。这个有助于理解某职位如何与组织中其他职位相联系。 |
| 3.选取要分析的代表职位 | 辨别将分析的工作职位并选取代表案例。这是一种节约时间且有用的方式，可分析一些相似职位，如生产线工人。 |
| 4.工作数据收集 | 实际的工作分析可采用多种方法，包括观察法、访谈和问卷。 |
| 5.工作数据回顾与分析 | 与之前或目前在职者及其经理一起对数据进行回顾与分析。这能够保证数据的正确性和结果的说服力。 |
| 6.报告 | 此时的产出为工作描述与工作具体信息。 |

来源：詹金斯和科廷（2006）

## 观察法

观察法包括观察和记录应聘者对此工作所展现出的具体活动；它能够提供关于工作职责和任务的第一手信息。然而，这种方法比较费时，而且不能提供认知方面的信息，也不能容易地运用于新创造的工作角色中。

## 访谈法

这种方法也许是最常用的方法，一般包括询问该岗位的工作者及其经理与职责、任务、工作环境、组织地位、知识、技能和能力等相关的信息。访谈法由于可以从相关个体直接获得信息输入和能够帮助未来导向而具备优势。然而，它是
一个花费时间的过程，且依赖于访谈者技术的高低。另外，一些被访者也会曲解 302
信息，例如，如果他们不信任访谈者的动机，则会夸大他们工作的重要性。

## 问卷法

问卷可以引出与工作相关的信息，主要存在两种类型的问卷：通用问卷和专用问卷。

1. 通用问卷，例如职务分析问卷（position analysis questionnaire, PAQ）和管理职务描述问卷（management position description questionnaire, MPDQ），它们都是商业常用工具，这些工具覆盖了体力活动、和他人关系与工作环境的信息。这种问卷适用于多数职位，而且相对容易掌握，还能减少做全面工作分析的细节处理量。
2. 专用问卷：它包括了“意图分析”的工作分析问卷的发展，该分析问卷建立在从背景资料研究和股东访谈中所获得的信息[见詹金斯和科廷（2006）]。工作分析问卷（job analysis questionnaire, JAQ）的优势在于，它们更容易理解，比通用问卷相关度更高，鼓励利益相关者的自主权。然而，这种方法很耗费人力，且实施的成本较高。

## 关键事件技术

关键事件技术（the critical incident technique, CIT; Flanagan，1954）是一种被广泛应用的定性的工作分析技术，被用于获取与相关工作活动相关的具体行为描述。关键事件（critical incident, CI）是某种工作角色的重要的情境要求以及区分在该情境下绩效成功与否的特定行为；通常可以通过对利益相关者的访谈获得。关键事件技术代表了一种从应聘者视角获取与职位相关的丰富信息的灵活而低成本的方法。另外，关键事件也是发展情境访谈（Janz et al.，1986）、评价中心任务与情境判断任务的重要信息来源（McDaniel & Nguyen，2001）。然而，由于准确性信息根据事件而定，因此该过程非常依赖于反应者。此外，常见事件则会由于记忆不够明显而被遗漏，鉴于此，关键事件技术应结合其他方法一起使用。

## 战略工作分析

战略工作分析（stategic job analysis, SJA）是一种关注未来的概念（Palmer &

Valet, 2001; Schneider & Konz, 1989），战略工作分析包含的工作分析方法能够帮助预测工作如何适应并变化，通过校准与组织的战略导向一致的现存或未来的工作。一种常见的战略工作分析是与某领域的专家举行工作坊来探讨未来可能的变化。

## 胜任力与胜任力模型 303

胜任力模型（第6章已提及）是胜任某岗位所需的一系列个人特征、行为和知识、技能与能力等（Green，1999；Rodriguez et al.，2002）。胜任力可以看作为胜任该岗位而需要展现的具体特征和行为模式。

近年来，胜任力模型被许多组织用来作为工作分析的替代品，然而，在组织和学术领域，就胜任力模型和传统的工作分析之间存在争论。根据坎皮恩等（Campion et al.，2011）的研究，在传统分析和胜任力模型之间存在众多实践上的差异。另外，桑切斯和莱文（Sanchez & Levine，2009）列出了二者间六种重要的理论差异。各种视角的意见见表9.1。

表9.1　传统工作分析与胜任力模型

| | **传统工作分析** | **胜任力模型** |
|---|---|---|
| 实践差异（引自坎皮恩等，2011） | 高级管理者较少关注 | 高级管理者投入更多 |
| | 较差的用户友好性 | 更强的用户友好性 |
| | 不倾向用于人才管理中 | 可用于人才管理中（用于辨别绩效一般者与绩效优秀者） |
| | 不能联系组织目标与战略 | 能联系组织目标与战略 |
| | 不包括发展的信息 | 包括下一阶段改变和发展的信息 |
| | 自下而上的过程（开始于应聘者） | 自上而下的过程（开始于高管） |
| 理论差异（引自桑切斯和莱文，2009） | 描述行为 | 影响行为 |
| | 将工作视为外界的目标 | 将工作视为一种角色 |
| | 关注工作本身 | 关注组织 |
| | 以过去为导向 | 以未来为导向 |
| | 关注典型工作绩效 | 关注持续性绩效 |
| | 测量潜在特质 | 作诊断性判断 |

## 304 获取个人规范和工作描述

工作分析的数据可有多种应用方式。工作分析过程最常见的两个产出就是工作描述和个人规范，前者用于说明工作职责、任务、工作环境和职位，后者用于描述完成某工作所需要的技能、知识和品质。

个人规范将工作描述所需的要素转化为申请者胜任该岗位所必需的可变特征。一般而言，个人规范描述了角色和它的关键职责、品质、经验、相关胜任力和行为胜任力。

为辨明某工作众多属性的相对重要性，摩格逊和坎皮恩（Morgeson & Campion，2000）建议使用效度调查。这是关于经由评价量表提取的任务、职责、知识技能与能力的清单。它被分配给众多利益相关者，他们被要求评估罗列的每一项知识技术与能力的重要性。调查的结果可用于获得个人规范，特别是重要的标准。作为效度过程的最后一个阶段，所有相关数据最终要被与工作分析和胜任力模型建设相对独立的专家小组进行检验，从而建立个人规范的内容效度。

框9.2

案例研究1：英国先修基础班医学生工作分析

2010年心理学工作小组接到一份任务，提高英国先修基础班第一年（foundation year one, FY1）医学生的选拔质量。医生基础训练是联结大学医学毕业生与专业训练的桥梁，为期两年，如成为外科医生或全科医生。在英国，做基础医生是所有新受训医生的必修课。

小组采用了系统的多方法的工作分析来定义该培训项目第一年在职人员所必备的专业要素（如临床知识或技术）——即决定FY1医生的角色。

多方法的工作分析通过总结三种工作分析方法的三方数据，有助于提高信度与效度：

- 文献回顾：对所有现存文件和出版物的全面回顾。
- 305 访谈法：对51名关键的利益相关者进行了半结构化访谈，包括在职人员及其上司。被访谈者被问及FY1医生高效或不高效的具体事例，以此来辨别作为FY1医生所需的关键技术及要素。

- 观察法：研究者在29小时的时间里观察了13名FY1医生，记录了任务、职责、行为、特征来深刻理解FY1医生的职责、任务和专业特征。

工作分析的结果采用模板分析的形式（king，2004），以找出数据中的关键主题。这些模板会被进行多次迭代处理及品质检验。

结果有九个专业要素被定义，即：（1）专业承诺，（2）压力处理，（3）有效沟通，（4）学习和专业发展，（5）组织与计划，（6）以病人为中心，（7）问题解决与决策能力，（8）自我意识，（9）在团队中高效工作。这些形成了一个“专业要素框架”，并列出了每个要素的典型行为。

之后又对来自英国的230名相关医学院校的个体进行了工作分析效度调查。效度调查的研究结果表明，以上九个要素均是FY1医生的重要要素，同样对选拔评估也极其重要。

- 你还能找出其他在此案例分析中可以使用的工作分析方法吗？运用这些方法的优势和劣势分别是什么？
- 当邀请访谈者参与工作分析访谈时，你需要向他们提供何种信息？

医学院校委员会，2011

# 评估方法

## 选择评估方法的标准

一旦某角色所需的知识技术与能力确定及评估标准建立，下一步就是决定合适的评估方法。在职业心理学领域有多种可使用的评估方法，我们必须考虑所选方法的可靠性、有效性和有用性。

### 可信度

评估可信度的意图是为了考虑测量中的错误。因此，检验评估方法是否提

306 供丰富而准确的测量非常有用。信度由两个组成部分：评估得分随时间的稳定性；评估条目间的一致性。信度可被用于如下的评估情境中：

再测信度——在两个时间点对同一组个体进行评估，注意确保两次测试情境的相似性。两次评估测试分数的高度正相关即表明评估具有较高信度。

等值复本——为了防止大型评估中的练习效应，会实施两个或更多在内容或难度上相似的评估。如果测评者两次平行测试的分数高度正相关，则表明信度较高。

内部一致性——当评估条目所测的是同一构念。内部一致性可通过如下几种方法计算：

1. 分半信度：将评估测试中的条目分为两半，计算这两半测试分数的相关性即可检验内部一致性。
2. 克伦巴赫 α 系数：克服了分半信度在技术上存在的问题，即将测试中所有的条目均列入计算信度的行列。从所有条目的相关性中计算出评估的内部一致性（kline, 1999）.
3. 评分者信度：提供的是两个或更多的评分者在给定评分方法的前提下评分的一致性程度，这种考虑的出发点在于，评估反映的应是申请者的胜任能力而非评估者本人的非全面的判断。

## 效度

评估方法的效度指的是它是否能测评出它想要测的要素。从业者对使用的评估方法和依据这些方法所作决策的信心非常重要。评估效度有如下形式：

表面效度——依赖于一种定性判断，其目的是证明测试条目对申请者而言是否与其表面上看起来的意图一致。它通常是申请者过程感知的最佳预测方法。

内容效度——是另一种定性判断，但是与表面效度不同，它是由相关专家组织实施而非申请者本人。如果测试能够覆盖被测试概念的代表性内容，内容效度就高。

结构效度——检验评估是否测试了它预定的相关构念。在实践中，结构效
307 度的数据获得通常与构建良好的该主题的成熟量表相关，如果相关度较高，则该评估的结构效度也较高。

结构效度的两方面为聚合效度和区分效度。聚合效度指的是某评估方法与测试某一构念的测试的一致性，而区分效度指的是评估方法与和它不相关的构念之间的不一致性。

效标关联效度——确定评估方法是否能够预测重要的效度标准。为建立效标关联效度，评估分数必须与效标分数具有相关性；有如下两种形式：

1. 一致性效度——将评估分数与同一时间得到的效标标准（如工作绩效）分数相关联，例如在职者可以被要求作此评估，并将结果与他们目前的评估排名比较。
2. 预测效度——首先收集评估分数，未来再收集效标分数（一般时间将延后三个月至一年）。它对未来绩效具有更强的预测性。

如果评估分数作为选拔过程的一部分进行收集，这里的挑战就在于广泛的控制性：只有高分申请者才能够通过选拔，因此，低绩效的候选人在选拔过程中被拒绝了，并不能获得测量数据。

增值效度——通过效度所得收获源自于在现存选拔体系中添加新的预测指标。这种效度能够帮助决定一个特定的方法是否比其他方法更能显著提高效度。例如，在面试中加入认知能力测试是否比单独使用面试更能辨别出优秀的申请者呢？

## 有效性

人力资源的干预如人才选拔程序的设计与实施的成本较高，人力资源经理常常需要炮制证据以表明选拔程序的有效性（Morrow et al.，1997）。这其中存在众多方法，然而，最需要建立的便是有效性分析，它能够通过评估质量、规模和成本的组合计算出选拔程序的有益性（Macan & Foster, 2004）。

通过进行有效性分析，选拔程序的价值能够被测量，依据它的有效性来采取行为。案例研究3（框9.6）阐明了一个大型金融组织如何通过回顾、再开发以及审定，来提高其高价值闭环的招聘过程的成本收益率和有效性的。然而，有效性分析并不能简单地被视为计算选拔/评估过程的成本。这些虽然很重要，但它必须平衡有能力问题的被任用的候选人的长期成本，这些候选人需要更多的支持和训练，也可能会离开组织，因此需要进行更深入的评估。 308

## 选拔评估方法

存在大量可供选择的选拔与评估方法，选择哪种方法则取决于很多因素，包括合适性、成本和时间框架。然而，无论选择哪一种方法，你必须确保候选人的胜任力作为工作分析的一部分被有效识别。

### 个人履历、申请表和简历

这些是组织和申请人之间的第一种接触形式，能够显著地影响选拔结果。个人履历包括一些较为“硬性”的条目，如教育经历，和一些较为“软性”的条目，如申请人的爱好和经历。然而，个人履历的非标准化的特性将决定加入何种信息的权利留给了申请人，这是有待探讨的（Searle，2003）。

申请表通常是标准化的，包括与个人资历、过去经历和工作分析中确认的重要胜任力相关的问题。虽然在内容覆盖上与个人履历会有重合之处，但是组织对申请表上可以呈现的信息具有更强的控制性，因此可以通过一种标准化的方式对很多候选人收集相同的信息。然而，当回顾申请表上的问题时发现，应聘者并不会以一致的方式去表现，因此主观上的偏见可能会影响决定（Mckinney et al.，2003）。

使用标准化申请表的一个局限性是已有很多网站和组织提供了回答这些问题的模板来指导如何呈现个人履历。所以，一些组织已经发展出其他的方法来筛选申请者。例如，选拔培训实习者不再包括申请表格式的问题，而是在控制的情境下完成两个在机器上实施的测验。

简历包括任何与获得该职位相关的申请者背景资料的可鉴别性信息。简历上的条目可以是主观的，如候选人在多大程度上同意某观点，也可以是客观的，如候选人所拥有的资质水平。 施密特和亨特（Schmidt & Hunter，1998）的对评估方法的元分析报告了简历的效标关联效度属于中低水平（0.35）。

### 参考资料

在获得申请者的个人信息时，参考资料被广泛应用。然而，虽然它的使用率很高，但效度却相对较低，如施密特和亨特（1998）对评估方法的元分析报告中表明，参考资料的效标关联效度仅为0.26，低效度的其中一个原因可能是它并不能真实地展现候选人。 309

## 非结构性与结构性访谈

访谈非常流行且有多种形式。有非结构性访谈，它在采访者与潜在的应聘者之间存在非正式准备。也有结构性访谈，它由更加严格的问题—回答模式构成。

结构化访谈是挑选应聘者的有效方法。在结构化访谈中，访谈问题来自于全面的工作分析；问题在采访者和被访者之间是一致的；采访者采用一种一致的标准/胜任力或行为评价来评估被访者的反应（Huffcuff et al.，2001）。研究表明，由于采访者的主观性及偏见，非结构性访谈的可靠性较低（Cook，2004）。施密特和亨特（1998）的元分析指出非结构性访谈的效标关联效度为0.38，结构性访谈为0.51，这个结果要好于包括认知能力测试在内的其他方法。

访谈法还可以进一步区分为行为访谈和情境访谈（Maurer et al.，1999）。行为访谈主要是要被访者描述与该岗位相关的过去的行为表现，它是胜任力访谈的基础。这种访谈形式认为过去的行为可以有效地预测未来的行为。用于评估人际关系技巧的样例问题如：

> “讲述一件你和同事发展良好工作关系的事情。”

情境访谈展现了一种和工作相关的情境，被采访者将回答自己如何作出反应。情境访谈的理论基础为目标设置理论，并预设这种行为意向可以有效预测未来行为。用于评估人际关系技巧的情境问题如：

> “想象你正在为客户设计一个新的培训项目。当项目进行到一半的时候，客户方面的项目经理突然离开了团队，现在你需要向新的经理汇报工作，在这种情境下，你将如何应对？你如何确保新的经理会对你的汇报表示满意？”

310 框9.3

**职业心理学实践**

如何进行最佳面试

| | | |
|---|---|---|
| **面试前** | *确定面试官* | • 所有的面试官必须接受实施面试和选拔过程的最基本培训。这可以是面对面培训，或是网上学习。培训应建立面试官之间的标准化，并避免常见的错误及偏差，如疲劳影响、首因效应和近因效应的影响。<br>• 每场面试所安排的面试官数量应是确定的，面试小组有两个或两个以上面试官比由单个面试官主导有更高的效度。 |
| | *确认选拔标准和个人资质* | • 面试所依据的胜任素质应建立在先前确定的选拔标准，以及从工作分析中获取的个人资质上。<br>• 每一条选拔标准，都应配有正向或负向的行为解说或行为锚定的评定量表。 |
| | *熟悉材料* | • 面试官应在面试之前熟悉所有的资料。 |
| | *面试形式和内容达成一致* | • 为提高标准化程度，所有的候选人应被询问相同的问题，所有的面试应保持相同的长度。这是对候选人进行比较的基础。<br>• 所有问题都应事先准备好并达成一致。<br>• 如果有一名以上面试官，那么须事先确定每名面试官分别担任什么角色，以及面试的具体形式。 |
| **面试中** | *面试技术* | 当实施面试时，有如下几个原则可供考虑：<br>• 要候选人放松；可用一到两分钟的简短谈话建立友好关系。<br>• 避免只有简短回答的问题，如：用是或否回答的问题。<br>• 避免引导性的问题，如：你想获得这个工作吗？<br>• 避免完全开放的问题，如：请谈论一下你自己。<br>• 一次只问一个清晰的问题；避免多重问题的陈述，如：你是否做过数据输入？你采用的是什么程序？<br>311 • 避免打断候选人，花更多的时间听而非说。<br>• 使用恰当的探测方法来挖掘更多信息，如：你考虑的是什么因素？结果是什么？<br>• 使用有效的非语言沟通技巧，如用点头表示倾听。 |
| | *打分和评估* | 最佳的面试实践表明，标准化过程也包括打分与评估环节。一种建立方法就是ORCE（观察、记录、分类和评估）。<br>• 观察——客观观察候选人的表现，避免常见错误，如“晕轮效应”和“归因偏差”。<br>• 记录——面试官不用记录候选人所说的每一句话，但是要记录足够的信息来对候选人作出足够客观的判断。 |

续表

| | | |
|---|---|---|
| | | • 分类——面试官应该将证据根据预先确定的评价标准如积极或消极指标或行为标准来分类。<br>• 评估——分类之后，面试官应根据个人资质或预先设定的行为标准进行评估。 |
| **面试后** | *反馈* | • 应在面试后，向所有面试者反馈他们的表现情况。<br>• 反馈应在面试之后的两周内进行，这样对候选人有益。 |

情境面试的一个关键缺陷就是，它并不能将不同层次的经历和它们如何影响反应考虑在内。因此它不适于所有情境，如毕业生招聘（Moscoso, 2000）。

## 模拟与工作样本测试

工作样本测试和模拟向候选人展现了工作相关的情景。它与其他评估方法相比，对评估知识与经验有更高的情景依赖性（Lievens & Patterson, 2011）。

模拟会随着真实工作情境保真度的高低程度而变化。这考虑到模拟能够重复任务的程度，以及候选人能否像真实工作情境中那样作出精确的反应（Motowidlo et al.，1990）。高保真度的模拟向候选人展现了和工作相关的情境， 312
并需要这些候选人作出相应的反应。低保真度的模拟向候选人展现的是与工作情境相关的书写或视频描述，然后要求候选人表明其对预先设定的反应如何作出选择（Lievens & Patterson, 2011）。

高保真度的例子包括作为整体的评价中心技术（assessment centre, ACs），以及评价中心技术的组成部分。包括：文件筐技术，它要求候选人处理一系列与他们申请的职位相关的虚构的工作邮件；角色扮演法，即候选人将与各具角色的人员进行互动，如消费者或同事；无领导小组讨论，指候选人需要加入一个联合会议或讨论。总之，申请者要对工作样例或模拟作出良好的反应，这也为其提供了展现与工作相关的能力与技术的机会（Weekley & Ployhart，2006）。在评估中最常见的低保真度模拟是情境判断任务（situational judgement tests, SJT）。评价中心技术与情境判断任务皆会在下面详细论述。

## 心理测试

心理测试是结构性测试，将候选人带入类似测试的情境，其目标是客观测量一个人的能力或人格。

### 能力与能力倾向测试

能力与能力倾向测试测量的是整体推理能力，或能力的具体构成要素，如语言能力、数字能力、抽象能力或操作能力。不同的测试有不同的目标人群——例如，毕业生、专业人士或管理层。当决定采用该种类型的测试时，保证该测试对申请者的层次的恰当性非常重要，也就是说，难度属于居中水平，不过易或过难。采用难度层次与申请者的层级不匹配的测试，便会降低该测试有效区分申请者的能力，因为分数呈现聚集状态而非分布在各个段位。同样地，选取与该角色相关的能力素质也非常重要。例如，对于分析者的角色来说，测量数据运算、数据推理是合理的；对于电脑程序员来说，瞄准理解推理过程的概括性推理较为恰当。

能力倾向或能力测试已被证明是工作绩效的最佳预测器（$r$=0.55）（Schmidt & Hunter，1998）。通过进行一个大规模的元分析研究，文斯等（Ones et al., 2005）得到了极具说服力的证据，即很多工作角色的认知测试确实能够预测工
313 作绩效。虽然能力和能力倾向测试显示了良好的预测作用，但是研究表明申请者的反应却不积极。

虽然这种测试操作简单且成本较低，特别是在大型的招聘当中，但是被广泛认为对于少数民族具有负面作用（Roth et al.,2003）。然而，一份元分析表明，在20世纪的几十年里，白人与黑人在认知能力表现上有些许差异，这就支持了在测试表现中少数民族差异性的文化/发展理论（Woods et al.，2011）。

将该证据考虑在内，采用能力或能力测试进行筛选并非总是合适的，因此，不要单独使用该方法，而要与其他评估方法结合使用。

### 人格测试

过去二十年里，人们对在选拔情境中使用人格测试的兴趣和研究都在增多。

人格测试的目的是衡量个体在人格维度上所在位置，并根据测试推理出个体在特定情境下可能的行为或反应。理解人格是如何影响行为与绩效的对于进行人岗匹配有重要作用。

目前存在多种模型试图解释选拔情境下的人格。其中最突出的便是“特质”。特质理论假设人格特质如外向或责任心等是随时间和情境稳定的，它们也是具有区分度的（可用于区分不同个体）。其中最突出的特质理论就是人格五维度模型，人们一般称之为“大五人格”，由戈德堡（Goldberg，1981）研究得出，也常称“大五因素模型”（McCrae & Costa，1985）。这五个因素是：

1. 开放性——相对于程序化的实践与执行，更加创新、独立，并对多种事物感兴趣。
2. 责任心——相对于不合群、粗心和冲动，倾向于融入组织、仔细和有纪律。
3. 外向型——相对于不爱交际的、阴沉的、内向的，倾向于善于交际的、喜欢玩乐的、亲切的。
4. 宜人性——和气的、轻信的与爱助人的，相对于粗鲁的、怀疑的与不合作的。
5. 神经质——平静的、安全的和自我满足的，相对于焦虑的、不安的和自哀的。

文斯等（Ones et al., 2007）得出结论，即大五人格对组织行为如绩效、领 314
导力、动机和工作态度等具有很强的预测作用。更深入的研究表明，责任心是工作绩效的有力证据（Judge et al.，1999），绩效中的变异比认知能力的变异小。伯克等（Burke et al.，2006）发现在外倾性和自我效能感上的高分与工作卷入正相关。

人格评估在选拔中的应用有多种益处。允许候选人提供自身的视角能够在面试中挖掘更多的可能领域。人格评估也被发现可以减轻负面作用。巴伦和迈尔斯（Baron & Miles，2002）发现，如果在认知测试中加入人格测试，则可以有效减少群体差异。

然而，在选拔中采用人格测试的时候，从业者应考虑许多因素。人格测试使候选人倾向于以一种社会赞许的倾向来回答问题，或是以一种进步的方式展现自己（Rosse et al.，1998）。然而，许多人格量表已经采取了一些对策，如社会赞许性量表（de Jong et al.，2010）。与能力测试相似，人格测试也不能单独使用，而且为发展而非选拔的目的使用的人格测试更加广泛。

## 情境判断测试

情境判断测试是为了评价个体在工作场所的情境中作出判断的能力。呈现给候选人的是一系列以工作为基础的情境，并要求其对可能的反应作出判断。可以采用多种的反应模式，如排名或罗列众多选择。由于基于候选人反应的评估得分的预先设定是标准化的，所以每位候选人的反应以一种几乎相同的方式进行评估，这为比较各位候选人提供了可能性。情境判断测试的例子见框9.4。

---

框9.4

情境判断测试样例题

约翰森先生被认定大腿部位出现脓肿，需要进行外科手术。他
身体其他方面良好且有足够的心智能力。在手术之前的四个小时，
315 约翰森先生通知一位护士说希望离开医院，因为他要去法庭。约翰
森先生的一位亲戚了解这些状况。护士请你找他谈一谈。

请对以下反应作出排序：（1=最合适；5=最不合适）

A. 允许约翰森先生离开，但是建议他如果有进一步的问题可以找他的全科医生

B. 电话联系安保人员，阻止约翰森先生离开

C. 向约翰森先生解释不治疗就离开的风险

D. 打电话给约翰森先生的亲戚，请他们劝说他不要离开

E. 允许约翰森先生离开，但要求他尽快返回医院

帕特森和阿什沃思（2011）

---

情境判断任务的情境通常是基于大量对工作角色的分析，从而保证测试内容是候选人可能面对的最重要的工作情境。它倾向于关注测试态度和价值观，而非知识。尽管它总是和认知测试结合使用以便更加全面地了解候选人。

情境判断测试在很多职业团体中被大量使用，且越来越成为大型选拔过程中流行的选拔方法，例如警察机构、劳动保障部门，也有许多公共或私营机构在毕业生招聘和培训中会使用该方法。

有证据显示，作为一种选拔方法，情境判断测试有良好的信度和效度（McDaniel et al.，2001）。理论研究表明，情境判断测试能够有效地在许多职业中预测工作绩效和培训标准（Chan & Schmit，2002; Patterson et al.，2009）。大量研究发现，情境判断测试比结构化面试、智商测试和人格问卷有更高的效度。

不同种族的人在情境判断测试上的平均得分的差别要小于认知能力测试（Mototwidlo & Tippins, 1993），因此，它具有更小的副作用。候选人对情境判断测试的感知一般比较积极，或许是由于它与目标角色的情境相关性。

## 评价中心

作为一种方法而非一个地方的评价中心（assessment centres，ACs）成为组织中越来越流行的选拔方法。评价中心的目标是结合多种评价方法，以此 316
更多地发掘候选人的胜任力（Woodruffe, 199 3）。评价中心通常涉及多样化的评价者对候选人作多种评估；因此，它常被看作可靠而有效的工具（Ones & Viswesvaran，2003）。评价中心技术的长度取决于评估系统的丰富程度和所产生数据的详细程度。然而，评价中心经常会有“练习效应”（即胜任力彼此之间的相关性要比练习时高；Robie et al.，2000），因此这影响了其结构效度。除此之外，鉴于需要评估者来观察、记录和评价候选人的表现，所以评估者就对评价中心技术的成功与否至关重要（Chen，2006）。

为了确保评价中心技术的有效性，它必须经过精心设计，以多种实施方法来辨别最合适某岗位的候选人。最后，评价中心技术一般包括四个阶段（见BPS评价中心最佳实践指南；2010）。

1. 前期计划：包括使用评价中心技术的必要性，得到利益相关者的支持，陈述评价中心的目标及启动评价中心政策。
2. 发展过程：包括进行工作分析，并采用工作分析的结果创设出合适的模拟测试，以此来测量已定义的胜任素质。这是一个重要的阶段，因为它通过选取测量工作中辨别出的最合适的胜任力评估方法而与利益相关者相关（一些方法也许能够测量多种胜任素质）。评价中心技术的发展通常涉及许多关键阶段，包括试验与回顾，以及评估者指南和得分框架的发展。评分应采取如下形式：行为锚定技术或胜任力评估，其中运用的是核心胜任力及与之相关的行为指标。

3. 一旦评价中心被设计好，它的逻辑因素也因此被确定，在第三阶段将会实施（完美的评价中心在事前应有试点工作，然而由于时间与成本的限制，这一步较为困难）。

4. 实施以后涉及就中心结果作出决策（通常由利益相关者和评估者会议决定），向候选人提供反馈，设定监控结果的程序，这将有益于评价中心技术的进一步发展。

事实上，无论是“质量较低的评估者”还是“不充分的培训”均对评价中心的效度有消极影响。

317 ## 设计评估方法的原则

框9.5

案例研究2：为选拔基础医学生设计情境判断测试

在医学院完成培训之后，每年有近8000名医学生在NHS申请中级医学学位，以作为基础培训的一部分，包括在英国以外接受培训的申请者。医学生就此进入了全球性的招聘，对病人的健康担负起实质性的责任。这对医生来说，是一个关键的职业生涯转变，在这里他们可以发展成为熟练的临床医生的胜任力。在作完基础医学生的工作分析之后（见案例研究1），成立了一个工作心理小组来设计情境判断测试，以此代替申请表格。

测试的结构包括一系列阶段：

- 通过咨询利益相关者和医学生，我们建立了测试细则，包括评估标准、条目类型和反应格式、测试长度及如何管理测试。
- 我们举行了七个题目编写工作坊来编制情境判断测试的题目，这些工作坊由该领域的专家来组织，并且所有题目将被情境判断测试的核心专家审核，以保证题目符合编写标准。
- 我们也举办了基础医学生的主题聚焦小组以保证题目的公平性和真实性。

  - ○ 接着需要进行专家协调会议;包括专家进行测试来验证正确答案的一致性，确定计分项。一致性较低的题目都将被去除。
  - ○ 所有条目还需要在医学院校进行预测。由此来确定情境判断测试在本项目中的可靠性和有效性。也实施了有关种族差异化的测试。
  - ○ 最终的题目将进入题库。每年需对题库进行检验从而保证现存的题目依然是相关的，并且适合当前的使用意图。
  - ○ 同时也需要每年都对题目进行更新，而新的题目也需要在每年的测试中检测。
- 当为在各个国家接受训练的候选人设计题目内容时，你需要考虑哪些因素?
- 从表面效度的角度来看，测试结构建立过程的哪个阶段最为重要?
- 对于选拔程序来说，情境判断测试何时是合适的?

（医学院校委员会，2011）

框9.6 318

案例研究3：高容量招聘过程的效度与发展

为了使包括线上筛选和面对面评价在内的招聘过程的成本效益最大化，一个大型金融组织寻求通过回顾、确认并提升其招聘过程来完成大容量的、文书性的工作。

服务和运营职位占据了该组织的50%左右，因此一个可靠而有效的招聘程序非常重要。一年有将近20万名候选人，因此组织需要一套可控的且成本最大化的招聘方法体系来成功地为工作挑选出恰当人员。

此过程开始于来修订每种职位所需要的能力（能力簇），建立直线经理的职责。该项目包括对直线经理的面试以及对目标对象进行工作观察。

紧接着，将对所有职位的能力簇进行真实工作预演。很明显，工作需求的缺乏是存在一些短期终身任职角色的原因，因此，每个真实工作预演都需要发掘承担该角色所涉及的典型活动和最适合与最不适合该职位的人员特征。

经修订后的招聘程序也包括：

- 一项涉及八个角色能力簇的包括动机、态度和偏好归因的在线合适性选拔方法已被采纳，这项测试并不是之前的一刀切的人格测试。
- 聚焦关键成功指标如发掘消费者的能力，对候选人进行电话面试。
- 直线经理评估包括情境面试问题和工作样例分析。

有益之处包括减少聘用时间，这得益于一个资源更加有效利用的选拔过程，另外的获益之处在于早期阶段能够减少大量进入后期评估阶段的候选人。而候选人对此的反馈也非常积极，一个独立的第三方检验结果也表明“终端对终端”过程是成本效益最大化的方法之一。

重新生效活动表明，在直线经理的评估中，招聘过程提供了更加高质量的候选人，这减少了任期短的发生，降低了离职率。进一步的工作将调查高质量的线上模拟未来在增强真实工作预演方面的使用。

319 问题：

- 在设计这些评估内容时，你应该考虑哪些信息来源？
- 如果能像案例研究中描述的那样提高选拔过程的有效性及效率，那么应该考虑哪些因素？
- 就像案例中描述的那样，对于选拔过程而言，何种评估或效度检验活动能判断再发展是否达到了它的目标？

# 选拔中的多样性和公平性问题

## 在英国基于公平机会的法律需求及其在全球化过程中的影响

在英国，招聘法如2010年公平条约（见第4章）专注于解决大量基于人口学包括性别、民族、年龄和残疾的歧视。例如，招聘广告中禁止出现对某个特殊年龄段的候选人的偏好。然而，如果某些需求对于工作而言是必要的，就很难作出合理的调整(如，女性指导师对于仅限女性的体育馆就非常必要)，这时，基于这些特点的选拔是合理的。

不仅歧视法向招聘者和组织强加禁止歧视的责任，法律也向组织运行提出合理调整的责任。在选拔和评估中，这通常意味着对那些被定义为残疾的人士提供合理的调整。残疾被定义为生理或身体的损伤，这些损伤对于个人从事日常活动有着潜在的长期的负面影响。合理的调整包括更多的评估时间，或是提供不同版本的评估材料。

组织的全球化意味着选拔过程将在一个全球化环境下进行，在选拔过程中每件与公平相关的事件都不相同，虽然欧洲和美国在发展的全球化进程中有类似的规则，但任何劳动法中的差异都必须认真考虑。

## 负面影响、偏差效度及不同选拔方法负面影响的差异 320

在评估中，当对某群体进行测试时存在不相称的成功率时，其负面影响就出现了。这表明一个特定群体因此评估方法在结果上出现了系统偏差。五分之四规则是一种判断负面影响严重程度的统计学惯例。这表明在选拔过程中一个群体的“通过”比例应不低于五分之四或是80%，如果低于80%则证明发生了负面影响（Collins & Morris，2008）。

如果负面影响导致了歧视，就会作出不公平的选拔决定。然而，如果在评估中的表现被认为是可模拟工作场所中的表现的，则负面影响的存在并非指单独构成了歧视。(Cook, 1996)。效度在决定一种方法是否不公平方面发挥重要作用。如果评估被证明是有效的，那么在选拔中得到最高分的候选人应该也会有最高的绩效。这样可以提供合法性反抗。然而，如果评估对绩效的预测作用对于不同的人口统计学群体是不同的，那该方法就是有问题的。这就是偏差效度，它表明候选人的工作效度会因为他们所属的人口统计学变量而不同。因此，如果出现了偏差效度，那么该评估方法就会被认为是不公平的选拔方式（Ployhart & Holtz，2008）。

霍夫等人（Hough et al., 2001）回顾了不同评估方法的负面影响的证据（表9.2），收集了不同人口统计学群体在评估分数上的差异，例如，男性、女性、少数民族、年老及年轻的工人：

表9.2 不同评估方法的潜在负面影响

321

| 评估方法 | 潜在的负面影响 | 人口统计学 |
|---|---|---|
| 认知能力测试 | 高 | 种族<br>- 在不同的认知测试中，白人的得分高于黑人<br>- 来自美国的数据显示，白人得分高于西班牙裔群体<br>- 在一般能力测试上，白人群体得分低于东亚群体 |
| | 平均 | 性别<br>- 在一般能力测试中，男性和女性的得分相同<br>- 女性在言语测试中的得分高于男性<br>- 男性在数理逻辑测试中的得分高于女性 |
| | 平均 | 年龄<br>- 在一般能力测试中，年老者得分较低 |
| 人格测试 | 平均 | 性别<br>- 女性在宜人性及与从属性和依赖性相关的特质上得分较高 |
| | 低 | 种族<br>- 在大五人格测试中，不同种族有些许或可忽略的差别 |
| 评价中心技术 | 平均 | 种族<br>- 黑人群体的得分低于高加索人 |
| | 平均 | 年龄<br>- 年老的候选人得分低于年轻的候选人 |
| 工作样本测试 | 平均 | 种族<br>- 黑人群体得分低于高加索人<br>- 种族差别在工作样本测试中的差别小于其他评估方式，因此能够有效减少负面影响 |

续表

| | | |
|---|---|---|
| | 平均 | 性别<br>- 男性得分低于女性 |
| 面试 | 平均 | 种族<br>- 高加索人相对黑人得分较高<br>- 美国数据显示，高加索人得分略高于西班牙裔群体 |
| | 低 | 性别<br>- 证据不太清晰或存在有差异，几乎可以忽略不计，并且可能被诸如面试官的偏差等知觉因素所调节。 |
| 原始数据 | 低 | - 在种族、性别、年龄之间的差别很小<br>- 如果得分依赖于教育背景，则不同种族之间的负面影响还会增加 |

## 直接和间接歧视及公平机会 322

当一个人遭遇不同对待时，且比群体中其他人享受更少的优惠条件时，歧视就出现了。英国劳动法承认两种类型的歧视：直接歧视和间接歧视。直接歧视在选拔设置中就会发生，例如，一名女性不能得到晋升的选拔，其原因是选拔者认为她将会因生育问题而离开一段时间。间接歧视的例子如：如果申请某特定职位的身高标准为五英尺十英寸，这种条件就会将一些种族的很大部分人排除在选拔范围之外，而这种身高要求对于该职位来说又不是必要的。间接歧视并不意味着聘用者或评估者有偏见，但是，它确实是一种看不见的歧视。如果没有证据显示评估方法的合理性，则其就存在不合法性（Dainty & Lingard，2006）。因此，如果评估方法被证明是与工作相关的且具备必要的效度，该方法才算是公平的。

解决歧视所带来的不平衡问题的方法之一就是积极行动。这试图解决招聘机会中存在的不平衡问题，面对这些不平衡的往往是某些目标群体，包括残疾者、曾经遭受过歧视的人，或是在劳动力中未被充分代表的人。它不适用于：

- 从未被充分代表的群体中选择一定数量的人，而不论其价值；
- 单纯依赖于种族和性别的选拔以修正不平衡，除非能证明某一特定的性别或种族对于该职业资质有真正的价值。

然而，对来自代表不足的群体的候选人，入职后为他们提供特殊的培训是合

法的，但是选拔本身必须单纯依赖与工作相关的因素（Kirton & Greene, 2002）

## 候选人对选拔和评估的经验

广为认可的一点是，选拔和评估被看作是一个双向的过程，其中，候选人也要作出是否选择某组织的该职位的选择。因此，职业心理学工作者对候选人对选拔和评估的经验有了更大的兴趣。

### 323 选拔作为一种吸引手段

研究表明，招聘实践能够代表一个组织的形象和名声（Turban & Cable, 2003），一个有效而公平的招聘程序也能为一个组织带来积极的组织氛围（Anderson, 2001）。选拔程序能够向候选人提供线索，即他将面对的组织是何环境（Phillips & Gully, 2002），例如真实工作预览。

采纳公平选拔程序的组织能够提高其吸引最好的候选人并成功招聘的能力（Schmitt & Chan, 1999）。一个组织的选拔实践可以在特定群体中广为人知，如职业群体和专业协会，二者又能够吸引或阻止未来的候选人，因此潜在地影响了候选人库。另外，选拔程序在多大程度上阻碍优秀的候选人或降低工作接受率对整个选拔程序的整体应用也有消极影响（Murphy, 1986）。

### 候选人视角——程序和分配公平理论

候选人是如何感知选拔程序的，这对组织有重要影响。候选人感知可以被程序或分配公平的概念所检验。这些理论来自于组织公平理论，由亚当斯（Adams，1965）的公平理论发展而来（在第4章被探讨）。程序公平指的是对于选拔和评估程序的公平感，能够影响候选人的决定。分配公平可以作为一种与结果决定相关的公平来概念化（Gilliland, 1993）。

吉利兰（Gilliland, 1993）修订了一个十原则的程序公平框架（表9.3）来对候选人对选拔系统的公平感知概念化。

表9.3　程序公平的十原则框架（Gilliland, 1993）

| | 程序规则 | 描述 |
|---|---|---|
| 1 | 工作相关性 | 对于候选人所申请的职位而言评估是具体的，且测量与工作内容相关 |
| 2 | 表现机会 | 候选人有机会去展示自己的知识、技术和能力 |
| 3 | 复议机会 | 候选人重新申请、挑战或修正决策评估过程的机会 |
| 4 | 一致性 | 选拔程序在跨人群与时间中存在一致性 |
| 5 | 解释反馈 | 对评估结果提供及时有用的反馈 |
| 6 | 选拔信息 | 选拔评估之前应有简易可得的信息及公平决策的机会 |
| 7 | 诚实 | 事实的重要性，避免向候选人隐瞒对其有重要作用的信息 |
| 8 | 人际间对待/有效性 | 所有候选人被以一种受尊重的方式对待的程度 |
| 9 | 双向沟通 | 在选拔过程中，候选人可以提供输入观点的机会 |
| 10 | 问题的合适性 | 保证询问候选人的都是合适的且相关的问题 |

324

程序公平对于决定公平感知非常重要，但是它并不能说明一切。分配公平理论能够弥补这些鸿沟。分配公平认为候选人将会用一种公平规则来评估结果的分配，即：他们是否得到了他们认为自己应得的结果？当结果被认为是平等的时候，分配公平感知就会产生。吉利兰（1993）也提供了一个解释分配公平的三原则框架（表9.4）。

表9.4　分配公平的三原则框架（Gilliland, 1993）

| | 分配规则 | 描述 |
|---|---|---|
| 1 | 公平 | 个体应得到和他的付出相一致的回报 |
| 2 | 平等 | 个体应有获得结果的平等机会，无论特征差别，如知识、能力 |
| 3 | 特殊需求 | 回报的分配应该基于个体的需求和偏好的对待方式 |

不公平的评估将产生消极情绪，这会导致个体调整他们之后的行为和态度（Patterson & Zibarras，2011；Patterson et al., 2011; Truxillo et al.，2004），如以更加不积极的态度看待组织，或不情愿申请组织内的职位。

325 框9.7

**职业心理学实践**

如何使用合适的评估材料

| | |
|---|---|
| 保密性 | •评估材料应得到保密对待，禁止向公共领域发布信息。<br>•数据的保存应在可控程序下，只能提供给合法的机构或有资质使用和解读的人。 |
| 心理测试数据 | •心理评估的结果（如能力或人格）应统一编入报告，报告应能解释评估的环境，并提供合适的解读（Van Vianen et al.，2004）。 |
| 记录与评估文件 | •使用记录表格、分类和评估表格，有时也需要提供决策算法。<br>•记录关于候选人表现的详细信息和所作的决策，因为这能为未成功的候选人提供清晰的公平证据，并且确保了合法防御。 |

框9.8

**职业心理学实践**

如何提供有效且有用的候选人反馈

- 候选人应能获得关于其表现的反馈，虽然信息提供的详细程度决定于被评估的候选人的数量，以及候选人是组织内部的还是外部的。
- 反馈信息应告知候选人他们表现良好的地方（以帮助他们获得自信），以及需要提升的领域。
- 记住：提供不良反馈甚至比不提供反馈更糟糕（kluger & DeNisi, 1996）。

326 • 阿奎尼斯（Aguinis, 2009）研究了下列提供有效且有用反馈的指导。

| | |
|---|---|
| 准时 | 提供反馈的时间应与评估相近 |
| 具体化 | 报告具体的表现行为 |
| 可核性 | 关注准确、可核的证据，而非谣传或推断 |
| 一致性 | 反馈的语调不能有太大的变化 |
| 保密性 | 对反馈的呈现应在合适的时间和地点，以防候选人尴尬 |
| 结果 | 行为和反应的潜在结果应得到概念化的反馈 |
| 描述为首 | 对表现有清晰的描述而非评价 |
| 对候选人有信心 | 强调任何消极反馈都是针对表现而不是个人 |
| 建议 | 指明并解释有待进步的领域 |

## 选拔与评估中新兴的话题

### 个人—组织匹配性

个人—组织匹配性关注的是从组织和候选人的视角来看待选拔，也就是说，“匹配”必须对双方而言都是正确的（Kristof, 1996）。“匹配框架”引申出许多假设：

- 组织和工作会变化，所以二者之间的关系也会随之变动，因此预测未来是不可能的；
- 组织需要员工随着它一起成长；
- 选拔中的关注点就是发现一种对双方都有益的关系；
- 招聘方需要招聘的是“全人”。

这种视角在学术领域和实践领域都变得越来越流行[参见亚瑟等（Arthur et al., 2006）]，一些研究者认为它可以成为挑选员工的唯一考虑（Bowen et al., 1991）。

一般来讲，选拔过程只选用个人—组织匹配性的单一维度，然而这是不 327
够的。这种批判导致个人—组织匹配性的多重维度被辨识，这迅速而直接地影响员工满意感和承诺感[详见爱德华和比尔斯贝利（Edwards & Billsberry, 2010）]。

### 技术发展

选拔和评估的研究及实践都在不断向前发展。其中首先要提的一个领域就是技术的发展，包括全球性选拔；在同一项目中同时评估不同地域和国家的候选人。

#### 计算机测试

随着评估方法变得越来越复杂化，虽然在网上进行测试有许多实践上的优势，但也存在许多问题。如一部分候选人可能赞成在线申请的方式，认为它快速且容易完成。而另一部分人则可能会遇到技术难题，产生负面反应（Bauer et al.，2004）。网上测试也提升了不诚实或说谎的现象，作为回应，测试的供应者尝试设计出系统来确认受试者以去除这些问题。包括采取平行测试重新测试员工（即评估候选人纸笔测试与在线测试的结果是否呈一致性）。

机测的另一个要素就是适应性测试的存在，当候选人选择正确，则应有一个稍加难度的条目继续给他做，如果选择错误则会提供一个较为简单的条目继续。鉴于测试条目的信息随处可见，对每个候选人都具有独特性的测试在解决欺骗和实践问题上有更大的吸引力。

此外，不仅仅是评估方法，候选人对技术也越来越熟悉。将纸笔测试转换到网上平台越来越有挑战性，因为这不仅只涉及心理学专家的技术。未来你会看到选拔和评估市场被技术顾问而非心理学工作者所驱动。因此，心理学工作者和选拔实践者需要提升专业程度以克服这些挑战。

## 视频简历

在筛选环节，技术的运用导致了“视频简历”的产生：候选人将展示自己的信息记录在视频上给招聘者看（Doyle, 2010）。找工作的人也逐渐喜欢在相关
328 网站上用视频分享来展示自己，作为纸质简历的一种补充。这种多媒体方式允许候选人展示一些采用纸质简历无法展示的技术和能力。特别是这对写作技术较差的人也是一种新的机会。视频简历是一种新的招聘方法；然而，进一步的研究需要理解其对组织和个人潜在的威胁及利益。

## 多媒体情境判断测试

如果组织希望用视觉化的方式展示工作场所发生的事情，视频技术也可以考虑用于选拔程序中。采用这种技术的一个选拔程序就是情境判断测试（Lievens & Sackett，2006）。

采用视频形式的情境判断测试有一系列好处：它可以展示更丰富、更多细节的行为事件，从而增加它的真实度；看视频的方式对于许多人都很自然；它能提供更加真实的工作回顾；更高的表面效度。

李奇曼－赫希等（Richman-Hirsch et al., 2000）发现，相较于纸质或计算机

式的类似测试，学生对冲突解决技术的情境判断测试的多媒体形式反应更好。学生发现多媒体情境判断测试更加有表面效度，更加享受，也更加现代化。然而，也有许多不足之处，如多媒体情境判断测试成本较高，也可能增加许多不相关的环境信息进而衍生出很多错误（Weekly & Jones，1997）。

### 全球性选拔

由于越来越多的组织正在从事国际化的招聘，所以从业者和研究者都在关注这对于选拔与评估的影响。依托于互联网的招聘程序被认为是全球化组织提升全球化招聘的一种方式，然而，仅仅通过互联网的方式来进行选拔，不同文化背景和对技术的熟悉程度的人在展现自己上是否存在差异是不确定的（Booth, 1998），那些对计算机不熟悉或是技术有限的候选人在此将有劣势。

进一步的研究需要调查技术对于选拔过程的影响（Petrides et al.，2010）；中介候选人视角与组织视角的方式；特别是技术如何在跨文化选拔中发挥作用。

## 小结

选拔和评估实践在组织中逐渐扩大，综合考虑组织和候选人视角的有效及 329
可靠的选拔方式在职业心理学的研究和实践中发挥着重要作用。

最佳实践选拔是一种可重复的过程，然而选拔系统要随着时间的进程不断优化。特别是任何选拔过程的第一阶段，都包括了一个全面的工作分析，它能提供有关职责，所需知识、技术、能力的系统知识。这常常被发展为一个胜任力模型。由这两个过程而来的数据可做成工作描述与个人资质。

在评估中有许多可利用的工具能够使申请者通过高或低真实性的工作模拟来展现行为或描述过去的表现，合适的评估工具的选取应依赖于工作描述和个人资质的需求，而工具要具备可靠性、有效性和公平管理，以便保证候选人都有最佳表现的机会，这将会减少法律上的风险以及候选人对选拔程序的不良反应。如果可能的话，选拔之后的评估应与结果反馈一起，用于将来的提升。

评估方法并非仅在选拔过程中使用；它们也会用于许多其他情境下，如发展和培训。然而，需要记住的是，工具的使用应考虑到环境的相关性，最佳实践原则也要被考虑到。

下一章将关注岗位绩效（与为了获取工作职位而做出的表现不同），同时围绕培训的理论和实践展开探讨。

## 深入探究

扫描二维码，获取更多资源。

330 **讨论题**

1.你需要给一位人力资源经理建议，他非常关心应届毕业生的评估过程，因为这个过程得到候选人的消极评价，你要给他什么建议呢？你将如何更深入地调查应届毕业生？你会考虑什么因素？

2.一家电信公司需要增加客户服务人员的招聘数量。鉴于目前该公司还没有该角色的胜任力模型，管理层请你为这项工作提出建议。你认为应该包括哪些步骤呢？

3.你的咨询公司为一个政府部门设计了毕业生招聘选拔程序。他们对采用情境判断测试来强化该过程非常感兴趣，询问你他们将如何做这项工作，你有什么建议？

**样例论述题**

1.批判性评论三种评估方法，包括研究证据和实践应用。

2.在评估过程中，在公平方面有什么潜在风险？你打算如何克服这些风险？

331 **样例测试题**

1.讨论选拔和评估实践如何影响组织和申请者。

2.评估技术在评估过程中的作用。

## 职业心理学实践：工作中的一天

**菲奥娜·帕特森，剑桥大学教授，工作心理学小组组长**

| | | |
|---|---|---|
| 你在职业心理学的什么领域从事研究？ | 我的核心理论与实践领域是选拔与评估，但是这通常是更广泛意义上的组织发展和变革的一部分。过去十年间，我的一个主要研究群体是英国国家健康服务中心（UK National Health Service, NHS），它是一个非常大的组织，招聘量和活动量也非常大。我在这里的工作聚焦于选拔与评估，但是这也是更大的变革的一部分，这项工作将我的研究指引至组织发展和变化领域。例如，在设计和合法化英国国家健康服务中心的选拔体系时，存在几层相关利益方，他们对使用的选拔方法很感兴趣。因此，选拔设计必须考虑到这些监管者、联合会、调控者、专业组织、招聘组织、政府和病人等的建议，这些利益方可能在选拔如何更好地实施上意见不一。因此，获得利益相关者的认同和接受是非常重要的主题，在高利益组织中更需要着重考虑。 | |
| 你为何对这个领域感兴趣？ | 主要是通过我的博士论文，博士论文研究的是选拔、心理测量和创新。那时，我在福特公司做一名内部心理咨询师，而组织想要研究如何选拔更多有创造性和创新性的工程师。我被要求设计新的选拔工具来增强创新性和创造性，从此我开始长时间对此投入兴趣，因为那时并没有非常强大的工具，我的毕业论文就是为创新研发新的选拔工具。 | |
| 理论、文献和研究是怎样贯穿你的研究的？ | 弗拉纳根（Flanagan, 1954）对关键事件技术的研究影响深远。它是一个非常强大的工具，可用于指引工作分析，也可以为情境判断测试提供内容材料。事实上，我们研究小组的一个关键研究就是我们最初的工作分析研究，这篇研究就是英国的一些从业者主要采用关键事件技术完成的。我们在英国综合实践期刊上发表了该结果（Patterson et al，2000），我们得到的反馈就是，它非常具有创新性，因为我们采访了病人关于他们对选拔的医生的期望（以往都是医生单独作出这样的判断）。 | 332 |
| 此领域最主要的学术进步是什么？ | 选拔与评估领域最显著的一个进步就是统计上的突破，这允许更多的基于大数据运算的分析成为可能。例如，元分析，它对组织实践有重要影响，这在于效度的整合能够指明哪种方法最优，例如，了解到结构性面试优于非结构性面试。这就意味着，在元分析层面，我们可以进行如此活动，同样我们也可以检验非正式关系和结构方程模型。例如，现在我们知道情境判断测试比人格测试在选拔中能够更有效地预测后来的工作绩效。使用这种分析，在约十年的效度研究中，我们可以展现在医学类的选拔中我们从事的工作的真正商业价值。可以证明的是每一欧元都能负载好的选拔与评估，英国国家健康服务中心已经通过减少培训成本，减少了8欧元。这是需要客户了解的信息。 | |
| 你的研究在实践中的应用程度如何？ | 我所从事的大部分工作都由实践转化而来。我不会将学术和实践作出分割——这是一种伪造的事实，例如，我的博士论文就来自于组织和日本制造业的竞争中需要增加创新人才的实践。我在英国国际健康服务中心所做的绝大部分选拔与评估上的研究都来自于实践问题——例如如何使选拔更加有效和可靠。研究中我们会使用近期的研究去探索一些主题，并且将这些知识转化为对客户更加有用和可持续化的解决方法。 | |

续表

| | |
|---|---|
| 333 你的工作中道德扮演了什么角色? | 站在研究的一面，我所做的任何事情都需要得到道德上的认可，无论是在高校层面还是在英国国家健康服务中心层面。在合作中，我们也有自己的专业标准。作为工作心理学小组，这对于我们做的任何事情都是核心问题；我们的价值观是专业性和诚实性。我们也需要鼓励人们变得合格，因为我强烈地相信这会使你作为独立的专业人士更加具有可信性。工作中道德的一个重要方面就是客户；在大型组织中，保护个体的权利也非常重要。 |
| 你能举例说明你工作的一天吗? | 我一半的时间会花在学术上，一半的时间花在咨询实践上，但是诚实地讲，从来没有典型的一天，一天的开始可能从与管理团队讨论一天或一周的工作安排并分配团队任务开始——这就涉及绩效管理的话题。我一天会花大部分时间在阅览和签署一些报告和建议上，所以我与工作心理学小组的日常实践联系紧密。可以说40%～50%的时间都在与客户对话，无论是通过电话还是面对面的形式。我也很喜欢写论文的时间——或许我最享受我工作的一方面就是反思这一天我做了什么，并且为同行监督而写下来。我也花了一些时间在发表演讲和参加研讨会上，我也会在学校参加会议或发表学术建议。 |
| 在最近五年中，你的工作有什么变化? | 虽然关于选拔、评估和心理测量我了解很多，但是我的工作还是朝着组织发展和策略移动了不少——例如，虽然我主要是研究选拔，例如进行效度研究，但是这些研究总是和组织发展和变化的整体策略相关联。有了这种策略视角，我就更多地关注于展现增能价值。过去可能更多是设计然后进行评估，事实上，现在我做的很多工作在与高层交流上，他们是决定组织发展及策略的人。<br>我也考虑到自己的专业配置，我在一个合作部门工作了十年，通过博士论文回到了学术领域。我也在这个当了12年心理咨询师的领域进行了咨询实践，这给了我很大的快乐，这是一个很有激情的团队。从属于商业大大增加了我的研究和咨询实践，因为你可以从一线管理的视角清晰地观察事物——作为一名招聘者，我现在更加理解组织想要从职业心理学里获得什么东西。 |
| 你如何看待你的工作在接下来五年的变化? 334 | 最近我在健康和教育方面给政府提供建议。东南亚的发展速度非常快，学习新的变革和策略大有可为。根据我的经验和专业性，我将在此后的五年在这方面投入精力，从而影响合作部门和政府的策略。 |

## 职业心理学实践：工作中的一天

| 梅尔·凯琳博士，工作心理学小组组长 | |
|---|---|
| 你在职业心理学的什么领域从事研究? | 我从事的主要是选拔评估及创新，从一个从业者的角度来看，在选拔中，我们主要负责为公共或私营部门设计、发展、测试以及确保选拔方法的效度，我们可以负责这个过程的所有阶段，从工作分析，到设计，再到评估。作为一个公司主管，我不希望去售卖该产品，我们做的每一件事都是针对特定客户的。我们对评价中心技术和情境判断测试比较擅长，尤其是对于高风险组织。 |
| 你为何对这个领域感兴趣? | 当我完成授课型硕士的学位后，我想象不到比从事选拔与评估更糟糕的工作了！我认为这就是售卖心理测试而已。所以，我从培训和发展开始自己的职业生涯，后来接触组织发展与变革，才承认选拔与评估也是更广泛意义上的组织变革的一部分。研发合适的选拔方法需要创新性和创造力，而这和售卖心理测试是完全不一样的。 |

续表

| | | |
|---|---|---|
| 你更倾向于哪种类型的组织？为什么？ | 在工作心理学小组的这几年建立了我对健康和医学类选拔的经验和技术，所以我们工作的很大一部分是接触公共领域。然而，我们也为私营领域进行了大量工作，例如，在金融领域、制造业和零售业。谈到健康照料领域，我们的客户非常认可我们的工作，因为它足够强大且有研究支持。在医学类选拔中，有大量高风险的选拔，所以对选拔方法的有效性和可靠性就有更高的要求。私营部门也需要测量的强效型及证据的支持，但它更多的是一种商业销售，保证其在商业中是令人接受的，它是一种基于商业需求的东西。 | |
| 你的工作是如何受理论、文献和研究的推动的？ | 作为一种商业，我们必须采用一种战略性取向以保证咨询工作是有足够证据支撑的。事实上，客户的大部分工作都会在心理学、管理学和医学教育的文献中公开发表。我们在卫生保健工作中需要效度、信度和公平性的大量证据。将我们的研究公开发表以供同行检验就意味着我们必须展示所有研究。我们的成员与城市大学和我们近来任教的剑桥大学有联系，也会与其他的高校如诺丁汉大学和谢菲尔大学等联系。从个人角度看，我们还通过教学继续专业发展，这意味着必须时刻跟随本领域的新发展。我们常会开展一些对工作不必要但是对进一步驱动研究发展有作用的项目。 | 335 |
| 此领域最主要的学术进步是什么？ | 选拔与评估方面最关键的进步就是能够将评估放在网上。虽然这并不是一个新的概念，但是确保成功地将纸笔测试转化为网上的测试却具有挑战性，比如网络形式的情境判断测试。网络平台对于我们专业的技术并非那么需要，它需要的是能驱动操作的技术专家而非心理学工作者。必须将这一点记在心上以保证我们与合适的人共事。从理论的视角看，我认为情境判断测试的兴起和发展也是复杂的面对面评估的发展。 | |
| 道德在你的工作中扮演什么角色？ | 伦理是我们组织的价值观——信任、专业和正直的一部分。我们会定期回顾这些价值观以反思它们对我们的日常实践意味着什么。<br>关于伦理实践，它连接着我们的组织文化，我们也有通过委员会申请的正式文件，但是作为心理学工作者，我们都应有自己的内部雷达。 | |
| 你能举例说明你工作的一天吗？ | 每天工作的变化真的很大，可能一天的开始是办公室的团队会议，接下来可能是与会计的会议，与财务经理的会议。下午我是制造业的一个客户，在那里我与私营部门的经理作一对一的反馈。接下来，我会回到办公室写对组织的提醒或建议。真的没有典型的一天——我在组织中的角色是既从事对内活动也从事对外活动。我的组织有循环性，即在一年中的某个特定时间会比较忙。例如，从9月份到11月份，接下来1月到3月会有大量重复性工作，而我们会忙于这些工作。但是总体来说，每天都不同，正是如此，这份工作才如此有趣并充满挑战性。 | 336 |

## 参考文献


Adams (1965) 'Inequity in social exchange', in L. Berkowitz(ed.), *Advances in Experimental Social Psychology*, vol. 2. New York: Academic Press.

Aguinis, H. (2009) *Performance Management*. Upper Saddle River, NJ: Pearson/Prentice Hall.

Anderson, H. (2001) 'Towards a theory of socialisation impact: seletion as pre-entry socialisation', *International Journal of Selection and Assessment*, 9(1-2): 84–91.

Arthur W.Jr, Bell, S.T., Villado, A.J. and Doverspike, D. (2006) 'The use of person organisation fit in employment decision making: an assessment of its criterion related validity', *Journal of Applied Psychology*, 91: 786–801.

Ash, R.A. (1988) 'Job analysis in the world of work', in S. Gael (ed.), *The Job Analysis Handbook for Business.* New York: Wiley. pp. 3–13.

Atkinson, J. and Meager, N. (1994) 'Running to stand still: the small firm in the labour market', in J. Atkinson and D. storey (eds). *Employment, the Small Firm and the Labour Market*. London: Routledge.

Baron, H. and Miles, A. (2002) 'Ethinc difference on personality questionnaires'. Paper presented at the British Psychological Society Occupational Psychology Conference, Blackpool.

Bauer, T.N., Truxillo, D.M., Paronto, M.E., Weekley, J.A. and Campion, M.A. (2004) 'Applicant reactions to different selection technology: face-to-face, interactive voice response, and computer-assisted telephone screening interviews', *International Journal of Selection and Assessment*, 11(2–3): 135–48.

Booth, J.F. (1998) 'The user interface in computer-based selection and assessment: applied and theoretical problematics of an evolving technology', *International Journal of Selection and Assessment*, 6(2): 61–81.

Bowen, D.E., Ledford, G.E., Jr and Nathan, B.R. (1991) 'Hiring for the organisation, not the job', *Academy of Management Executive*, 5(4): 35–52.

337 BPS Best Practice Assessement Centre Guidelines (2010) Available at: http://www.psychtesting.org.uk/the-ptc/guidelinesandinformation.cfm (accessed 6 January 2012 ).

BPS Best Practice Guidelines (2010) Available at: http://www.bps.org.uk/sites/default/files/documents/generic_professional_practice_guidelines.pdf (accessed 7 October 2011).

Brumback, G.B., Romashko, T., Hahn, C.P. and Fleishman, E.A. (1974) *Model Procedures for Job Analysis, Test Development, and Validation*. Washington, DC: American Institutes for Research.

Burke, R.J. and Cooper, C.L. (2006) 'The new world of work and organisations: implications for human resource management', *Human Resource Management Review*, 16: 83–5.

Burke, R.J., Matthiesen, S.B. and Pallesen, S. (2006) 'Personality correlates of workaholism', *Personality and Individual Differences*, 40(6): 1223–33.

Campion, M.A., Fink, A.A., Ruggeberg, B.J., Carr, L., Phillips, G.M. and Oldman, R.B. (2011) 'Doing competencies well: best practices in competency modeling', *Personnel*

*Psychology*, 64: 225–62.

Chan, D. and Schmitt, N. (2002) 'Situational judgment and job performance', *Human Performance*, 15: 233–54.

Chen, H.C. (2006) 'Assessment center: a critical mechanism for assessing HRD effectiveness and accountability', *Advances in Developing Human Resources*, 8(2): 247–64.

Collins, M.W. and Morris, S.B. (2008) 'Testing for adverse impact when sample size is small', *Journal of Applied Psychology*, 93(2): 463–71.

Cook, M. (1996) *Personnel Selection and Productivity*. Chichester: Wiley.

Cook, M. (2004) *Personnel Selection: Adding Value Through People*, 4th edn. Chichester: Wiley.

Dainty, A.R.J. and Lingard, H. (2006) 'Indirect discrimination in construction organisations and the impact on women's careers', *Journal of Management in Engineering*, 22: 108–18.

Data Protection Act (1998) Available at: http://www.legislation.gov.uk/ukpga/1998/29/section/7

de Jong, M., Pieters, R. and Fox, J. (2010) 'Reducing social desirability bias through item randomised response: an application to measure underreported desires', *Journal of Marketing Research*, 47(1): 14–27.

Derous, E. and De Witte, K. (2001) 'Looking at selection from a social process perspective: towards a social process model on personnel selection', *European Journal of Work and Organisational Psychology*, 10: 319–42.

Doyle, A. (2010) Video resume—video resumes for job seekers. Available at: http://jobsearch.about.com/od/resumes/g/videoresume.htm(accessed 19 February 2010).

Edwards, J.A. and Billsberry, J. (2010) 'Testing a multidimensional theory of person-environment fit', *Journal of Managerial Issues*, 22(4): 476–93.

Flanagan, J.C. (1954) 'The critical incident technique', *Psychological Bulletin*, 51: 327–58.

Gatewood R.D. and Field, H.S. (2001) *Human Resource Selection*. New York: Harcourt.

Gilliland, S.W. (1993) 'The perceived fairness of selection systems: an organisational justice perspective', *The Academy of Management Review*, 18(4), 694–734.

Goldberg, L.R. (1981) 'Unconfounding situational attribute from uncertain, neutral, and ambiguous ones: a psychometric analysis of descriptions of oneself and various types of others', *Journal of Personality and Social Psychology*, 41: 517–52.

Green, P.C. (1999) *Building Robust Competencies: Linking Human Resource Systems to isation Organisational Strategies*. San Francisco, CA: Jossey-Bass.

Gutman, A. (2000) 'Recent supreme court ADA rulings: mixed messages from the court', *The Industrial-Organisational Psychologist*, 37: 31–41.

Hausknecht, J.P., Day, D.V. and Thomas, S.C. (2004) 'Applicant reactions to selection procedures: an updated model and meta-analysis', *Personnel Psychology*, 57: 639–83.

338 Herriot, P. (2004) 'Social identities and applicant reactions', *International Journal of Selection & Assessment*, 12(1–2): 75–83.

Hough, L.M., Oswald, F.L. and Ployhart, R.E. (2001) 'Determinants, detection and amelioration of adverse impact in personnel selection procedures: issues, evidence and lessons learned', *International Journal of Selection and Assessment*, 9: 152–94.

Huffcutt, A.I., Weekley, J.A., Wiesner, W.H., Degroot, T.G. and Jones, C. (2001) 'Comparison of situational and behavioural description interview questions for higher level positions', *Personnel Psychology*, 54: 619–54.

Hunter, J.E., Schmidt, F.L. and Judiesch, M.K. (1990) 'Individual differences in output variability as a function of job complexity', *Journal of Applied Psychology*, 75: 28–42.

Janz, T. (1989) 'The patterned behavior description interview: the best prophet of the future is the past', in R.W. Eder and G.R. Ferris (eds), *The Employment Interview: Theory, Research and Practice*. Thousand Oaks: Sage. pp. 158–68.

Janz, T., Hellervik, L.and Gilmore, D.C. (1986) *Behavior Description Interviewing*. Boston, MA: Allyn & Bacon.

Jenkins, S.M. and Curtin, P. (2006) 'Adapting job analysis methodology to improve evaluation practice', *American Journal of Evalution*, 27 (4): 485–94.

Judge, T.A., Higgins, C.A., Thoresen, C.J. and Barrick, M.R. (1999) 'The big five personality traits, general mental ability, and career success across the life span', *Personnel psychology*, 52(3): 621–52.

Kirton, G. and Greene, A. (2002) 'The dynamics of positive action in UK trade unions: the case of women and black members', *Industrial Relations Journal*, 33(2): 157–73.

Kline, P. (1999) *The Handbook of psychological Testing*, 2nd edn. London: Routledge.

Kluger, A.N. and DeNisi, A. (1996) 'The effects of feedback interventions on performance: a historical review, a meta-analysis, a preliminary feedback intervention theory', *Psychological Bulletin*, 119: 254–84.

Koczwara, A., Patterson, F., Zibarras, L., Kerrin, M., Irish, B. and Wilkinson, M. (2012) 'Evaluating cognitive ability, knowledge tests and situational judgement tests for postgraduate selection', *Medical Education*, 46(4): 399–408.

Kristof, A.L. (1996) 'Person-organisation fit: an integrative review of its conceptualisations, measurement, and implications', *Personnel Psychology*, 49:1–49.

Lievens, F. and Patterson, F. (2011) 'The validity and incremental validity of Knowledge tests, low-fidelity simulations and high-fidelity simulations for predicting job performance in adranced-level high-stakes selection', *Journal of Applied Psychology*, 96(5): 927–40.

Lievens, F. and Sackett, P.R. (2006) 'Video-based vs. written situational judgment tests: a comparison in terms of predictive validity', *Journal of Applied Psychology*, 91: 1181–8.

Macan, T.H. and Foster, J. (2004) 'Managers' reactions to utility analysis and perceptions of what influences their decisions', *Journal of Business and Psychology*, 19: 241–53.

Macan, T.H., Avedon, M.J., Paese, M. and Smith, D.E. (1994) 'The effects of applicants' reactions to cognitive ability tests and an assessment center', *Personnel Psychology*, 47: 715–38.

Marcus, B., Goffin, R.D., Johnston, N.G. and Rothstein, M.G. (2007) 'Personality and cognitive ability as predictors of typical and maximum managerial performance', *Human Performance*, 20(3): 275–85.

Maurer, S.D., Sue-Chan, C. and Latham, G.P. (1999) 'The situational interview', in R.W. Eder and M.M. Harris (eds), *The Employment Interview Handbook*, Thousand Oaks, CA: Sage. pp.159–77.

McCrae, R.R. and Costa, P.T., Jr (1985) 'Comparison of EPI and psychoticism scales 339
with measures of the five-factor model of personality', *Personality and Individual Differences*, 6: 587–97.

McDaniel, M.A. and Nguyen, N.T. (2001) 'Situational judgment tests: a review of practice and constructs assessed', *International Journal of Selection and Assessment*, 9: 103–113.

McDaniel, M. A. Hartman. N. S. Whetzel. W. and Grubb. L, (2007) 'Situational judgement tests, response instructions and validity: a meta-analysis', *Personnel Psychology*, 60(1): 63–91

McDaniel, M.A., Morgeson, F.P., Finnegan, E.B., Campion, M.A. and Braverman, E.P. (2001) 'Use of situational judgment tests to predict job performance: a clarification of the literature', *Journal of Applied Psychology*, 8(4): 730–40.

McKinney, A.P., Carlson, K.D., Mecham, R.L., 111, D'Angelo, N.C. and Connerley, M. (2003) 'Recruiters use of GPA in initial screening decisions: higher GPA's don't always make the cut', *Personnel Psychology*, 56: 823–45.

Medical School Council (2011) *Improuing Selection to the Foundation Programme. Final Report*. London: Medical School Council.

Morgeson, F.P. and Campion, P. (1997) 'Social and cognitive sources of potential inaccuracy in job analysis', *Journal of Applied Psychology*, 5: 627–55.

Morgeson, F.P., Campion, M.A. (2000) 'Accuracy in job analysis: toward an inference-based model', *Journal Organisational Behavior*, 21: 819–27.

Morgeson, F.P., Campion, M.A., Dipboye, R.L., Hollenbeck, J.R., Murphy, K. and Schmitt, N. (2007) 'Are we getting fooled again? Coming to terms with limitations in the use of personality tests for personnel selection', *Personnel Psychology*, 60: 1029–49.

Morrow, C.C., Jarrett, M.Q. and Rupinski, M.T. (1997) 'An investigation of the effect and economic utility of corporate-wide training', *Personnel Psychology*, 50: 91–119.

Moscoso, S. (2000) 'Selection interview: a review of validity evidence, adverse impact and applicant reactions', *International Journal of Selection and Assessment*, 8: 237–47.

Motowidlo, S.J., Dunnette, M.D. and Carter, G.W. (1990) 'An alternative selection procedure: the low-fidelity simulation', *Journal of Applied Psychology*, 75(6): 640–7.

Motowidlo, S.J. and Tippins, N. (1993) 'Further studies of the low-fidelity simulation in the form of a situational inventory', *Journal of Occupational and Organisational Psychology*, 66: 337–44.

Murphy, K.R. (1986) 'When your top choice turns you down: effect of rejected offers on the utility of selection tests', *Psychological Bulletin*, 99(1): 133–8.

Ones, D.S. and Viswesvaran, C. (2003) 'Job-specific applicant pools and national norms for personality scales: implications for range restriction corrections in validation research', *Journal of Applied Psychology*, 88(3): 570–7.

Ones, D.S., Dilchert, S., Viswesvaran, C. and Judge, T.A. (2007) 'In support of personality assessment in organisational settings', *Personnel Psychology*, 60: 995–1027.

Ones, D.S., Viswesvaran, C. and Dilchert, S. (2005) 'Cognitive ability in personnel selection decisions', in A. Evers, O. Vockuijl and N. Anderson (eds), *Handbook of Selection*. Oxford: Blackwell. pp. 143–73.

Oswald, F.L. (2003) 'Job analysis: methods, research, and applications for human resource management in the new millennium', *Personnel Psychology*, 56(3): 800–2.

Palmer, H. and Valet, W. (2001) 'Job analysis: targeting needed skills', *Employment Relations Today*, 28(3): 85–91.

Patterson, F. and Ashworth, V. (2011) 'Situational judgement tests: the future of medical selection?'. Available at: http://careers.bmj.com/careers/advice/view-article.html?id=20005183(accessed 6 January 2012).

340 Patterson, F. and Lane, P. (2007) 'Assessment for recruitment', in N. Jackson, F. Jamieson and A. Khan (eds), *Assessment in Medical Education and Training*. Oxford: Radcliffe. pp. 62–74.

Patterson, F. and Zibarras, L.D. (2011) 'Exploring the perceived construct of job discrimination in selection', *International Journal of Selection and Assessment*, 19(3): 251–7.

Patterson, F., Baron, H., Carr, V., Plint, S. and Lane, P. (2009) 'Evaluation of three short-listing methodologies for selection into postgraduate training in general practice', *Medical Education*, 43: 50–7.

Patterson, F., Ferguson, E., Lane, P.W., Farrell, K., Martlew, J. and Wells, A. (2000) 'Competency model for general practice: implications for selection, training, and development', *British Journal of General Practice*, 50: 188–93.

Patterson, F., Zibarras, L., Carr, V., Irish, B., and Gregory (2011) 'Evaluating candidate reactions to selection practices using organisational justice theory', *Medical Education*, 45(3): 289–97.

Petrides, K.V., Weinstein, Y., Chou, J., Furnham, A. and Swami, V. (2010) 'An investigation into assessment centre validity, fairness, and selection drivers: *Australian Journal of Psychology*, 62(4): 227–35.

Phillips, J.M. (1998) 'Effects of realistic job previews on multiple organisational outcomes: a meta-analysis', *Academy of Management Journal*, 41(6): 673–90.

Phillips, J.M. and Gully, S.M. (2002) 'Fairness reactions to personnel selection techniques in Singapore and the United States', *The International Journal of Human Resource Management*, 13(8): 1186–205.

Ployhart, R.E. and Holtz, B.C. (2008) 'The diversity–validity dilemma: Strategies for reducing racioethnic and sex subgroup differences and adverse impact in selection', *Personnel Psychology*, 61(1): 153–72.

Richman-Hirsch, W.L., Olson-Buchanan, J.B. and Drasgow, F. (2000) 'Examining the impact of administration medium on examinee perceptions and attitudes', *Journal of Applied Psychology*, 85: 880–7.

Robertson, I.T. and Smith, M. (2001) 'Personnel selection', *Journal of Occupational and Organisational Psychology*, 74: 441–72.

Robie, C., Osburn, H., Morris, M., Etchegaray, J. and Adams, K. (2000) 'Effects of the rating process on the construct validity of assessment center dimension evaluations', *Human Performance*, 13(4): 355–70.

Rodriguez, D., Patel, R., Bright, A., Gregory, D. and Gowing, M.K. (2002) 'Developing competency models to promote integrated human resource practices', *Human Resource Management*, 41: 309–24.

Rosse, J.G., Stecher, M.D., Miller, J.L. and Levin, R.A. (1998) 'Impact of response distortion on preemployment personality testing and hiring decisions', *Journal of Applied Psychology*, 83(4): 634–44.

Roth, P.L., Huffcutt, A.I. and Bobko, P. (2003) 'Ethnic group differences in measures of job performance: a new meta-analysis', *Journal of Applied Psychology*, 88(4): 694–706.

Roznowski, M., Dickter, D.N., Hong, S., Sawin, L.L. and Shute, V.J. (2000) 'Validity of measures of cognitive processes and general ability for learning and performance on highly complex ise computerised tutors: is the G factor of intelligence even more general?', *Journal of Applied Psychology*, 85: 940–55.

341 Sanchez, J.I. and Levine, E.L. (1999) 'Is job analysis dead, misunderstood, or both? New forms of work analysis and design', in A. Kraut and A. Korman(eds), *Evolving Practices in Human Resource Management The SIOP Practice Series*. San Francisco, CA: Jossey-Bass. pp. 43–68.

Sanchez, J.I. and Levine, E.L. (2009) 'What is (or should be) the difference between competency modeling and traditional job analysis?', *Human Resource Management Review*, 19: 53–63.

Sandberg, J. (2000) 'Understanding human competence at work: an interpretative approach', *Academy of Management Journal*, 43: 9–25.

Schmidt, F.L. and Hunter, J.E. (1998) 'The validity and utility of selection methods in personnel psychology: practical and theoretical implications of 85 years of research findings', *Psychological Bulletin*, 124(2): 262–74.

Schmitt, N. and Chan, D. (1998) *Personnel Selection. A Theoretical Approach: Foundations for Organisational Science.* London: Sage.

Schmitt, N. and Chan, D. (1999) 'The status of research on applicant reactions to selection tests and its implications for managers', *International Journal of Management Reviews*, 1(1): 45–62.

Schneider, B. and Konz, A. (1989) 'Strategic job analysis', *Human Resource Management*, 28(1): 51–63.

Searle, R.H. (2003) *Selection and Assessment: A Critical Text.* Milton Keynes: Open University/Palgrave McMillian.

Snowdon, G. (2011) 'A crash course in consultancy'. Available at: http://www.guardian.co.uk/money/2011/oct/28/career-consultancy-recruitment-training (accessed 17 September 2012).

Stratigaki, M. (2005) 'Gender mainstreaming vs positive action: an ongoing conflict in EU gender equality policy', *European Journal of Women's Studies*, 12(2): 165–86.

Truxillo, D.M., Bauer, T.N., Campion, M.A. and Paronto, M.E. (2002) 'Selection fairness information and applicant reactions: a longitudinal field study', *Journal of Applied Psychology*, 87: 1020–31.

Truxillo, D.M., Steiner, D.D. and Gilliland, S.W. (2004) 'The importance of organisational justice in personnel selection: defining when selection fairness really matters', *International Journal of Selection and Assessment*, 12: 39–53.

Turban, D.B. and Cable, D.M. (2003) 'Firm reputation and applicant pool characteristics',

*Journal of Organisational Behaviour*, 24(6): 733–51.

van der Linden, W.J. and Glas, C.A.W. (eds) (2000) *Computerized Adaptive Testing: Theory and Practice*. St Paul, MN: Assessment Systems Corporation.

Van Vianen, A.E.M., Taris, R., Scholten, E. and Schinkel, S. (2004) 'Perceived fairness in personnel selection: determinants and outcomes in different stages of the assessment procedure', *International Journal of Selection and Assessment*, 12: 149–59.

Wanous, J.P. (1980) *Organisational Entry: Recruitment, Selection, and Socialization of Newcomers*. Reading, MA: Addison-Wesley.

Weekley, J.A. and Jones, C. (1997) 'Video based situational testing', *Personnel Psychology*, 50: 5–50.

Weekley, J.A. and Ployhart, R.E. (2006) *Situational Judgment Tests: Theory, Measurement, and Application*. San Francisco, CA: Jossey Bass.

Woodruffe, C. (1993) 'What is meant by a competency?', *Leadership & Organisational Development Journal*, 14(1): 29–36.

Woods, S.A., Hardy, C. and Guillaume, Y.R.F. (2011) 'Cognitive ability testing and adverse impact in selection: meta-analytic evidence of reductions in black-white differences in ability test scores over time', paper presented at DOP Annual Conference, Stratford-Upon-Avon, UK.

Wyatt, M.R.R., Pathak, S.B. and Zibarras, L.D. (2010) 'Advancing selection in an SME: 342
is best practice methodology applicable?', *International Small Business Journal*, 28: 258–73.

Zibarras, L.D. and Woods, S.A. (2010) 'A survey of UK selection practices across different organisation sizes and industry sectors', *Journal of Occupational and Organisational Psychology*, 83: 499–511.

# 第10章

# 培训

卡迈勒·伯迪和特蕾西·瑞德

**学习成果**

学习完本章后，你将能够：

√了解工作场所中培训、教育与开发之间的差异；

√解释培训周期的主要阶段；

√描述进行组织、任务及个人需求分析的重要性，并将其作为启动和开发培训干预的基础；

√理解明确培训目的和目标的重要性；

√讨论个体培训与团体培训各自的优缺点；

√掌握培训评估的不同方式和策略；

√阐明影响培训效果的各种因素。

首先，我们将讨论在工作中学习以及新兴趋势的意义，然后将培训周期作为一个总体框架来描述，接着详细探索培训活动的需求分析、设计、实施和评估。最后一节将着重阐述影响培训效果的因素。

## 引言

在21世纪，组织为了在面对日益增长的挑战时能确保它们的劳动力是有能力的和足够灵活的，员工新知识和新技能的培训是至关重要的。英国人力资源

协会（CIPD）的调查以及2011年的人才发展调查显示，英国的组织机构平均每 344
年每人耗费350英镑，允许一年进行为期五天的培训和开发活动（CIPD, 2011）。美国的培训与开发协会（ASTD）估计，在2009年的一年中，关于员工的学习与开发投资，美国组织将近花费了125.88亿美元（ASTD, 2010）。这些措施在提高员工的学习与工作表现上是非常有效的。本章将概述和讨论培训活动的原则及影响。

## 工作中的学习及其相关概念

学习是指通过经验而获得的相对持久的知识、技术、态度的改变（Birdi et al.，1997）。这些变化可能会导致随后的工作行为的变化，但它不是给定的。在工作中学习可以通过培训、教育或开发活动来促进，这些概念之间的区别值得我们厘清。

- 培训活动——例如，参加一个演讲技能培训班，培训的面相对比较狭窄，有具体的目标和合理的结构。目标是让所有学员达到同一表现水平，强调的是你可以做什么。
- 教育活动——例如，攻读工商管理硕士，往往有更广泛的关注点，但仍然有合理的结构。目的是充分利用个体差异，强调的是你所知道的。
- 开发活动——例如，进入一个指导关系，有一个长期的观点。其目标不一定是联系一个特定的工作，但与个人总体职业生涯发展相关。结构程度不同，可以包括培训或教育活动。然而，开发活动也折射出一个人可以考虑的生活和事业目标，评估其目前的能力和所需的能力来实现自己的目标，并且规划一种学习策略提升所需的能力。在工作场所，这通常以年度绩效评估的方式开展。

当然，学习活动可以将培训、教育、开发活动的功能进行叠加。本章的重点在于培训活动，但是很多内容也可以运用到另外两种学习干预中去。

## 设置工作场所的学习场景

进入21世纪，社会不断进步，出现了大量的新兴趋势和问题，而这些都是在工作学习中需要注意的。

345 就业的技能强度正在增加（见第1章）。体力劳动的任务正日渐被技术解决方案所取代，这意味着人们需要更好地利用他们的认知和人际技能去工作。服务型岗位（例如，呼叫中心）和知识型岗位的增加就是很好的证据。

将更强调自我学习。组织的观点认为，个人要为自己的学习负责，因而其培训活动变得不那么规范。相反，员工在组织和政府的基金资助下，为塑造其学习形态，将承担更多的责任。通常情况下，组织在嵌入年度开发评估时，其学习目标就通过员工和经理们的讨论提出了（见第6章）。这些讨论的焦点也因此扩大到包括一般就业能力以及与具体工作需求相关的技能。

在工作人群中，培训活动的分配仍然是不平等的。以下人群受到的培训通常更少：低学历的；低工作水平的；年龄较大的；任职时间长的；兼职的；较小机构的员工；等等。因此，人们应该意识到，仍然有许多“传统的”非学习者需要进行培训，以确保他们不被排除在有价值的培训和开发活动之外。

技术正越来越多地被使用于工作场所的学习领域。从20世纪80年代交互式光盘的使用到因特网的使用，再到虚拟学习和移动技术，时间的灵活性、学习形式和学习空间不断在增加，已不同于过去简单的课堂教学。混合的学习，即将技术和非技术方式混合的学习方法，被视为一种加强二者优势的学习手段。

企业大学正在崛起。组织需要的具体的、与其环境相关的学习，与传统学院和大学提供的普适性教育之间总是存在紧张关系。作为解决这种紧张的一种手段，一些组织已经建立了自己认可的“大学”。麦当劳、摩托罗拉和波音就是例子。

将商业或策略需求与学习需求联结起来，压力更是巨大（Noe & Tews, 2012）。人力资源被视为与任何其他资源一样的资源，因此任何对人的投资都需要产生和组织一致的利益，因此对有效和高效培训的需求巨大。现在我们来讨论如何解决这一问题。

## 培训周期

培训周期描述了需求分析、设计、实施和评估等主要阶段。图10.1说明了这些阶段与组织中为了开发学习干预所提供的系统的方式是紧密相关的。我们将简单介绍整个模型，然后在下文继续详细介绍它的每个阶段。 346

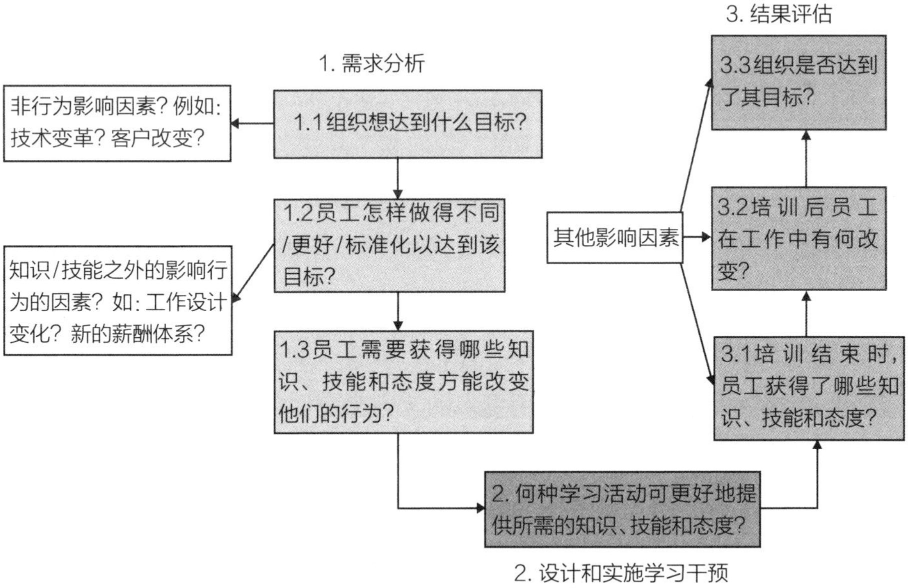


图10.1 培训的战略路径

我们采用一个假设的例子。BuildOrg是一个建筑公司，你作为培训和开发团队的一员在该公司工作。BuildOrg是一个国际性组织，在建造办公室、公寓和购物中心方面是专家。你的任务是为下一年制订一个具有战略意义的培训计划，你将从哪里开始？

我们要从第一阶段开始，需求分析，即为什么培训是必需的（如果进行的话）？哪些任务需要培训？谁需要培训（Boydell & Leary，1996）？根据图10.1，我们最先需要解决的问题是“组织想要实现的目标是什么”。就BuildOrg来说，与高级管理层讨论表明，该公司的主要关注点在于许多客户抱怨他们房屋的门都不能正常工作。这导致了许多保修工作和敲定其他项目不利，这意味着BuildOrg收入已经下降了10%。因此，BuildOrg已经决定，接下来的一年，将客 347
户对门的抱怨减少至0%作为最首要目标，这也就是我们需要关注的重点所在。

然后我们将进行下一阶段的需求分析（1.2）来识别工人的行为问题是否需要我们处理（“员工需要做什么来实现目标？”）或其他的（“有关目标的非行为的影响”）。在我们的调查中，发现门失灵原因不是由于缺乏适合的工人，而是由于使用劣质的材料。在这种情况下，为了解决这个问题，我们将采用质量更好的材料（非行为问题），因此就不需要一个行为的解决方案。然而，如果我们的研究表明，材料和技术都很好，门的不好是由于安装不到位，那么，我们就知道需要一个行为干预。

接下来我们进行第三阶段的需求分析（1.3），以尝试和理解为什么个人的期望行为或表现达不到要求。在这里，我们要了解安装不到位，是学习问题(即工人没有必要的知识或技能）还是其他因素造成的，比如低动机。在后一种情况下，可能是来自管理者的压力，要求迅速完成工作。这意味着员工知道如何安装门，但是因削减员工且要求按时完成，促使其发生错误。如果是这样的话，那么适当的干预可能是问题的指导方针，监事将保证质量超越速度，将施工质量绩效作为绩效评价的标准或雇用更多的工人来安装门。但是，如果问题是缺乏安装门的知识或技能，那么学习解决方案将是最合适的干预。值得注意的是，如果态度、动机和自信等方面需要改进，它们都可以通过培训来得到加强（Kraiger et al.，1993）。在这个过程中，学习缺陷被认为是需要改变的关键部分。通过工作任务分析技术，准确地知道工作需要怎样做才能做得更好，什么样的知识、技能和态度需要进一步开发（更多细节见后面的）。在BuildOrg公司里，我们可以看出，在需求分析结束后，为了减少下一年有关大楼门的投诉，建筑工人需要在工作中安装合适的门，为了做到这一点，他们需要拥有最新的关于安装门的知识和技能。

第二阶段关注的是学习干预的设计和实施。从需求分析得到的结果就应用于此阶段，从最初定义的目标（一般范围）到干预的目标（具体的期望的学习结果）。然后，我们的活动将最有效地开发所需的学习成果。例如，我们可以利用一个讲座，向学员介绍不同类型的可用的门(知识的结果)，使用实际的练习，开发技能，学会安装适合特定类型门的锁。在这个阶段，我们还要就进行这些活动、开发学习活动、培训培训师等评估我们的资源，并在开始运行前指明前进的方向。在BuildOrg内，我们可能会去参加一个为期三天的专门针对相关工人的安装门的混合课程，混合了讲授、看视频和引导安装一系列门的实践应用。

训练周期的最后阶段在图10.1的右边有呈现，涉及事物的评价方面。评估在这里涵盖了在需求分析中罗列出来的学习的程度、工作的行为和组织目标，考察通过学习干预，其目标是否真的达到了。我们所要解决的第一个问题是知识、技能和态度，看他们通过培训之后获得的程度（3.1）。这通常是通过测试、实际练习以及训练结束后的问卷调查进行评估的。然而，就算确保学习已经发生，这也是不够的。我们还需要跟随学员回到工作场所，以检查他们的工作行为是否发生了改变（3.2）。这种转变被称为训练的迁移，在很多情况下，这可能是有问题的（Noe，2010）。在BuildOrg，学员结束课程后的一个月内，我们会随机进行现场观察，检查门是否被正确安装。最后，我们需要检查一下，客户关于门安装质量差的投诉是否已下降到期望的水平，即我们原来的战略目标（3.3）。如果实现了，我们就可以进行下一个战略目标的需求分析。

在图10.1中，我们也指出了步骤3.1至3.3，其他的影响因素可能会影响我们旨在改变的学习、工作行为以及组织结果。这些影响可能是由学员个体差异、训练方法设计的不同、需要学习的任务类型，或者工作环境本身造成的(Aguinis & Kraiger，2009；Arthur et al., 2003；Burke et al., 2011；Powell & Yalcin, 2010)。本章的结尾将更详细地阐述这些潜在的影响培训效果的因素。

图10.1将训练周期分解成一系列的子问题。这是许多教学系统开发（instructional systems development，ISDs）模型中的一个，将培训作为子系统的一个系列，并且是更大组织系统的一部分。图10.2显示了由帕特里克等人开发ISD（Patrick et al., 1986），它通过关键阶段，提供了一个详细的、系统的路线。

ISDs的优势：

- 它们系统地勾勒出学习干预采取的步骤。
- 它们可以作为协调活动常见的地图，特别是在大规模的组织中，在不同的组中可进行不同阶段的培训。
- 它们可以被用作培训开发过程本身的评估框架，以检查主要功能是否被遵循。

然而，这样的方法通常是官僚的和呆板的，并且ISD模型强调的是“做什么”而不是“如何做”。以下各节将概述如何实施主要阶段的策略。

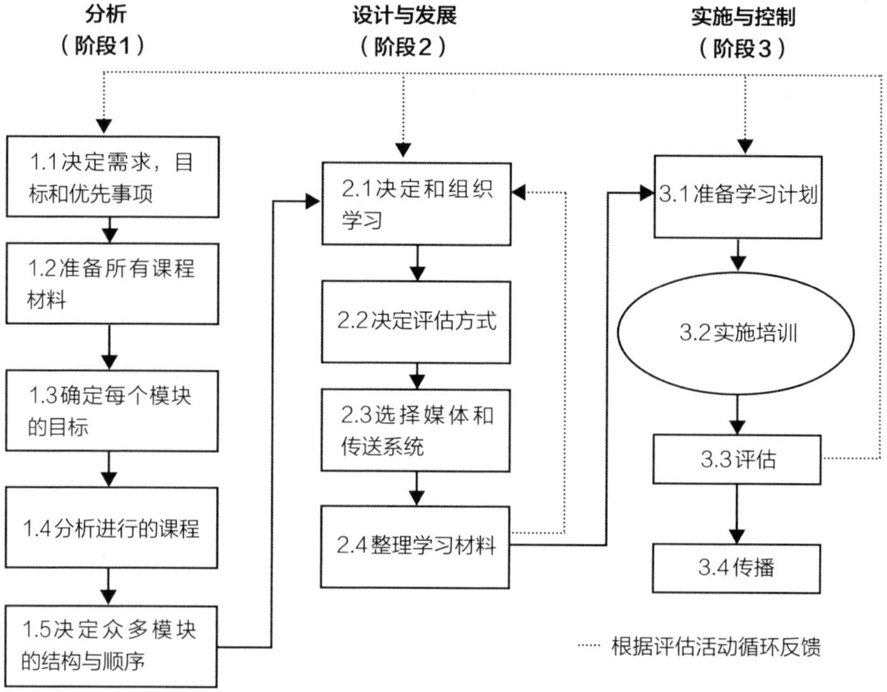


图10.2 学习系统发展模型（Patrick et al., 1986）

## 培训需求分析

在我们先前的例子中，培训需求分析（training needs analysis, TNA）是必须涉及的过程，即为什么要培训，需要培训什么，培训谁（Chiu et al., 1999; Gould et al., 2004）。这个阶段是至关重要的，如果它不正确的话，可能会出现以下问题。

- 培训可能被错误地用作一个解决问题的方式，而事实上是其他因素起了作用。
- 培训项目可能会有错误的内容、错误的目标和方式。
- 被培训者被安排到一场培训中，他们可能没有足够的知识、技能或经验去应对，由此处于挣扎之中。
- 培训将不会产生期待的知识、行为变化或公司期待的收益结果，在培训上花费的时间和金钱将会付之东流。

350 在50年前，麦吉和塞耶（McGehee & Thayer，1961）指出了需求分析的三个主要方面，到现在一直被采用。这些将在下文呈现。

## 组织分析

这第一阶段是分析为什么培训可以（或不可以）帮助组织实现它的战略目标。战略重要性可以通过收集组织现状信息来衡定，根据目的／目标／绩效指标以及正在面临的主要问题。这样的信息是通过测评客观绩效记录收集的（例如，生产力、质量、水平差等），通过他人的反馈（通过标杆管理、客户调查）或自我分析（例如，执行团队回顾他们的愿景和战略）。因此当前绩效可与过去的绩效、其他组织或单位、所想达到的水平进行对比，确定需要解决的不足。培训计划的另一驱动力是考虑未来预期的变化，例如，市场客户、技术、定位、组织结构以及其他举措。这种变化可能需要员工以不同的方式工作，因此需要学习新的知识和技能。在实现目标的时候如果存在障碍，并且障碍是由于员工的行为水平不足引起的，而这些行为可以通过获得适当的技能、知识或态度来提高，就意味着培训需要存在。戈德斯坦（Goldstein，1993）建议要确保高层的组织支持发生在早期，并有对培训主题有很好理解的跨职能团队的参加，从而形成一个成功地TNA阶段。

## 任务分析

接下来，我们需要明确确定我们应该关注什么样的工作任务，包括绩效标准、进行任务所需要的知识、技能、态度和能力。这将有助于为实现我们的教学计划而确定教学目标。框10.1概述了培训需求分析中进行任务分析的四个关键步骤。

## 人员分析

最后一种类型的需求分析关注的是如何选择合适的接受培训者。因此，个人分析决定谁需要培训以及他们需要什么样的教学。组织通常将员工错误地送去参加培训课程，要么是正在准备中的培训，要么是与工作无关的培训。选择合适培训的方法包括访谈、问卷调查和结构化的评估工具，如水平测试或绩效评估等。

351 框10.1

**职业心理学实践**

### 在培训需求分析时，如何进行任务分析？

A.任务陈述的发展

首先，我们确定哪些任务被执行以及需要达到什么样的标准。目标是写一系列的句子传达工人做什么，工人怎么做，为谁做，以及为什么做。例如，在建筑工地的一个普通劳动者，其中一项任务可能是用安全有效的方式将墙壁中的旧灰泥除去，以便于重新修复。一些方法（如观察法、访谈法）可用于收集这些信息，它们最常见的优点和缺点在表10.1中有呈现。

B.任务集群的发展

然后将陈述分成均匀的集群，使它们更加有用和便于管理。一个好方法是请主题专家（Subject Matter Experts，SMEs）整理任务陈述将其分为有意义的并且反映工作维度的类别。按照一般劳动者的例子，我们可以说一堆涉及装饰墙壁的任务。任务集群应该优先确定工作角色或我们关注的要求。

C.知识、技能、能力（KSA）分析

下一步是确定完成任务所需要的基本知识、技能和能力（Goldstein & Ford，2002）。知识可以被定义为一个信息体，如果应用的话，使个体能够达到足够的工作绩效。技能是能够轻松进行工作操作（通常指精神运动的能力）的能力。能力是指实现该工作的功能所需要的其他能力，如体力、记忆力。其次，可以向主题专家请教类似这样的问题："粉饰墙壁需要知道什么"或者"关于粉饰墙壁，好员工的特征与不好员工的特征各是什么"。这些知识、技能和能力可以被分为有意义的类别。

D.根据知识、技能、能力任务链的培训项目发展

在这个阶段，我们可以设置培训的目标，并且开始设计培训活动来增强我们感兴趣的具体的知识、技能和能力。

这些方法应证实当前每个人的技术和能力水平与期望水平之间的差距。差距的大小和受影响的人数决定着培训所需要的努力。对于能力差距较小或少部分的个体而言，找一些有经验的员工进行一对一辅导是可行的。如果许多员工 352
表现出很大的差距，那么一个实质性的培训课程将被介绍给他们。

在需求分析阶段结束时，我们应该回答以下问题：

- 组织将实现什么样的目标以及实现的目标如何去测量（组织分析）？
- 员工需要满足的工作行为标准是什么（任务分析）？
- 员工需要知道哪些知识去实施他们的工作行为（任务分析）？
- 员工需要哪些技能去实施他们的工作行为（任务分析）？
- 关于工作行为，员工有怎样的感受（即态度因素）（任务分析）？
- 谁需要培训（人员分析）？

表10.1 任务分析信息收集方法

| 方法 | 优点 | 缺点 |
|---|---|---|
| 通过个人或科技手段观察（例如，视频） | • 收集与自然工作环境相关的数据<br>• 减少工作干扰 | • 需要有经验的观察者<br>• 可能影响员工的行为<br>• 问题是什么时候观察，观察进行多长时间 |
| 通过纸质的或网络的方式进行问卷调查 | • 便宜<br>• 收集很多人的数据<br>• 数据容易进行表格、数字方面的统计 | • 收集数据花费时间<br>• 低回收率<br>• 缺少细节 |
| 采访利益相关者 | • 有利于挖掘细节<br>• 能探索新问题<br>• 能根据被采访者调整问题 | • 花费时间<br>• 难以分析<br>• 需要熟练的采访者 |
| 聚焦一组混合的利益相关者 | • 有利于解决需求不同的复杂问题<br>• 可调整问题来深入了解情况 | • 需要时间组织<br>• 在他人面前，人们可能说话有所保留<br>• 一个时间点只有一个人说话 |
| 文件（例如，手册和记录） | • 关于任务和程序的详细信息<br>• 客观的 | • 可能忽略数据材料<br>• 如果不熟悉工作的本质的话，可能太难而不能理解<br>• 具有局限性 |

353

## 培训的目的和目标

一旦我们完成了需求分析，我们可以将学习干预的目的和目标汇集起来，作为一种手段，直接通向具有意义的终点。

目的涉及培训活动的一般意图的陈述，可以用一到两个句子进行总结。例如，在BuildOrg公司里，我们可能进行1天的工作场所安全意识培训，我们应该将这个一般的目的概括为：“在工作场所中，提高对健康和安全的意识。”

框10.2

案例研究1：激励学习者（CIPD，2006）

网上银行Egg在英国雇用了2500人管理三个网站。该公司关于学习和发展的管理理念是允许员工执行自我强化的限制，该限制可通过适当的学习干预来得到提高。公司的首席人事官（Chief People Officer，CPO）解释说：“我们期望员工具备发展的手段，并且激励他们保持和正视他们期望的未来，并付诸努力去实现它。”由于他们的情感依附于公司Egg，将使用自由设定的努力来工作。通过这样的方式，员工获得他们想要的，Egg获得它想要的。因此，理解员工的动机和学习偏好来促使组织需求与员工想要学习的东西之间进行更好的匹配。Egg公司的内部人力资源有一套可操作的实践工具，在公司内部，员工可以充分发挥他们的才能。然而，这些工具不是具体的应遵循的工具，而是Egg公司内员工个体间持续的一种关系，公司的首席人事官相信“复杂和不可预测的组织设计与结果将会出现”。

除此之外，通过完成“认识你的员工”的课程，Egg公司使它的管理者具备必需的技能，理解如何认识员工的动机、发展需求以及职业野心，从而帮助员工明白他们所承担的责任。接下来的课程，即“坦诚沟通”，它旨在提高管理者进行对话的能力，并允许他们选择自己的学习方式。这个发展适合个人并且满足了当下目的的需要与长期的职业发展。Egg公司相信当公司的需求与每个员工的才能都得到发挥时，公司最大的成功就会到来。

1.提供个人学习与发展偏好课程，对组织有哪些有利之处？
2.管理如何支持在培训和职业生涯发展活动中对新事物理解力的增加？

目标则更加精确。它们明确在培训结束之后一个人将知道什么以及能够做 354
什么。明确目标是十分重要的，因为它们预示着参与者与促进者需要培训的范围与内容，并且将所学限定在纯粹的相关信息中。它们同样也可以作为是否掌握知识的评估方式，因为你可以检查参与者结束课程之后是否实现了学习目标。马杰（Mager，1984）指出，行为目标应具有以下特征：

- 绩效——说明在学习结束后期望学习者能够做什么；
- 条件——描述这些绩效行为要发生所需的重要条件（如果有的话）；
- 标准——在任何可能的情况下，通过描述学习者必须很好地执行的可接受的行为，说明可以接受的行为标准。

在BuildOrg公司的安全培训案例中，我们将陈述以下目标：

在一天的安全培训课程结束之后，学习者将：

- 了解建筑工地的卫生规范的相关立法；
- 能够解释在建筑工地戴安全帽的三个原因；
- 在室内和室外能够按照欧盟（EU）标准操作独轮车。

下一阶段（设计和实施）是决定哪种培训方式最适合实现各个目标。

## 培训和发展方法

各种各样的方法都可以用来解决学习的需要，但萨拉斯等人（Salas et al.，1995）提供了一个有用的观点，认为培训须包含以下四个基本的教学内容。

### 信息和概念呈现的学习

关注利用媒体来呈现结构化的、有组织的信息（面对面、书面、在线、音频、视频等）。

主题的呈现以及采取的方式应具有逻辑顺序，并且要将个体差异考虑进去。例如，认知风格（处理信息的偏好）的研究表明，部分群体更偏爱于全面的方
355 式（例如，浏览一本教科书，迅速得到“大画面”），而另一些人喜欢序列化的、一步一步的方法（例如，系统地阅读一本教科书，在阅读下一章之前理解上一章的本质内容；Riding & Sadler-Smith, 1997）。因此，一个好的策略会在研讨会前提供培训手册和说明。

## 技能示范的学习

我们经常通过看别人怎么做而学习新的技能，班杜拉（Bandura，1986）的社会学习理论说明了技能如何被模仿的重要性（见本章后面部分关于行为模仿训练的内容）。

## 提供实践技能的机会

在学习新技能的早期，实践的机会是非常重要的，从实践中获得回报的减少伴随着任务熟练程度的增加。然而，研究表明，过度学习（在达到可接受的表现水平后仍然练习）对技能的长久保留有利（Hagman & Rose, 1983；Taylor et al, 2009），其合理性在于你练习得越多，也就越熟练，进而完全自动化，因此在未来就不可能遗忘。

## 对学员的技能表现予以反馈

要求反馈你做得有多好是很重要的，并且及时的和本质性的反馈是非常具有影响力的（Druckman & Bjork, 1994；Patrick, 1992）。在学员完成任务之后，反馈是最有用的（以致学员能记住他们所做的），要足够详细地说明当前表现和期望表现间的差距。反馈的呈现一定要有建设性，不能打击被培训者（例如，突出学员积极和消极的表现）。

因此，对四要素强调的不同，培训方式也不相同。我们将讨论的培训方式分为五大类：在职培训；模拟；信息演示和处理；基于技术的指导；团队培训和开发。

## 在职培训

到目前为止，在工作学习中最常用的方法是在职培训（on-the-job training，OTJT），即在实际的工作背景下进行。这通常涉及在一段时间里，一个新手搭 356
配一个有经验的员工进行一对一的辅导所需进行的工作。

新手循序渐进地从负责任的老手那里观察所有的职责并获得“手把手教”的经验，同时接受不断的反馈和教授，直到达到预期的操作水平。这种方法的优点和缺点可以在表10.3中找到。

当在职培训不合适的时候，其他的非在职培训可以考虑使用。

## 模拟

模拟是在人工环境中进行的，目的是复制或模拟选定的作业任务。一个模拟器试图代表一个真实的情景，在其中实施操作，为使用者提供对于该情景的控制，也会故意忽略真实情景的某些部分（Gagne，1962）。例如，飞机模拟器允许见习飞行员在一个特制的模拟驾驶舱中，练习起飞、飞行和降落，通过一个屏幕可以看到计算机生成的窗外的自然风光。表10.2显示了一些常见的模拟方法，表10.3给出了模拟培训的优缺点。

表10.2　常见的模拟方法

| 模拟类型 | 特征 |
| --- | --- |
| 现场以外的培训 | 在一个单独的训练区内安装实际工厂设备来培训学员。 |
| 设备模拟器 | 学员在模拟设备中练习，例如，飞机飞行模拟器。 |
| 角色扮演 | 提供一个场景，并分配角色去扮演，例如在客户服务时，员工如何处理愤怒中的客户。 |
| 篮中演练 | 来源于评估中心的练习。被培训者扮演管理者的角色，处理各种信件、备忘录或电子邮件。培训师对被培训者的表现作出讨论和反馈。 |
| 集团博弈 | 管理学员组在一个假设的组织内扮演角色。给定一些信息，根据这些信息进行决策和反馈结果。 |
| 行为模仿培训 | 在自己扮演角色之前，先观察有经验的示范者。 |

357

## 模拟：行为模仿培训

行为模仿培训（behaviour modelling training, BMT）是值得花时间的，因为已有研究表明该方法具有很好的效率（Taylor et al., 2005）。BMT的理论基础是社会学习理论（Bandura，1977），其中概述了通过四个核心过程如何观察他人而进行学习。第一，行为被模仿之前，人必须注意它（注意）；第二，观察者必须将行为编码，存入他们的记忆（保留）；第三，观察者需要将记忆中的符号和表象转化为适当的行为，并检查自己的行为与记忆中的行为是否一致（再现）。观察者的动机是从事观察学习过程本身的第四个因素，动机可来自观察者本身，说服他们自己这是一件好事，可以是从环境中接收到了积极的信号，或者看到行为收到了良好的结果（替代关系）。

在实践中，行为模仿培训期间：

1.示范者（例如，一个专家）展示被培训者必须学习的行为和技能。可以是现场的，也可以通过视频。
2.鼓励被培训者重复和练习示范者的行为。
3.培训师或一些学员作出反馈，指出学员的行为在多大程度上与示范行为相近。

BMT事实上涵盖了萨拉斯等人（1995）所提及的四个基本教学内容（之前的培训方式中提到过），30年前的证据表明其对发展技能是有用的（Bandura, 1977; May & Kahnweiler, 2000）。泰勒等人（Taylor et al., 2005）的117项元分析表明，对学习效果而言，BMT的效果最大[行为模仿培训与非行为模仿培训之间达到了1个标准差（SD）的差异]，对于工作行为而言，效果较小（在群体之间的差异只达到0.25个标准差）；随时间的推移，这些对技能和工作行为的效果保持相对稳定。上面的研究还提供了一些有用的额外的见解：

- 渐进模仿比一次性模仿更为有效，特别是对新的行为。
- 个人可以完全通过符号模仿进行学习，即通过观看动作和从心理上重现它们。
- 在通常情况下，参与可重复的（实际练习）比符号模仿更加有效。
- 当学习点被使用时，技能发展将会更好（例如，讲义也表明考虑模仿行为时要描述主要的方面），这将需要更长的训练时间。
- 当混合模型（消极的与积极的）被使用时，迁移到工作场所的力量更大。这种比较有助于参与者明确哪方面的行为产生了差异。

- 当目标设定、培训的上层以及奖励或制裁被使用时，迁移的力量更大，因为这些给参与者提供了额外的动机与榜样。 358

虽然有效，但BMT方法是资源密集型的，因为监控和反馈是必需的，因此与其他方式相比较，要权衡成本。

表10.3 各种培训与发展方式的优缺点

| 方式 | 优点 | 缺点 |
| --- | --- | --- |
| 在职培训 | • 工作原理和应用程序在实际工作中使用的方法：消除培训中的问题<br>• 因为没有额外的可用的和需要的设施，相对比较实用，日常工作可以同时进行<br>• 新员工在学习新技能时不断地适应工作的物理环境和工作氛围<br>• 对简单的工作任务和少量的新成员（比如流水线生产或酒吧工作）有用 | • 新手会变得跟监控者一样好——坏习惯可以被转移<br>• 专家经常会发现很难解释他们所做的<br>• 教练是专家，这并不意味着他们是好辅导者或老师<br>• 因此在职培训的培训者应该具备适当的教授技巧<br>• 在职培训可能不适合一些工作（比如：核电站操作）<br>• 无法为不存在的工作培训 |
| 模拟 | • 在现实生活中，花费太大或错误结果太多而无法处理的领域，非常实用<br>• 在实际的操作情景中无法涉及的领域，非常实用<br>• 太过于昂贵而无法进行的领域，非常实用<br>• 可在任务中提供建议<br>• 可操纵任务的维度<br>• 减少对受训人员的压力，因为这不是真正的后果 | • 主要的问题是如何准确逼真地模拟真实世界的任务<br>• 模拟越不现实也就意味着越难迁移到工作场景中来<br>• 设置模拟情景，花费可能较大<br>• 重要的是关注现实工作中那些复制潜在的认知/物理功能所需要的结构化的组成部分，而不是表面的相似性<br>• 最佳复制条件下，任务完成 |
| 阅读或直接学习 | • 简单策略——相关课本、文章、论文的直接学习者<br>• 个性化，匹配个体需要 | • 学习容易受动机影响，技能学习需要其他的相关信息 |
| 讲座 | • 同一时间可以教授众多的人<br>• 性价比高<br>• 关于培训方式有效性的元分析表明，讲座的信效度很高（Arthur et al., 2003） | • 听众众多，无法满足个体的具体需求<br>• 存在节奏和单项沟通问题，较少有机会去探讨个人问题<br>• 谈论话题不是获得技能的最好方式 |
| 研讨会 | • 刺激双向的讨论 | • 成功取决于学习者的准备和参与意愿以及领导者的引导技能 |
| 案例研究 | • 任务的复杂性激励更深层次的探讨 | • 关注个体/团体是否弄清所需的一般原则 |

359

续表

| | | |
|---|---|---|
| 视听材料 | • 使学员保持兴趣<br>• 内容丰富<br>• 便于控制 | • 最初投入很大<br>• 材料可能过时或很难改变 |
| 以技术为媒介的指导 | • 性价比高<br>• 被培训者可以随时随地参与培训<br>• 软件的灵活性支持开展针对工作任务的实训，从而给培训者提供帮助<br>• 计算机有可能通过智能教学系统来管理大部分的学习经验 | • 并不是所有的学习者都能够使用科技<br>• 在学习过程中，社会的一些交互作用可能被忽略 |

## 信息呈现和分析方法

第三种培训方式涉及信息的呈现、分析和讨论。下面罗列的常见方法以及它们的优缺点都呈现在表10.3中。

### 阅读或直接学习

一种非常简单的策略就是要求读者阅读相关的书籍、文章和研究论文。

### 讲座

本类别中最常见的方法，通过口头和视觉呈现材料，受众最大，但是很少有机会进行交流。

360 ### 研讨会/会议

研讨会或会议是一种提供更多交流机会的群体学习方式。参与者须准备和呈现讨论材料。

### 案例研究

案例研究中学习者将收到书面材料，该材料描述一个组织（一个实际的或虚构的组织）的困境或问题。学习者就一些因素分析这个问题，包括人、环境、战略和客观环境参数，来提供解决方案。该方法的理念是，通过指导性的发现，应用知识到现实情境中或所要求的原则下。这可以通过先个体思考然后小组讨论的方式进行。通常没有单一正确的解决方案，学员被鼓励在聚焦重点构建分析和解决问题的时候灵活机智进行。

### 视听材料

音频或视频的使用是引导学习者的好方法，因为参与者可以看到或听到相关的语境丰富的材料，在自己空闲的时间里，灵活地使用它。

## 以技术为媒介的指导

技术当然在上述活动中发挥了作用，但在这里我们将更详细地讨论其作用。从光盘、互联网、内部网，到视频会议的虚拟现实系统，以科技为媒介的学习被推动为未来的职场培训方式。CIPD关于培训的年度调查以及培训在英国组织的发展显示，在21世纪使用以科技为基础的方式进行培训是至关重要的（CIPD，2011）。这些方法在灵活性方面还有一些潜在的优势，但也有一些挑战，这些可以在表10.3找到。

程序教学（programmed instruction，PI）机器是在20世纪50年代开发的，并可能是走向技术管理学习的第一步。它们根据强化的心理原则，在强化过程中，按照精心设计的有计划的序列向学习者提供信息，并且在每一阶段提出相应的问题。在被允许进入下一阶段之前，学习者必须正确回答每一个问题。该方法传达信息，提供实践，并允许灵活地进行自我调适。虽然相较于传统的方式，学习者可能更迅速完成，但研究发现PI对于学习和保留而言，不是特别有效（Hall & Freda，1982）。然而，PI方法提供了在强调一系列离散培养目标的重要性方面的好处，因有学习者的积极参与并利用一个封闭—循环的培训体系。 361
现今许多电子学习课程（e-learning）仍然遵循信息呈现的基本原理，提出一个问题，如果学习者回答正确了，就让他们继续前进。

智能教学系统（intelligent tutoring systems，ITSs）在技术管理学习连续体的另一端。它们旨在为学生提供更加个性化的、适应性强的、有效的学习体验。

本质上而言，它们包括三个成分：

- 领域专家，即关于所需学习的知识与程序的丰富的材料。
- 有一个代表性的通过软件获得的学生的知识水平，可连续测试学生提供的答案正确与否。
- 一个教学专家系统，包含不同类型的策略去鼓励用户学习。

三个组件的交互方式是以这样的模式开展的，如果其中一个方法在培训时不工作了（如证明了在获得问题答案方面进展不畅），它可以切换到另一个不同的方法来施教。此外，提供给学习者的材料，是不断与他们的学习需求匹配的，这将提供一种更有效的体验。组织实践的一个早期例子是ITSs项目的学习、探索和实践（LEAP），它是美国西部（US WEST）1992年作为一种手段，培训其电话客服的新员工。其他应用程序已应用在语言教学、数学辅导和军事应用领域。由于ITSs是培训领域中人工智能方法的基础，开发它们非常昂贵和费时，因此它们在主流领域并不多见。

随着因特网的引入，特别是Web 2.0的应用，虚拟学习环境（virtual learning environments，VLEs）才真正发展起来。这些都是以计算机为基础的环境，是相对开放的，允许与其他人联网的交互作用。这些活动可以是同步的，人们跟随指导者学习或实时交互学习。“第二种生活TM”是一个在线社交环境，已被用于各种培训活动，例如教授医疗程序和帮助团队面对不同的灾难场景。交互也可以是非同步的（非实时的），主要是通过电子邮件、公告栏、论坛等。许多教育机构都是利用虚拟学习环境来补充甚至取代传统的教育/教学活动。虚拟学习环境可以提供真正的全球影响力，但学习者的体验将受到其科技能力的严重影响，科技具有足够的能力来处理相关需求。

移动学习技术，包括无线和云计算，再加上越来越强大的智能手机和笔记本电脑，使学习更容易进行，无论你在哪里。例如，来自苹果的iTunes U目前有350000多个教育讲座、视频和来自世界各地的资源可下载到移动设备上。

362 虽然技术增强学习的潜力是令人兴奋的，但2011年CIPD有关学习和人才开发的调查告诉我们，人力资源（HR）会员所进行的评分中，网络学习仍是13种方式中排第12位有效的方法。因此，我们需要确保员工可以采用技术，但员工之间的社会互动，以及所提供的材料也必须是足够的（Noe，2010）。

# 团队培训和开发

工作团队是指由两个或两个以上的人组成的群体，他们一起致力完成共同的且有价值的目标，他们须在一起工作以达到目标（Allen & Hecht，2004）。研究表明（Cannon-Bowers et al., 1995），有效的团队应该：

- 有技能熟练的成员，他们可以有效完成团队任务（任务工作技能）；
- 有与团队工作相关的技能，比如合作能力、冲突管理能力（团队工作技能）；
- 开发持续诊断和处理妨碍绩效问题的过程的能力，比如问题解决能力（过程提高技能）。

多种方式被用来提高任务技能、团队技能和过程提高技能，这里，我们将讨论常见的团队培训与团队建设方式。

## 团队培训活动

通过加强任务相关的知识、技能和态度，利用系统的努力来提高团队效率。

### 交叉培训

- 在交叉培训中，学习两种或多种团队必须完成的工作。
- 通常是有经验的团队成员来培训其他人。
- 允许增加团队的灵活性，提高员工的收获和价值，促进他们自我管理。
- 花费更多的时间，团队工作也就变得更加复杂。

### 轮岗培训

- 资源密集程度低。
- 目标是个体要获得团队成员完成任务的工作知识以及他们间的相互联系。
- 在成员之间建立一个关于任务的精神分享模式以促进合作与交流。 
- 元分析研究强调，有更好的分享认知的团队会展现更好的团队行为，会更具有动力，表现得也会更好（DeChurch & Mesmer-Magnus，2010）。

### 团队建设活动

- 集中于分析和提高团队的互动与进程。
- 最常用的方法是将团队送到学习拓展活动中去。在室外进行，参与者被给予困难的和不熟悉的、身体和精神上的挑战，例如，帮助彼此渡过江河和跨越其他障碍，用自然材料建造庇护所或导航陌生的地形。其目标包括提高协调能力、信任度、风险管理策略、创造力、解决问题能力和团队网络支持作用。
- 证据表明团队建设活动对于成员对团队及团队工作的感受有积极影响，但问题仍然是如何将提高的工作表现回馈到工作场所中去（Hattie et al., 1997; Klein et al., 2009）。

总之，最关键的问题是将正确的训练方法和适当的目标相匹配。讲座可能是一个培训健康和安全法规知识的有效而快捷的方式，但在模拟现场练习会更好地发展安全工作技能，例如使用一个独轮车。除了使用方法之外，我们还要考虑所需的材料和设备，确保培训者装备精良，并创建一个能够提供适当的时间和资源的学习干预。

## 评估

评价是对培训和开发活动的选择、价值或调适进行相关数据系统收集的过程（Goldstein, 1986）。这些数据可以提供关于培训或开发活动对于实现其目标是否有效以及开发工作的整体价值的信息。此外，我们可以用它来提供信息，来提高当前或以后的开发活动的有效性。从学习者的角度来看，我们也可以评估和明确个人进一步发展所需要专注的方面。考虑到在它们的设计和实施中投入的时间和金钱，适当的评价对培训和开发活动是至关重要的（Bramley, 1996）。我们将讨论各种模型和方法，以评估培训和开发活动的有效性。

364

### 过程性评估VS总结性评估

不同类型评估的第一个区别如图10.3所示。过程性评估是在训练计划进行过程中不断地收集和分析的过程，目的是不断完善它。例如，我们可以运行一个试点课程，并收集来自参与者的反馈信息，以确定学习目标是否被满足。然后，我们将使用这一信息，以重新设计下一个课程，以确保未满足的目标将得到更好的解决。我们会再次收集反馈数据，以检查目标是否被满足等。因此，这一过程是不断发展的，直到结果达到期望水平。我们的评估数据收集将回落到多周期采样或直到我们的输入发生显著变化(例如：我们有一个新的推动者)。

相比之下，总结性评估有一个很长的时间周期，一旦成员通过了这个项目，在运行项目之前，将通过比较项目执行前组织、群体、个体的功能状态与成员通过这个项目的状态，来评估一个项目的整体影响。例如，在4月和9月之间，如果我们在BuildOrg进行了10次为期一天的安全培训项目。我们可以将1月到3月（在程序运行之前）的出席率与缺席率与10月到12月的水平进行比较，来观察是否有任何有意义的改变（在项目已完成之后）。从从业者角度来看，过程性的方式是受到支持的，因为目标是不断完善方案。从学术的角度，总结性的方式是有利的，因为研究人员喜欢评估相同的学习活动对多组学习者的影响，而过程中没有变化。

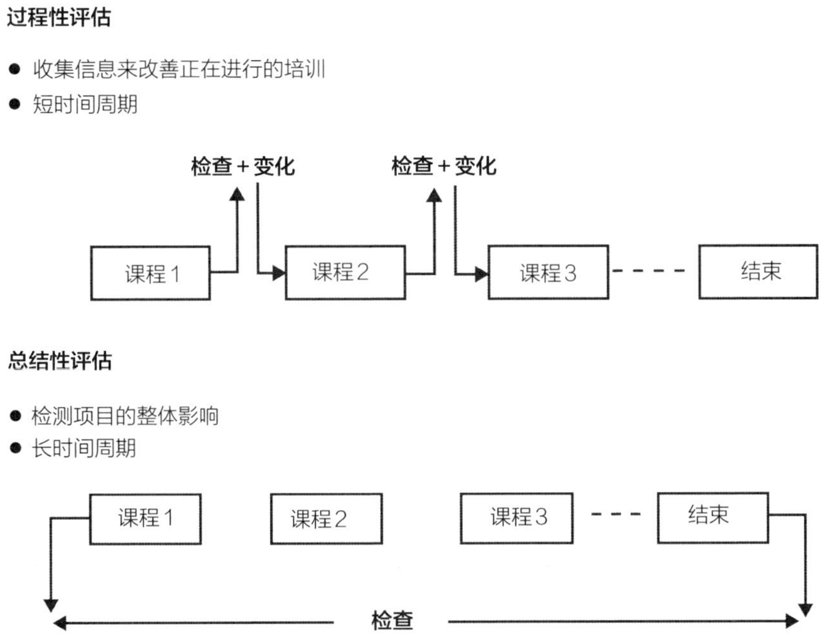


图10.3 过程性评估VS总结性评估

365 当然，过程性评估可以与总结性评估结合起来，但是必须知道在项目期间改变课程意味着很难区别在总结性比较中得到的有意义的影响到底是哪个课程所引起的。

## 培训评估模型

### 柯氏四级培训评估模型

柯克帕特里克（Kirkpatrick，1959a, 1959b, 1960a, 1960b, 1960）框架是最古老的且最流行的培训结果评估模型。其原因可能是陈述简单，培训效果可以在以下的四个层级进行评估。

#### 层级1——反应

- 被培训者关于培训及其具体方面的看法如何？
- 这些数据通过课程结束后的问卷调查或访谈而获得。如果数据提供了足够具体的关于变化如何产生的反馈信息，那么数据就是有用的（例如，哪个课程的目标实现了，课程的哪个部分是有用的）。

#### 层级2——学习评估

- 被培训者获得知识和技能是因为参加培训吗？
- 通过对知识和技能的测试获得数据。

#### 层级3——工作行为

- 被培训者有没有将所学的新知识或技能运用到工作场所中去？（培训效果的迁移）
- 行为的数据可以通过由同事、管理者、顾客、自己或其他人进行问卷评估而获得，或者其他更加客观的工作绩效测量方法。

### 层级4——商业效果

- 经过培训，被期望的组织行为有没有发生改变（例如，增加生产力）？
- 数据可以通过追踪已有的表现信息、收集信息的新来源（例如，随着时间变化的消费者的满意度）、进行关于管理的结构化面谈或者被培训者的自我报告来获得。

虽然柯克帕特里克模型为发展性评价策略提供了良好基础，但是它仍有许 366
多问题需要考虑。许多组织只在层级1和层级2进行评估，并没有跟进学员回到工作场所，在层级3评估工作行为的变化。这可能是因为在层级3决定谁作后面的随访评价（培训师或一线管理者）意味着责任。在层级4，则花费更少的精力，因为将组织结果融合进培训中去是存在逻辑性的困难的，虽然会有越来越多的压力需要这样做。

柯克帕特里克模型因为只涉及事情的一部分，一直饱受争议（Bates, 2004; Beech & Leather, 2006）。下文将要讨论其他三种方法来解决这些问题。

## 奥尔（Warr. P）、伯德（Bird. M）和莱克哈姆（Rackham）设计的CIROP培训效果评估模型

柯氏培训模型仅关注于培训结果，然而CIROP模型强调从培训设计早期阶段收集的评估信息（Warr et al., 1970; Warr，2002）。以下对覆盖整个培训周期的五种不同的评估类型进行了描述。

### 情境评估（context evaluation）

需求分析阶段，需要勾勒出三水平的目标：

- 最终目标（培训师希望最终解决什么样的组织问题，或培训师旨在实现什么样的组织目标？）
- 中期目标（培训师想要影响个体工作行为产生怎样的变化？）
- 近期目标（为了实现中期目标，个体需要获得什么样的近期知识、技能和态度？）

### 输入评估（input evaluation）

下一阶段解决什么是可能带来预期变化的问题。在这里，要考虑可使用的资源（例如，预算、人员）和可能的技术培训，还需要将培训和组织因素考虑进去。

### 反应评估（reaction evaluation）

与柯氏模型一样，这种模型将会询问学员关于课程的感受，例如整体感受、感知效用和体验难度。

### 结果评估（outcome evaluation）

- 近期结果指培训之后立即进行测量的知识、技能和态度的改变。
367 •中期结果包括学员工作行为的变化（与柯氏模型三阶段一样）。
- 最终结果关注的是部门和组织发生怎么样的改变，与柯氏四阶段的结果一样。这个不是一般的在个体水平上的测量，而是预示着整个部门或整个组织的变化（比如，生产效率的提高）。同时，就传统意义而言，这也是很难做到的。

### 过程评估（process evaluation）

- 一旦这个项目结束了，就会对培训开发和实施系统如何工作进行回顾性评估。
- 主要关注学员的实际培训经验而不是预期的经验，所以能捕捉到意想不到的结果。

因此，CIROP模型比柯氏四级模型运用的范围更广，它包括了情境、输入、过程以及结果评估。

## 克雷格、福特和萨拉斯的认知、技能、情感的学习结果评估方式

克雷格等人（1993）最初发表的文章批判柯氏二阶段对待学习太简单了，而给三种类型的结果提供了一个多维视角。认知学习成果，关注言语知识、组织知识和认知策略。基于技能的成果（包括技术和运动技能）关注如何快速、

准确、容易地执行任务。最有趣的是，作者增加情感结果为第三类，涵盖了态度和动机。后者的特征在柯氏模型中没有得到真正的解决。虽然有启发作用，但是克雷格的方法只注重学习结果，而下面的模型解决更广泛领域的潜在影响。

## 伯迪的分类培训和发展结果模型（TOTADO）

伯迪（Birdi, 2000，2010）所关注的问题是过去结果评估框架仅仅只集中于某些水平，没有在这些层次中明确各类型的维度。因此，TOTADO概述了培训和开发活动如何可能对个体、群体、组织或社会的水平产生作用（见图10.4）。在每一个层次上，结果可以分为概念意义上的类别。例如，个人层面的结果被分为情感（例如，态度）、认知（例如，知识组织）、行为（例如，任务绩效的质量）、生理（例如，健康）和工具性的（例如，晋升事件）维度。大多数的个 368
人层面的结果也可以被应用到工作小组的背景下，虽然更多关注的是测量的人际行为和群体认知与影响（例如，共享的精神模型）。组织水平的结果是以组织绩效研究者的工作为基础的（例如，Kapland & Norton, 1996），可以描述以下四个方面：输出（例如，产品的数量和质量）、财务（例如，盈利能力）、资源（例如，员工的技能）、内部过程（例如，系统的效率）。最后，社会层面考察在经济、卫生和社会保健、教育、法律和秩序及环境标准方面，培训是否对社会有更广泛的影响。

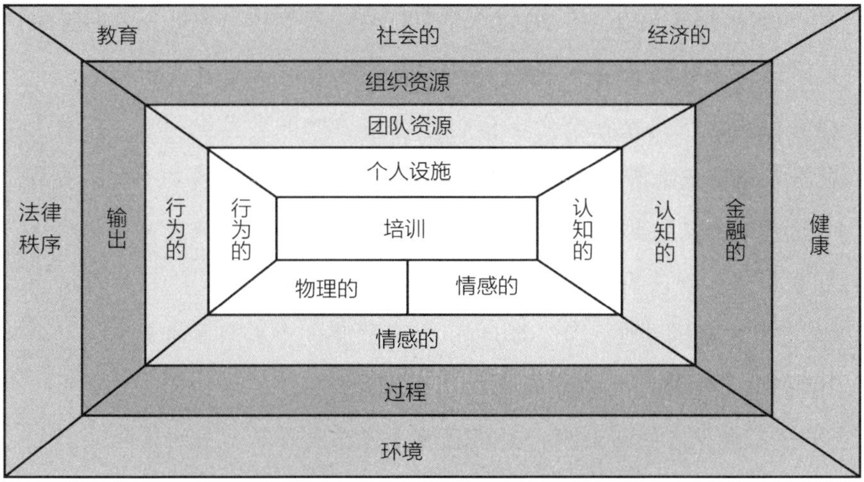


图10.4 分类培训与发展结果——TOTADO(Birdi, 2000, 2010)

TOTADO方式提供了大量的理论和实践上的优势：

- 它承认培训和发展参与的有效性应在一系列的水平上进行评估，并在每一级
369 别使用一系列相关标准。从概念上而言，它用其他文献提供的更宽的评估视角整合了传统的柯氏评估模型。
- 分类法能清楚区分个人、团队、组织和社会的组织有效性措施。培训方法如柯氏模型倾向于保持组织结果和个人工作行为的模糊性，似乎忽略了团队和社会水平的分析。
- 分类法的本质允许对不同培训活动产生的结果进行详细的、有比较性的测验。例如，参加正式的培训相较于工作基础的开发活动而言，对员工工作满意度的影响如何？
- 分类评估法提供了一种常见的格式，用于从不同的理论方法来评估学习和开发的影响。TOTADO框架运用到实践中去不够直观。例如，根据笔者的经验，它已经被用来评估各种方案，包括对一般从业人员进行技能创新、管理开发、辅导计划、问题解决能力和发展移情沟通技巧培训。

框10.3提供了基于TOTADO框架评估面试时间表，可以将其运用到自己的培训计划中去。

框10.3

**职业心理学实践**

如何使用伯迪（2000，2010）的TOTADO框架进行培训评估追踪采访

接下来的访谈日程是一个很好的收集培训参与者关于培训对个体、团队、组织或社会产生影响的数据。把访谈当作一个“菜单”，你可以从中挑选有关培训课程的问题以及识别每一层次的变化，在每个阶段都会探讨期望的变化为何没有发生，并作为未来提高培训有效性的依据。请注意，除了学员外，这些问题适用于其他利益相关者（如主管、高级管理人员、客户），为其提供一个更全面的看法。

TOTADO访谈日程

“在接下来的访谈中，我将会要求你描述你认为是由于培训计划

X引起的任何变化。” 370

**A.个体结果**

一般性问题：

由于参与计划X，你认为你发生了哪些改变？

情感：

参加计划X如何影响了你对事物的感觉？

认知：

参加计划X后，你学习到了哪些东西？

身体：

参加计划X如何改变你的身体健康水平？

行为：

参加计划X之前不能做，而现在能做的事是什么？

参加计划X如何改变你的工作绩效？

起作用的部分：

参加计划X后，你现在的工作有何改变？

参加计划X后，你的工作状况和就业状况有什么变化？

参加计划X后，你在工作中有没有形成新的关系或改变原有的关系？

参加计划X后，在你的工作中，还有哪些我们没有探讨到的变化？

参加计划X后，对你工作之外的活动有没有什么影响？

识别改变个体结果的障碍：

在培训之后或参加计划X之后，有没有什么特别的事物阻止你执行你想发生的改变？

对于计划X、你的组织或其他方面，有没有需要进行改进来帮助你实现期望中的变化的地方？

**B.团队/群体结果**

一般性问题：

参加计划X后，你认为你的团队发生了怎样的变化？

情感：

参加计划X后，团队对事物的感知发生了什么变化？

认知：

参加计划X后，你的团队学习到了哪些东西？

行为：

团队在参加计划X之前不能做，而现在能做的事是什么？

参加计划X如何改变你的团队的工作绩效？

起作用的部分：

参加计划X后，对团队而言，现在的工作有何改变？

371 参加计划X后，你的团队在工作中有没有形成新的关系或改变原有的关系？

参加计划X后，在你的团队工作中，还有哪些我们没有探讨到的变化？

识别改变团队/群体结果的障碍：

在培训之后或参加计划X之后，有没有什么特别的事物阻止你的团队发生期望中的改变？

对于计划X、你的组织或者其他方面，有没有需要进行改进来帮助你的团队实现期望中的变化的地方？

**C.组织结果**

一般性问题：

参加计划X后，你认为你的组织发生了怎样的变化？

输出：

参加计划X后，你的组织输出结果有何改变，例如生产率、质量水平、产品多样化以及服务多元化等等？

资源：

参加计划X后，组织中的员工有何变化，例如，他们的表现、道德、缺勤率等？

参加计划X后，组织中的材料资源有何变化，例如，浪费减少了？

过程/操作：

参加计划X后，组织效率和工作进行的方式是否发生变化，例如生产速度、项目周转次数？

金融：

参加计划X后，组织中的财务绩效是否发生变化，例如它的盈利能力、平衡预算？

参加计划X后，在你的组织中，还有哪些我们没有探讨到的变化？

识别改变组织结果的障碍：

在培训之后或参加计划X之后，有没有什么特别的事物阻止你的组织和部门发生期望中的改变？

对于计划X、你的组织或其他方面，有没有需要进行改进来帮助你们实现期望中的变化的地方？

**D.社会性结果**

一般性问题：

在组织外，你认为计划X对社区和团体会产生什么类型的普遍性影响？

经济： 372

在你的领域，你认为计划X会对经济产生什么样的一般性影响（例如区域内的投资、该地区的失业率）？

健康和福利：

在你的领域，你认为计划X会对健康和福利产生什么样的一般性影响（例如本地人群的心脏病死亡人数、酗酒相关的疾病）？

教育：

在你的领域，你认为计划X会对社区教育水平产生什么样的一般性影响？

法律和秩序：

在你的领域，你认为计划X会对该社区的法律和秩序问题产生什么样的一般性影响，例如该地区的强盗数量、毒贩数量的减少率？

环境：

在你的领域，你认为计划X会对该地的地理环境产生什么样的一般性影响，例如该地区的污染和浪费水平？

参加计划X后，还有哪些我们没有探讨到的对本地环境产生的影响？

识别改变社会性结果的障碍：

在培训之后或参加计划X之后，有没有什么其他的事物阻止组织对该社区和社会产生你希望产生的影响？

对于计划X、你的组织或其他方面，有没有需要进行改进来帮助你实现期望中的变化的地方？

图10.5　三种策略的评估数据收集的时间

## 评估培训价值

在最后一节中，我们专注于不同的方法，评估培训的价值。上述许多评价模型提出了不同类型的结果数据收集。但在这里，我们将讨论数据收集时的各种优缺点。图10.5显示了三种可供选择的数据收集时间策略：

373 • 策略1——优点是我们能够确认学员是否通过课程，达到期望的知识标准。缺点是我们不知道他们进行课程之前知道多少，因此也不知道经过培训之后提高了多少。我们可能教授很多他们已经知道的知识。
• 策略2——策略2确实让我们看到有多少学员在培训结束时得到提高。不幸的是，由于培训前和培训后的测量措施增加，那么影响提高的非培训因素也会增加。例如，学员的一个主题的知识可能会增加，然而并不是因为他们接受的训练课程，而是因为在培训同时，在工作场所中使用的为他们制作的一套新的手册。

- 策略3——相比于其他的因素，这是最好的梳理培训影响的策略。利用传统的实验设计，在培训前后，对培训组和非培训组都进行测量。也就是说，两者之间唯一的区别就是培训。其他所有因素都是相同的，培训组和非培训组之间任何的知识、技能、表现等方面的差异都是由培训引起的。通常情况下，在策略3中，组织会消极地反应某些个体不被培训的想法，因此，一个好的 374
建议是设置一个未经培训的小组来代替一个正在等待之后进行培训的小组。对于参加培训项目的每一个人而言，会有很多课程要学习，这样对那些后来参加培训的人来说，形成对比性的使用是有意义的。

策略3对照组的安排是评估培训对组织绩效的其他因素的影响底线的最好方法（柯氏模型四层次）。如果这种方法是不可能的，那么博塞尔和卡伦（Bothell & Cullen，2002）提出了一些可供选择的能被使用的策略。第一个方法涉及的是分析培训前和培训后的变化趋势数据，或者比较接受培训与不接受培训的部门。第二个方法是让关键利益相关者（学员、主管、经理、客户等）去估计培训对组织绩效变化产生的影响，可以是百分比的形式，也可以提供例子。第三种方法是测验现有的研究以确定由培训引起的表现差异。例如，我们已经讨论了泰勒等人（Taylor et al）关于行为模仿培训产生的技能和表现的元分析（2005）。案例研究2（框10.4）给出了一个汽车制造公司进行评估研究的例子，描述了上述原则的应用。

最后，我们应该简单地讨论从培训项目中得到的投资利润（return on investment, ROI），菲利普斯（phillips，1996）认为这一部分应该作为柯氏模型的第五阶段。成本效益分析将由以下等式简单陈述：

$$\text{投资利润} = \frac{\text{培训效益} - \text{培训成本}}{\text{培训成本}} \times 100$$

培训成本应该持续被监控，其包括：

- 参与培训方案设计、实施和开发的人员和劳动成本；

- 人员成本实际上是把人的工作花费在培训或开发活动上；
- 培训材料（例如，讲义、手册、演示材料）；
- 实施成本（例如，房屋租赁和器材租赁、旅游）。

培训效益很难进行评估，但是需要利用一些方式进行量化。例如，这些可能与改善绩效有关（生产力、销售、事故等等）或者与降低成本有关（比如，引入低成本材料、减少机器停机时间）。虽然在某些情况下很难，但现在有更大的组织压力去调整在培训和开发活动中的投资。

375 框10.4

案例研究2：评估汽车制造厂关于质量提高培训的影响

本章的第一作者被要求评估汽车制造公司的主要质量提高培训计划的影响。这家公司在车辆行业拥有较差的质量水平，因此研发了一个项目去提高质量以及团队领导者解决问题的能力。本课程为期两天半，涉及讲座、讨论和现场活动的实际模拟。超过750名工作人员参加了这个为期六个月的项目，这说明项目需要明显的时间和金钱的投资。

四种方式被用来评估培训项目。首先，一份问卷，让参与者在四个时间点进行填写，课程开始前（时间点1）、课程结束后（时间点2）、三个月后（时间点3）和六个月后（时间点4）。问卷收集学员对于课程反馈的信息（时间点2和3），他们就质量问题解决技能所进行自我评估的水平（所有四个时间点）以及他们在工作场所使用这些技能的情况（时间点1,3和4）。统计分析显示，学员对课程的反应是积极的，在培训之后，他们的能力和技能使用都得到了显著的提高。第二种方法旨在提供一个关于学习效果的客观测评，这种测评由多项选择式的知识测试构成，对时间点1和时间点2参加培训的人员进行测评。再次，分析表明知识得到了显著的提高，培训之前40%的正确率与培训之后80%的正确率相比，达到了显著水平。

考虑到要评估培训的基线影响，第三个方法是简单地收集项目运行的一年期间内，现有的月度质量信息（每辆车的故障数）。绘制一条线，一旦该方案开始运行，通过数据显示质量性能得到显著提升的趋势，培训项目结束之后质量水平相比于项目运行之前会更好。然而，有一个问题，在这段时间内任何质量的改善都可能是该公司的其他事情导致的。因此，第四种评估方式，在培训项目开始之前和结束后，将与负责十个主要生产领域的初级管理者进行面谈。项目进行前的采访要求管理人员在他们的领域对培训的影响程度进行评估(以及为什么)，以及确定其他在同时间段影响质量水平的活动。访谈澄清了新的工作角色和工具的创新提高了质量，在该领域，培训在改善基线绩效时，发挥了实质性的作用。

1.如何评估培训对基线绩效的影响?

2.你认为实施这种类型的评估方法有哪些实际困难？如何克服这些困难?

## 影响短期和长期效率的因素（迁移和培训） 376

有些人在训练结束时比其他人学习得更多，有些人则把他们所学到的更大程度地应用到工作场所（后一种情况被称为培训迁移）。大量研究已经在试图找出为什么会这样（例如，Aguinis & Kraiger, 2009; Baldwin et al., 2009; Burke & Hutchins, 2007; Colquitt et al., 2000; Tannenbaum et al., 1993）。在本节中，我们将简要地总结培训结束之后，五种主要的对短期学习成果产生影响的类型以及培训如何长期迁移到工作中（见图10.6）。

重点内容当然加以说明，其他因素也会置于该主题下阐述。

培训特征——之前关于指导方式的各种各样的优势和劣势都进行了讨论，但是一些额外的方面需要被考虑进去。覆盖任务的培训准备活动和发给培训参与者的材料，要么在培训之前，要么在培训模块开始时就开展。包括先行组织者或考察人在内的人，以摘要的形式提炼了课程内容[有趣的是已被证明与长期的培训迁移呈正相关（Blume et al.，2010）]，开展预先工作（在培训前，让学

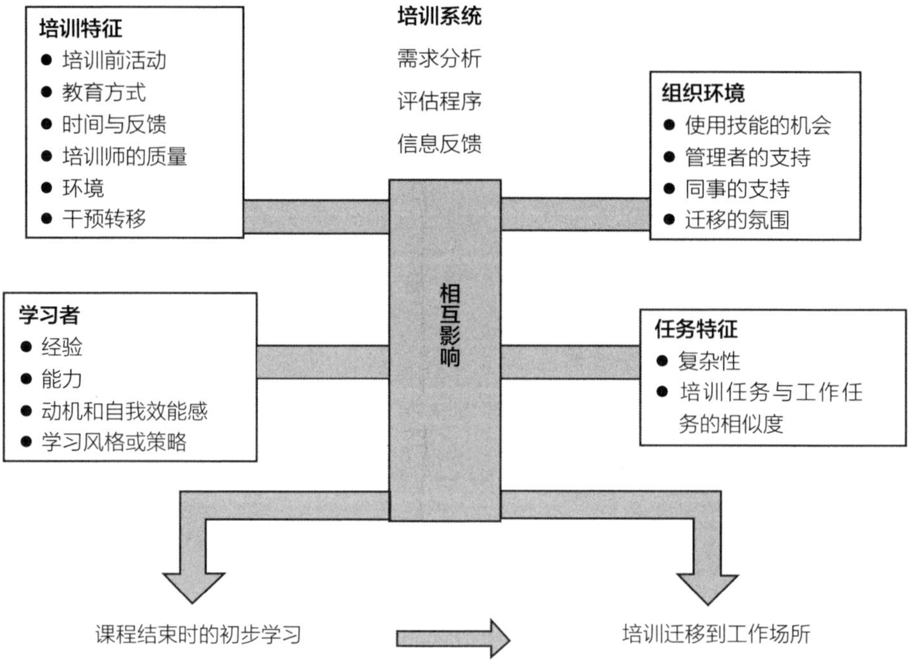


图10.6 培训效率的短期和长期影响

生达到同样的标准），在参加之前，使用预测试剔除准备不足的个人，或准备直线经理的简介等。

377 其他重要的特征包括参与者在开发技能时获得的实践和反馈，以及培训师的培训内容和技能提升的质量（Burke et al., 2006; Hesketh, 1997）。提高学习迁移的课程前干预措施主要包括在工作场所设定参与目标，为提高培训新技能的可能性提供策略（即自我管理行为）以及鼓励工作场所中的自我辅导（Tews & Tracey，2008）。

学习者特征——参与者已有的经验、知识和技能肯定会影响他们的学习，个人的一般认知能力已被证实是绩效的关键预测因素（Blume et al., 2010）。已有研究表明稳定的个性特征与培训效果有一定的联系。源于大五人格特征，各种元分析表明具有责任心和开放性特征的学习者会取得更好的培训效果，而关于其他维度的结果比较复杂（Barrick & Mount, 1991; Colguitt et al., 2000; Salgado, 1997）。比后者更具锻造性的是个人动机。这可以由参加培训、参与学习活动、在培训或在工作场所乐意学东西来表明。这三种动机是不同的，教练应该考虑如何最大化每种类型的动机（例如，通过概述获取和应用技能的好处），因为它们会影响短期学习和长期转移（Birdi et al., 1997; Colquitt et al., 2000; Zoogah, 2010）。建立学习者的自我效能感或自信心、降低焦虑感是学习主题需要重点考虑的问题。最后，人们对学习方式有不同的偏好（例如，有些人喜欢系统地一步一步地阅读材料，而有些人则通过浏览来获得大致的理解），所以你需要确保有各种各样的学习活动来适应不同的学习方式。

组织环境——对于培训迁移，工作场所的性质非常重要。运用学习技能的机会是一个影响很大的因素，但社会支持也起着关键作用。监管者可以提供工具性支持来允许被培训者花费时间和资源去运用他们的技能，但他们在提供明确的口头鼓励和隐含的期望行为的角色塑造方面也是很重要的（Birdi, 2007; Blume et al., 2010; Ford et al., 1996）。对于个体在工作中能够舒适的使用培训技能，来自同行的人际支持也是需要的，特别是在新行为挑战现状的情况下更甚（Pidd，2004）。鲁利耶和戈德斯坦（Roullier & Goldstein，1993）甚至认为在组织中有一种普遍的培训迁移的氛围，其特征依赖于将所学的东西应用到工作场所中的情景线索，以及关于使用/不使用技巧所提供的反馈情况。

任务特征——所学习的任务越复杂，学习者的心理负荷就越大，因此，培训需求要更加系统化，内容要更加全面。当谈及迁移的时候，培训任务的仿真 378
度（一致性）对真实世界的任务有影响。仿真度的关注点应该更多地集中于任务的结构成分上（与任务实现有关），而不是表面成分上（与任务目标无关）（Singley & Anderson, 1989）。不管怎样，好的方式是同时复制执行任务时的工作情景。

培训系统——最后，我们必须重申一般训练周期的步骤的重要性，前面我们已经花费大量章节进行了讨论。相关的需求分析是否已经进行？合适的目标是否确定？考虑到任务性质、受众以及可获得的资源，怎样的培训方式最合适？萨克斯和伯克（Saks & Burke，2012）最近发现，组织承担了更多的评价（尤其是在工作中的行为和组织结果），更可能报告高的培训迁移率。因此，在评估短期和长期变化的过程中，如何将这些信息反馈给关键的利益相关者，如果想要改变的话，将采取什么行动，如果不考虑这些方面的不足之处，也因此可能会破坏学习干预的影响。

## 小结

总之，我们可以得出本章的主要主题，再考虑如何引入更有效的培训方案。

- 培训周期涵盖了需求分析、培训设计和交付的关键方面，还要评价其有效性。
- 在开始任何培训干预措施之前，确保对适当的组织（为什么需要学习）、任务（需要学习什么）和人（谁需要训练）进行需求分析。
- 确保培训目的和目标明确。
- 确保正确的训练方法，配合正确的学习目标：
    - 在职培训是在实际工作中进行的。其发展的技能可以减少迁移问题，但也可以处理非结构化性质的活动和导师的作用。
    - 模拟训练是在人工环境中进行的旨在重现或模仿工作任务的训练。这使得实践在安全的前提下发展实用的技能，并且任务的维度可以被操纵。然而，可能存在关于模仿现实世界任务的仿真度问题。
    - 信息演示和处理培训是在非工作环境中进行的，信息分析是学习的基础。有利于传达知识和态度转变，但也存在技能发展适宜性的问题。
    - 团队培训活动专注于发展团队工作能力和团队建设活动，注重团队的相互作用和过程。
- 379 进行评估时，要从最初的培训设计过程开始。
- 在进行评估时，需要多少努力和细节取决于培训目的以及可获得的资源。
- 我们应注意到培训和发展活动可能产生多种多样的结果，应开发一个评估短期和长期培训结果的策略。
- 有许多不同的评估方式，但在检查学习者是否将所学技能运用在工作场所中（培训转移）以及是否对组织绩效产生影响方面尚有不足。
- 一个结论性的观点，我们希望清楚地从上面的讨论中呈现的是，在制定培训方案时，互动的设计方法是必要的，它考虑到学习目标和任务的性质、不同培训方法的适用性和可行性、学员的属性和学员操作的组织背景。培训的干预措施需要考虑这些问题，以便提供最有效的学习方法，促进工作场所的培训转移。

正如本章开头所提到的，在培训中使用的技术将越来越多。下一章将重点研究自动化对我们的工作生活和认知加工的影响。这方面的知识可以为如何解决未来在线或电子学习问题提供一些想法。

## 深入探究

扫描二维码，获取更多资源。

### 讨论题 380

1.为什么你认为培训迁移是一个很大的问题？你觉得可以做些什么呢？

2.对于组织来说，招聘新员工进入工作更好还是培训现有员工做这份工作更好？

3.你如何看待在未来10年中影响组织培训的技术？

### 样例论述题

1.你刚刚被聘为Deskos公司的培训和开发主管，该公司是一家家具制造商。该组织只有一个经营地点，拥有8000名员工。主要产品是办公用的桌椅。然而，为了多样化和获得更大的市场份额，该公司最
近开始生产一种新潮的、专业化的床（舒适床）。该床是专为背部有 381
问题的人研发的，可以适用于不同的医疗条件，有供医院使用的复杂版本和供私人家庭使用的简单版本。Deskos公司最初打算使用其现有的销售力尝试向零售商出售舒适床，但发现销售人员无法应付这项工作所需的额外需求和知识。现在，该公司已成立了一个专门的舒适床销售部，由现有的销售能力较好的10人和40名没有经验的新销售员工组成。这家公司的总经理给你安排了重要的培训和发展这50名销售人员的任务，要求在年底能够把舒适床的销量提高10%。

在进行完整的需求分析之后，你意识到如果这些销售人员提高了他们的沟通和调查技巧，他们将表现得更好；如果他们具有更扎实的知识储备，将更有助于舒适床的销售。

你将进行什么类型的培训或发展干预措施，以确保学员学到销售技巧和应用所学的知识和技能？你如何评价你的学习干预的有效性？描述你可以选择的不同类型的选项，并证明你决定使用的特定方法。用这种方式进行培训和评估活动会产生什么实际问题？你会如何处理？

2.根据现存的文献，批判性地讨论不同的个人、培训和工作环境特点如何影响培训的有效性。据此，你会提出什么切实可行的建议，以提高短期和长期的培训效果？

### 样例测试题

1.评判性地评估在职培训相比于其他培训方式的实用性。

2.你被要求评估一家制造公司内部运行的两个培训方案。公司的总经理不确定它们是否有效。第一个方案是：为车间工人进行为期一天的机器维护培训；第二个方案是：为管理者进行为期一周的谈判技能培训。概述你评估这些方案将使用的方法和措施，以及你向总经理陈述评估方案的行为。

382

### 职业心理学实践：工作中的一天

| 库尔特·克雷格教授，美国科罗拉多州立大学工业组织心理学教授 | |
|---|---|
| 你在职业心理学的什么领域工作？ | 我感兴趣的主要领域是培训，虽然我已经扩大了这一领域，包括“在非结构化的环境中学习”，包括主题，如领导力发展和指导。具体到培训，我感兴趣的是人在试图学习的时候会在电脑前做什么，因为它比在教室里面具有更少的结构化，并且学习者在涉及选择主题或衡量进步等方面时更多地从自我角度出发。在过去的几年里，我已经扩大了这种兴趣，包括培训老年人。 |
| 你是如何对这个领域产生兴趣的？ | 在1989年，为了美国海军，我建立了一个有师资团队的研究室。它在设计和测试团队培训过程中变得越来越有影响力，并且有助于进行评估培训。 |

续表

| | |
|---|---|
| 在这个领域，有哪些学术性的研究文献？ | • Aguinis, H., and Kraiger, K. （2009） 'Benefits of training and development for individuals and teams, organisations, and society', *Annual Review of Psychology*, 60: 451-74.<br>• Baldwin, T.T., Ford, J.K. （1988） 'Transfer of training: a review and directions for future research', *Personnel Psychology*, 41: 63-105.<br>• Bell, B.S., and Kozlowski, S.W.J. （2002） 'Adaptive guidance: enhancing self-regulation, knowledge and performance in technology-based training', *Personnel Psychology*, 55: 267-306.<br>• Kraiger, K., Ford, J.K., and Salas, E. （1993） 'Integration of cognitive, skill-based, and affective theories of learning outcomes to new methods of training evaluation', *Journal of Applied Psychology*, 78: 311-28.<br>• Noe, R.A., and Schmitt, N. （1986） 'The influence of trainee attitudes on training effectiveness: test of a model', *Personnel Psychology*, 39: 497-523. |
| 在何种程度上你工作的实际应用推动了你的研究？ | 培训实践和培训科学之间存在着巨大的差距，所以在这个意义上是没有联系的。追逐培训潮流是没有意义的。另一方面，我的关于培训老员工的研究产生了一个应用问题。越来越多的员工将继续工作更长的时间，可能需要接受培训。众所周知，认知功能障碍与衰老有密切的联系，了解这些对学习的影响是非常重要的。 |
| 道德在你的工作中扮演什么样的角色？ | 我相信道德规范提供了一个方向指南，即潜在地指导决策制定，可能是在无意识中进行的。 |
| 你能举例说明你工作生活中的一天吗？ | 没有典型的一天。在一周的时间里，我会在课堂上花3~4个小时，教学准备3~4个小时，5个小时写作（我的一个目标），5个小时要么与学生会面，要么通过电子邮件交流，3~5个小时看学生建议、论文，等等。在各种会议上花4~6小时，处理电子邮件8~12小时，处理各种行政工作6~8小时。 |
| 你如何看待未来五年你工作的变化？ | 显然，虚拟工作、远程办公、社交网络等话题将越来越重要。同样，组织将实施这些类型的接口，但问题是，它们所实施的是基于什么样的工作，原因是什么。 |

## 职业心理学实践：工作中的一天 382

阿拉斯泰尔·华莱士，布兰福特有限公司总经理 383

| | |
|---|---|
| 你在职业心理学的什么领域工作？ | 培训迁移。 |
| 你是如何对这个领域产生兴趣的？ | 我相信迁移对所有的学习都是至关重要的，否则，你和你的学习者都会浪费时间。据估计，仅10%~15%的培训已被证明在工作场所中导致了行为上的改变（Kontoghiorghes, 2004; Baldwin & Ford, 1988; Broad & Newstrom, 1992; Facteau et al., 1995; Georgensen, 1982）。这清楚地表明需要更多的实证研究去探索培训是如何迁移的，以及成功或不成功的迁移的因素。 |

续表

| | |
|---|---|
| 在你的工作中，你倾向于哪种类型的组织？为什么？ | 我认为所有对成功的学习感兴趣的、高绩效的组织都与我的工作相关，无论是大型跨国企业还是小型公司。 |
| 你的工作是如何受到理论、文献和研究的影响的？ | 我所有的工作都受到理论和研究的启发。过去的30年里，关于培训的研究在数量上有巨大的突破，培训迁移领域也不断在理论化（Ford & Weissbein.1997）。这些研究产生了大量的新理论、模型、文献以及正在发展的元分析（Salas & Cannon-Bowers, 2001）。虽然这项研究具有广泛的可得到性，但培训者过去往往没有应用现存的科学知识。 |
| 道德在你的日常实践中扮演什么样的角色？ | 不论具体的学科，道德在从业者与客户之间的关系中扮演了关键的角色。你经常接触高度敏感的商业信息，如战略和预算。如果不小心处理这些信息，它可 384 以使一个组织衰落，或强有力地帮助其竞争对手。这在会产生利益冲突的跨组织工作时是非常明显的。定期使用职业心理学的自由职业者的组织经常会在它们的合约中细化有关的具体条款。<br>在个人层面上，道德是我个人工作的一部分。当你帮助别人时，他们可能会感到暴露或脆弱。对于敏感和外交的处理是非常重要的，但应确保该组织的需求没有受到损害。 |
| 你能举例说明你工作中的一天吗？ | 没有真正典型的一天。<br>请体验一下我典型一周的滋味，它应该能给你一个关于我的工作类型及其多元性的更加清晰的看法。<br>• 周一：帮助一个工作室（它在伦敦有一个小的交流机构）以便管理者彻底地想清楚公司的新ERP系统的需求和关键表现指标。这很有挑战性，因为工作室的员工资历很深，并且对他们想要的有明确的想法。<br>• 周二：在家工作，完成绩效评估系统的设计，然后在设计一个用于交流的互动培训并测试它之前，规划员工和经理的旅程。<br>• 周三和周四：飞到NICE去交接一个为一家大型IT公司所做的为期两天的冲突管理训练。来自8个不同国家的12个代表——参差不齐的英语会话能力！在回家的航班上写评估报告和课程改进建议。<br>• 周五：作为发展中心的一部分，为一个大型的国际饮料制造商完成心理评定并给出反馈。 |
| 过去的五年中，你的工作发生了什么样的变化？ | 培训和发展在过去的五年发生了很多变化。<br>组织变得越来越不愿意允许从全天或多天参与的项目中进行长时间的提炼，而倾向于发生在桌旁或短期有效的学习。这个趋势已经自我表现出了两个关键的方式：网络学习和短期会议学习。<br>一些巨头企业正在谈论“发展”：网络学习在十年前就应该取代传统课堂训练。对网络学习的兴趣（依旧存在）似乎有些平息了。它已经被一些多组合方法所取代。“混合学习”这一术语仍然被很多从业者所误解，很多人以为它意味着课堂训练+网络学习。最成功的混合学习方案以布列文和福特的转变模型为出发点，用它杠杆放大了一个真正的混合学习方案，这种方案广泛应用于组织的各个结构。培训者不太可能在现场摆一个书架，拿着粉笔，以聊天的方式 385 进行培训（当然很多机构确实还是这么干的）。顾客希望从业者在培训的过程中能专注于更简单的点，在开始一个高水平的项目之前，用诊断性的工具例如调查、面试和焦点小组去建立学习需求。这些培训的细节设计正在急剧地改变，也是向混合学习转变的一部分，包括预先设计活动，以代表为中心和基于 |

续表

| | |
|---|---|
| | 发现的学习、评价、后期强化活动。所有的这些对学员代表的经验都有积极的影响，一些组织报告了更高的培训占比和更好的总体满意度得分。但令人沮丧的是，虽然看上去培训满意度在增加，从业者以及组织仍然与提供最基本的影响的关系很少。自柯克帕特里克之后，评估过程看上去并没有更大的进展，很多组织充其量还仅仅停留在对学员代表的经验和学习的最基本水平进行评估。<br>在过去的五年里，培训领域的另一个显著课题已经转向短期会议和“一口大小”的学习。像MindGym这些成长并成功的公司，提供90分钟的训练，在这里参与者学习和练习一个独立的技能或技术，就是对这种趋势的证明。MindGym目前在30个国家运行，已经训练了超过400家最成功公司的50多万名代表，这些公司包括谷歌、百事和辉瑞。一些其他的大型培训公司正在遵循相同的模式，开发相似的短期培训方案去竞争日益减少的员工培训时间和花费。 |
| 你如何看待未来五年你工作的变化? | 技术无疑将在未来五年的培训中发挥作用。智能手机和iPad等平板电脑的数量大大增加，预测到2014年，大多数网络搜索发生在这些设备上。这些设备的应用能力在成倍发展，尤其是处理速度和图形处理能力等方面。而这又导致在培训领域产生新的整合其功能的方式，例如对于实习外科医生和电子绩效支持系统（EPSS），3D虚拟仿真模拟为处理复杂危险情境提供了实时支持。所有这些都只是你移动设备中应用商店的一个简单搜索，去发现许多有趣且多样的方式，培训和学习通过这些方式发生，从驾驶模拟测试，到监控开销和预算，再到学习心脏的结构。你会经常听到人们说“有一个APP可用” 。<br>培训师开始使用社交网络建立实践社区来分享想法和技术，并建立参与者同盟来进行跨学科的长期计划，代表们往往分散在各地。<br>云计算也将彻底改变我们存储和共享信息的方式，在2011年底，苹果公司和IBM公司推出的新设备，将允许组织和社会群体通过云分享任何事情，从音乐、照片到商业邮件以及组织数据。虽然这听起来很令人兴奋，并预示着一个分享知识和学习的新时代，这并不代表没有困难。2010年IBM全球IT风险调查显示，77%的受访者认为云计算会使隐私权的保护更加困难，50%的受访者表示关心数据破坏或损失，66%的受访者在考虑使用云计算时，将安全视为最为关心的事项。<br>学习者需要跟上这些新技术，如果他们是新世界的一部分的话，要贴近地面。不懂得这些新技术的人很快会被落在后面。 |

386

# 参考文献


Aguinis, H., and Kraiger, K. (2009) ‘Benefits of training and development for individuals and teams, organisations, and society’, *Annual Review of Psychology*, 60: 451–74.

Allen, N.J. and Hecht, T.D. (2004) ‘The “romance of teams”: toward an understanding of its psychological underpinnings and implications’, *Journal of Occupational and Organisational Psychology*, 77 (4) : 439–61.

Antonacopoulou, E. (1999) ‘Developing learning managers within learning organisations:

the case of three major retail banks', in M. Easterby-Smith, J. Burgoyne and L. Araujo (eds) *Organisational Learning and the Learning Organisation*. London: Sage. pp. 217–42.

Arthur, W., Bennett, W., Edens, P., et al. (2003) 'Effectiveness of training in organisations: a meta-analysis of design and evaluation features', *Journal of Applied Psychology*, 88: 234–45.

ASTD (2010) *State of the Industry Report 2010*. Alexandria, VA: ASTD.

Baldwin, T. and Ford, J. (1988) 'Transfer of training: a review and directions for future research', *Personnel Psychology*, 41: 63–105.

Baldwin, T., Ford, J. and Blume, B. (2009) 'Transfer of training 1988–2008: an updated review and agenda for future research', in G. Hodgkinson and J. Ford (eds) , *International Review of Industrial and Organisational Psychology*. Chichester: Wiley. pp. 41–70.

Bandura, A. (1977) *Social Learning Theory*. Englewood Cliffs, NJ: Prentice Hall.

Bandura, A. (1986) *Social Foundation of Thought and Action*. Englewood Cliffs, NJ: Prentice-Hall.

Barrick, M. and Mount, M. (1991) 'The big five personality dimensions and job performance: a meta-analysis', *Personnel Psychology*, 44: 1–26.

Bates, R. (2004) 'A critical analysis of evaluation practice: the Kirkpatrick model and the principle of beneficence', *Evaluation and Program Planning*, 27: 371–47.

Beech, B. and Leather, P. (2006) 'Workplace violence in the health care sector: a review of staff training and integration of training evalluation models', *Aggression and Violent Behavior*, 11 (1) : 27–43.

Birdi, K. (2000) 'Bigger and smaller pictures: identifying the factors influencing training effectiveness'. PhD thesis, University of Sheffield.

387 Birdi, K. (2007) 'A lighthouse in the desert? Evaluating the effectiveness of creativity training on employee innovation', *Journal of Creative Behavior*, 41 (4) : 249–70.

Birdi, K. (2010) 'The taxonomy of training and development outcomes (TOTADO) : a new model of training evaluation', in *The B.P.S. Occupational Psychology Conference Book of Abstracts 2010*. pp. 32–6.

Birdi, K., Allan, C. and Warr, P. (1997) 'Correlates and perceived outcomes of four types of employee development activity', *Journal of Applied Psychology*, 82 (6) : 845–57.

Blume, B., Ford, J., Baldwin, T., et al. (2010) 'Transfer of training: a meta-analytic review', *Journal of Management*, 36: 1065–105.

Bothell, T. and Cullen, R. (2002) 'Isolating the effects of training: balancing the practical versus theoretical approach', paper presented at the *American Society for Training and*

*Development 2002 international Conference and Exposition*, New Orleans.

Boydell, T. and Leary, M. (1996) *Identifying Training Needs*. London: Institute of Personnel and Development.

Bramley, P. (1996) *Evaluating Training Effectiveness*, 2nd edn. New York: McGraw-Hill.

Broad, M. and Newstrom, J. (1992) *Transfer of Training: Action-packed Strategies to Ensure High Payoffs from Training Investments*. Reading, MA: Addison-Wesley.

Burke, L. and Hutchins, H. (2007) 'Training transfer: an integrative literature review', *Human Resource Develolnnent Review*, 6: 263–96.

Burke, M., Holman, D. and Birdi. K. (2006) 'A walk on the safe side: the implications of learning theory for developing effective safety and health training', in G. Hodgkinson and K. Ford (eds) , *The International Review of Industrial and Organisational Psychology ( vol. 21)* . Chichester: Wiley.

Burke, M., Salvador, R., Smith-Crowe, K., et al. (2011) 'The dread factor: how hazards and safety training influence learning and performance', *Journal of Applied Psychology*, 96 (1) : 46–70.

Cannon-Bowers, J.A., Tannenbaum, S.I., Salas, E., et al. (1995) 'Defining competencies and establishing team training requirements', in R.A. Guzzo and E. Salas (eds) , *Team Effectiveness and Decision Making in isation Organisations*. San Francisco, CA: Jossey-Bass. pp. 333–81.

Chiu, W., Thompson, D., Mak, W.M., et al. (1999) 'Re-thinking training needs analysis—a proposed framework for literature review', *Personnel Review*, 28 (1–2) : 77–90.

CIPD (2006) *Learning and Development Annual Survey Report 2011*. London: CIPD.

CIPD (2011) *Learning and Talent Development Annual Survey Report 2011*. London: CIPD.

Colquitt, J.A., LePine, J.A. and Noe, R.A. (2000) 'Toward an integrative theory of training motivation: a meta-analytic path analysis of 20 years of research', *Journal of Applied Psychology*, 85: 678–707.

DeChurch, L. and Mesmer-Magnus, J. (2010) 'The cognitive underpinnings of effective teamwork: a meta-analysis', *Journal of Applied Psychology*, 95 (1) : 32–53.

Druckman, D. and Bjork, R. (eds) (1994) *Learning, Remembering, Believing*. Washington, DC: National Academy Press.

Easterby-Smith, M. (1994) *Evaluating Management, Development, Training and Education*, 2nd edn. Brookfield, VT: Gower.

Facteau, J., Dobbins, G., Russell, J., et al. (1995) 'The influence of general perceptions of the training environment on pretraining motivation and perceived training transfer', *Journal of Management*, 21 (1) : 1–25.

Ford, J.K. and Weissbein, D.A. (1997) 'Transfer of training: an updated review and analysis', *Performance Improvement Quarterly*, 10: 22–41.

388 Ford, J., Kozlowski, K., Kraiger, E., et al. (1996) *Improving Tarinting Effectiveness in Work Organisations*. Hissadle, NJ: Erlbaum.

Gagne,R. (1962) 'Military training and principles of learning', *Amercian Psychologist*, 17:83–91.

Gerogenson, D. (1982) 'The problem of transfer calls for partnership', *Training and Development Journal*, 36 (10) : 75–8.

Goldstein, I. (1986) *Training in Organisations*, 2nd edn. Monterey, California: Brookes/Cole Publishing Company.

Coldstein, I. (1993) *Training in Organisations*, 3rd edn. Pacific Grove, California: Brookes/Cole Publishing Company.

Goldstein, I. and Ford, J.K. (2002) *Training in Organisations*, 4th edn. Belmont, CA: Wadsworth.

Gould, D., Kelly, D., White, I., et al. (2004) 'Training needs analysis. A literature review and reappraisal', *International Journal of Nursing Studies*, 41 (5) : 471–86.

Hagman, J. and Rose, A. (1983) 'Retention of military tasks: a review', *Human Factors*, 25 (2) : 199–213.

Hall, E. and Freda, J. (1982) *A Comparison of Individualised and Conventional Instruction in Navy Technical Training (No. Technical Report 117)* . Orlando, FL: Training analysis and evaluation group.

Hattie, J., Marsh, H., Neill, J., et al. (1997) 'Adventure education and out of bound: out-of-class experiences that make a lasting difference', *Review of Educational Research*, 67 (1) : 43–87.

Hesketh, B. (1997) 'Dilemmas in training for transfer and retention', *Applied Psycholog: An International Review*, 46 (4) : 317–86.

Holman, D., Epitropaki, O. and Fernie, S. (2001) 'Understanding learning strategies in the workplace: a factor analytic investigation', *Journal of Occupational and Organisational Psychology*, 74: 675–81.

Kaplan, R. and Norton, D. (1996) 'Linking the balanced scorecard to strategy', *California Management Review*, 39: 53–79.

Kearns, P. and Miller, T. (1996) *Measuring the Impact of Training and Development on the Bottom Line*. Hitchin: Technical Communication (Publishing) .

Kirkpatrick, D. (1959a) 'Techniques for evaluating training programs', *Journal for the American Society for Training and Development*, 13: 3–9.

Kirkpatrick, D. (1959b) 'Techniques for evaluating training programs: Part 2—learning',

*Journal for the American Society for Training Directors*, 13: 21–6.

Kirkpatrick, D. (1960a) 'Techniques for evaluating training programs: Part 3—behavior', *Journal for the American Society for Training Directors*, 14: 13–8.

Kirkpatrick, D. (1960b) 'Techniques for evaluating training programs: Part 4—results', *Journal for the American Society for Training Directors*, 14: 28–32.

Kirkpatrick, D. (1996) 'Revisiting Kirkpatrick's four-level model', *Training and Development*, 50 (1) : 54–9.

Klein, C., DiazGranados, D., Salas. E., et al. (2009) 'Does team building work?', *Small Group Research*, 40: 181–222.

Kontoghiorghes, C. (2004) 'Reconceptualising the learning transfer conceptual framework: empirical validation of a new systemic model', *International Journal of Training and Development*, 8 (3) : 210–21.

Kraiger, K., Ford, J. and Salas, E. (1993) 'Application of cognitive, skill-based and 389
affective theories of learning outcomes to new methods of training evaluation', *Journal of Applied Psychology*, 78 (2) : 311–28.

Mager, R.F. (1984) *Preparing Instructional Objectives*, 2nd edn. Belmont, CA: David S. Lake.

May, G.L. and Kahnweiler, W.M. (2000) 'The effect of mastery practice design on learning and transfer in behavior modelling training', *Personnel Psychology*, 53: 353–74.

McGehee, W. and Thayer, P. (1961) *Training in Business and Industry*. New York: Wiley.

Newby, A.C. (1992) *Training Evaluation Handbook*. San Diego, CA: Pfeiffer.

Noe, R.A. (2010) *Employee Training and Development*, 5th edn. New York: McGraw-Hill.

Noe, R.A. and Tews, M.J. (2012) 'Realigning training and development research to contribute to the psychology of competitive advantage', *Industrial and Organisational Psychology*, 5 (1) : 101–4.

Patrick, K. (1992) *Training: Research and Practice*. London: Academic Press.

Patrick, J., Michael. I. and Moore, A. (1986) *Designing for Learning—Some Guidelines*. Birmingham: Occupation Services.

Phillips, J. (1996) 'How much is the training worth?', *Training and Development*, 50 (4) : 20–4.

Pidd, K. (2004) 'The impact of workplace support and identity on training transfer: a case study of drug and alcohol safety training in Australia', *International Journal of Training and Development*, 8 (4) : 274–88.

Powell, K.S. and Yalcin, S. (2010) 'Managerial training effectiveness: a meta-analysis 1952-2002', *Personnel Review*, 39 (2) : 227–41.

Riding, R. and E. Sadler-Smith (1997) 'Cognitive style and learning strategies: some implications for training design', *International Journal of Training and Developnent*, 1 (3) : 199–209.

Rouillier, J. and Goldstein, I. (1993) 'The relationship between organisational transfer climate and positive transfer of training', *Human Resource Development Quarterly*, 4: 377–90.

Saks, A.M. and Burke, L.A. (2012) 'An investigation into the relationship between training evaluation and the transfer of training', *Internntional Journal of Training and Development*, 16: 118–27.

Salas, E. and Cannon-Bowers, J.A. (2001) 'The science of training: a decade of progress', *Annual Review of Psychology*, 52: 471–99.

Salas, E., Burgess, K. and Cannon-Bowers, J. (1995) 'Training Effectiveness Research', in J. Weimer (ed.) , *Research Techniques in Human Engineering*. Englewood Cliffs, CA: Prentice-Hall.

Salgado, J. (1997) 'The five factor model of personality and job performance in the European Community', *Journal of Applied Psychology*, 82: 30–43.

Singley, M. and Anderson, J. (1989) *The Transfer of Cognitive Skill*. Cambridge, MA:Harvard University Press.

Tannenbaum, S., Cannon-Bowers, J., Salas, E., et al. (1993) *Factors that Influence Training Effectiveness: A Conceptual Model and Longitudinal Analysis (No. 93–011)* . Orlando: Naval Training Systems Center. Human Systems Integration Division.

Taylor, P.J., Russ-Eft, D.F. and Chan, D.W.L. (2005) 'A meta-analytic review of behavior modelling training', *Journal of Applied Psychology*, 90 (4) : 692–709.

Taylor, P., Russ-Eft, D. and Taylor, H. (2009) 'Transfer of management training from alternative perspectives', *Journal of Applied Psychology*, 94 (1) : 104–21.

392 Tews, M. and Tracey, B. (2008) 'An empirical examination of post-training on-the-job supplements for enhancing the effectiveness of interpersonal skills training', *Personnel Psychology*, 61 (2) : 375–401.

Warr, P. (2002) *Psychology at Work*. London: Penguin.

Warr, P., Bird, M. and Rackham, N. (1970) *Evaluation of Management Training*. London: Gower Press.

Zoogah, D. (2010) 'Why should I be left behind? Employees' perceived relative deprivation and participation in development activities', *Journal of Applied Psychology*, 95 (1) : 159–73.

# 第11章 自动化与人机交互

梵琉尼·维马拉西里

**学习成果**

本章的目标：

√ 综述自动化和人机交互(human-machine interaction, HMI)：核心定义和相关领域；

√ 描述职业心理学领域中自动化和人机交互的历史渊源；

√ 概述人机交互（human-computer interaction, HCI）领域中所开展的工作；

√ 解释和讨论交互过程中发生的学习和操作以及它与人类认知、知觉和行动之间的关系；

√ 解释组织中人因误差的概念并提供有关预防措施的看法；

√ 探索自动化和人机交互新的话题以及未来的应用。

## 引言

在职业心理学中，自动化和人机交互领域致力于发现和应用有关人类行为、能力以及局限性的信息，设计工具、机器、系统、工作和个人环境，提高工作场所的工作效率和安全性（Karwowski, 2006）。它寻求理解人们是如何利用诸如知觉、认知和行为等过程与设备打交道，这些情景在工作、休息或在家里均有可能体现。从一个更为广泛的子主题背景而言，其主题的范围包括从机器操作的目标（例如，识别一个从事特殊工作的工人的最佳视觉呈现方式）到系统重

392 塑（例如，重新设计与某一工作方面相关的设备、过程、个人和组织原则）。

天真的人才会相信是人类在驾驶飞机。（Ilgen & Howell, 1999）

伊尔根和豪厄尔(Ilgen & Howell, 1999)在工业和组织心理学协会（相当于美国职业心理学分支会）的网站上发表这一有趣声明去说明自动化和科技在现代工作场所中的影响。他们解释现代的飞行员是如何不能靠他们自己安全驾驶飞机从一个地方飞到另一个地方的，相反，他们严重依赖飞机复杂的导航系统以及由他人操作的地面控制系统，他们用这种类比强调这种日益增加的人类思维与人类得益于科技而作的思考之间难以区分的界限。伊尔根和豪厄尔强调人们意识不到在工作场所中这种思维界限的差异使得他们对现状和潜在的危机认识不足。他们所说的道理不仅仅体现在飞机导航系统上，而且扩展到了日常工作的方方面面。

在我们的日常生活和工作中，自动化和科技在不断地带来显而易见的变化。它们拓展了人类的能力，从而可以从事一些工作，否则人们在一天内是不可能完成这些非常复杂又非常耗时的工作的。举个例子，电话和电子邮件的即时性和精准性，使得我们在几秒中的时间内就可以跨越大洲联络信息与同事分享知识。还有影印系统可以帮助我们快速复制文档并通过网络传送。这些都是相对较新的技术系统，其中一些是近20年才引入到一般的工作场所。实际上，我们中的一些人还记得把我们从工作场所解救出来的科技，如电子邮件和万维网。所有的这些科技系统和其他的进步帮助我们简化了复杂的工作，使得我们可以完成之前可能要一天甚至一年才能完成的工作。

托夫勒（Toffler,1980）将这种变革的规模和影响比作之前的农业和工业革命，它改变了人们在工作场的体验和所起的作用。在过去的两个世纪，人们的很多工作都是亲自动手，与他人都是面对面的交流（例如，将蔬菜运到市场和聚集东西去运输），现在的人们不得不更多地在“虚拟”的层面上工作，人们与他人的沟通是通过一些科技手段间接进行的（Eason, 2002）。这种工作场所的变迁，意味着发生在人与其相关联的工作环境中的心理需求在发生着深刻的变化，这就呼唤着有一套完全不同的规则与之抗衡。我们都在可称为“科技依赖”的
393 时代（Harper et al., 2008）。在这个时代，自动化和人机交互已成为工作场所重

要的不可或缺的一部分。在工业范围的这种变化意味着该领域的研究越来越重视基于工作的学科，如职业心理学。

## 自动化与人机交互的历史与背景

“自动化和人机交互”这一术语意味着该领域的工作仅是探索应用心理学的原理去理解自动化的问题以及人与机器的交互作用。让我们思考一下：在工作场所我们会经常利用可以思考甚至具有超越人类能力的电脑系统工作，这些系统包括空间探索系统和虚拟现实。这些科技领域的改变使得人类思维和电脑之间的差异变得很小（Ilgen & Howell, 1999），这意味着现代的探索已经进入到了自动化和人机互动的领域，要像设计那些系统一样去理解这些微妙的边界。在工作场所，该领域的工作紧紧追随着前沿科技。结果导致人机互动的历史多样化，缺乏整齐而连续的发展轨迹。这种不连续性的第一个表现是不同的时间和地区对自动化和人机交互的命名不同，在美国该领域叫“应用实验工程心理学”（Proctor & Vu, 2010），在欧洲，该领域被称作“工效学”（Howell, 2003）。人们对这些不同的名称仍没达成一致，多年来这些名称随着人类需求的变迁和时代的发展趋势在发生变化。HMI是职业心理学中最年轻的学科，关注半个世纪以来的文档工作。对该领域的述评最早是出现在1958年的《心理学年鉴》上，将该学科界定为具有“科学和专业两方面”（Fitts, 1958）。1960年职业心理学首次声明这些与电脑和自动化程序相关的研究领域是工业心理学家的一部分“新”角色（Gilmer, 1960）。

漫长的24年后，美国和英国之间才开始着手出现该学科相关的文献。1984年，HMI术语第一次出现在英国心理学会（BPS）一份存档的1984年关于“职业心理学的未来”的工作会议报告中，其中人与机器的互动被称为是工效学分支领域（Davies & Toplis,1984）。自此之后，置于“人类工效学”之下的这方面的主题已被划分为两个关键的领域，即HMI和“环境和工作设计：健康与安全”（参见第七章）。这也许有助于解释为何在职业心理学大纲中这两个领域有明显的重叠部分。

自动化和HMI被认为是职业心理学关于“人因工程”和“人类功效学”的领

域，属于交叉学科，涉及人们使用的产品和系统的设计（Proctor & Vu, 2010）。人
394 因工程和人类工效学的工作比心理学中HMI开展早很多，这说明HMI相关工作开展得要比任何心理学组织文件所记载的要早。这也意味着这些相关文件资料的历史，作证了与职业心理学该领域和其他领域相关的重要理论范式的根基。比如，在战争时期，飞机上的自动化的目标预测系统就综合运用了心理学、机械学、生理学以及工程学等方面的设计（Hayward, 2001: 293）。剑桥大学应用心理学协会致力于通过研究英国战时控制室的座位结构来提高绘制图表的可视性；他们还致力于帮助指挥员更有效地向战地操作室传输信息，以及帮助去理解飞行员的疲劳问题（Bartlett & Mackworth, 1950）。

框11.1

定义

人因工程：研究人类在操作任务和开展活动时，人与产品、环境和设备等是如何交互作用的。该研究领域的工作关注人类的能力和局限，这有助于应用一些原理并把它融入设计，及优化和评估人机系统（Czaja & Nair, 2006）。

人类工效学：在确定特定的人与机器交互作用的维度和要求的系统范畴内，探究人机互动的本质（Karwowski, 2006）。

## 人与计算机的交互（HCI）

历史上，在职业心理学中，HMI的很大关注点都放在人与计算机交互作用的相关课题上。它们去寻求理解人与计算机的交互作用并采用多学科的研究途径去帮助计算机系统更有用且更可用，这也许是HMI对HCI颇为显著的贡献（Olson & Olson, 2003）。HCI的研究领域还有来自包括认知、社会和组织心理学以及人类学、社会学和计算机科学等学科的贡献。鉴于最初的设计和开发事项都是由那些关注机器单个组成部分的人来开展的，心理学家的任务是致力于提供科学和经验性的输入给系统中的人因部分。此种合作工作使得计算机领域有

了显著的进步。事实上，据说个人电脑改进的延误可以归因于早期软件的开发仅仅只考虑了专家的可用性而没有关注普通使用者（Howell, 2003: 542）。

我们可以看到数量众多的计算机在辅助我们工作场所中的日常工作，比如电子邮件、万维网。这些系统给设计者和使用者不断带来了新的和多样化的挑战。例如，早期引入工作场所的计算机的一些目的与现在复杂的系统相比是相对简单的。有研究指出在20世纪80年代，人们关注如何让一个人在经过30分钟的训练后，可以在10分钟内打印两页商务信件且出错少于3次（Carroll, 1997）。相反，现在的HCI专家所要应对的挑战则越来越不同一般。图形使用界面（graphical user interphase, GUI, 通常读音为gooey）的引入，使人通过图形而不是文字与显示界面互动。这使得计算机显示方面有了跳跃式的进步，心理学家的早期工作对此产生了很大的影响（Carroll, 1997）。图形使用界面通过图表、图标以及可视的图片给使用者提供了方便的信息和动作，而不是文字化的界面和命令。尽管显示的形式已成为电脑的重要部分，但它似乎可被其他的方面所超越，例如网络和移动应用，拟真的虚拟现实，以及无处不在的计算，科技不断进入我们的日常生活。也有一些研究者在探索如何通过HCI去拓展和提高人们的工作技巧和能力（例如，Xanthopoulou & Papagiannidis, 2012）(见框11.3)。随着计算机成为社会的一个重要部分，我们看到越来越多的不同人群正在寻求与科技发生互动。这些人群包括儿童、老年人、残疾人士或那些在科技使用方面尚未受过训练的个体。 395

当今，为适应上述人群的不同技能和能力的设计需求，驱使着心理学家的一些工作涉及HCI。一个例子就是GUI可视化部分的设计。这种工作的目标就是提高软件系统的使用效率，确保使用者可以很容易地使用程序，其设计原则就是大家所知的可用性。用户中心的设计方法是用来确保图表和“可视语言”被引入到设计中，为使用者的需求量身定做且使其需求得以实现。试想iPhone的例子：它的目标就是不需要使用说明书，因为其设计非常易于使用。有关用户中心方面的更多信息，参见本章末尾的钱德拉·哈里森（Harrison）博士“职业心理学实践：工作中的一天……”中的独特见解。

近期的从关注个体认知水平的人机交互转向了关注使用计算机对社会和组织的影响问题。关注点已转向人类如何利用电脑支持合作工作（computer-

supported cooperative work, CSCW）以及如何促进这些过程。其中一些话题包括：人们如何使用电子邮件、会议支持系统、会议技术工具以及利用短信相互之间进行即时沟通等。心理学家在这些领域的工作包括团队合作、信任（Bos et al., 2002; Rocco et al., 2000）、借助科技而使得“办公”日趋便利所导致的工作生活平
396 衡（Hill et al., 1998）等。当今，关注组织当中微观问题的趋势一直存在于自动化和人机交互（HMI）的广泛领域。本章的剩余部分将聚焦于工作的这一微观水平，在自动化和HMI的领域里，关注组织和社会的主题。

## 自动化和人机交互中的人类学习和绩效

### 组织决策

要理解人和机器是如何交互作用的，首要的是理解多样的人类认知过程。在这些过程中，过程本身以及它们的好处和缺陷得以发生。决策就是其中的一个过程。在日常生活中，我们不得不处理环境给予我们的纷繁复杂的信息。科技的突飞猛进意味着大量的不确定性正不断进入我们的工作场所和家庭。举一个类比的例子：高校中的学生在听讲座时使用移动设备记笔记的新浪潮。如果一个学生需要更多的信息去解决问题，他或她就很可能使用互联网，对他们而言，借助设备和问老师一样，方便而快捷。基于这些拓展的知识，他或她就可以在课堂讨论上作出更多的贡献。这也意味着有关这部分的学科知识变得非常复杂了。这个老师（在过去，他或她只需了解与所讲主题直接相关的知识即可）现在就需要准备大量广泛的知识以满足他或她的学生们变化多端的需求，给课堂讨论的问题提供最新的答案。基本上，科技的小小进步不仅改变了学生的环境，同时还改变了整个课堂情景以及需求。

作为人类，我们由自己的能力所控在复杂的情境中去思考和推论我们的路径。就像在课堂里一样，工作场所不断在变化且存在很大的不确定性。现代组织投入了大量的财力用于可以提高工作场所效率的新设备上。就像前面那个课堂讲课所面临的情境一样，这些新的设备对员工提出了新的需求，需要显著增加大量新的信息加工过程。这对人类的能力带来了潜在的问题。一个员工的能

力基本上可通过其生活、制订计划和解决问题等方面反映出来，这构成了其思维行为的基础(Walsh,1995; Wimalasiri,2007)。这些能力取决于高级认知过程的有限资源，而这些认知过程却是可以通过问题解决、做决策、关注线索及推理而进行思考的关键过程。表11.1所示为分成5个维度的能力。

在更为精细的水平上，我们通过在心理上形成模式或模板来克服我们认知的有限性，这些模式或模板就像启动线索一样对输入的信息进行加工。

表11.1 五种认知过程及其作用 397

| 认知过程 | 作用 |
|---|---|
| 问题解决 | 认识问题以及实施问题解决步骤的认知活动。 |
| 决策 | 在大量的选择和可能性中选择一个。 |
| 判断 | 决策的组成部分，计算大量可能事件的可能性。 |
| 演绎推理 | 对初始的正确结论判断其结论是否准确。 |
| 归纳推理 | 根据获取的信息判断特定的结论是否准确。 |

这些模式和模板被贴上各种各样的标签：启发式（Tversky & Kahneman, 1973）、图式（Bartlett, 1932）、心智模型（Senge, 1993）等。通过创造这些“迷你仓库”，我们补充了认知的局限性。有了这些迷你仓库为我们提供标准化的信息，当面对周围环境的信息时，我们可以简易地加工额外的信息，也就不必从头开始了。当缺少信息时，这些“仓库”和模式就会被使用（Hertwig & Todd, 2003），以及用非常快的速度进行加工。这都有助于我们在复杂的工作环境中较为容易地作出判断和决策（Weber & Johnson, 2009），也有助于减少人们判断过程中的压力以及诸如注意和记忆等其他的认知资源（Kahneman, 2003; Weber & Johnson, 2009; James, 1890）。

为了更好地理解这个概念，我们举个开车的例子。当你第一次学习开车时，感觉很复杂，需要大量的策略和指导，然而一段时间后，它成了我们的“第二本能”，其中一些策略也逐渐自然而然了。当遇到交通信号灯时，你会在合适的时候自动地踩下你的刹车，适当地使用离合器踏板并进行换挡。这是为保存认知能力，大脑有能力采用“心智模型”存储常规的活动，这就意味着我们在开车时不仅仅能自动驾驶，同时还可以花更多的注意力在交通和天气等之类的事上，帮助我们安全地从一地到另一地。然而，人类是“有限信息加工者和知足者”——局限于他们借助固有的认知资源能多大程度上去拓展自己的能力(Jones, 1999; Simon, 1957)。而且，这些基于先前经验而形成的模型所导致的结果是，人类没有必要为手边的判断和决策目标而服务。事实上，很多心智模型是存在缺陷的，这种缺陷在作出一个决策之后会变得更加明显（Besnard et al., 2004）。398 结果是人们甚至是一些专家都可能产生系统性误差。回到开车的例子：当正常驾驶活动被中断，也就是说你看到你后面的车正超速冲向你，你可能会紧张恐慌并意外地撞击前车或者冲闯交通信号灯而导致违章，这是最容易产生误差的地方（相关内容后续会有进一步讨论）。

HMI领域的研究在理解人们在与描述的相似或远为复杂的工作环境下是如何做出判断和决策的方面有了显著的进步。早期关于决策的研究是在实验室情境中开展的（Anderson, 1990; Kahneman & Tversky, 1979, 1984; Pennigton & Hestie, 1986; Tversky, 1994）。在实验室中，决策容易被设定和测定。这些研究使得我们深刻地理解“启发式”以及做决策时我们大脑所遵循的首要原则，使得心理学家可以借助诸如神经心理学、临床/职业心理学等分支学科去更为详细地理解行为并拓展其想法以及在更多的细节方面去应用这些研究（Anderson et al., 2005; Busemeyer & Johnson, 2004; Dijksterhuis, 2004; Gilbert et al., 2006）。

然而事实上工作场所的工作环境非常复杂。就人因工程研究者而言，将实验室的研究结果迁移到现实工作场所，面临着越来越多的问题。所要强调的是，这一运动称为“自然主义决策运动（the naturalistic decision movement, NDM）”，这一运动由俄亥俄州的代顿和30位对实际应用情境中决策问题感兴趣的社会科学家于1989年发起。他们对诸如飞行甲板、紧急控制中心、军事以及其他的一些情境，这些往往都要求在颇具风险的情境下做出决策，并通过甄选、评估和培训来提高工作进程。NDM关注有经验的个体在开展组织活动时，当面临不确定性和多变环境时，是如何凭感觉开展精准的活动的（Flin et al., 1997）。NDM领域中所开展的研究让我们更好地理解人们是如何应对工作场所中的复杂性的。NDM更为关注导致最终决策的过程，而不是某一点上的决策本身。当研究设定为组织的现场情境时，就使得NDM的研究更能理解人们是如何对压力、不确定性、应激以及团队合作做出反应的，进而有助于设计出适应极端条件下的岗位和工作环境（Flin et al., 1997），这些极端条件不可能像实验室那样控制条件。

该领域据称涉及外科医生的工作、航空公司的飞行员、麻醉师、军事人员以及其他更多的人员，其中一个关键研究结果是建议针对从事这些工作的人员，通过不断告知他们已知的东西，提供定期的反馈以克服工作的复杂性（Brehmer, 1990; Sterman, 1994）。从NDM情境中所得到的研究结果和解决方案，相较于在实验室情境中针对线性决策所得到的研究结果，可能关注更为复杂和广泛的领域。框11.2展示了一项用关键事件技术（CIT）理解外科医生的NDM框架（Yule 399
et al., 2006）。尤尔（Yule）和他的同事所使用的这个工具同样也可以用在其他的环境去识别工作中的关键因素，这些因素受到环境的复杂性和完成工作任务需要用到的技术的影响。

框11.2

案例研究：使用关键事件技术去理解外科医生的工作

关键事件技术（CIT）由弗拉纳根（1954）开发，是指对现实情境中人员行为的直接观察加以收集的一系列程序，在第9章有很详细的介绍。这一技术的设计是用来从与员工“一天的工作”相关的颇为隐性的信息中抽取信息。下面提供了有关该方法使用的一个案例。

外科医生是一份高压的工作，需要在面临手术室氛围时进行大量的复杂决策。外科医生除了学习了大量的技术技能，他们在手术期间仍然还需要使用很多非技术手段去解决问题。尤尔等（2006）使用CIT开发了一套综合的评估工具，这套工具可以鉴别非技术性技能帮助外科医生培训和选拔。他们随机选择了27名外科医生，使用CIT技术去了解外科医生在手术室处理复杂情景时的行为，由此，可以鉴别出医生在不同情境下所要采取的不同的行为。紧接着的步骤是，标识图表将会被用来测量外科医生优秀和不合格的特征。鉴别这些复杂的行为和特征的复杂清单称为“行为标识系统”。其中从研究结果开发而来的外科医生行为标识系统的一部分作为示例呈现在表11.3中。系统中清单主要的类别被叫作“技能分类”。该研究中的技能分类见表11.2，在表的左侧提供了外科医生关键的非技术技能，在右侧描述了所有

“行为标识系统”中的行为。这个清单有助于鉴别在手术室情境所需要的主要的外科医生非技术性机能。这类清单提供了比只由专家和执业医生所提供的更为详细的信息，也提供了更为详尽的有助于设计选拔和选拔新人的信息（具体见本书第9章和第10章）。针对外科医生的工作环境，尤尔等（2006）建议这个分类可以帮助避免发生因非技术技能而失败的许多不良事故。

400 表11.2 外科医生适当技能分类（Yule et al., 2006）

| 类别 |
| --- |
| 情境感知：收集、理解信息，计划和预测未来状态； |
| 做出决策：思考、选择、沟通以及实施选择； |
| 任务管理：计划和准备；面对变化的灵活应变和应对； |
| 领导力：设置和保持标准；支持他人；应对压力； |
| 沟通和团队合作：分享知识、信息并互相理解；团队活动。 |

表11.3 针对“情境感知”的适当的选择性原型行为标识系统（Yule et al., 2006）

| 类别 | 要素 | 良好行为示例 | 不良行为示例 |
| --- | --- | --- | --- |
| 情境感知 | 收集信息 | 就病人的麻醉方案联络麻醉师 | 到最后或根本都不询问结果 |
| | 理解信息 | 关注CT扫描并指出相关部位 | 忽视或忽略重要的结果 |
| | 计划和预测未来状态 | 制作手术清单考虑手术或麻醉的挑战而导致的潜在延误 | 在告知麻醉师之前就出现了可预见的失血情况 |

- 你作为一个学生或从业者的角色，需要哪些非技术性技能？
- 与这些技能相关的好的和不好的例子有哪些？

## 在组织中学习

理解人们如何在组织中学习，非常有助于洞察那些有可能在之前的情境中得以提升的高级认知过程。在职业心理学和管理学的文献中，“组织学习”这一术语起源于这样一种想法，认为组织是一种目标导向的社会结构，可以像有机体一样进行学习（Maier et al., 2003; Cyert & March, 1963）。众所周知，一个有机体要生长就要改变形态，与之相似的是，一个个体或组织的学习是改变其认知和行为。学习可以帮助我们克服我们由于认知局限而无法解决的问题（本章的前面曾探讨过）。在过去二十年，关于组织是如何学习的研究已经得到显著发展。在宏观水平，这反映着对组织能力的测评从对实体产品如物品制造的规 401
模等的衡量，正在转向对知识经济的衡量，组织之间的竞争在于组织懂得多少(Easterby-Smith & Lyles, 2005; Wimalasiri, 2007)。这种“知识”从根本上帮助组织在竞争中不落后。比如说，汽车生产商供应的是相同的市场，他们要赢得市场的销售竞争力就基于他们设计知识的增长。具体到更微观或个人的水平，组织学习可以让人们放弃之前的行为模式而去想出有效的解决新问题的办法。

从心理学视角去理解学习是早期的研究视角之一，例如巴甫洛夫（Pavlov）在20世纪初用狗做的“经典条件反射”的里程碑式的实验，他通过配对刺激揭示了学习是如何发生的（给狗提供食物时配对一个铃声，之后就可在即使没有食物的情况下也能刺激唾液产生）。斯金纳用老鼠和迷宫实验说明了有机体在学习过程中担任的更为积极的角色（Gross, 2010）。德菲利皮和奥恩斯坦（DeFillipi & Ornstein, 2005）区分了学习的4个主要领域，它们在组织文献中被频繁引用。其主题和假设如下。

- 信息加工：通过模拟人类和计算机的计算过程来实施组织的问题解决；
- 行为：假定组织的学习是通过各自的历史经验进行学习的；
- 社会结构：假定学习根基于一定的环境、关系和人；
- 应用学习：假定学习存在于个体活生生的经历并需要促进而提升。

德菲利皮和奥恩斯坦还区分了5种不同的心理学视角，归纳了这些领域所引用的原理，其主题和假设如下。

- 生物学的：假定对学习的综合理解必须依赖于生物化学和人类大脑遗传学构造的知识；
- 学习理论：假定人类的行为是学习的结果；
- 认知：假定人类学习和理解需要通过他们的思维、推理和记忆；
- 社会—文化：理解人类需要通过其生活和工作背景；
- 心理动力：人们的大多数的行为似乎根植于其过去经历和童年。

通过对组织研究大量的回顾，德菲利皮和奥恩斯坦提出了学习的核心理论

去解释工作场所的学习行为。表11.4是一个更新版的德菲利皮和奥恩斯坦“心
402 理学视角”的组织理论。

表11.4 心理学视角和组织理论

| 心理学视角下的组织学习 | 信息加工：通过模拟人类和计算机的计算过程来实施组织的问题解决 | 行为：假定组织的学习是通过各自的历史经验进行学习的 | 社会结构：假定学习根植于一定的环境、关系和人 | 应用学习：假定学习存在于个体活生生的经历并需要促进而提升 |
|---|---|---|---|---|
| 生物学的：<br>对学习的综合理解必须依赖于生物化学和人类大脑遗传学构造的知识 | 储存和记忆分布在不同组织中（March,1991） | | | |
| 学习理论：<br>人类的行为是学习的结果 | 学习就像计算（Huber,1991），刺激—反应是一种低水平的学习（Fiol & Lyles, 1985） | 结果塑造学习（Lant & Mezias, 1990） | 社会学习发生在关系当中（Orr,1990; Wenger,1998），个体就是科学家，他们所处的环境就如实验室（Polanyi,1996） | |
| 认知：<br>尝试通过人类的思维、推理和记忆去理解人类 | 产生感觉的过程意味着水平的学习（Fiol & Lyles, 1985） | 学习的轨迹是之前学习的累积（Nelson & Winter, 1982） | 认知来源于感觉产生的累积（Weick, 1991），认知可以帮助扩展来自环境的即时信息（Weick et al., 2012） | 学习来自于体验的过程（Kolb, 1984）和反馈（Lewin, 1946）；认知来自于被分享的心智模型（Salas & Canon-Bowers, 2001; Kim, 1993） |
| 社会—文化：<br>理解人类需要通过其生活和工作背景 | | | 群体社会性地构建了意义（Brown & Duguid,1991） | |
| 心理动力：<br>人们的大多数的行为似乎根植于其过去经历和童年 | | 历史问题（Nelson & Winter, 1982） | | 个体和团体的防御潜在于组织学习中（Argyris & Schon,1974） |

来源：伊斯特比-史密斯和莱尔斯(2005)

表11.4是一个有益于在浩瀚文献中遨游的工具，这些文献涉及组织学习和理解学习是如何在组织中实施从而帮助人们克服即时信息的有限性，本章之前曾探讨过这方面的问题。 403

组织中存在很多不同的方法去开展组织学习和组织成员之间分享知识，其中的一些方法就是像运用信息和沟通技术（information and communication technology, ICT）系统之类的知识管理项目。它是一种包括企业内部网络系统和网络软件到传统的电话和电话会议设施等在内的系统。其他非正式知识分享的方式包括使用开敞式办公室、头脑风暴室、团队课余时间以及凉水区域周围的“友好区域”等，在这些地方，员工很容易聚集一起非正式地分享观点（Wimalasiri, 2007）。虚拟系统正被越来越多的应用在员工沟通和组织学习中，人因工程专家在提升这些系统的使用效率方面扮演着角色（Stanney et al., 1998）。这些科学技术帮助人们去具体化和培训进入那些难以想象的复杂情景（例如Xanthopoulou & Papagiannidis, 2012。参见框11.3）。

框11.3

**职业心理学实践**

通过第二人生提升工作中的学习和绩效

先进的虚拟科技给我们提供了通过使用图像技术拓宽我们生活的世界的机会，并为我们打开了一个全新的生活和工作方式。第二人生（Second Life）是一种工具，最初由美国林登实验室开发，该工具可由人们设计一个代表自己的替身而在网上生活“第二人生”（BBC, 2009）。这是一个角色扮演游戏的基础平台，提供了一个平行的三维场景，玩家在那里可以通过自己的替身和他人互动，且能根据自己的喜好投入或适应该虚拟环境。最近有一项纵向研究通过考察游戏的溢出效应，探讨虚拟游戏是否能够给玩家提供深刻的洞察力和提高工作绩效（Xanthopoulou & Papagiannidis, 2012）。溢出效应是指一个人将技能和心理学状态从一种环境迁移到另一环境的效应（Edwards & Rothbard, 2000）。在其他众多因素中，研究关注虚

404

拟游戏中的学习经验如何溢出到真实的工作环境中，又是什么影响了玩家的工作绩效。研究发现，在游戏环境中学习得高分的人能够将学习技巧应用于真实的工作场景。同时在虚拟环境学习能获得高分的人也能够将其学习技能迁移到他们的工作环境中去，这表明那些在虚拟情境中投入更多学习积极性的人，在外部环境中会有同样的表现。同样那些表现得不好的个体也会较少将那些学习技能迁移到他们的工作中去。使用虚拟平台练习工作行为的优势在于这个平台可以允许试误，这是学习的一个关键要素。在不能试误的工作场所使用该技术特别有用。早期的虚拟技术使用是在军事领域开展设置和实施虚拟战争场景并开展训练。

影响依赖虚拟技术进行工作绩效培训的关键问题是什么？

你能看到在你自己的工作场所使用虚拟技术吗？

## 组织即系统

组织是复杂的环境。也因其复杂性，当与环境相互影响时，每个组织都依赖于不同的具有共同目标的子系统来完成大量的任务（Clegg & Dunkerley, 1980: 190）。和其他任何有机体一样，组织也必须适应它的环境，为了生存而形成特定的条件，并且任何对系统的理解都必须将所涉及的各子系统考虑进去。

多数现代的组织被看作是“开放系统”，其子系统间相互依赖共同作用。系统论者将“开放系统”定义为与其环境相互作用的系统，并动态地依随环境而发展变化（Mingers & White, 2010）。这样的系统一旦形成，只需很少的控制（Sanders & McCormick, 1993）。相反，一个“闭合系统”不能和它所处的环境间进行信息和加工的交换，是一个高度受控和孤立的有机体，它不依赖于其所处的环境。结果是它为了生存，依赖于从它的操作环境中获得的反馈。更为新近的系统理论意识到系统具有内在的不确定性（Weick, 1995, 2012）。系统理论也在第8章中有涉及。这一观点包含在混沌或复杂性理论中（Anderson, 1999;

Kauffman, 1995; Waldrop, 1992）。依据该理论范式，其他内在的或外在的变化可能都会给系统带来突然而剧烈的变化。以“9・11”恐怖袭击事件为例，模糊事件的暴发对一个复杂系统所产生的影响，为我们提供了一个良好的领悟。

2001年对纽约市双子星大楼的袭击，产生了一个有关大楼摧毁的“新奇模板”，人们争相以各种方式给它贴标签，“自杀性劫机”和“飞机炸弹”这两个标签都卡壳在“已经明了的情形”。关于自杀性劫机的观点……是联邦航空管理局想象出来的。基于一张貌似恐怖场景的简短列表，但经判定似乎又不可能，因为该场景中没有关于要求释放被美国俘虏的极端分子的对话。但没有想到这一可能，即恐怖分子可能对对话根本不感兴趣，他们只想摧毁和破坏（Weick, 2005: 425）。 405

美国联邦政府基本上能够预测各自单独的事件及它们的相互影响，但不一定能预测这些事件共同引起的结果。尽管这是一个极端的例子，但它为一个紧密联系的系统提供了良好的解释（Anderson, 1999）。为了中和由这样紧密联系的系统所引起的效应，这种系统应对灾难是不灵活的，系统复杂性理论家认为组织应该是扁平式结构，有自治的代理人去更好地承受由灾难引起的后果（Mingers&White, 2010）。扁平式结构帮助人们放弃由等级边界带来的官僚作风，使人们在决策的灵活性上有更多的自主性并更具时间效率。在“9・11”事件中这可以加快层级间沟通及航空部门和军队的沟通，以便于共同决策。这也能够帮助人们提高对超乎已知事件的想象力，从而预防未来类似事件的再次发生（Weick, 2005）。最近的大量灾难已经提供了更实际的方式去克服其复杂性，通过使用公共的“鸟瞰”获得一个关于当下情形更广阔的视角：如通过使用推特和博客。2011年伦敦骚乱，BBC使用这些方法相当有效地定位了犯罪嫌疑人并有效地减少了损失。

## 人因误差

了解到组织系统既是复杂的且又被人类来操作的，而人类本性是容易犯错的，由此就存在出现误差的空间。人因误差是指“所有这些场合，某项预计的心理或生理活动没能达到预期目标，而这些失败不能归因于某些偶然”的现象

（Reason, 2009: 9）。人因研究发现，误差是任务和人类心理和生理能力不匹配的结果（Sharit, 2006）。众所周知在组织中，误差最终会引起事故，在一些案例中甚至包括死亡以及组织整体或部分遭到破坏。可以确定的是，之前讨论过的“9・11”事件中的有关地面上的因素，部分归因于人因误差（Weick, 2005）。更不必说一些已经发生的归因于人因误差的重要事件，它们为该研究领域提供了主要的转折性的观点，已帮助我们增进了有关人类和系统误差的知识，并有助于避免在其他类似工作环境中出现误差（框11.4）。

框11.4

**职业心理学实践**

三个主要灾难以及我们可以汲取的教训

**派珀・阿尔法（Piper Alpha）灾难**：该灾难发生于1988年，是世界第一例离岸石油平台爆炸事故。该事故发生的原因是：工人在清洁设备期间去除了安全阀门，但未及时重新装上（人因误差），所产生的气体泄漏在平台上引起爆炸并造成100多人死亡，同时也对相关基础设施造成极大的破坏。

教训：对灾难进行了很多年的调查和评估，发现最重要的建议之一是：在其他类似工作环境中的轮班变更时应加强工作交接的沟通（Lardner, 1999）。

**兰仆林（Ladbroke Grove）灾难**：该灾难是发生于1999年的一起火车相撞事故，造成31人死亡，数百人受伤。事故的起因是一列火车的驾驶员闯过红灯，撞向另一列火车。

教训：罗德・卡伦在2000年完成了对该事故的主要调查，结果表明：该事故的发生更可能是全系统范围的误差，而不仅是终端用户的误差。信号的可视性、驾驶员培训、管理等问题与系统范围内的因素有关。该调查提出的建议已有助于提升相关人员的安全文化意识，从而减少了其他类似环境中的事故和误差（Cullen, 2000）。

**哥伦比亚号（Columbia）灾难**：该灾难发生于2003年，是航天飞机在重新进入大气层时解体引发的事故。该事故造成7名机组人员全部丧生，航天飞机损坏到无法修复，同时对美国航天局（NASA）的声誉也造成了损害。

教训:令人惊讶的是，对该事故的调查结果显示，它的飞行风险管理程序与1998年发生的美国航天局（NASA）挑战者灾难具有相似的特征。NASA的调查报告恰当地指出了以下几个教训：委员会早期就意识到了事故可能不是异常、随机的事件，在一定程度上更可能与NASA的历史和人类太空飞行计划的文化有关。因此，委员会从一开始就扩大了其调查范围，既有对历史和组织问题的广泛调查，也考察其政治和预算方面的考虑和妥协，以及在“航天飞机计划”进展中优先事项的不断改变（NASA, 2003: PP9）。

关于人因误差的研究有两个主要流派：一个是把使用系统的人视为误差源，另一个是把人所在的系统视为误差源 (Wimalasiri et al., 2010)。在卡伦对派珀·阿尔法（Piper Alpha）灾难进行报道之前（Cullen, 1990），大家的注意力主要集中在寻找导致最终事故的系统使用者（个体和人们）和机器方面的误差。它强调合理追责和找到根本原因（Dorner, 1996）。然而，随后很多新近的研究，例如贝克的报告( Baker et al., 2007 )，更多地将原因归结于系统内部存在的误差。 407
然而，直到进行调查，整个利益链顶端的错误原因才可能被清楚地指出。害怕被追责和面临诉讼仍然常常是事故漏报的原因。这可能导致潜伏于系统中误差的孵化，当遇到合适的条件时，它们汇集在一起就会造成灾难性的后果。

这种系统性误差发展到灾难阶段的过程经常通过里森（1990）的“瑞士奶酪”模型来描述（见图11.1）。该模型认为组织存在于具有许多防御功能的层级中，其功能是保护潜在的受害者和组织的资产免受局部危害。其中一些是工程类的（例如警报、物理屏障、自动关闭装置）等，另一些依赖于人（例如外科医生、飞行员、机器操作员），还有一些依赖于程序和管理控制（例如审计过程）。在理想的世界中，所有这些防御机制都是完整的，并且相互协调工作，以保护系统并使其高效地运行。

然而，我们生活在一个经常以不理想的方式行事的世界，正如我们所讨论的那样，这个世界是复杂的并且具有高度的模糊性。为了解释这些不确定性，里森（1990）指出他的误差模型中的各层中都带有孔（类似于一片瑞士奶酪）。这些孔是指系统中的误差，当合适的条件出现时，很可能导致误差，这就是大家都知道的潜在误差。它们在系统中的存在并不一定会导致误差，但当带有各种孔组合的层排列成一个轨迹，将事故与最终结果（通常导致死亡或重大事故）联系起来时，问题就可能出现了。以下面的场景为例：一个设计工程师在不知情的情况下将“开始”按钮（贴上了“开始”标签）放置在了通常位于“停止按钮”所在位置。当设备最终投入使用时，如果错误或失误进入最终构建阶段仍未被审核程序发现，那么在紧急情况下终端用户由于正常的反射反应（如果你还记得前面讨论过“有限的能力信息处理器和满意者”的想法——这很像反应），可能会在实际上表示停止的情况下按“开始”按钮。这称为主动失误，通常可以追溯到系统的最终用户。这可能是最容易识别的误差。

框11.5的案例有助于我们了解供应链顶端错误的整个系统对误差的影响，以及如何影响终端用户。这个研究说明了该系统对终端用户的误差影响较大。

框11.5

案例学习2：误差与离岸平台设计工程师

为海上离岸油气平台设计图纸的设计工程师，在排除这些平台终端用户的风险方面发挥着至关重要的作用。设计师利用他们的工程知识将一组操作标准最终转换为功能性的石油平台的终端产品。
408 因此，设计工程师在想象和设计中也起着关键作用，它们最终成为在石油和天然气平台上工作的终端用户所掌握和操作的技术。那么，在平台设计和建造的各个阶段，都必须遵守的一项重要规则是排除能够引起终端用户错误的任何可能误差，从而避免这些平台日常工作中发生的事故和死亡。虽然这些在个人和设计师群体的头脑中是概念化的，但从本质上来说，这些设计师会受到整个系统的影响，其中很多东西是隐藏在直接意识之外的。

人因误差是由个人和系统层面的许多因素引起的。要理解设计师的误差，重要的是要了解影响设计过程的众多因素之间的相互作用，这些因素涉及所使用的工具、与同事的交互作用、系统的社会政治因素、社会—认知因素、政治因素以及与设计师和支持油气平台设计施工过程的利益相关者有关的文化因素等。

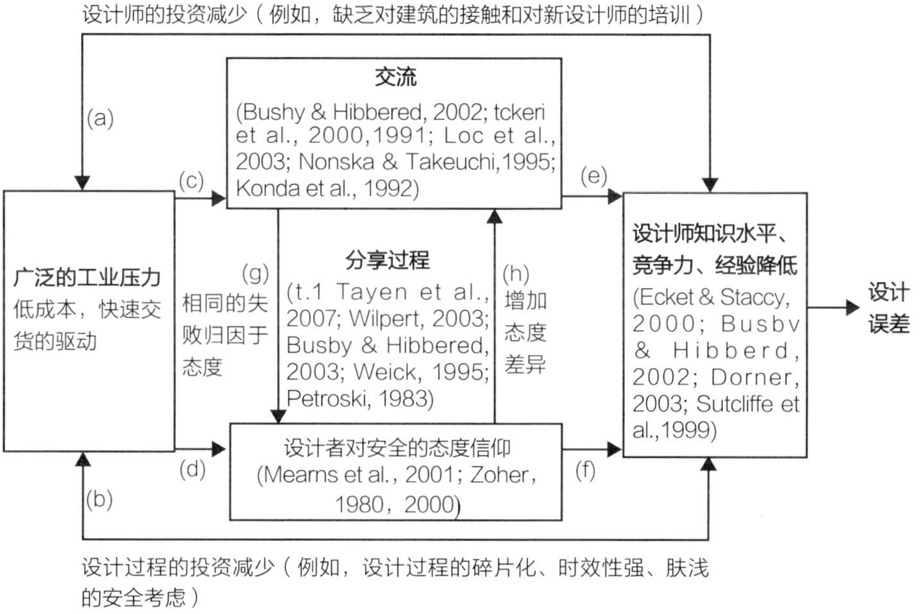


409

图表显示了多种因素的复杂相互作用，这些因素在油气平台设计师以及设计过程中基本上会影响将风险转移到最终建构阶段的过程，也会影响事故和误差发生的可能性。

- 在你的工作中，有哪些会导致错误的个体误差和系统误差?
- 如何降低误差?

误差出现的方式因情境、因人而异。可能发生的误差类型将根据工作情境有很大的不同。误差可以解释为“未按计划进行的操作”。例如，如果你认为早餐的时候将黄油放入茶中，把牛奶放入吐司面包上是一种误差，那么这种类型的误差相对容易觉察。要么你在早餐的时候更为仔细地注意自己的记忆疏忽，要么让别人在你将要重复这个误差时提醒你。但是有些类型的误差及其来源不是很明显。里森（2008）提出，可以通过提供通用的误差分类系统来改善误差的检测，该系统可以通过简单地解释一个通用的误差分类列表，规定多种行为类别来识别和减小误差产生行为。与你自己工作情境相关的列表如下：

- 遗漏：序列中所必需的关键步骤被意外遗漏。例如，在煮茶时忘记使用热水；似乎不能用冷水将茶泡发。
- 干扰：将不必要的动作引入到规定的顺序中。例如，用喷灯去煮鸡蛋，那样极有可能破坏鸡蛋外壳。这样的例子在生活中并不少见，正如我们在其中一项研究中（Wimalasiri et al., 2010）发现的：有人在手钻还在工作时开小差（挖鼻孔），所以他报告说自己受伤了。
- 重复：不必要的任务重复。例如，如果你不停地将茶包放入茶杯，最后你将得到一杯不能喝的浓茶。
- 错误对象：在错误的环境下做正确的行为。例如，如果你想制作法国吐司，但却把茶包和牛奶放进烤盘里，结果将不可食用。
- 错误顺序：正确的行为错误的顺序。例如，如果想做一个煮鸡蛋当早餐，但你把鸡蛋打在杯子里，把蛋壳放进开水里。不过除非你喜欢吃生鸡蛋，否则你会吃到一些不能吃的东西。
- 错误时间：正确的行为错误的时间。例如，如果你把烤好的吐司再放入吐司机。

410 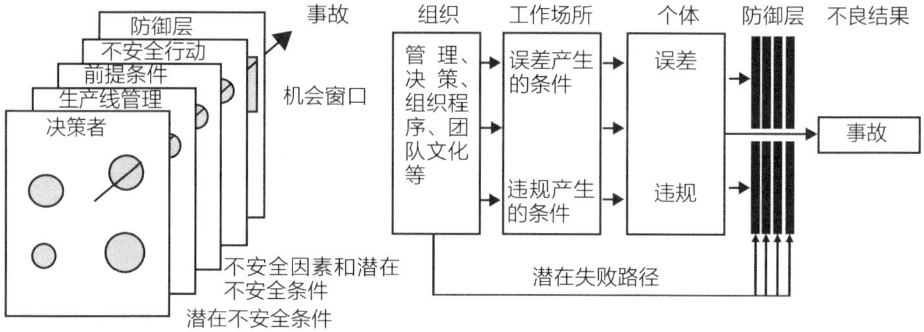


图11.1 瑞士奶酪模式

411 - 混乱：两个服务于不同目标的行为意外混合。例如，如果你把面包、牛奶、鸡蛋、糖、茶包放入烤盘里，同时准备做法式吐司和茶，那么你既吃不到法式吐司也喝不到茶。

用这些早餐时间的例子来解释里森的误差分类系统是有原因的：这只是为了说明它们可以应用于各种情况中，无论多么复杂或简单，都可以帮助识别可能在该系统中发生的误差。如果你可能会在早餐时间使用这个系统来检测误差，那么在早餐区域的冰箱上贴个便条可以帮助你注意到每天早上可能发生的误差。类似地，采用被称为“瑞士奶酪”的模型，对工作场所可能发生的日常误差会有一个很好的了解，可以帮助减少工作场所中最简单的潜在误差，帮助避免更严重的灾难。最近的研究表明，可以通过减少系统中设计人员的误差来对工作进行设计（Daniels et al., 2008）。

人因工程专家的主要角色是确定系统里设计过程中的人因问题。这需要理解人的需求、他们在部门或组织内的角色、人员的需求以及即时和广泛的系统、系统的各个组成部分与利益相关者之间的关系及其相互作用等。系统优化主要涉及以下方面：改进工作人员的任务；工作间期和技术的设计；开发新的培训材料去支持用户的工作设计并开发评估行动有效性的评价和审核工具。

## 自动化和人机交互（HMI）的未来

公正而言，我们正处于“技术依赖”的时代，这几乎已经成为全世界社会的第二天性（Harper et al., 2008）。今天我们可以通过手机选择购买食品、核查银行余额、做旅行攻略；先进的计算机系统管理着我们从一个目的地飞往另一个目的地的飞机上的大部分导航；机器人可以帮助清洁和烹饪；语音自动化系统可使那些不太会自己驾驶回家的人更安全地回家并照顾好他们自己。工作世界也同样发生着戏剧性的变化，这些变化是由于诸如技术进步的速度、全球化和跨学科边界变小导致的知识进步、快速变化的气候和传统能源的限制等因素引起的。目前，自动化和人机交互领域工作者面临的一些问题包括：

- 气候的急剧变化引发了对所谓的“绿色工效学”的需求，这将导致我们对生 412
  活、工作和消费的看法发生根本性转变。由于对替代能源的需求，现在风力发电场的建设有所增加（Institute of Ergonomics and Human Factors, 2011）。
- 人类工效学有一个新的分支叫作“神经工效学”，旨在学习基因层面的神经活动如何影响技术系统的设计（Parasuraman & Wilson, 2008; Proctor & Vu, 2010）。
- 最近的一个工作分支（Harper et al., 2008）是将与交互相关的人类情感和肢体动作整合到虚拟现实系统中。其目的是这样的系统可以帮助人们在不在场的情况下，也可以更有效地跨洲交互作用并一起执行更复杂的任务。

- 太空旅行也正在成为一项可能大规模进行的活动，这些系统将提出一系列全新的自动化和人机交互问题。
- 虚拟现实越来越多地被用于工作环境中，以克服思维的局限，或帮助训练人们应对复杂的情况。

所有这些进步可能意味着需要自动化和人机交互专家的专业知识来帮助开发新的工作环境和工作所需新的操作系统、场所、安全文化和培训需求。这只是少数的例子，也许当你拿到这本书的时候，其中的一些可能已经是老新闻了。

这些重大的技术进步对自动化和HMI都有影响。首先，技术的变化步伐使我们更难跟上人机交互可能产生的问题，当我们找到解决方案时，我们可能会发现技术已经进步了，这些解决方案变得多余。哈珀等人(Harper et al., 2008)提出以下建议，以适应不断变化的人机交互领域的复杂性:

1. 不断回顾HMI的研究和设计方法;
2. 重新考虑技术使用的限制条件以及该技术的多种可能应用(包括在不同的环境中);
3. 与其他学科保持联系，并考虑它们在当前技术现状和未来技术中的作用;
413 4. 考虑技术对整个社会的影响，因为变化可能对群体产生超越直接应用的更广泛的伦理和社会影响;
5. 与政府、政策和社会紧密结合，为上述工作提供帮助;
6. 在全球水平上展望未来至少14年;
7. 在培训未来的HMI专家时考虑这些更广泛的影响和素质。

## 小结

本章对自动化和HMI子学科提供了广泛的理解。该领域是职业心理学所有子学科中最年轻的领域，其根源于工程学。为适应那些在该学科领域工作的人们的需要，更为重要的是反映工作环境中的技术进步，它已进行了调整和发展变化。HMI在早期就包含了人类因素和人体工程学，并通过其发展历程获得了许多其他学科的支持和兴趣，直至发展为现在这个状态。从其卑微的发端(那时为赢得战争招募了心理学家），到HMI现在已扩展到诸如替代出现的工作形式之类的新兴领域，以及帮助人们理解并在日益复杂和技术驱动的环境中工作。考虑到我们生活在是由技术驱动的社会,我们很可能会看到这一领域快速显著地增长，并且可能在职业心理学的其他关键领域中获得更为突出的地位。

## 深入探究

扫描二维码，获取更多资源。

### 讨论题

1.HMI发展的历史上有哪些重要的节点？

2.心理学家对HMI领域有哪些贡献？

3.什么是人因误差？如何在系统中限制人因误差？ 415

4.有哪些新进展可以推进HMI的发展？这将如何影响其子学科？

### 样例论述题

1.讨论：组织必须设计系统以容纳出错的可能性。

2.讨论：组织学习是如何帮助人们去克服工作环境中的复杂性的？

### 样例测试题

1.职业心理学是如何在自动化和人机交互领域发挥其作用的？

2.批判性地评估“自动化”和“HMI”这两个术语在职业心理学领域的应用，以及它们描述该领域工作实际广度的水平。

3.复杂的组织教会了我们什么？

## 职业心理学实践：工作中的一天

### 钱德拉·哈里森博士，自由研究员

<table>
<tr><td>你在职业心理学的哪些领域工作?</td><td>我正式的职位头衔是用户体验研究员，该职位包含了各种不同的角色，涉及产品和服务的以人为中心的设计。从根本上讲，我通过在设计过程中进行形式化或总结性的研究来帮助公司改进其产品（见图）。在产品开发的规划阶段，我会主持战略性利益相关者研讨会，以确定方法和业务需求；开展人种学研究以了解用户需求；创建用户需求文档，包括角色、用户场景、线框、信息架构图等帮助设计；通过对原型进行质性研究以帮助设计；进行最终评估，以评估产品是否达到了要求。我还会在各种不同的平台（手机、网络、软件、产品）提供可使用性和易接近性方面的咨询和培训。我的工作包括本着以人为中心的设计原则，为所有产品使用者设计更高效、舒适、令人满意的产品。<br>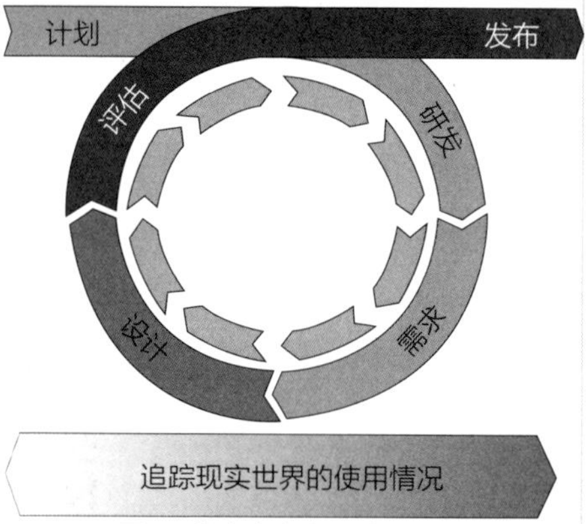<br><br>图1　以人为中心设计的环节</td></tr>
<tr><td>你是如何对该领域产生兴趣的?</td><td>当我年轻的时候，我喜欢看事物是如何运作的，从引擎到花园大门。我会把东西拆成碎片，看看能否以更好的方式把它们重新组合在一起，让它们更有效、更高效或使用起来更令人满意。每当我与任何产品、服务或网站进行交互时，我都能看到可以改进的地方。<br>我还意识到，对大部分人来说，使用主流电脑产品是多么困难，尤其是老年人和残疾人。很多人经历过的挫折（比如我爸爸尝试使用电脑）促使我探索为什么科技会引起不同的负面情绪。学习如何使用技术（比如控制重型机械）所需要的认知负荷促使我探索如何让产品更容易使用。残疾人缺乏独立性和医疗设备的社会不良声誉，促使我帮助设计辅助技术，不仅使用方便，而且减少了依赖性和社会不良声誉。<br>在我本科的心理学学习中发现了人因因素之后，我意识到该职业提供了一种通过更直观、更容易使用的技术来帮助人们。我的第一个主要项目是与一家生产低视力阅读器的公司合作，与视力有障碍的老年人合作，研究如何让产品更易于使用。</td></tr>
<tr><td>什么样的组织会对你的工作感兴趣？为什么?</td><td>每一种类型的组织都得益于应用以人为中心的设计原则。例如：<br>● 像BBC等的广播公司利用以人为中心的设计去帮助确保它们的产品以一种无障碍的方式呈现。例如，确认它们的网站对残疾人更易登陆。<br>● 制造商利用以人为中心的设计来帮助确保它们的产品符合用户的技能和（身体、认知和情感）限制。例如，确保移动电话足够小，可以单手拿着和操作。<br>● 软件制造商利用以人为中心的设计原则来确保软件符合用户的心智模式，以确保软件更容易使用。例如，设计的会计软件符合会计人员实际工作的方式。<br>● 旅游公司利用以人为中心的设计原则来帮助简化购买过程。例如，使得查找符合用户成本和时间需求的航班变得更容易。</td></tr>
</table>

续表

| | |
|---|---|
| | ● 政府机构利用以人为中心的设计来帮助公众快速、轻松地获取信息。例如，计算出有关洪水缓解的信息需求。<br>● 慈善组织可以使用以人为中心的设计原则来帮助优化它们的网站，使用户更容易地进行捐赠。<br>● 医疗设备公司将以人为中心的设计原则应用于它们的产品，以减少出错的机会。例如，测试护士是否能够在心理压力下操作有关安全的关键技术。<br>这样的例子不胜枚举。它们的共同之处在于，都采用以人为中心的设计，使它们的产品让所有参与使用它们的人用起来更好，更安全，更容易，更快捷且更令人愉快。 |
| 你的工作遵循了哪些理论、文献和研究? | 我所在领域的大多数从业者都有研究生学位。许多人来自心理学、计算机科学、设计或互动媒体背景，以人为中心的设计理论是建立在对行为、认知、情感、社会心理学和人因因素的扎实理解之上的。<br>由于近年来这一领域的巨大发展，出现了大量表面上覆盖这一理论的通俗读物。这为网络领域的许多从业者提供了一些理解，但是要将以人为中心的设计应用到更复杂的系统中，还需要更多的理论知识和坚实的知识。对于设计空中交通管制室之类的人员来说，全面了解用户的需求非常重要。重要的是在误差变得无法接受之前，要知道在哪个感觉通道上，在哪个频率上，可以处理多少信息。扎实的心理学和其他人因因素原理知识是至关重要的。<br>对我们来说，考虑任何项目的业务、任务和环境需求也很重要。作为研究人员，我们考虑物理、组织和技术环境需求以及人类需求。 |
| 你认为这方面的主要进展是什么? | 以人为中心的设计并不新鲜。但过去十年中最大的变化是：该学科已经从纯粹基于工作的系统分析转向考虑更软的人因因素，如情感，并从物理产品转向更数字化的领域。 418<br>情感元素的设计现在得到了大量的关注。过多的非基于工作的系统(如游戏和网络)已经产生了一种愿景，即超越保证产品的有效性和效率，在更大程度上追求产品的满意度。虽然在安全性至关重要的环境中，功能、可靠性和可用性是设计中最重要的方面，但在风险不那么敏感的环境中，更多的是关注快乐、欲望和个人意义。 |
| 可以列举一下你的日常工作吗? | 我是一名顾问，每天都要处理不同的项目。但根据项目的不同进展，每天有五种基本类型的工作:<br>业务开发日可能包括:<br>● 和客户谈他们的研究需求;<br>● 准备或向客户介绍我们可能做的研究工作;<br>● 为客户撰写计划中的研究工作建议书;<br>● 参加会议和行业讲座，提高行业知名度;<br>● 与客户闲聊。<br>一旦工作取得成功，接下来的几天将是准备工作，可能包括:<br>● 与客户深度交流，以厘清研究参数;<br>● 研究产品，以便我们知道需要什么;<br>● 为面谈撰写讨论指南;<br>● 建立研究环境;<br>● 准备日记研究的材料; |

续表

| | |
|---|---|
| | ● 寻找研究被试。<br>一旦一切就绪，我们便进行数据收集以供研究，这可能包括：<br>● 访谈被试；<br>● 在做可行性审核之类工作时进行产品测试；<br>● 观察、追踪被试；<br>● 从数据记录器或网络分析中编译数据。<br>一旦收集了所有的数据，我们需要数据分析，这包括：<br>● 探索数据趋势；<br>● 回顾审核和编码视频或音频文件；<br>● 处理研究数据（如果我们正在做大规模的调查）；<br>● 与客户就研究结果召开专题研讨会；<br>● 澄清数据中的误差；<br>● 确定所要提供的建议；<br>419 ● 创建角色、线框、网站地图、分类系统；<br>● 创建视频重点。<br>最后阶段将向客户介绍结果，这包括：<br>● 撰写报告，通常是用PowerPoint呈现；<br>● 向不同的利益相关者提交报告；<br>● 与客户召开专题研讨会讨论如何实施所提出的建议。 |

# 参考文献


Anderson, J.R. (1990) *The Adaptive Character of Thought*. Hillside, NJ: Lawrence Erlbaum Associates.

Anderson, J.R., Albertm, M.V. and Fincham, J.M. (2005) ‘Tracing problem solving in real time: fMRI analysis of the subject process tower of Hanoi’, *Journal of Organisational Neuroscience*, 12: 1261–74.

Anderson, P. (1999) ‘Complexity theory and organisation science’, *Organisation Science*, 10(3): 216–32.

Argyris, C. and Schon, D.A. (1974) *Organisational Learning :a Theory of Action Perspective*. Reading, MA: Addison Wealey.

Baker, J.A., Leveson, N., Bowman, F.L., Priest, S., Erwin, G., Rosenthal, L., Garton, S., Tebo, P.V., Hendershot, D., Wiegman, D.A. and Wilson, L.D. (2007) The report of the BP U.S. oil refineries independent safety review panel. Available at: http://www.bp.com/bakerpanelreport (accessed 9 October 2012).

BBC (1999) ‘What happened to 2nd life?’. Available at: http://news.bbc.co.uk/1/hi/8367957.stm (accessed 1 november 2012).

Bartlett, F.C. (1932) *Remembering*. Cambridge: Cambridge University Press.

Bartlett, F.C. and Mackworth, N.H. (1950) *Planned Seeing, Air Ministry Publication*. London: His Majesty's Stationery Office.

Besnard, D., Greathead, D. and Baxter, G. (2004) 'When mental models go wrong: co-occurances in dynamic, critical systems', *International Journal of Human-Computer Studies*, 60: 117–28.

Bos, N., Olson, J., Gergle, D., Olson, G. and Wright, Z. (2002) 'Effects of computer-mediated communications channels on trust development', in *Proc., CHI.(Computer Human Interaction)*. New York: ACM Press.

Brehmer, B. (1990) 'Strategies in real-time dynamic decision making', in R.B. Hogarth (ed.), *Insights in Decision Making: A Tribute to Hillel J. Einhorn*. Chicago: The University of Chicago Press

Brown J.S. and Duguid, P. (1991) 'Ozganizational learning and communities of practice: towards a unified view of working, learning and innovation', *Organisation Science*, 2: 40–57.

Busemeyer, J.R. and Johnson, J.G. (2004) 'Computational models of decision-making', in D.J. Koehler and N. Harvey (eds), *Blackwell Handbook of Judgement and Decision Making*. Malden, MA: Blackwell.

Carroll, J.M. (1997) 'Human-computer interaction: psychology as a science of design', *Annual Review of Psychology*, 48: 61–83.

Clegg, S. and Dunkerley, D. (1980) *Organisation, Class and Control*. London: Routledge & Kegan. 420

Cullen, W.D. (Lord) (1990) *The Public Inquiry into the Piper Alpha Disaster*. London: Department of Energy.

Cullen, W.D. (Lord) (2000) *The Ladbroke Grive Rail Inquiry (Part 1 & 2)*. Norwich: HSE Books.

Cyert, R.M. and March, J.G. (1993/1992) *A Behavioral Theory of the Firm*, 2nd edn. Englewood Cliffs, NJ: Prentice Hall.

Czaja, S.J. and Nair, S. (2006) 'Human factors engineering and systems design', in G. Salvendy (ed.), *Handbook of Human Factors and Ergonomics*. Chichester: Wiley.

Daniels. K., Beesley N., Cheyne, A.J.T. and Wimalasiri, V. (2008) 'Coping with demands it's what you do with contral and support that counts :an experience-sampling study of affect and cognitive functioning', *Human Relations*, 61(6): 845–74.

Daniels, K., Beesley, N.J., Wimalasiri, V.P. and Cheyne, A.J.T. (in press) 'Problem solving and well-being: exploring the instrumental role of job control and social support', *Journal of Management*.

Davies, J.G.W. and Toplis, K.C.F (1984) 'The British psychological society scientrfic and professional affairs board's working party on the future of occupational psychology report', Internal report of the British Psychological Society.

DeFillipi, R. and Ornstein, S. (2005)'Psychological perspectives underlying theories of organisational learning', in M. Easterby-Smith and M.A. Lyles (eds), *Handbook of Organisational Learning and Knowledge Management*. Malden, MA: Blackwell. pp.19–37.

Dijksterhuis, A. (2004) 'Think different: the merits of unconscious thought in preference development and decision making', *Journal of Personality and Social Psychology*, 87: 578–98.

Dix, A., Finlay, J., Abowd, G. and Beale, R. (1993) *Human-Computer Interaction*. Harlow: Pearson.

Dorner, D. (1996) *The logic of Failure: Recognizing and Avoiding Error in Complex Situations*. New York: Metropolitan Books.

Easterby-Smith, M. and Lyles, M. (2005) 'Introduction: watersheds of organisational learning and knowledge management', in M. Easterby-Smith and M.A. Lyles (eds), *Handbook of Organisational Learning and Knowledge Management*. Malden, MA: Blackwell. pp. 1–16.

Eason K.D. (2002) 'People and computers: emerging work practice in the information age', in P.B. Warr (ed.), *Psychology at Work*, 5th edn. London: Penguin.

Edwards, J.R. and Rothbard, N.P. (2000) 'Mechanisms linking work and family: clarifying the relationship between work and family constructs', *Academy of Management Review*, 25: 178–99.

Eysenck, M.E. and Keane, M.T. (2010) *Cognitive Psychology: A Students Handbook*. Hove: Psychology Press.

Flanagan J.C. (1954) 'The critical incident technique', *Psychological Bulletin*, 51(4): 327–59.

Fitts, P.M. (1958) 'Engineering psychology', *Annual Review of Psychology*, 9: 267–94.

Fiol, C.M. and Lyles M.A. (1985) 'Organisational learning', *Academy of Management Review*, 10(4): 803–13.

Flin R., Salas. E., Strub. M. and Martin, L. (1997) 'Introduction', in R. Flin, E. Salas, M. Strub and L. Martin (eds), *Decision Making Under Stress*. Aldershot: Ashgate.

Gilbert, S.J., Spengler, S., Simons, J.S., Frith, C.D. and Burgess, P.W. (2006) 'Differential functions of lateral and medial rostral prefrontal cortex (area 10) revealed by brain-behavior associations', *Cereb Cortex*, 16(12): 1783–9.

421 Gilmer, H. (1960) 'Industrial psychology', *Annual Review of Psychology*, 11: 323–50.

Gross, R. (2010) *Psychology, The Science of Mind and Behavior*. Abingdon: Hodder.

Harper, R., Rodden, T., Rogers, Y. and Sellers, A. (2008) *Being Human: Human-Computer Interaction in the Year 2020*. Cambridge: Microsoft Research Ltd.

Hayward, R. (2001) 'Our friend electric: mechanical models of mind in postwar Briatin', in G.C. Bunn, A.D. Lovie and G.D. Richards (eds), *Psychology in Britain Historical Essays and Personal Reflections*. London: The Science Museum and the British Psycholodical Society.

Hendrick, H.W. (1991) 'Ergonomics in organisational design and management', *Ergonomics*, 34(6): 743–56.

Hertwig, R. and Todd, P.M. (2003) 'More is not always better: the benefits of cognitive lim-its', in D. Hardman and L. Macchi (eds), *Thinking: Psychological Perspectives on Reasoning, Judgment and Decision Making*. Chichester: Wiley. pp. 213–31.

Herzberg, F. (1964) 'The motivation-hygiene concept and problems of manpower', *Personnel Administration*, 27(1): 3–7.

Hill, J.E., Miller, B.C., Weiner, S.P. and Colihan, J. (1998) 'Influences of the virtual office on aspects of work /life balance', *Personnel Psychology*, 51(3): 667–83.

Howell, C. (2003) 'Human factors and ergonomics', in I.B.Weiner, W.C. Borman, D.R. Ilgen and R.J. Klimoski (eds), *Handbook of Psychology*, vol. 12. Chichester:Wiley.

Huber, G.P. (1991) 'Organisational learning: the contributing processes and the literatures', *Organisation Science*, 2(1): 88–115.

Ilgen, D.R. and Howell, W.C. (1999) The National Research Council's Committee on Human Factors (or "Human Factors: It's More Than You Think"), *Society of Industrial and Organisational Psychology*. Available at: http://www.siop.org/tip/backssues/TipJuly99/5Ilgen.aspx.

Institute of Ergonomics and Human Factors (2011) *Green Ergonomics: Embracing the Challenges of Climate Change*. Available at: http://www.ergonomics.org.uk/articles/green-ergonomics-embracing-challenges-climata-change (accessed 9 October 2012).

James, W. (1890) 'The consciousness of self', in W. James (ed.), *The Principles of Psychology, vol. I*. New York: Diver Publications.

Jones, B.D. (1993) 'Bounded rationality', *Annual Review of Political Science*, 2: 297–321.

Kahneman, D. (2003) 'A perspective on Judgement and choice: mapping bounded rationality', *American Psychologist*, 58(9): 697–720.

Kahneman, D. and Tversky, A. (1979) 'Prospective theory: an analysis of decision making under risk', *Econometrica*, 47(2): 263–91.

Kanneman, D. and Tversky, A. (1984) 'Choices, values and frames', *American Psychologist*, 39: 341–50.

Karasek, R.A. and Theorell, T. (1990) *Healthy Work*. New York: Basic Books.

Karwowski, W. (2006) 'The discipline of ergonomics and human factors', in G. Salvendy (ed.), *Handbook of Human Factors and Ergonomics*. Chichester: Wiley.

Kauffman, S. (1995) *At Home in the Universe: The Search for the Laws of Self Organisation and Complexity*. New York: Oxford University Press.

Kim, D.H. (1993) 'The link between individual and organisational learning', *Sloan Management Review*, 35(1): 37–50.

Kolb, D.A. (1984) *Experiential Learing as the Source of Learning and Development*. Englewood Cliffs, NJ: Prentice-Hall.

Lant, T. and Mezias, S. (1990) 'Managing discontinuous change: a simulation study of organisational learning and entrepreneurial.Strategies', *Strategic Management Journal*, 11: 147–9.

Lardner, R. (1999) 'Effective shift handover'. Available at: http://www.hse.gov.uk/research/otopdf/1996/oto96003.pdf (accessed 1 November 2012).

Lewin, K. (1946) 'Action research and minority problems', *Journal of Social Issues*, 2(4): 34–46.

Maier G.M., Prange, C. and Von Rosenstiel, L. (2003) 'Psychological perspectives of organisational learning', in M. Dierkes, A. Berthoin Antal, J. Child and I. Nonaka (eds), *Handbook of Organisational Learning and Knowledge*. New York: Oxford University Press.

March, J.G. (1991) 'Exploration and exploitation in organisational learning', *Organisation Science*, 2(1): 71–87.

Mingers, J. and White, L. (2010) 'A review of the recent contribution of systems thinking to operational research and management science', *European Journal of Operational Research*, 207: 1147–61.

NASA (2003) *Columbia Accident Investigation Board, vol. I*. Washington, DC: National Aeronautics and Space Administration and the Government Printing Office.

Nelson R.R. and Winter S.G. (1982) *An Evolutionary Theory of Economic Change*. Cambridge, MA: Harvard University Press.

Olson, G.M. and Olson, J.S. (2003) 'Human-computer interaction: psychological aspects of the human use of computing', *Annual Review of Psychology*, 54: 491–516.

Orr, J. (1990) 'Sharing knowledge, celebrating identity: war stories and community memory in a service culture', in D.S. Middleton and D. Edwards (eds), *Collective Remembering: Memory in Society*. Beverly Hills, CA: Sage Publications.

Parasuraman, R. and Wilson, G.F. (2008) 'Putting the brain to work: neuroergonomics past, present, and future', *Human Factors*, 50: 468–74.

Pennington, N. and Hastic, R. (1986) 'Evidence evaluation in complex decisions making', *Journal of Peronality and Social Psychology*, 51: 242–58.

Polanyi, M.E. (1996) *Personal Knowledge: Towards a Post-critical Philosophy*. Chicago, IL: University of Chicago Press.

Proctor, R.W. and Vu, K.L. (2010) 'Cumulative knowledge and progress in human factors', *Annual Review of Psychology*, 61: 623–51.

Reason, J. (1990) *Human Error*. Cambridge: Cambridge University Press.

Reason, J. (2008) *The Human Contribution: Unsafe Acts, Accidents and Heroic Recoveries*. Aldershort: Ashgate.

Rocco, E., Finholt, T., Hofer, E.C. and Herbsleb, J. (2000) 'Designing as if trust mattered', CREW Tech Report, University of Michigan.

Salas, E. and Canon-Bowers, A. (2001) 'Special issue, preface', *Journal of Organisational Behavior*, 22: 87–8.

Sanders, M.S. and McCormick, E.J. (1993) *Human Factors in Engineering and Design*, 7th edn. New York: McGraw-Hill.

Senge, P.M. (1993) *The Fifth Discipline: The Art and Practice of the Learning Organisation*. New York: Doubleday.

Sharit, J. (2006) 'Human error', in G. Salvendy (ed.), *Handbook of Human Factors and Ergonomics*. Chichester: Wiley.

Simon, H.A. (1957) *Models of Man*. New York: Wiley.

Stanney, K.M., Mourant, R.R. and Kennedy, R.S. (1998) 'Human factors issues in virtual environments: a review of the literature', *Presence*, 7(4): 327–51.

Sterman J.D. (1994) 'Learning in and about complex systems', *System Dynamics Review*, 10: 291–330.

Toffler, A. (1980) *The Third Wave*. New York: Bantam.

Trist, E., Higgin, G., Murray, H. and Pollock, A. (1963) *Organisational Choice*. London: Tavistock.

Tversky, A. and Kahneman, D. (1973) 'Availability: a heuristic for judging frequency and probability', *Cognitive Psychology*, 5(2): 207–32.

Tversky, A. and Koehler, D. (1994) 'Support theory: a non-existential representation of sub-jective probability', *Psychological Reviews*, 101: 515–18.

Waldrop, M.M. (1992) *Complexity: The Emerging Science at the Edge of Order and Chaos*. New York: Simon Schuster.

Walsh, J.P. (1995) 'Managerial and organisational cognition: notes from a trip down memory lane', *Organisation Science*, 6(3): 280–321.

Waterson, P. and Eason, K. (2009) '"1966 and all that": trends and developments in the UK ergonomics during the 1960's', *Ergonomics*, 52(11): 1323–41.

Weber, E.U. and Johnson, E.J. (2009) 'Mindful judgement and decision making', *Annual Review of Psychology*, 60: 53–85.

Weick, K.E. (1991) 'The non-traditional quality of organisational learing', *Organisation Science*, 2(1): 116–24.

Weick, K. (1995) *Sensemaking in Organisations*. London: Sage.

Weick, K.E. (2005) 'Organising and failures of imagination', *International Public Managment Journal*, 8(3): 425–38.

Weick, K.E. (2012) 'Organised sensemaking: a commentary on processes of interpretive work', *Human Relations*, 65(1): 141–53.

Wenger, E. (1998) *Communities of Practice: Learning, Meaning and Identity*. New York: Oxford University Press.

Wimalasiri, V. (2007) 'A cognitive psychological perspective to knowledge sharing in organisations', PhD thesis, University of Nottingham, 2007.

Wimalasiri, V., Beesley, N., Cheyne, A. and Daniels, K. (2010) 'Social construction of the aetiology of designer error in the UK oil and gas industry: a stakeholder perspective', *Journal of Engineering Design*, 21 (1): 49–73.

Xanthopoulou, D. and Papaginnidis, S. (in press) 'Play online, work better? Spillover of active learning and tranformational leadership', *Technological Forecasting*.

Xanthopoulou, D. and Papagiannidis, S. (2012) 'Games-work interference: the beneficial effects of computer games for work behaviors', in D. Derks and A.B. Bakker (eds), *Digital Media at Work*. New York: Psychology Press.

Yule, S., Flin, R., Patterson-Brown, N. and Rowley, D. (2006) 'Development of a rating system for surgeons' non-technical skills', *Medical Education*, 40: 1098–104.

第三部分

# 思考未来

# 第12章

# 427 职业心理学的新趋势与未来走向

拉腊·齐巴拉斯和雷切尔·刘易斯

**学习成果**

学习完本章后，你将能够：

√ 了解英国未来的发展形势；

√ 对职场出现的新兴趋势有自己的理解；

√ 领会这些改变是如何对职业心理学的未来产生影响的。

## 引言

毫无疑问，我们的工作环境不断发生着变化，特别是在20世纪发生了戏剧性的转变。我们必须牢记这一点，未来的工作发展还有无尽的可能，职业心理学对未来发展的预测可能是最不准确的。例如，我们不妨回想一下20世纪70年代有人预测人类的智力很快会被计算机技术所取代，而我们的办公室会成为无纸化办公室（Sellen & Harper, 2003），然而这些预言至今没有实现。我们唯一可以确定的是未来的工作会和今天截然不同，甚至是我们想象不到的。因此，尽管我们很难预测未来会发生什么，职业心理学能够做的就是为员工和组织预期的
428 改变及其对未来工作可能产生的影响作出一定的计划。

因此，本章中我们的目标是介绍职业心理学的一般发展方向和工作场所中新兴（可能）的未来发展趋势。

## 2020年的英国会是怎样的

谈及“职业心理学未来”时，考虑2020年的英国会是什么样的就是一个不错的出发点（特别提醒：我们几乎不可能作出准确的预测）。在这里我们概述了一些有关英国的预测统计，并考虑这些可能对工作场所产生的影响。

2011年，英国国家统计局（ONS）预计，2010年至2020年英国人口将增加490万，到2027年中期英国人口达到7000万。国家统计局也表示，英国人口老龄化正趋于稳定（ONS, 2011）。目前，在英国出生的人预期寿命已经达到最高水平，男性78.5岁，女性82.6岁，预期寿命还会继续增加（ONS, 2011）。事实上，2010年至2035年间预期寿命将增加近5岁，预计将达到男性83.4岁，女性87.0岁。

2010年，在英国60岁以上的人占总人口的22.6%，到2020年这个数字预计将上升到23.9%。符合国家养老金（SPA）年龄的人数增长了28%，国家养老金总数可能从今天的1220万增长到2035年的1560万。2010年到2020年，SPA将把退休年龄从男性65岁和女性60岁变为男女均65岁。从现在开始到2046年，SPA预计将退休年龄上升到男女均68岁。因此，对于即将步入职场的你们，你可以期望自己工作到60岁，并非常有可能工作到70岁。

国家统计局也表明，在未来几年英国的净移民会持续增长。移民是指人们改变他们居住的国家，至少居住超过一年，因此英国就成了他们的居住国。当前预计（ONS, 2011）每年都有20多万人迁移到英国，其中大部分人的年纪预计将在20岁至39岁之间。

考虑到这些变化将普遍发生在英国，那2020年的组织究竟会是怎么样的？可能显著特点是劳动力的老龄化，但也有年轻的员工（我们称之为Y一代，Donkin, 2009），随着移民的稳定流入，我们可能会看到更多多元文化下的组织。事实上，唐今（Donkin，2009）指出，人口结构的改变是影响未来变革的重要力量——未来10年中，我们可能看到65岁以上的人口比例超过16岁以下的人口比例。人们需要工作更长时间才能到法定退休年龄。预期寿命还在增加，一旦他们离开工作，不工作的占比时间也会增加。人口增长和人口老龄化不仅在未来的工作场所意义重大，而且对人口迁移以及新的和不同行业的出现也有影响。

如果你不能准确预测未来，那么你必须灵活地准备应对各种可能的未来。（Edward de Bono）

## 经济衰退和当前的金融/政治形势

我们直到2013年初都在应对2008年开始的全球经济衰退。在英国，这次经济危机导致了失业率的上升，尤其是年轻人；人们消费减少；房价下跌（尽管伦敦不受影响）；破产企业增加；食品和汽油价格上升。2009年，尽管人们每天都在遭受经济衰退的沉重打击，但是值得一提的是，许多大公司甚至是银行（其中一些已经在被英国政府救助）都报告了创纪录的利润和支付巨额奖金给它们的CEO和高级管理人员。

不过，世界各地都有证据表明，全球经济衰退引起了政治动荡。而“阿拉伯之春”就是人们在高度通货膨胀、失业和腐败的普遍不满中暴发的（Spencer, 2011）。许多国家已经实施重大“紧缩措施”——尤其在英国和整个欧洲。这也导致了政治动荡。例如，在希腊又发生了一次大罢工，由于经济形势不佳，许多学校、机场和其他服务都被关闭了。随后在雅典街头发生了骚乱。目前希腊（还有葡萄牙和西班牙）是否仍将是欧元区还不确定。也许，这本书出版时，希腊就不再使用欧元，重新使用德拉克马。如果这种情况发生了，也许我们会在西班牙看到比索，在葡萄看到埃斯库多。

毫无疑问，政治格局不断发生着变化，而组织也正在这样的大背景下运行着。在当前背景下，员工工作会受到多大的影响还有待调查。在这个极具挑战的时代，年轻人似乎更难找到工作，更多的人会被解雇。这可能会导致文化氛围也受到一定的影响，而且会出现大量的人失业，在英国我们可能面临这样的情况：失业人员的数量远远超过了在业人员的数量。这些问题将如何影响组织的未来？这些问题可能会显著影响许多新兴的职业心理学趋势和未来发展方向。

## 工作和职业心理学的新趋势与未来发展方向

430

在此我们总结了一些作者在第二部分中提到的对工作与职业心理学未来发展方向的预期。主要通过借鉴作者的观点，分析这些影响未来职业心理学发展的因素。首先，你可以通过框12.1中的技术来想象未来可能的工作与职业心理学发展方向。

框12.1

弹性成像（Patterson & Zibarras，2009）

这一技术主要用于鼓励你思考未来的世界是怎样的。使用这种技术有助于你思考你认为的职业心理学在未来的发展方向是什么。

这一过程有三个阶段，概述如下。

*阶段1*

首先，想象一下，现在是2020年，然后把你的重点放在这个世界那时是什么样子的，这有助于你思考我们在前一节所描述的一些人口变化。然后考虑以下问题，从而帮助你更好地想象：

- 英国现存的社会政策是哪种类型的？
- 现在英国的“工作周”是什么样的？
- 哪些行业是最成功的？
- 世界上哪个国家是经济实力最强的？
- 现在普通家庭的生活是怎样的？
- 工作在人们生活中的重要性改变了吗？如果变了，以哪些方式？
- 工作中的沟通和人际互动改变了吗？如果变了，以哪些方式？
- 教育和卫生系统改变了吗？如果变了，以哪些方式改变？

你应该能够以你目前的知识提供一个合理的根据，为什么某些事情根据你建议的方式发生了改变。

*阶段2*

现在，你已经形成了2020年的世界愿景并将其应用于职业心理学。接下来你可能要考虑以下问题：

- 2020年，经济和社会环境有哪些关键性的转变？
- 2020年，职场发生了哪些关键性的改变？
- 这些变化是如何影响职业心理学的八个方面的？
- 在这时，职业心理学仍然具有八个方面吗？
- 有哪些政治变革也影响了职业心理学？
- 这对你作为一个职业心理学工作者的角色有什么影响？

*阶段3*

最后阶段，思考职业心理学可能会做些什么来应对这些特殊的挑战。新颖的想法在应对快速变化的环境方面可能是非常有用的。

## 431 科技的影响

本书第二部分的章节着重强调了技术是一个重要的领域，毫无疑问技术会影响我们未来的工作环境。事实上，在现有的新兴技术的不断发展中我们就可以看到这种影响。正如我们在第1章中所强调的，在过去的一百年中，我们的科技向前迈进了一大步。组织也在快速变化中，例如工作要求的转变和人们工作方式的改变。因此，科技对人们的工作生活和职业心理学的影响是毋庸置疑的，本书的作者几乎无一例外地认为科技的持续影响是毫无疑问的。许多关键领域已经在每一章中有所陈述，我们在这里列出了一些关键的主题。

我们着重探讨一下第11章自动化与人机交互（HMI），我们可以把自己现今所处的时代称为“科技依赖”的时代，在世界各地，家庭和工作中我们都依赖于各种科技。正如第11章中我们给出的一些例子，包括购买日常用品、手机查询银行余额以及运用自动化语音系统帮助那些生活不能自理的人们。所有这些技术的变化（未来几十年肯定会更多）都需要职业心理学工作者在HMI领域的专业知识的支持，以确保这些技术便于使用，从而起到支持而非阻碍员工工作的作用。

钱德拉·哈里森博士，自由研究者

随着科技在我们的生活和工作中的普遍使用，以人为本的设计理念显得更为重要。

在第9章“选拔与评估”中，我们重点强调了科技的影响。在此，作者建 432
议增加对在线测试的使用，但是在线测试对于求职者和组织来说都有利有弊。对于申请者而言，他们可以在一个自己合适的时间和地点访问测试，但这个访问建立在一个良好的互联网连接的基础上。从组织的角度来看，它们可以接受来自世界各地的申请者，但在线测试增加了作弊的潜在可能。作者还建议可以选择使用不同类型的媒体，如视频简历。通过这些方式可以提高选择的真实性，但职业心理学工作者必须通过实证研究，证实使用这些方法是恰当的（对于组织接受的候选人有良好的预测效度）。

一般在申请某一组织的工作时，你会发现科技在这一过程中扮演着重要的角色。组织通过它们的网站提供信息给求职者，并要求求职者将求职视频通过电子邮件的形式提交或者提交在线申请表。但是，未来组织必须意识到自身网站设计过于简陋对于招聘结果会有负面影响。有研究表明，网站设计风格会影响组织对求职者的吸引力，从而影响求职者是否接受工作的决定（Cober et al., 2003），网站的可用性与组织的吸引力呈正相关（Pfieffelmann et al., 2010）。人机互动满足了人们在选拔与评估这一领域的需求，因此人机互动在解决人们如何与组织互动以及有效使用组织网站这方面发挥了重要的作用。

在未来选拔与评估中另外一个有趣的领域是选择员工的方式更加多样化。例如，我们可以考虑基因的潜在用途。或许这可以作为组织挑选员工的方式之一。然而，如果将基因测试作为挑选员工的基准，这一做法无疑会导致大规模的潜在歧视。目前英国国防部正在使用生化仪器对镰刀细胞病进行筛查。有人认为（Ernsting et al., 1999）这可以有效防止由飞行中的低压缺氧带来的不可恢复性细胞镰状化。据此我们可以筛选出患有这种疾病的人，但重点是这在何种程度上是一种优生？

这说明了在选拔与评估中我们与社会网络的互动持续增加的重要性。2012

年1月，脸书推出了时间轴的项目。这一功能使得每位用户都拥有自己的个人历史记录轴——例如我们可以看到一个人在某一年做了什么。菲利普·朗道（Phillip Landau, 2012）在《卫报》的一篇文章中指出，从组织角度来看这一功能具有重要的影响。有研究表明（careerbuilder.co.uk），超过一半的雇主会通过社交网站来研究员工和招聘。这可能会增加个人网站使用的比例，网站也会增加更多有用的信息。虽然雇主利用这些信息相对地会受到日期保护法的影响，但朗道同时也表示，“由于雇主查看个人社交网络并打印或者转发就判断这是违
433 法的不太可能”。通过增加对这种“预申请审批”的使用，雇主为求职者开放了更多的机会，职业心理学工作者对组织如何高效道德地使用这些资源给出了建议。我们也可以预见这种审查会变得更为复杂。巴克等人（Back et al., 2010）最近的一篇文章指出，脸书中的资料代表的是现实自我（人不是一个理想化自我，这是对在选拔中使用人格心理学测验的一种批判）。我们可以看到社交网络在组织中的重要性日益增长。

库尔特·克雷格教授，美国科罗拉多州立大学工业组织心理学教授

> 虚拟工作，远程办公、社交网络等主题在未来的职业心理学中越来越重要。虽然未来组织可以实现这些不同类型的结合，但作为职业心理学工作者，我们必须明确这一实施是基于怎样的工作研究。

在第10章中作者对现有的培训课程中使用到的技术进行了概述，例如互联网的使用、虚拟学习以及一些移动科技。作者强调，CIPD关于训练和发展的年度调查结果显示，组织对以科技为基础的方法的使用显著增加，这种方法具有灵活性的优点，学员可以在任何时间任何地方完成训练计划。然而，就目前来看，相比其他的培训方法，电子学习仍然被认为是不太有效的，因此未来的工作场所可能会将技术和非技术的方法进行“混合”使用，从而建立结合了两种方法的优点的学习方案。再次，我们可以明确人机交互（第11章）的概念，它在这一领域中十分重要。

阿拉斯泰尔·华莱士，布兰福特公司总经理，关于技术对培训的影响也有

一些很有趣的观点：

> 智能手机和平板电脑数量的大幅度增加，使得训练中出现了许多令人兴奋的新方式，如外科实习医生使用的三维虚拟仿真手术，复杂和高度危险的角色实时支持电子绩效支持系统（EPSS），例如海上起重机操作员。

在未来，社交网络对我们的培训和发展的影响会更加深远。现在从业人员已经普遍开始通过社交网络建立实践交流来分享想法和技巧。同时，也建立了由世界各地代表组成的代表团进行跨学科领导力课程的交流。

萨拉·刘易斯，拥抱变化的总经理

> 我认为社会媒体、云技术、互联网、即时访问对组织如何设计、组织和管理的概念具有很大的影响。明确概念的领导可以有效掌控组织的信息，更具有针对性，更好地理解已发生事件中成员的想法以及成员作出该行为的动机。组织还没有找出在信息不断变化的世界中更加高效工作的方式。

第5章主要以咨询的视角分析科技的发展，尤其是基于电子基础的咨询。现在很多咨询是客户与顾问通过安全的网络通道互发邮件来进行的。即时聊天、Skype、MMS在未来的使用会更为普遍。事实上，客户和顾问在虚拟空间交流的前提下，可以促进更多的人进行咨询。第7章工作环境的设计也涉及了科技的使用。在这里，作者主要展示了如何将科技需求与工作场所中的设计相融合。的确，随着未来组织中科技越来越复杂，工作上基于科技的工具在设计中必须考虑到个人技能和能力的局限性（感知、认知和运动）。如果这里有严重的不匹配，那么潜在的人为错误和后期事故将会频繁发生。

随着我们生活环境和组织内部的科技力量的增加，越来越多的员工可以开展远程工作。远程工作（也称为远程办公或虚拟工作）被巴鲁克（baruch）定义为“员工通常在办公室完成的工作以另外一种方式完成，这些工作中至少很大一部分是需要通过电子媒介与组织内外部的员工进行沟通（2001:14）”。“随时随地工作”这一理念具有巨大的发展空间（Kurland & Bailey, 1999）。1994年，威尔克斯等人（Wilkes et al.）表示，到2030年远程工作将涉及全球9000万人。
435 2007年，苏丹等人（Sudan et al.）指出，远程工作人员的数量在2006年是7.586亿，预计到2011年数量会增加到10亿人。这表明全球近三分之一的人口从事远程办公。

流动工人的增加对职业心理学的理论和实践这两个方面都具有十分重要的影响。许多研究人员指出，远离组织核心的工作会影响员工的工作动机、工作态度、组织观念以及组织关系的观念和信仰（Morganson et al., 2010）。这些差异对个人和组织的影响都是双面的，既有积极影响（例如，员工自主权增加，组织管理费用减少），也有消极影响（例如，社会隔离，组织交流减少，缺乏社会支持）。加詹德兰和哈里森（Gajendran & Harrison, 2007）最近正在通过元分析开发一个远程工作模型。然而，有研究人员认为，目前对于远程工作的相关研究还是存在争议的。研究人员对于远程工作在某一时间或事件中对组织以及全社会的利弊仍然不是很明确。职业心理学应在学术上进行更深入的研究，探讨远程工作的影响，并在实践中为组织建立有效的远程办公政策和做法提供指导和干预。

弗兰克·邦德教授，伦敦大学金史密斯学院职业心理学教授兼系主任

电子办公在工作中的趋势和灵活性还在不断增长。这为职业心理学工作者在领导力、团队合作和工作设计等研究领域提供了更多机会。某些行业，如金融服务业，在某种程度上还没有采用这些新的工作方式，而有些行业（如营销和公关）已经在使用了，我们预计这一情况在不久之后也会发生改变。

## 劳动力老龄化的影响

正如本章前面所述，英国的人口年龄比例在未来的几年中会发生很大的变化。此外，在2050年欧洲其他地区55～64岁的劳动力比例将增加到60%（Carone et al., 2005）。这表示在未来工作中年龄结构会有根本性的变化，这对职业心理学工作者研究年龄在工作中的作用具有十分重要的影响。职业心理学才刚刚开始接触年龄在职场中的影响，这方面的理论和实践都需要进一步提升。

然而最近的一些研究已经开始研究年龄是如何影响某些工作成果的（Kanfer 436
& Ackerman，2004; Ng & Feldman, 2010）。 例如，在吴和费尔德曼（Ng & Feldman, 2010）超过800篇的实证文章的元分析中，发现年龄和许多与工作有关的态度之间存在正相关关系。例如，老员工有更高的工作满意度，更满意他们的薪酬水平。此外，老员工在工作中更有动力，他们对工作环境会进行更加积极的评价。调查结果还显示，老员工对工作的承诺感更高。这些发现可能使得职业心理学在设计干预计划时将年龄也考虑进去。

今后组织需要解决一些关键性问题，例如关于年龄的刻板印象或者对特定年龄群体的偏见。人力资源部门需要针对不同年龄的员工制定不同的鼓励和管理政策，不同年龄群体面临着不同的工作—生活压力，工作设计中应当考虑不同年龄段员工的需要。这些类型的问题都需要职业心理学进一步解决。

第5章“职业生涯发展理论”中关于工作场所中年龄的概念有一些有趣的观点。许多理论都提出职业生涯和人的一生一样，在各个阶段不断发展。因此不管是生活还是职业生涯，职业心理学工作者在未来探索的都会是“成年晚期”阶段（Levinson et al., 1978）或“维护”阶段（45～65岁）（Super, 1980）。

弗兰克·邦德教授简要概括了职业心理学的劳动力老龄化的潜在影响：

> 我认为劳动力老龄化给职业心理学工作者提出了更多的挑战和机遇。在西方国家中，有很多人愿意工作到60岁，但是其他人却因为领取养老金年纪不断增加导致不得不工作到60岁。此外，至少在英国，已经取消了对退休年龄的强制性要求。所有的这些变化都将对职业心理学产生影响。例如，在培训和发展方面，人体工程学，咨询和

个人发展，绩效管理等方面。此外，我们还不知道现在的中年工人在他们60岁的时候是否还能继续胜任现在的工作。

## 全球化

在经济全球化和组织全球化下，对于组织和个体来说，管理的多样化是一
437 个十分复杂的问题。组织可能面临着管理多元文化下的劳动力的挑战。我们在第1章中强调，英国的许多工作场所都在不同的文化背景下，无论是在办公室，还是同一组织的不同分支，它们在世界各地都有着不同的文化背景。组织开发自己的人力资源系统也面临着越来越大的挑战（例如，选拔、发展和培训），组织必须考虑不同文化和种族这些因素。21世纪的发展中，人们越来越普遍地将文化多元化视为工作环境的一部分。

在第二部分的一些章节中，作者强调了全球化是如何影响未来的工作的。例如，在第5章中，作者指出了在同一个组织中不同国家的员工帮助计划（EAP）可能“看起来”是不同的。例如，许多国家不一定有“咨询顾问”这一概念，它可能在某个国家被称为社会工作者，而在另一个国家被称为精神科医生或心理咨询师。因此EPA的发展模式不可能照搬英国的发展模式。组织全球化对员工选拔（第9章）也产生了显著的影响。其中关键性的问题在于组织如何确保不同国家同一工作水平上的选拔与评估方法是公平的。例如，组织要在不同国家，例如英国和阿联酋，采用同样的选拔与评估方法吗？这里的挑战在于，组织能够确保正确翻译选拔的方法，并能在不同国家以最佳的实践方式进行，但是，在每个地区的市场具有明显差异的情况下，这样就是公平的吗？求职者完成的由其他国家翻译而来的测验，可能会受到不同的背景（社会、文化和宗教）问题的影响，这一文化差异应当被考虑进去，因而求职者应该完成不同的入职测试，这样才是公平的。在不同国家中的同一组织的运营问题，是职业心理学工作者需要解决的问题。

## 职业心理学其他领域的未来思考

目前职业心理学中出现了许多新兴的研究和实践领域，它们不一定可以由BPS教学大纲解决，但在未来可能会发生。这里列出一些关键领域：员工参与，弹性，工作场所的亲环境行为和方法论的进步，例如多层次建模。

### 员工参与

正如第4章中的讨论，员工参与度在我们理解员工关系和激励方面变得越来越重要。这方面的研究尽管在实践中有着大量的工作，但是学术文献中的研 438
究还太少。学术文章中很少研究员工参与发生的原因，更不用说关于员工参与的前因变量和结果变量了（Sakes，2006:600）。

职业心理学工作者在未来研究中应当进一步分析组织中的员工参与的前因变量和调节变量，以便在实践过程中提出基于研究的最有效的干预措施。特别是刘易斯等人（2011 b）的研究表明，探索和理解领导或管理行为对促进员工参与度是至关重要的。

### 弹性

经济危机之后，组织可能会有这些疑问：

- 我们能做什么来确保我们的组织顺利度过经济低迷期？
- 我们如何在金融危机下确保公司正常运行？
- 当经济复苏时组织应该怎样回弹？
- 我们怎样才能确保我们的员工“渡过难关”？
- 我们怎样才能在这个不健康的经济环境下保持一个健康的工作环境？

这些问题的答案可能在于我们对弹性的理解。

弹性在实践中是一个非常热门的话题。如果你在线搜索“组织弹性”，你将看到与组织和个人相关的成千上万条搜索结果，主要是为开发、改进、测量和促进企业应变等问题提供解决方案。在学术界，关于个体的弹性研究在心理学和精神病学上很早就开始了，并获得了丰厚的研究成果。这一研究最先开始于对儿童在贫乏的生存条件下也能发展良好的研究，紧接着研究者关注弹性应对创伤问题，然后研究者开始探索个体在逆境中促进弹性和自我保护的因素。温德尔（Windle）对个体弹性作出了一个简洁的定义：“在面对不利的或极不利的社会条件时也能成功适应生活任务”（1999：163）。

刘易斯等人（Lewis et al.，2011）指出在组织层面上的弹性概念类似于个体弹性，但其重点在于组织如何更好地“渡过难关”或适应其面临的挑战。因此组织弹性不仅关注组织内的个人（员工），还要关注组织的文化和组织形成的过程。

439 对于弹性的理解的研究结果横跨了很多领域，特别是在组织层面，它的概念还是很复杂和模糊的。2011年，刘易斯等人（2011a）对已有研究中对个人和组织弹性的定义进行了文献综述。综述结果如表12.1所示。

表12.1

| **个体弹性** | |
|---|---|
| 弹性的概念： | 弹性是…… |
| 个性/个体特征 | 个人的内在人格的一部分（如内部控制源、自我效能感和乐观情绪） |
| 环境 | 依赖于个人的经验（例如有多少社会支持） |
| 个体—环境 | 个体特征和环境的产物 |
| **组织弹性** | |
| 弹性的关键： | 弹性取决于…… |
| 工作设计 | 个人的工作特点（例如，员工拥有的自主权） |
| 组织文化和结构 | 组织的文化、进程和程序 |
| 领导力 | 参与、支持、领导 |
| 内外部环境 | 外部环境和社会关系 |

来源：路易斯等人（2011a）

弹性在组织和个人范围中的概念化都缺乏明确的定义，这导致在处理组织中的弹性问题上无论是理论还是实践都缺乏明确的方式。勒温等人（2011a）发现对于组织弹性的研究十分匮乏。尽管现有许多心理学研究（和其他领域）是关于弹性的，但是职业心理学中很少有人对它感兴趣。

未来需要进一步对组织内部进行研究，从而为解决弹性问题的实践应用提供更加明确的指导。职业心理学工作者能够翻译现有的广泛的文献，以提供有效的以证据为基础的指导和组织干预，这具有十分重要的意义。关于弹性，我们已经具备了大量的基础研究，未来几年组织中的弹性需求会不断增加，职业心理学和心理学工作者在这一领域的理论和实践中具有不可替代的作用。

## 环境的可持续性 440

企业运营的环境正在发生变化，水资源短缺、能源供给问题、自然资源的消耗、废品增加都会对组织功能产生负面影响。人们普遍认为人类和工业活动应该为这些环境问题负责，因此人类行为的转变是解决这些问题的重要部分（Oskamp，2000）。事实上，世界各国政府越来越多地要求组织除了经济表现外更加重视环境绩效，英国政府为了达到英国的环保目标，特别强调员工行为改变的重要性（科学和技术议会办公室，2010）。

此外，出于对解决环境问题的责任感，越来越多的公司开始认可将可持续性融入其经营战略的商业案例，并采取战略环境管理方法（Govindavajulu & Daily, 2004）。这意味着我们可以看到组织致力于环境政策从而推动企业向可持续的企业转型（Jabour & Santos，2008）。虽然对于解决我们所面临的环境问题，行为转变是十分重要的一个环节，但是我们却忽视了员工行为在改善组织环境绩效中扮演的重要角色（Davis & Challenger，2009），因此未来组织应当着重考虑这方面的策略。

近日，齐巴拉斯和巴林格的研究（Zibarras & Ballinger，2010，2011）探讨了英国组织实施的不同的环保措施能在多大程度上鼓励员工环保行为。接受调查的147个组织中，大多数组织（86%）表示它们会回收废旧物资，有69%的组织表示它们在组织内部拥有自己的环境政策。调查结果还显示，鼓励员工支持环保行为最普遍的方法是让员工明显参与到环境管理中去，这些做法通常被认为是在内部宣传后最成功的鼓励支持环保行为的方法。研究结果强调了高层领导和一线管理者的支持和承诺，86%的组织认为它们的支持对环境政策的有效实施起到了最重要的促进作用。此外，70%的组织认为缺乏高层领导的承诺是环境政策的有效实施中最大的阻碍。研究的另一个重要发现是，在组织中环境政策的实施，是职业心理学直接或间接地削弱人力资源部门的职权范围的实

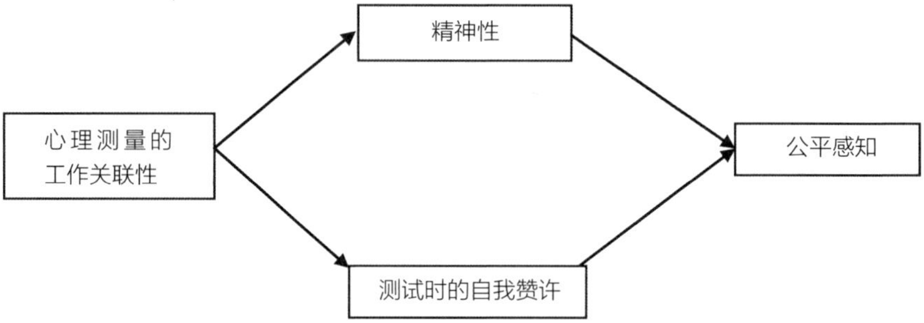


图12.1 测验时的工作关联感知与公平感知的关系模型

践。这些研究表明，组织要实现环境目标，有一线经理和员工参与都是至关重要的，在未来的工作中职业心理学工作者这一领域具有重大影响。

## 441 方法论进展

在过去的几十年里，心理学研究的方法论进展得到了巨大的发展。技术手段，比如结构方程模型（structural equation modeling，SEM），已经在职业心理学研究中不断被应用，并使得职业心理学从业者可以预测和解释变量之间的随机关系。结构方程模型（如第3章所介绍的）包含探索性模型和验证性模型，因此适用于理论发展和验证。在验证性模型里，研究人员以一个代表随机模型和模型之间是可被验证的假设为出发点。接着，以收集到的数据去验证这个模型是否合理。例如，我们可以假设公平感知是受一种具体的选拔方法（如心理测量学测试）的工作关联感知所影响的，但是这种关系是以特征（精神性）和状态（测试时的自我赞许性）为中介的。我们可以使用结构方程模型去验证这种关系，正如图12.1所示。如果我们用结构方程模型去验证这种关系，我们可以发现自我赞许呈现更强的中介效应，精神性呈现比较弱的中介效应。

其他统计方法，比如多层次模型（multi-level modelling, MLM）在职业心理学的研究中也不断开始广泛使用，因为这些方法都能使研究者从不同的层次（即个体、团队和组织变量）探究变量的作用，并得到具体的结果。而且，由于这些方法也可以让研究者弄清楚变量间的交互效应是否产生，在哪个层次上产生，因此，这些统计方法在组织研究中起着非常有效的作用。对职业的研究也因此得到更深入的理解。为了阐明这个变化，我们以领导力的研究为例。领导力最开始被研究的元素是领导的行为与沟通（并没有加入员工这一元素）。接着，研究趋向于研究领导的什么行为与沟通更为有效地促进组织发展（采用一种更加情景化的方法）。再后来，研究更多的关注领导与员工之间的关系（如LMX）和领导的行为与沟通对员工造成的影响（例如变革性领导的研究）。如今，我们可以看到领导力的研究对象已经扩大到更大的范围，包括组织内和组织外的环境（例如复杂领导理论和团队LMX）。在研究中，我们更多的寻求理解变量在工作场所中的交互作用——随着这种趋势，数据分析技术将会变得更加复杂。 442

除了上面所谈到的统计分析方法以外，定性研究的方法也越来越多地被使用。许多职业心理学的研究者和从业者认同对于某些研究问题，探究这些研究数据背后的意义，定性研究显得十分有用。当然，像琼说道："定性研究的目的是从个体的角度看待研究问题，并理解研究问题如何走向这个特定角度及其形成的原因（2004:11）。"这就可以理解为什么定性研究在组织研究中卓有成效，因为数据的收集更可能是跳跃的，是关于员工个体的，并且对事件的解释通常来源于员工，而不是出自研究者的观点。当然，定性研究的方法可以让被试回答更多些，具体讨论某些事件，并提供他们认为与主题相关的信息（Mackenzie-Davey & Arnold, 2000）。这是封闭性问卷不可能达到的效果（Symon et al., 2000）。当然，现在的趋势是把定性和定量研究协同起来研究问题（Patterson, 2001）。通常来说，如果组织研究涉及验证数据的形式和数据背后的意义，那么就需要用到定性和定量相结合的方法。例如，一个组织发现不少新员工仅仅入职六个月就选择离职。鉴于这种情况，这个组织可能会用定量分析的技术去探究数据形态而发现大比例的年轻的新员工比年纪大的新员工更有可能在入职几个月后选择离开公司，或者还能发现男性员工比女性员工更容易辞职。如果没有使用定性分析技术，比如离职面谈，单凭这些数据，我们很难弄清许多员工选择离职的根本原因。所以在这种情况下，定性分析能为这些最初的发现提供更深远的发生原因。如果想了解更多的分析技术，请看第3章。

# 小结

这一章以探究英国未来是“什么样子”为出发点，目的是强调这种变化如
443 何影响工作场所。基于所有作者、从业人员和相关学者提供的信息，我们也总结了职业心理学逐渐浮现的主要研究趋势和可能的未来研究方向。

我们探究过的主要领域包括以下几部分：

- 技术的作用及其影响；
- 工作场所老龄化的影响；
- 全球化；
- 员工投入度；
- 工作弹性；
- “绿色”日程的影响；
- 方法论的进展。

在本章的结尾，我们指出了您在哪里可以得到更多关于这些新进展和新发现的相关信息。当然这不是一份完备的列表，正如我们所说，这个世界变化得太快以致在我们这本书出版之前可能就出现了许多新的发现和研究。变化如此迅速，我们希望读者能大量阅读，以接收更多的新知识、新资讯，以便跟上商业世界变化的步伐。如果想再品读这些资料的来源，请翻看第3章。

在下一章我们将总结这些新趋势对未来的职业心理学工作带来的影响，以及由此产生的对相关技术和知识储备的新要求。

## 深入探究

扫描二维码，获取更多资源。

讨论题

1.你觉得经济衰退对国内外的工作环境造成了什么影响?

2.请思考每一个未来趋势对员工的职场经验意味着什么。

3.以后这些未来趋势会怎么样影响职业心理学工作者?

## 参考文献

Back, M.D., Stopfer, J.M., Vazire, S., Gaddis, S., Schmukle, B.E. and Gosling, S.D. (2010) 'Facebook profiles reflect actual personality, not self idealisation', *Psychological Science,*21: 372–4.

Baruch, Y. (2001) 'The status of research on teleworking and an agenda for future research', *International Journal of Management Reviews*, 3(2): 113–29.

Carone, G., Costello, D., Guardia, N.D., Mourre, G., Przywara, B., Salomaki, A. (2005) 'The economic impact of ageing populations in the EU25 Member States', *European Economic Papers*, 236.

Cober, R., Brown, D., Levy, P., Cober, A. and Keeping, L. (2003) 'Organisational web sites: web site content and style as determinants of organisational attraction', *International Journal of Selection and Assessment*, 11(2–3): 158–69.

Davis, M.C. and Challenger, R. (2009) 'Climate change—warming to the task', *The Psychologist*, 22: 112–4.

Donkin, R. (2009) *The Future of Work*. Basingstoke: MacMillan Publishers.

Ernsting, J., Nicolson, A.N. and Rainford, D.J. (1999) *Aviation Medicine.* Oxford: Butterworth-Heinemann.

Gajendran, R.S. and Harrison, D.A. (2007) 'The good, the bad and the unknown about telecommuting: meta-analysis of psychological mediators and individual consequences', *Journal of Applied Psychology*, 92(6): 1524–41.

Govindarajulu, N. and Daily, B.F. (2004)'Motivating employees for environmental improvement', *Industrial Management & Data Systems*, 104(4): 346–72.

Jabbour, C.J.C. and Santos, F.C.A. (2008) 'The central role of human resource management-in the search for sustainable organisations', *The International Journal of Human Resource Management*, 19(12): 2133–54.

Kanfer, R. and Ackerman, P.L. (2004) 'Aging, adult development, and work motivation', *The Academy of Management Review*, 29(3): 440–58.

445 King, N. (2004) 'Using interviews in qualitative research', in C. Cassell and G. Symon (eds), *Essential Guide to Qualitative Methods in Organisational Resaerch*. London: Sage. pp. 11–22.

Kurland, N.B. and Bailey, D.E. (1999) 'Telework: the advantages and challenges of working here, there and everywhere', *Organisational Dynamics*, 28: 53–67.

Landau, P. (2012) 'What if Facebook timeline was read instead of your CV?', *Guardian*. Available at: http://www.guardian.co.uk/money/work-blog/2012/jan/30/facebook-timeline-employers-applications.

Levinson, D., Darrow, C., Klein, E., Levinson, M. and Braxton, M. (1978) *The Seasons of a Man's Life*. New York: Random House.

Lewis, R., Donaldson-Feilder, E. and Pangallo, A. (2011a) 'Developing resilience: an evidence based guide for practitioners', project report. London: The Chartered Institute of Personel and Development.

Lewis, R., Donaldson-Feilder, E. and Tharani, T. (2011b) 'Management competencies for enhancing employee engagement', project report. London: The Chartered Institute of Personnel and Development.

Mackenzie-Davey, K.M. and Arnold, J. (2000) 'A multi-method study of accounts of personal change by graduates starting work: self-ratings, categories and women's discoures', *Journal of Occupational and Organisational Psychology*, 73(4): 461–86.

Morganson, V.J., Major, D.A., Oborn, K.L., Verive, J.M. and Heelan, M.P. (2010) 'Comparing telework locations and traditional work arrangements: differences in work-life balance support, job satisfaction and inclusion', *Journal of Managerial Psychology*, 25(6): 578–95.

Ng, T. and Feldman, D. (2010) 'The relationships of age with job attitudes: a meta-analysis', *Personnel Psychology*, 63(3): 677–718.

ONS (2011) National population projections, 2010-based projections. Available at: http://www.ons.gov.uk/ons/rel/npp/national-population-projections/2010-based-projections/index.html(accessed 6 December 2011).

Oskamp, S. (2000) 'Psychological contributions to achieving an ecologically sustainable future for humanity', *Journal of Social Issues*, 56: 373–90.

Parliamentary Office for Science and Technology (2010) Climate change: engagement and behaviour. Available at: http://www.parliament.uk/documents/post/postpn347.pdf(accessed 21 July 2011).

Patterson, F. (2001) 'Developments in work psychology: emerging issues and future trends', *Journal of Occupational and Organisational Psychology,* 74(4): 381–90.

Patterson, F. and Zibarras, L. (2009) 'Creative problem-solving at work', *General Practice Update*, June: 48–51.

Pfieffelmann, B., Wagner, S.H. and Libkuman, T. (2010) 'Recruiting on corporate web sites: perceptions of fit and attraction', *International Journal of Selection and Assessment,* 18: 40–7.

Saks, A.M. (2006) 'Antecedents and consequences of employee engagement', *Journal of Managerial Psychology*, 21: 600–19.

Sellen, A. and Harper, R. (2003) *The Myth of the Paperless Office*. London: MIT Press.

Spencer, R. (2011) 'Tunisia riots: reform or be overthrown, US tells Arab states amid fresh riots',*Telegraph*. Available at: http://www.telegraph.co.uk/news/worldnews/africaandindianocean/tunisia/8258077/Tunisia-riots-US-warns-Middle-East-to-reform-or-be-overthrown.html (accessed 31 May 2012).

Sudan, S.K., Ryan, S., Drake, S.D., Sandler, M., Broggs, R. and Giusto, R. (2007) 'Worldwide mobile worker population 2007-2011', *Forecast,* 37.

Super, D. (1980) 'A life-span, life-space approach to career development', *Journal of* 446
*Vocational Behavior*, 16(3): 282–98.

Symon, G., Cassell, C. and Dickson, R. (2000) 'Expanding our research and practice through innovative research methods', *European Journal of Work and Organisational Psychology*, 9(4): 457–62.

Wilkes, R., Frolik, M. and Urwiler, R. (1994) 'Critical issues in developing successful tele-work programmes', *Journal of Management Systems*, 45(7): 30–4.

Windle, M. (1999) 'Critical conceptualisation and measurement issues in the study of resil-ience', in M.D.E.J. Glantz and J. Johnson (eds), *Resilience and Development, Positive Life Adaptations*. New York: Kluwer Academic/Plenum. pp. 161–78.

Zibarras, L. and Ballinger, C. (2010) Promoting environmental behaviour in the work-place: a survey of UK organisations. London. Availabel at: http://www.sbcscot.com/programmes/climate-change/mayday-network-newsletters.pro-environmental-behaviour-a-survey-of-uk-organisations.pdf (accessed 10 January 2011).

Zibarras, L. and Ballinger, C. (2011) 'Promoting environmental behaviour in the workplace:a survey of UK organisations', in D. Bartlett (ed.), *The Psychology of Sustainability in the Workplace*. London: BPS. pp. 84–90.

# 第13章

447 # 职业心理学工作者的未来走向

雷切尔·刘易斯和拉腊·齐巴拉斯

**学习成果**

学习完本章后，你将能够：

√ 认识到职业心理学工作者所扮演的角色在金融危机后可能越来越丰富；

√ 正如第1章和第12章所提及的，认识更多新生的职业市场所提供的新的机会；

√ 认识到未来变化与挑战的并存将对职业心理学工作者的技术手段提出新的要求。

## 引言

正如本书前面的章节所言，工作环境以一个惊人的速度持续发生改变。这些改变对为组织工作或者做研究的职业心理学工作者都意味深远。在本章，我们将继续探讨由于世界大环境的不断变化（第12章所提及的），职业心理学工作者的工作内容会发生哪些变化（第2章也有所提及）。特别地，我们将弄清楚金融危机和未来工作趋向所带来的变化对职业心理学工作者会提供什么样的机会。接着，本章会介绍职业心理学从业人员面对未来的变化所需要的新技术。首先，简要地重温第2章介绍过的技术内容，接下来把我们在编写本书时的发
448 现整合起来，归纳出目前和未来可能需要的技术要求。最后，本章将为新一代的职业心理学工作者提供“思考的食粮”，以确保你们能在职业心理学的实践和研究中走在最前沿。

## 职业心理学工作者将扮演哪些角色

从2008年起，现代社会陷入了严重的经济危机的深渊。在第2章，我们探讨过职业心理学工作者会在什么地方工作。金融危机对外部顾问（即就职于一家顾问机构，为不同的公司和组织提供服务的顾问）的影响可能是最大的。我们可以看到许多组织为了降低支出减少了外部顾问的人数，取而代之的是雇用合伙人来执行项目。这就造成职业心理学工作者当咨询顾问的机会大大减少了，但合伙人（指短暂地为其他咨询机构或者组织工作）的工作机会却不断增加。同样可以预见的是，职业心理学工作者作为内部顾问的机会也不断减少，工作时长也反映了这种情况。

本章并不是要详细解读经济危机对职业心理学带来的负面影响，而是咨询了我们的作者、杰出的学术专家和出色的实践家以了解在这种大环境下可能会出现的新机会。我们对他们的建议作出如下总结。

### 提供基于实证的实践

当时势很糟糕的时候，组织的领导人必须知道预算用在什么地方才合理。在我们专业里，最理想的状况是我们可以用自己的研究技术和现有的研究与知识以实证的方式为我们所服务的企业提供解决方案。这些技术可以使我们在竞争中脱颖而出。

通过把实证研究运用到实践中，我们既可以向企业展示解决方案，也可以揭示该解决方案的经济影响（例如投资后对收益的影响）。正如布兰福特公司总经理阿拉斯泰尔·华莱士所说：

> 职业心理学工作者确实需要缩小学术与实践之间的鸿沟，并且着手提升实证研究的质量来为企业带来着实有用的、持久的变化。准确的洞察力和可论证的研究结果是使组织领导人信任职业心理学工作者的工作成果的唯一方法。

在实践中使用实证研究不仅仅意味着在更宽广的研究领域中运用实证，而且要在组织内部理解和使用这些数据。例如，把员工问卷的数据和预期的结果结合起来去研究员工参与度和管理竞争之间的关系。正如巴斯大学职业心理学教授布林纳所提出的观点：

> 在未来将变得极其重要的素质是我们可以以一种辩证的态度去把一些现有的研究实证与在组织内得到的数据结合起来，使得我们更能理解数据中所隐含的意义，更好地在实践中应用它们。

## 预测绩效

由于企业越来越多地认识到资源利用的问题，联系到以前阐述过的观点，职业心理学工作者运用他们的实证研究、数据分析技术来预测个体、团队和组织层面的绩效的机会将会越来越多。这种趋势将会使职业心理学工作者用一些更加精细的数据分析技术（例如第12章所讨论过的新趋势）去研究组织数据的论证形式。这也会发展出更为客观的用于测量员工绩效的标准。围绕领导力和更宽领域的人力资源以及组织变革所开展的干预活动，对其进行评估和有效的测试也将涵盖进来。伦敦大学金史密斯学院心理学主任，职业心理学教授弗兰克·邦德也指出，未来在这个领域的学术研究蕴含着巨大的机会：

> 重要的是研究者弄清楚个体的个性特质和心理过程有利于预测员工绩效，并且我们可以影响这种心理过程。目前来说，例如大五人格测试之类的心理测试常用于预测工作行为，结果是十分有效的，但问题是:你并不能从根本上改变它们。这种局限使得你不能改变员工的行为以便获得更好的表现。以往的情况确实是那样，但是现在我们发现一种重要的心理过程可以支撑心理健康和行为效率——心理灵活性可能是一个这样的变量。研究表明，心理灵活性可以预测至少一年的个体心理健康和绩效，并且心理灵活性可以通过短时间的培训使之提升。我想研究者将会陆续发现其他类似的特质。

## 人才管理 450

全球化带来了日渐激烈的“人才战争”，国内外的企业都在为寻找最好的员工而竞争。伴随这种竞争的是企业只能用更高的薪水去奖励、激励和挖掘员工——一种最有效的挽留员工的办法。随着我们发现关于动机的实证研究（第4章所提及）和类似员工参与度等新生概念的创立（第4章和第12章所介绍），职业心理学工作者正处于“独占”人才管理这一块强有力的位置。而且，通过实证研究在实践上的应用，我们对企业的建议可以更有说服力。

虽然我们可以很明显地看到，人才管理解决方案在市场上的竞争是非常激烈和混乱的，但是克雷格（美国科罗拉多州立大学工业与组织心理学教授）认为这恰恰为职业心理学工作者在未来人才管理的领域提供了机会：

> 在历史上，人才管理是企业之间的事儿。逐渐地，你可以看到不仅是大的咨询公司提供定制的，可下载的应用程序，就连没有实践经验的人力资源经理也可以从网上搜索到他们想要的应用程序并在实践中运用它们。这可能意味着对技术性的职业心理学工作者的需求大大减少,但相反的我认为职业心理学从业人员可以借这种变化成为一个可以解答关于为什么我们需要用到这种工具或者企业将如何改变的代理人（或者说企业发展专家），而不是仅仅提供工具。这将会是更有趣的工作!

## 管理变革和提高工作弹性

随着变革水平的不断提升，企业将会寻求专家的帮助以理解变革对企业带来的影响，特别是对它们的员工带来的影响。正如在第12章所讨论的，其中一个崭新的趋势是工作场所弹性——包括组织和个体层面。大量心理学研究试图理解如何处理工作弹性、测量和创造工作弹性，而且，组织也希望在工作弹性上面有一个清晰的引导和解决方案，这种趋势可以为职业心理学工作者在学术和实践上提供机会。

组织在管理变革方面的兴趣，也很有可能给专业人员提供更宽广的工作机会。正如一家职业心理学公司的主管，职业咨询顾问朱丽安所言：

> 在我的领域中，许多职业咨询机构仍然只是提供新职介绍和补
> 451 救性的援助。我可以看到职业心理学工作者在工作场所中的培训、对员工的指导、帮助员工进行职业生涯管理和职业转换，甚至在弹性和灵活性技巧的开发中都有越来越多的参与。我们当然希望致力于帮助员工以一种良好的心态去应对不断改变的工作环境，这些改变包括降低工作安全风险和不确定性。

## 工作场所健康的发动者

在过去的十年里，有关员工健康和幸福的学术研究兴趣一直在增加。这就引出了大量清晰的、一致的成果和发现：关于工作场所中致病的危险因素（例如：不良的工作关系、缺乏自主权或者如第4章和第7章所述的过高工作要求）；关于那些在组织内外可以促进幸福的因素；还有关于那些可以缓解心理危机的影响因素（例如，员工参与度，在第12章描述过）。从学术文献或各种各样的实务工作者的出版物可发现，组织如何改善员工的幸福程度，现如今是一个非常重要的工作。例如，请参阅第12章关于员工参与的部分。这为职业心理学工作者提供了机会，去为组织在管理员工的幸福方面提供咨询、指导和干预的服务。

除了为组织和工作中的员工提供服务，为那些失去工作，为了改善经济状况而想重新工作的员工提供服务，也会给职业心理学工作者带来更多的机会。这种工作涉及提供员工培训和开发，或者通过教练和咨询，也或者通过与一些目标组织合作以制订重新工作的计划。那些能够有效地令长期失业人员学到技术和重拾信心从而重新回到工作岗位的专业人员，在经济复苏时期的需求量是很大的。

在第12章，我们探讨了一些与职业心理学工作者的专业性相关的和重要的

新趋势。每一种新趋势代表着职业心理学工作者未来的一个新的工作机会。表13.1提供了一些职业建议，但我们希望让你用一些时间思考一下自身能胜任哪些工作，以及自身与胜任这些工作的要求之间还存在多大的差距。

表13.1　新趋势下的工作机会和研究方向 452

| 新趋势 | 研究机会 | 实践机会 |
|---|---|---|
| 新技术 | • HMI研究可以确保新技术更容易被使用，从而实现组织目标<br>• 建立人才选拔新方法有效性的研究（例如视频简历）<br>• 探索大众媒体对员工敬业度、选拔态度、团队建设和工作场所人际关系等的影响<br>• 新技术对工作和工作环境的影响<br>• 关于咨询反馈的对比性研究<br>• 远程工作优缺点的研究<br>• 技术超载以及其应对方法的研究<br>• 新技术应用在团队建设和领导力方面的进一步研究 | • 在工作场所中为员工提供培训和个人发展支持的服务<br>• 介绍新技术和管理新技术以增加用户的满意度和接受度<br>• 提供更好的使用大众网络或大众媒体的建议<br>• 增加技术在培训中的应用，包括大众媒体的使用<br>• 网络咨询的应用，包括在线聊天、网络电话和多媒体短信服务<br>• 为远程工作政策和实践提供引导和干预<br>• 引导管理虚拟团队<br>• 帮助员工管理职业与个人生活中对新技术的需求 |
| 劳动力老龄化 | • 劳动力年龄对工作影响的进一步研究<br>• 对“成年晚期”的研究，以理解目前中年劳动力如何在他们60岁的年龄也能继续工作 | • 更加关注工效学，确保工作环境的设置考虑到年龄因素<br>• 干预手段的设计包含年龄因素<br>• 改进人力资源管理规定以激励不同年龄段的员工<br>• 加入年龄这一因素重新设计工作岗位<br>• 加入干预手段以改善对年龄的刻板印象与歧视现象<br>• 建议和引导公平艺术<br>• 帮助员工和企业在“成年晚期”重新规划工作衔接 |
| 全球化 | • 更多地研究组织内文化互渗、文化习俗现象<br>• 更多地研究全球化（而不是仅仅局限在英国或欧洲内） | • 加入文化和道德的多样性，重新发展人力资源管理系统 453<br>• 管理文化多样性<br>• 对文化习俗的培训，以确保跨文化工作的有效性 |
| 员工敬业度 | • 关于员工敬业度的学术研究，包括概念化、前因变量、中介变量和调节变量的研究<br>• 关注其他变量，如新技术，以更好地理解员工敬业度 | • 提供以实证为依据的研究手段，巩固和创造员工敬业度<br>• 提供关于员工敬业度的测量工具和企业诊断<br>• 员工敬业度的培训和管理工作<br>• 引导创造员工敬业的企业文化 |

续表

| | | |
|---|---|---|
| 弹性工作 | • 企业内的研究，以发展职业心理学特定文化<br>• 更多以长期干预为基础的研究<br>• 组织弹性测量方法的发展 | • 关于组织弹性理解的建议和引导<br>• 在战略层面上使企业更具有弹性<br>• 在企业内提供弹性诊断<br>• 提供以实证为基础的干预手段，在个人、团队和企业层面巩固促进弹性<br>• 为关于建立弹性和在不断变化的工作环境中保持良好的心理状况提供咨询和引导服务 |
| 环境的可持续发展 | • 员工行为对企业环境的影响的研究<br>• 管理者和组织文化对员工“绿色行为”的影响研究 | • 为把建立可持续性加入商务战略提供咨询服务<br>• 在企业场所可持续性上改变员工行为<br>• 直线经理对环境保护的直接参与 |
| 454 方法论进展 | • 增加对自然环境的研究<br>• 增加纵向研究、横向研究和时间序列研究<br>• 增加复杂分析方法的应用，比如多层次线性回归和结构方程模型，以预测和解释变量间的随机关系，并探索对于特定结果，不同层次的变量的作用 | • 把高级分析技术应用于企业数据<br>• 为从业者提供研究和分析技术的培训<br>• 增加统计技术的应用，以提供关于工作中干预手段和解决方案最低限度的支撑 |

框13.1

练习

思考表13.1——你还能想到其他新趋势吗？鉴于你的个人经验和个人需求，哪一个领域特别吸引你？你还需要哪些新技术？

## 职业心理学工作者在未来还需要什么技术

在第2章中，我们探讨了一些对于职业心理学工作者最可能有用的技术。我们在表2.1总结了这些关键技术。我们在表13.2中也重复了这些关键技术。

455 表13.2 第2章所提到的核心技术总结表

| |
|---|
| 批判性思考能力 |
| 解决问题的能力 |

续表

| |
|---|
| 咨询技术 |
| 沟通技术 |
| 数据管理和分析技术（如SPSS和定性研究） |
| 科学家—实践者模型：使用以实证为依据的研究 |
| 与员工一起工作 |
| 计划与组织能力 |
| 主动倾听技术 |
| 相关的技术手段 |

从这些对未来的预测中可以看到，在未来的几年里，这其中的一些技术将会变得越来越重要，其他技术也很有可能对职业心理学工作者逐渐变得重要起来。在本章，我们同样咨询了我们的作者和一些学者、从业者关于这些将会变得越来越重要的技术的看法。他们的看法主要分为三部分。

## 研究和分析技术

本书多次提到，特别是本章和第12章，企业将会越来越多地求助咨询顾问，让他们为企业提供有效的管理解决方案。

罗博·林纳，巴斯大学组织心理学教授，认为需要以下三方面的技术：

> 第一,一种更加深入的批判性思维。关于研究的批判性思维，关于自身的实践和所见问题的批判性思维。第二，回顾和应用现有研究结果的能力将会十分重要：特别是系统回顾已有的研究证据以用来解决企业现在遇到的相似的问题。第三，数据分析技术。对于企业已有的但却不能简单地用来作出相应决策的数据，数据分析技术就显得十分有必要。

特别是对于职业心理学从业者，他们最需要保证的是他们的统计和数据分析技术是现阶段最为先进的技术。这就意味着你不但要在大学或研究生阶段系统地学习统计技术，而且要在你的整个职业生涯里不断地通过培训、阅读学习新的统计技术。伊凡·罗伯逊，罗伯逊·库伯有限公司总监兼利兹大学商学院职业心理学教授认为：

> 对于职业心理学工作者而言，深度掌握一种现代的定量分析技术
> 456 去分析数据将会越来越重要。我认为职业心理学工作者不必在每天的工作中用到这些技术，但他们必须能够读懂与这些技术相关的文献！几十年来，数据分析技术变得越来越复杂——这并不是因为越复杂越好，而是因为这些复杂的数据分析技术能够从研究中提取更为清晰和简单的结论。如果不能理解这些研究者用到的定量分析，那就不可能得出科学的结论。

随着工作机会的减少和竞争的加剧，职业心理学工作者相比于其他咨询顾问如在市场上的人力资源顾问和管理咨询顾问的差异化优势变得更为重要。正如在第2章所讨论的，这可能并不在于我们从事不同的工作，而是在于我们的方法论不同，换句话说就是我们的实证研究在实践中应用的不同。因此，在应用了这些方法论和分析方法后，我们便具有了差异化优势，能在市场竞争中取得优势。梅尔·凯琳博士也持有这个观点：

> 我们最大的威胁是我们的竞争对手看起来和我们是相似的，他们也在企业内获得数据并关联到某个结果上，但他们还没有关于“人”的培训。我们需要保留这些技术。

## 创新与发明

> 鉴于最近的企业倒闭流，创新对企业而言确实十分重要。（菲奥娜·帕特森，剑桥大学教授，工作心理学小组主任）

在第8章，我们介绍了把商业战略和组织架构结合在一起的想法。这个想法是如果企业的商业战略可以有效促进创新，那么组织的架构会相应地变得有机（即低程度的规范化和中心化）。在不断发展的商业环境里，企业需要建立起灵活性和创新性结合的机制以便跟上变化，在市场竞争中取得先机。

对员工而言也是一样的——随着工作和企业的不断变化，员工需要根据充满动力的市场需求不断学习新的技能，以灵活性和创新性武装自己，以便适应不断变化的市场竞争。作为职业心理学工作者，这就意味着我们需要不断发展我们的专业技能，例如，更新我们旧的研究知识，能够为企业提供一种创新的解决方案。这也意味着，我们需要用这些技能去帮助他人，作为他们的雇员、经理或者是顾客，在工作中为他们的问题提供创新、灵活的解决方案。这 457
其中可能会更多地用到变化管理和OD技术。正如我们咨询库尔特·克雷格职业心理学工作者在未来需要什么新技能的时候，他回答说："更多的经典OD技术——诊断、激励和支持变化、评估影响等。"

## 更宽泛的商业知识与技能

可能对于职业心理学工作者而言，最常见的技能是更好、更强大、更宽广的咨询技术。职业心理学工作者通常被认为更善于研究个体层面而不是战略层面，并且其所做的很多措施都不是针对商业目标和商业动机的。而且，他们更多地被认为是使用"软技能"而不是直接为企业带来经济利益的"硬技能"。再有一点就是，职业心理学工作者需要更多地了解一个企业是如何运作的，以便了解所存在的问题——这样就可以提供清晰的以实证为基础的又兼有商业基础的建议。对于这个问题，下面的引用有更为深入的思考。

> 职业心理学工作者需要更多地关注企业层面的东西，增强商业意识、战略意识和核心商业驱动意识，以便在理论和实践之间搭建桥梁。职业心理学工作者有时候被认为是理论驱动的，而不是活在"象牙塔"里的学者。我们需要对商业的实际情况有一个清晰的认识。（朱丽安·迈尔斯，职业心理学工作者主任）

> 不论那个人的角色是什么，培养对商业技巧和咨询技巧良好的理解能力是十分有用的。更好地理解这两种技能可以帮助职业心理学工作者更顺利地工作——也能使研究人员更好地关注到他们的研究，并使他们的研究适用于当代遇到的企业管理问题。（伊凡·罗伯逊，罗伯逊·库伯有限公司总监，利兹大学商学院组织心理学教授）在实践中我们需要变得更加商业化。直到我们有能力在会议室谈论费用预算的问题的时候，我们的工作才能为企业创造利益，减少企业的运营费用。（阿拉斯泰尔·华莱士，布兰福特有限公司总经理）

只有当职业心理学工作者开始重视学习上面说到的技能，他们才能在企业
458 中有更高的影响力。可能正是因为这个原因，相关课程将需要更多地关注战略管理、商业管理和商业运作方面的内容。除了需要获得职业心理学八个领域的工作经验（本书第二部分所介绍的），对职业心理学工作者而言，接受培训，掌握商业和战略经验将是根本性的要求。还有一个重要点需要指出，本书也反复提到过，职业心理学工作者需要不断更新/学习他们的商业技能以便随时保持竞争力。萨拉·刘易斯，“拥抱变化”总监，详细地指出这一点：

> 我不确定我们是否需要“新”的技能，我们需要做的是用我们现有的技能去赶上这个不断变化的世界。正如那些希望影响其他人怎么做和做什么的人，我们必须在这个领域不断发展我们的技术。

正如这些想法所反映的，这些想法究竟如何影响在第2章说到的一系列核心技能（在本章前面部分再次提到）呢？表13.3把上述的未来技能建议总结起来添加到第2章的表格内。新的技能要求以加粗文字显示。

459 表13.3 第2章所示核心技能的总结以及对职业心理学工作者未来技能的预测

| **职业心理学工作者需要的核心技能（如第2章所示）** | **未来的技能要求** |
| --- | --- |
| 职业心理学硕士研究生 | 仍然重要，尤其在为实践提供理论基础及研究和分析技术方面<br>***商业、战略、财务管理和咨询方面的技能教育也将会变得必不可少** |

续表

| | |
|---|---|
| 批判性思考能力 | 仍然是关键能力 |
| 问题解决能力 | 仍然是关键能力，或许会更加依赖以实证为基础的实践，比如：从文献中应用实证，从企业实证中应用数据以创造有效的解决方案 |
| 咨询技术/更宽广的商业、战略技能和经验 | 对职业心理学工作者拥有一个更好、更强大、更全面的商业观和商业理解十分重要<br>*拥有影响推动的技能和能够为高级管理层提供咨询服务也变得重要起来。咨询服务需要以实证实践为基础并且是财务敏感的——咨询顾问需要能够可靠地、有影响力地提供咨询服务 |
| 沟通技术 | 仍然是关键能力并且越来越复杂<br>*职业心理学从业人员将不仅需要用沟通技术为从企业基层员工到企业董事会的成员提供服务，而且还要运用各种新的技术进行沟通。职业心理学工作者还要做相应的研究以确保每一个特定的媒体和技术起到有效的沟通作用 |
| 数据管理和分析技术 | 将越来越重要<br>*职业心理学工作者将会需要发展和维持当代前沿的数据分析技术（如多层次线性模型）以便提供独有的解决方案和实证实践 |
| 科学家—实践者模型 | 将越来越重要<br>*从业人员使用相关研究和学术知识为企业提供最前沿的解决方案；学术人员主持研究以解决企业相关的受关注的问题将是未来的核心技术要求 |
| 与员工一起工作 | 仍然是核心要求<br>*职业心理学工作者将需要学习技术与企业不同层次的员工一起工作。职业心理学工作者应该能够以战略伙伴的角色在不同部门之间工作 |
| 计划与组织能力 | 仍然是核心要求 |
| 主动倾听能力 | 仍然是核心要求 |
| 相关的技术手段 | 仍然是核心要求<br>*更新和刷新技术的能力需要将变得更加紧迫而且是持续性的 |
| 创新能力 | 将是一个新的核心技能要求 |

## 积极使用本书

通过阅读这本书，你很有可能处于职业心理学这个行业的初始阶段。你之前可能有许多工作经验（可能在别的领域），并且你正在转换工作，也有可能你是一个将要踏入职场的学生。无论你是哪一类人，在读完这本书之前，你需要花一些时间重温书中的内容和思考你下一步想要做什么——例如，你可以问自己以下问题：

- 我想成为一个特许注册职业心理学工作者吗？
- 职业心理学的哪一个领域最吸引我？
- 在未来我想成为哪个类型的角色？
- 为了达到我的职业目标，有哪些重要技术和能力需要我去掌握？
- 我未来需要哪些经验去培养这些必要的技术？
- 我需要采取什么行动去达成我的职业目标？

你可以重温本书第5章关于心理测量和职业理论的介绍以帮助你回答这些问题。你也可以联系一个职业顾问或者自我教导，或者你可以支持一个你自己的研究以提供你需要什么和想要什么的意识。为了考虑技术的优先性和能力差距，你可以使用框13.2作为一个讨论的模板。

为了评估技能发展，你可能会觉得第2章关于如何准备一份工作的内容十分有用。你也可以在第3章中找到与职业心理学相关的信息。然而，最为关键的是你需要灵活地思考自身的资源和拥有的机会。可能在你取得你的理科硕士学位时，你不能找到一份相关领域的工作；但如果一份工作可以加深你对商业和财务管理的认识，这份工作就会十分有用。这种工作可以使你得到与不同团队的人沟通的机会；甚至是与不同技术行业的人沟通的机会。这可以是一份销售的工作——这会使你获得重要的影响力和可靠性技术。灵活地思考和把握机会，你就会发现这些工作的有用之处。

另一个有效的发展技能的方法是使用你的交际网络，既可以在职业心理学的领域寻找（你的导师、同辈和你在学习这门课时认识的顾问和学者，还有在大众媒体上了解到的相关团队），也可以通过你个人的交际网。

## 小结 461

在这本书的第1章，我们探讨了职业心理学的历史并且对这个学科的未来作了一些展望，在第12章更加深入地探讨了职业心理学的未来展望。清楚的是我们作为专业人士需要不断提升自我，学习新知识，以便跟上经济、企业和技术突如其来的变化。然而，我们也需要多宣传我们的行业，增加其知名度。正如在第2章所讨论的那样，大部分公众都没有听过这个专业，哪怕是那些听过职业心理学的人也不知道职业心理学工作者是做什么的。在企业的董事会层面 462
施加一定的影响力是宣传我们行业的一个方法；另一个方法是从政府政策的层面为职业心理学做宣传。正如艾玛·唐纳森-费尔德所言，使职业心理学被大众认可是非常有价值和关键的一步，特别是现在大部分的咨询岗位都被经济学者所占据。最后是关于使用你自己的网络（包括个人的和专业的）去宣传职业心理学，说明我们的工作是道德的、循证的实践，我们所担当的是一个重要又独特的角色。

框 13.2

技能差距练习

| 目前和未来的核心技能 | 你目前具备这些技能吗? | 你可以从什么地方得到恰当的技能发展? |
|---|---|---|
| 职业心理学的理科硕士学位 | | |
| 金融/宽广的商业管理教育 | | |
| 战略商业经验 | | |
| 批判性思考能力 | | |
| 问题解决能力 | | |
| 创新能力 | | |
| 咨询技术 | | |
| 沟通技术 | | |
| 数据和数据分析能力（例如：SPSS和定性研究技术） | | |

| | | |
|---|---|---|
| 科学家—实践者模型：使用实证研究 | | |
| 与人们一起工作 | | |
| 计划与组织能力 | | |
| 主动倾听能力 | | |
| 相关的技术手段 | | |

462 **深入探究**

扫描二维码，获取更多资源。

**讨论题**

1. 你认为我们说到的那些未来需要的技能是必要的吗？还有其他你认为越来越必要的技能吗？
2. 鉴于你对职业心理学专业性的理解，你认为在哪些领域有发展前景？

# 作者索引

# 主题索引